CÓDIGO DE PROCESSO PENAL

DECRETO-LEI Nº 3.689, DE 3 DE OUTUBRO DE 1941

Atualizado até as alterações publicadas no *DOU* de 23 de FEVEREIRO de 2023

O livro é a porta que se abre para a realização do homem.

Jair Lot Vieira

Supervisão editorial
JAIR LOT VIEIRA

CÓDIGO DE PROCESSO PENAL

DECRETO-LEI Nº 3.689, DE 3 DE OUTUBRO DE 1941

Atualizado até as alterações publicadas no *DOU* de 23 de FEVEREIRO de 2023

6ª EDIÇÃO
2023

- ÍNDICE REMISSIVO
- NOTAS REMISSIVAS
- SÚMULAS

edipro

Grafia conforme o novo Acordo Ortográfico da Língua Portuguesa.

6ª edição, 2023.

Atualizada até a Lei nº 14.365, de 2.6.2022, e o *DOU* de 23.2.2023.

Editores: Jair Lot Vieira e Maíra Lot Vieira Micales
Produção editorial: Karine Moreto de Almeida
Notas remissivas e Índice remissivo: Valéria Maria Sant'Anna
Revisão: Sandra Cristina Lopes Conesa
Diagramação: Ana Laura Padovan
Capa: Karine Moreto de Almeida
Adaptação de capa: Aniele de Macedo Estevo

Dados Internacionais de Catalogação na Publicação (CIP)
(Câmara Brasileira do Livro, SP, Brasil)

Brasil
[Código de processo penal]
Código de processo penal : Decreto-lei nº 3.689, de 3 de outubro de 1941 / supervisão editorial Jair Lot Vieira. – 6. ed. – São Paulo : Edipro, 2023. – (Série legislação)

ISBN 978-65-5660-108-3

1. Processo penal – Leis e legislação – Brasil I. Vieira, Jair Lot. II. Série.

23-141747 CDU-343.1(81)(094.4)

Índice para catálogo sistemático:
1. Brasil : Código de processo penal : 343.1(81)(094.4)

Cibele Maria Dias – Bibliotecária – CRB-8/9427

edipro

São Paulo: (11) 3107-7050 • Bauru: (14) 3234-4121
www.edipro.com.br • edipro@edipro.com.br
@editoraedipro @editoraedipro

SUMÁRIO

LEI DE INTRODUÇÃO DO CÓDIGO DE PROCESSO PENAL

DECRETO-LEI Nº 3.931, DE 11 DE DEZEMBRO DE 1941

EXPOSIÇÃO DE MOTIVOS

CÓDIGO DE PROCESSO PENAL

DECRETO-LEI Nº 3.689, DE 3 DE OUTUBRO DE 1941

Atualizado até a Lei nº 14.365, de 2.6.2022.

LIVRO I
DO PROCESSO EM GERAL
(arts. 1º a 393)

LIVRO II
DOS PROCESSOS EM ESPÉCIE
(arts. 394 a 562)

LIVRO III
DAS NULIDADES E DOS RECURSOS EM GERAL
(arts. 563 a 667)

LIVRO IV
DA EXECUÇÃO
(arts. 668 a 779)

LIVRO V

DAS RELAÇÕES JURISDICIONAIS COM AUTORIDADE ESTRANGEIRA

(arts. 780 a 790)

LIVRO VI

DISPOSIÇÕES GERAIS

(arts. 791 a 811)

LEI DE EXECUÇÃO PENAL

LEI Nº 7.210, DE 11 DE JULHO DE 1984

Atualizada até a Lei nº 14.344, de 24.5.2022.

LEI DE INTRODUÇÃO DO CÓDIGO DE PROCESSO PENAL

DECRETO-LEI Nº 3.931, DE 11 DE DEZEMBRO DE 1941

Lei de Introdução ao Código de Processo Penal.

O Presidente da República, usando da atribuição que lhe confere o art. 180 da Constituição♦,

♦ Constituição dos Estados Unidos do Brasil/1937.

Decreta:

Art. 1º. O Código de Processo Penal aplicar-se-á aos processos em curso a 1º de janeiro de 1942, observado o disposto nos artigos seguintes, sem prejuízo da validade dos atos realizados sob a vigência da legislação anterior.

(*) V. arts. 2º e 3º do CPP.

Art. 2º. À prisão preventiva e à fiança aplicar-se-ão os dispositivos que forem mais favoráveis.

(*) V. arts. 311 a 316 do CPP.

Art. 3º. O prazo já iniciado, inclusive o estabelecido para a interposição de recurso, será regulado pela lei anterior, se esta não prescrever prazo menor do que o fixado no Código de Processo Penal.

Art. 4º. A falta de arguição em prazo já decorrido, ou dentro no prazo iniciado antes da vigência do Código Penal e terminado depois de sua entrada em vigor, sanará a nulidade, se a legislação anterior lhe atribui este efeito.

Art. 5º. Se tiver sido intentada ação pública por crime que, segundo o Código Penal, só admite ação privada, esta, salvo decadência intercorrente, poderá prosseguir nos autos daquela, desde que a parte legítima para intentá-la ratifique os atos realizados e promova o andamento do processo.

Art. 6º. As ações penais, em que já se tenha iniciado a produção de prova testemunhal, prosseguirão, até a sentença de primeira instância, com o rito estabelecido na lei anterior.

§ 1º. Nos processos cujo julgamento, segundo a lei anterior, competia ao júri e, pelo Código de Processo Penal, cabe a juiz singular:

a) concluída a inquirição das testemunhas de acusação, proceder-se-á a interrogatório do réu, observado o disposto nos arts. 395 e 396, parágrafo único, do mesmo Código, prosseguindo-se, depois de produzida a prova de defesa, de acordo com o que dispõem os arts. 499 e seguintes;

b) se, embora concluída a inquirição das testemunhas de acusação, ainda não houver sentença de pronúncia ou impronúncia, prosseguir-se-á na forma da letra anterior;

c) se a sentença de pronúncia houver passado em julgado, ou dela não tiver ainda sido interposto recurso, prosseguir-se-á na forma da letra "a";

d) se, havendo sentença de impronúncia, esta passar em julgado, só poderá ser instaurado o processo no caso do art. 409, parágrafo único, do Código de Processo Penal;

e) se tiver sido interposto recurso da sentença de pronúncia, aguardar-se-á o julgamento do mesmo, observando-se, afinal, o disposto na letra "b" ou na letra "d".

§ 2º. Aplicar-se-á o disposto no § 1º aos processos da competência do juiz singular, nos quais exista a pronúncia, segundo a lei anterior.

§ 3º. Subsistem os efeitos da pronúncia, inclusive a prisão.

§ 4º. O julgamento caberá ao júri se, na sentença de pronúncia, houver sido ou for o crime classificado no § 1º ou § 2º do art. 295 da Consolidação das Leis Penais♦.

♦ A Consolidação das Lei Penais (Decreto nº 22.213, de 14.12.1932) foi substituída pelo Código Penal de 1940.

(*) V. art. 74, § 1º, do CPP.

Art. 7º. O juiz da pronúncia, ao classificar o crime, consumado ou tentado, não poderá reconhecer a existência de causa especial de diminuição da pena.

Art. 8º. As perícias iniciadas antes de 1º de janeiro de 1942 prosseguirão de acordo com a legislação anterior.

Art. 9º. Os processos de contravenções, em qualquer caso, prosseguirão na forma da legislação anterior.

Art. 10. No julgamento, pelo júri, de crime praticado antes da vigência do Código Penal, observar-se-á o disposto no art. 78 do Decreto-Lei nº 167, de 5 de janeiro de 1938,♦ devendo os quesitos ser formulados de acordo com a Consolidação das Leis Penais.

♦ Esse Decreto regulava a instituição do Júri, atualmente regrado pelos arts. 74, 78, 81, 106, 406 a 497 do CPP e pelo art. 5º, XXXVIII, da CF.

§ 1º. Os quesitos sobre causas de exclusão de crime, ou de isenção de pena, serão sempre formulados de acordo com a lei mais favorável.

§ 2º. Quando as respostas do júri importarem condenação, o presidente do Tribunal fará o confronto da pena resultante dessas respostas e da que seria imposta segundo o Código Penal, e aplicará a mais benigna.

§ 3º. Se o confronto das penas concretizadas, segundo uma e outra lei, depender do reconhecimento de algum fato previsto no Código Penal, e que, pelo Código de Processo Penal, deva constituir objeto de quesito, o juiz o formulará.

Art. 11. Já tendo sido interposto recurso de despacho ou de sentença, as condições de admissibilidade, a forma e o julgamento serão regulados pela lei anterior.

Art. 12. No caso do art. 673 do Código de Processo Penal, se tiver sido imposta medida de segurança detentiva ao condenado, este será removido para estabelecimento adequado.

Art. 13. A aplicação da lei nova a fato julgado por sentença condenatória irrecorrível, nos casos previstos no art. 2º e seu parágrafo, do Código Penal, far-se-á mediante despacho do juiz, de ofício, ou a requerimento do condenado ou do Ministério Público.

(*) Vide Súmula 611 do STF.

§ 1º. Do despacho caberá recurso, em sentido estrito.

§ 2º. O recurso interposto pelo Ministério Público terá efeito suspensivo, no caso de condenação por crime a que a lei anterior comine, no máximo, pena privativa de liberdade, por tempo igual ou superior a 8 (oito) anos.

Art. 14. No caso de infração definida na legislação sobre a caça, verificado que o agente foi, anteriormente, punido, administrativamente, por qualquer infração prevista na mesma legislação, deverão ser os autos remetidos à autoridade judiciária que, mediante portaria, instaurará o processo, na forma do art. 531 do Código de Processo Penal.

Parágrafo único. O disposto neste artigo não exclui a forma de processo estabelecido no Código de Processo Penal, para o caso de prisão em flagrante do contraventor.

Art. 15. No caso do art. 145, nº IV, do Código de Processo Penal, o documento reconhecido como falso será, antes de desentranhado dos autos, rubricado pelo juiz e pelo escrivão em cada uma de suas folhas.

Art. 16. Esta Lei entrará em vigor no dia 1º de janeiro de 1942, revogadas as disposições em contrário.

Rio de Janeiro, em 11 de dezembro de 1941; 120º da Independência e 53º da República.

Getúlio Vargas

DOU de 13.12.1941

EXPOSIÇÃO DE MOTIVOS DO CÓDIGO DE PROCESSO PENAL

(Ministério da Justiça e Negócios Interiores)

Gabinete do Ministro,
em 8 de setembro de 1941

Senhor Presidente:

Tenho a honra de passar às mãos de Vossa Excelência o projeto do Código de Processo Penal do Brasil.

Como sabe Vossa Excelência, ficara inicialmente resolvido que a elaboração do projeto de Código único para o processo penal não aguardasse a reforma, talvez demorada, do Código Penal de 1890.

I – Havia um dispositivo constitucional a atender, e sua execução não devia ser indefinidamente retardada. Entretanto, logo após a entrega do primitivo projeto, organizado pela Comissão oficial e afeiçoado à legislação penal substantiva ainda em vigor, foi apresentado pelo Senhor Alcântara Machado, em desempenho da missão que lhe confiara o Governo, o seu anteprojeto de novo Código Penal. A presteza com que o insigne e pranteado professor da Faculdade de Direito de São Paulo deu conta de sua árdua tarefa fez com que se alterasse o plano traçado em relação ao futuro Código de Processo Penal. Desde que já se podia prever para breve tempo a efetiva remodelação da nossa antiquada lei penal material, deixava de ser aconselhado que se convertesse em lei o projeto acima aludido, pois estaria condenado a uma existência efêmera.

Decretado o novo Código Penal, foi então empreendida a elaboração do presente projeto, que resultou de um cuidadoso trabalho de revisão e adaptação do projeto anterior.

Se for convertido em lei, não estará apenas regulada a atuação da justiça penal em correspondência com o referido novo Código e com a Lei de Contravenções (cujo projeto, nesta data, apresento igualmente à apreciação de Vossa Excelência): estará, no mesmo passo, finalmente realizada a homogeneidade do direito judiciário penal no Brasil, segundo reclamava, de há muito, o interesse da boa administração da justiça, aliado ao próprio interesse da unidade nacional.

A REFORMA DO PROCESSO PENAL VIGENTE

II – De par com a necessidade de coordenação sistemática das regras do processo penal num Código único para todo o Brasil, impunha-se o seu ajustamento ao objetivo de maior eficiência e energia da ação repressiva do Estado contra os que delinquem. As nossas vigentes leis de processo penal asseguram aos réus, ainda que colhidos em flagrante ou confundidos pela evidência das provas, um tão extenso catálogo de garantias e favores, que a repressão se torna, necessariamente, defeituosa e retardatária, decorrendo daí um indireto estímulo à expansão da criminalidade. Urge que seja abolida a injustificável primazia do interesse do indivíduo sobre o da tutela social. Não se pode continuar a contemporizar com pseudodireitos individuais em prejuízo do bem comum. O indivíduo, principalmente quando vem de se mostrar rebelde à disciplina jurídico-penal da vida em sociedade, não pode invocar, em face do Estado, outras franquias ou imunidades além daquelas que o assegurem contra o exercício do poder público fora da medida reclamada pelo interesse social. Este o critério que presidiu à elaboração do presente projeto de Código. No seu texto, não são reproduzidas as fórmulas tradicionais de um mal-avisado favorecimento legal aos criminosos. O processo penal é aliviado dos excessos de formalismo e joeirado de certos critérios normativos com que, sob o influxo de um mal-compreendido individualismo ou de um sentimentalismo mais ou menos equívoco, se transige com a necessidade de uma rigorosa e expedita aplicação da justiça penal.

As nulidades processuais, reduzidas ao mínimo, deixam de ser o que têm sido até agora, isto é, um meandro técnico por onde se escoa a substância do processo e se perdem o tempo e a gravidade da justiça. É coibido o êxito das fraudes, subterfúgios e alicantinas. É restringida a aplicação do *in dubio pro reo*. É ampliada a noção do *flagrante delito*, para o efeito da prisão provisória. A decretação da prisão preventiva, que, em certos casos, deixa de ser uma *faculdade*, para ser um *dever* imposto ao juiz, adquire a suficiente elasticidade para tornar-se medida plenamente assecuratória da efetivação da justiça penal. Tratando-se de crime inafiançável, a falta de exibição do mandato não obstará à prisão, desde que o preso seja imediatamente apresentado ao juiz que fez expedir o mandato. É revogado o formalismo complexo da extradição interestadual de criminosos. O prazo da formação da culpa é ampliado, para evitar o atropelo dos processos ou a intercorrente e prejudicial solução de continuidade da detenção provisória dos réus. Não é consagrada a irrestrita proibição do julgamento *ultra petitum*. Todo um capítulo é dedicado às medidas preventivas assecuratórias da reparação do dano *ex delicto*.

Quando da última reforma do processo penal na Itália, o Ministro Rocco, referindo-se a algumas dessas medidas e outras análogas, introduzidas no projeto preliminar, advertia que elas certamente iriam provocar o desagrado daqueles que estavam acostumados a aproveitar e mesmo abusar das inveteradas deficiências e fraquezas da processualística penal até então vigente. A mesma previsão é de ser feita em relação ao presente projeto, mas são também de repetir-se as palavras de Rocco: "Já se foi o tempo em que a alvoroçada coligação de alguns poucos interessados podia frustrar as mais acertadas e urgentes reformas legislativas".

E se, por um lado, os dispositivos do projeto tendem a fortalecer e prestigiar a atividade do Estado na sua função repressiva, é certo, por outro lado, que asseguram, com muito mais eficiência do que a legislação atual, a defesa dos acusados. Ao invés de uma simples faculdade outorgada a estes e sob a condição de sua presença em juízo, a defesa passa a ser, em qualquer caso, uma indeclinável injunção legal, antes, durante e depois da instrução criminal. Nenhum réu, ainda que ausente do distrito da culpa, foragido ou oculto, poderá ser processado sem a intervenção e assistência de um defensor. A pena de revelia não exclui a garantia constitucional da contrariedade do processo. Ao contrário das leis processuais em vigor, o projeto não pactua, em caso algum, com a insídia de uma acusação sem o correlativo da defesa.

SUBSÍDIO DA LEGISLAÇÃO VIGENTE E PROJETOS ANTERIORES

III – À parte as inovações necessárias à aplicação do novo Código Penal e as orientadas no sentido da melhor adaptação das normas processuais à sua própria finalidade, o projeto não altera o direito atual, senão para corrigir imperfeições apontadas pela experiência, dirimir incertezas da jurisprudência ou evitar ensejo à versatilidade dos exegetas. Tanto quanto o permitiu a orientação do projeto, foi aproveitado o material da legislação atual. Muito se respigou em vários dos códigos de processo penal estaduais, e teve-se também em conta não só o projeto elaborado pela Comissão Legislativa nomeada pelo Governo Provisório em 1931, como o projeto de 1936, este já norteado pelo objetivo de unificação do direito processual penal.

A respeito de algumas das inovações introduzidas e da fidelidade do projeto a certas práticas e critérios tradicionais, é feita, a seguir, breve explanação.

A CONSERVAÇÃO DO INQUÉRITO POLICIAL

IV – Foi mantido o inquérito policial como processo preliminar ou preparatório da ação penal, guardadas as suas características atuais. O ponderado exame da realidade brasileira, que não é apenas a dos centros urbanos, senão também a dos remotos distritos das comarcas do interior, desaconselha o repúdio do sistema vigente.

O preconizado juízo de instrução, que importaria limitar a função da autoridade policial a prender criminosos, averiguar a materialidade dos crimes e indicar testemunhas, só é praticável sob a condição de que as distâncias dentro do seu território de jurisdição sejam fácil e rapidamente superáveis. Para atuar proficuamente em comarcas extensas, e posto que deva ser excluída a hipótese de criação de juizados de instrução em cada sede do distrito, seria preciso que o juiz instrutor possuísse o dom da ubiquidade. De outro modo, não se compreende como poderia presidir a todos os processos nos pontos diversos da sua zona de jurisdição, a grande distância uns dos outros e da sede da comarca, demandando, muitas vezes, com os morosos meios de condução ainda praticados na maior parte do nosso *hinterland*, vários dias de viagem. Seria imprescindível, na prática, a quebra do sistema: nas capitais e nas sedes de comarca em geral, a imediata intervenção do juiz instrutor, ou a instrução única; nos distritos longínquos, a continuação do sistema atual. Não cabe, aqui, discutir as proclamadas vantagens do juízo de instrução.

Preliminarmente, a sua adoção entre nós, na atualidade, seria incompatível com o critério de unidade da lei processual. Mesmo, porém, abstraída essa consideração, há em favor do inquérito policial, como instrução provisória antecedendo à propositura da ação penal, um argumento dificilmente contestável: é ele uma garantia contra apressados e errôneos juízos, formados quando ainda persiste a trepidação moral causada pelo crime ou antes que seja possível uma exata visão de conjunto dos fatos, nas suas circunstâncias objetivas e subjetivas. Por mais perspicaz e circunspeta, a autoridade que dirige a investigação inicial, quando ainda perdura o alarma provocado pelo crime, está sujeita a equívocos ou falsos juízos *a priori*, ou a sugestões tendenciosas.

Não raro, é preciso voltar atrás, refazer tudo, para que a investigação se oriente no rumo certo, até então despercebido. Por que, então, abolir-se o inquérito preliminar ou instrução provisória, expondo-se a justiça criminal aos azares do detetivismo, às marchas e contramarchas de uma instrução imediata e única? Pode ser mais expedito o sistema de unidade de instrução, mas o nosso sistema tradicional, com o inquérito preparatório, assegura uma justiça menos aleatória, mais prudente e serena.

A AÇÃO PENAL

V – O projeto atende ao princípio *ne procedat judex ex officio*, que, ditado pela evolução do direito judiciário penal e já consagrado pelo novo Código Penal, reclama a completa separação entre o juiz e o órgão da acusação, devendo caber exclusivamente a este a iniciativa da ação penal. O procedimento *ex officio* só é mantido em relação às contravenções, que, dado o caráter essencialmente preventivo que assume, na espécie, a sanção penal, devem ser sujeitas a um processo particularmente célere, sob pena de frustrar-se a finalidade legal. A necessidade de se abolirem, nesse caso, as delongas processuais motivou mesmo a transferência, respeitada pelo projeto de se permitir à autoridade policial, para o efeito de tal processo, excepcional função judiciária.

É devidamente regulada a formalidade da representação, de que depende em certos casos, na conformidade do novo Código Penal, a iniciativa do Ministério Público.

São igualmente disciplinados os institutos da *renúncia* e do *perdão*, como causas de extinção da punibilidade nos crimes de ação privada.

Para dirimir dúvidas que costumam surgir no caso de recusa do promotor da justiça em oferecer denúncia, adotou o projeto a seguinte norma: "Se o órgão do Ministério Público, ao invés de apresentar a denúncia, requerer o arquivamento do inquérito policial ou de quaisquer peças de informação, o juiz, no caso de considerar improcedentes as razões invocadas, fará remessa do inquérito ou peças de informação ao Procurador-Geral, e este oferecerá a denúncia, designará outro órgão do Ministério Público para oferecê-la ou insistirá no pedido de arquivamento, ao qual só então estará o juiz obrigado a atender".

A REPARAÇÃO DO DANO *EX DELICTO*

VI – O projeto, ajustando-se ao Código Civil e ao novo Código Penal, mantém a separação entre a ação penal e a ação civil *ex delicto*, rejeitando o instituto ambíguo da constituição de "parte civil" no processo penal. A obrigação de reparar o dano resultante do crime não é uma consequência de caráter penal, embora se torne certa quando haja sentença condenatória no juízo criminal. A invocada conveniência prática da economia de juízo não compensa o desfavor que acarretaria ao interesse da repressão a interferência de questões de caráter patrimonial no curso do processo penal. É indissimulável o mérito da argumentação de Sá Pereira na "Exposição de Motivos" do seu "Projeto de Código Penal", refutando as razões com que se defende o deslocamento da reparação do dano *ex delicto* para o campo do direito público:

> A meu ver, o que há de verdade nessas alegações não atinge os dois pontos seguintes: 1) que a reparação do dano é matéria de direito civil, e 2) que a repressão sofreria, se, no crime, a pleiteássemos. Se há lesão patrimonial, a reparação há de ser pedida a um outro patrimônio, e se me afigura impossível deslocar esta relação entre dois patrimônios do campo do direito privado para o do direito público, como querem os positivistas. Abrir no processo-crime a necessária margem à ação reparadora seria ou fazer marcharem simultaneamente as duas ações no mesmo processo, o que se tornaria tumultuário, ou paralisar o processo-crime para que o cível o alcançasse no momento final de pronunciamento da sentença que aplicasse a pena e fixasse a indenização. Não creio que a repressão ganhasse com isto alguma coisa; ao contrário, perderia muito de sua prontidão e rapidez.

Limita-se o projeto a outorgar ao juiz da *actio civilis ex delicto* a faculdade de sobrestar no curso desta até o pronunciamento do juízo penal. Desde que existia julgamento definitivo no processo-crime, prevalece o disposto no art. 1.525 do Código Civil♦, isto é, a prejudicialidade daquele sobre o julgamento no cível, relativamente à existência do fato, ou quem seja o seu autor. É expressamente declarado que faz coisa julgada no cível a sentença penal que reconhecer, no caso concreto, qualquer das hipóteses do art. 19 do Código Penal. Não será prejudicial da ação civil a decisão que, no juízo penal: 1) absolver o acusado, sem reconhecer, categoricamente, a inexistência material do fato; 2) ordenar o arquivamento do inquérito ou das peças de informação, por insuficiência de prova quanto à existência do crime ou à sua autoria; 3) declarar extinta a punibilidade; ou 4) declarar que o fato imputado não é definido como crime.

♦ CC/1916. Vide art. 935 do CC/2002.

O projeto não descurou de evitar que se torne ilusório o direito à reparação do dano, instituindo ou regulando eficientemente medidas assecuratórias (sequestro e hipoteca legal dos bens do indiciado ou do responsável civil), antes mesmo do início da ação ou do julgamento definitivo, e determinando a intervenção do Ministério Público, quando o titular do direito à indenização não disponha de recursos pecuniários para exercê-lo. Ficará, assim, sem fundamento a crítica, segundo a qual, pelo sistema do direito pátrio, a reparação do dano *ex delicto* não passa de uma promessa vã ou platônica da lei.

AS PROVAS

VII – O projeto abandonou radicalmente o sistema chamado da *certeza legal*. Atribui ao juiz a faculdade de iniciativa de provas complementares ou supletivas, quer no curso da instrução criminal, quer a final, antes de proferir a sentença. Não serão atendíveis as restrições à prova estabelecidas pela lei civil, salvo quanto ao estado das pessoas; nem é prefixada uma hierarquia de provas: na livre apreciação destas, o juiz formará, honesta e lealmente, a sua convicção. A própria confissão do acusado não constitui, fatalmente, prova plena de sua culpabilidade. Todas as provas são relativas; nenhuma delas terá, *ex vi legis*, valor decisivo, ou necessariamente maior prestígio que outra. Se é certo que o juiz fica adstrito às provas constantes dos autos, não é menos certo que não fica subordinado a nenhum critério apriorístico no apurar, através delas, a verdade material. O juiz criminal é, assim, restituído a sua própria consciência. Nunca é demais, porém, advertir que livre convencimento não quer dizer puro capricho de opinião ou mero arbítrio na apreciação das provas. O juiz está livre de preconceitos legais na aferição das provas, mas não pode abstrair-se ou alhear-se ao seu conteúdo. Não estará ele dispensado de motivar a sua sentença. E precisamente nisto reside a suficiente garantia do direito das partes e do interesse social.

Por outro lado, o juiz deixará de ser um espectador inerte da produção de provas. Sua intervenção na atividade processual é permitida, não somente para dirigir a marcha da ação penal e julgar a final, mas também para ordenar, de ofício, as provas que lhe parecerem úteis ao esclarecimento da verdade. Para a indagação desta, não estará sujeito a preclusões. Enquanto não estiver averiguada a matéria da acusação ou da defesa, e houver uma fonte de prova ainda não explorada, o juiz não deverá pronunciar o *in dubio pro reo* ou o *non liquet*.

Como corolário do sistema de livre convicção do juiz, é rejeitado o velho brocardo *testis unus testis nullus*. Não se compreende a prevenção legal contra a *voix d'un*, quando, tal seja o seu mérito, pode bastar à elucidação da verdade e à certeza moral do juiz. Na atualidade, aliás, a exigência da lei, como se sabe, é contornada por uma simulação prejudicial ao próprio decoro ou gravidade da justiça, qual a consistente em suprir-se o mínimo legal de testemunhas com pessoas cuja insciência acerca do objeto do processo é previamente conhecida, e que somente vão a juízo para declarar que nada sabem.

Outra inovação, em matéria de prova, diz respeito ao interrogatório do acusado. Embora mantido o princípio de que *nemo tenetur se detegere* (não estando o acusado na estrita obrigação de responder o que se lhe pergunta), já não será esse termo do processo, como atualmente, uma série de perguntas predeterminadas, sacramentais, a que o acusado dá as respostas de antemão estudadas, para não comprometer-se, mas uma franca oportunidade de obtenção de prova. É facultado ao juiz formular ao acusado quaisquer perguntas que julgue necessárias à pesquisa da verdade, e se é certo que o silêncio do réu não importará confissão, poderá, entretanto, servir, em face de outros indícios, à formação do convencimento do juiz.

O projeto ainda inova quando regula especialmente como meio de prova o "reconhecimento de pessoas e coisas"; quando estabelece a forma de explicação de divergência entre testemunhas presentes e ausentes do distrito da culpa; e, finalmente, quando, ao regular a busca, como expediente de consecução de prova, distingue-se em domiciliar e pessoal, para disciplinar diversamente, como é justo, as duas espécies.

A PRISÃO EM FLAGRANTE E A PRISÃO PREVENTIVA

VIII – A prisão em flagrante e a prisão preventiva são definidas com mais latitude do que na legislação em vigor. O clamor público deixa de ser condição necessária para que se equipare ao estado de flagrância o caso em que o criminoso, após a prática do crime, está a fugir. Basta que, vindo de cometer o crime, o fugitivo seja perseguido "pela autoridade, pelo ofendido ou por qualquer pessoa, em situação que faça presumir ser autor da infração": preso em tais condições, entende-se preso em flagrante delito. Considera-se, igualmente, em estado de flagrância o indivíduo que, logo em seguida à perpetração do crime, é encontrado "com o instrumento, armas, objetos ou papéis que façam presumir ser autor da infração". O interesse da administração da justiça não pode continuar a ser sacrificado por obsoletos escrúpulos formalísticos, que redundam em assegurar, com prejuízo da futura ação penal, a afrontosa intangibilidade de criminosos surpreendidos na atualidade ainda palpitante do crime e em circunstâncias que evidenciam sua relação com este.

A prisão preventiva, por sua vez, desprende-se dos limites estreitos até agora traçados à sua admissibilidade. Pressuposta a existência de suficientes indícios para imputação da autoria do crime, a prisão preventiva poderá ser decretada toda vez que o reclame o interesse da ordem pública, ou da instrução criminal, ou da efetiva aplicação da lei penal. Tratando-se de crime a que seja cominada pena de reclusão por tempo, no máximo, igual ou superior a 10 (dez) anos, a decretação da prisão preventiva será obrigatória, dispensando outro requisito além da prova indiciária contra o acusado. A duração da prisão provisória continua a ser condicionada, até o encerramento da instrução criminal, à efetividade dos atos processuais dentro dos respectivos prazos; mas estes são razoavelmente dilatados.

Vários são os dispositivos do projeto que cuidam de prover à maior praticabilidade da captura de criminosos que já se acham sob decreto de prisão. Assim, a falta de exibição do mandado, como já foi, de início, acentuado, não obstará a prisão, ressalvada a condição de ser o preso conduzido imediatamente à presença da autoridade que decretou a prisão.

A prisão do réu ausente do distrito da culpa, seja qual for o ponto do território nacional em que se encontre, será feita mediante simples precatória de uma autoridade a outra, e até mesmo, nos casos urgentes, mediante entendimento entre estas por via telegráfica ou telefônica, tomadas as necessárias precauções para evitar ludíbrio ou ensejo a maliciosas vinditas. Não se compreende ou não se justifica que os Estados, gravitando dentro da unidade nacional, se oponham mutuamente obstáculos na pronta repressão da delinquência.

A autoridade policial que recebe um mandado de prisão para dar-lhe cumprimento poderá, de sua própria iniciativa, fazer tirar tantas cópias quantas forem necessárias às diligências.

A LIBERDADE PROVISÓRIA

IX – Abolida a pluralidade do direito formal, já não subsiste razão para que a liberdade provisória mediante fiança, que é matéria tipicamente de caráter processual, continue a ser regulada pela lei penal substantiva. O novo Código Penal não cogitou do instituto da fiança, precisamente para que o futuro Código de Processo Penal reivindicasse a regulamentação de assunto que lhe é pertinente. Inovando na legislação atual, o presente projeto cuidou de imprimir à fiança um cunho menos rígido. O *quantum* da fiança continuará subordinado a uma tabela graduada, mas as regras para a sua fixação tornam possível sua justa correspondência aos casos concretos. E declarado que, "para determinar o valor da fiança, a autoridade terá em conta a natureza da infração, as condições pessoais de fortuna e vida pregressa do acusado, as circunstâncias indicativas de sua periculosidade, bem como a importância provável das custas do processo, até final julgamento". Ainda mais: o juiz não estará inexoravelmente adstrito à tarifa legal, podendo aumentar até o triplo a fiança, quando "reconhecer que, em virtude da situação econômica do réu, não assegurará a ação da justiça, embora fixada no máximo".

Não é admitida a fiança fidejussória, mas o projeto contém o seguinte dispositivo, que virá conjurar uma iniquidade frequente no regime legal atual, relativamente aos réus desprovidos de recursos pecuniários: "Nos casos em que couber fiança, o juiz, verificando ser impossível ao réu prestá-la, por motivo de pobreza, poderá conceder-lhe a liberdade provisória...".

Os casos de inafiançabilidade são taxativamente previstos, corrigindo-se certas anomalias da lei vigente.

A INSTRUÇÃO CRIMINAL

X – O prazo da instrução criminal ou formação da culpa é ampliado (em cotejo com os estabelecidos atualmente): estando o réu preso, será de 20 (vinte) dias; estando o réu solto ou afiançado, de 40 (quarenta) dias.

Nesses prazos, que começarão a correr da data do interrogatório, ou da em que deverá ter-se realizado, terminando com a inquirição da última testemunha de acusação, não será computado o tempo de qualquer impedimento.

O sistema de inquirição das testemunhas é o chamado presidencial, isto é, ao juiz que preside à formação da culpa cabe privativamente fazer perguntas diretas à testemunha. As perguntas das partes serão feitas por intermédio do juiz, a cuja censura ficarão sujeitas.

O ACUSADO

XI – Suprindo uma injustificável omissão da atual legislação processual, o projeto autoriza que o acusado, no caso em que não caiba a prisão preventiva, seja forçadamente conduzido à presença da autoridade, quando, regularmente intimado para ato que, sem ele, não possa realizar-se, deixa de comparecer sem motivo justo. Presentemente, essa medida compulsória é aplicável somente à testemunha faltosa, enquanto ao réu é concedido o privilégio de desobedecer à autoridade processante, ainda que a sua presença seja necessária para esclarecer ponto relevante da acusação ou da defesa.

Nenhum acusado, ainda que revel, será processado ou julgado sem defensor; mas a sua ausência (salvo tratando-se de crime da competência do Tribunal do Júri) não suspenderá o julgamento, nem o prazo para o recurso, pois, de outro modo, estaria a lei criando uma prerrogativa em favor de réus foragidos, que, garantidos contra o julgamento à revelia, poderiam escapar, indefinidamente, à categoria de reincidentes. Se algum erro judiciário daí provier, poderá ser corrigido pela revisão ou por um decreto de graça.

A SENTENÇA

XII – O projeto, generalizando um princípio já consagrado pela atual Lei do Júri, repudia a proibição de sentença condenatória *ultra petitum* ou a desclassificação *in pejus* do crime imputado. Constituía um dos exageros do liberalismo o transplante dessa proibição, que é própria do direito privado, para a esfera de direito processual penal, que é um ramo do direito público. O interesse da defesa social não pode ser superado pelo unilateralíssimo interesse pessoal dos criminosos. Não se pode reconhecer ao réu, em prejuízo do bem social, estranho direito adquirido a um *quantum* de pena injustificadamente diminuta, só porque o Ministério Público, ainda que por equívoco, não tenha pleiteado maior pena. Em razão do antigo sistema, ocorria, frequentemente, a seguinte inconveniência: não podendo retificar a classificação feita na denúncia, para impor ao réu sanção mais grave, o juiz era obrigado a julgar nulo o processo ou improcedente a ação penal, conforme o caso, devendo o Ministério Público apresentar nova denúncia, se é que já não estivesse extinta a punibilidade pela prescrição. Se o réu estava preso, era posto em liberdade, e o êxito do segundo processo tornava-se, as mais das vezes, impossível, dado o intercorrente desaparecimento dos elementos de prova. Inteiramente diversa é a solução dada pelo projeto, que distingue duas hipóteses: o fato apurado no sumário é idêntico ao descrito na denúncia ou queixa, mas esta o classificou erradamente; ou o fato apurado ocorreu em circunstâncias diversas não contidas explícita ou implicitamente na peça inicial do processo, e estas deslocam a classificação. E os dois casos são assim resolvidos: no primeiro, é conferida ao juiz a faculdade de alterar a classificação, ainda que para aplicar pena mais grave; no segundo, se a circunstância apurada não estava contida, explícita ou implicitamente, na denúncia ou queixa, mas não acarreta a nova classificação pena mais grave, deverá o juiz conceder ao acusado o prazo de 8 (oito) dias para alegação e provas, e se importa classificação que acarrete pena mais grave, o juiz baixará o processo, a fim de que o Ministério Público adite a denúncia ou a queixa e, em seguida, marcará novos prazos sucessivos à defesa, para alegações e prova.

Vê-se que o projeto, ao dirimir a questão, atendeu à necessidade de assegurar a defesa e, ao mesmo tempo, impedir que se repudie um processo realizado com todas as formalidades legais.

É declarado, de modo expresso, que, nos crimes de ação pública, o juiz poderá proferir sentença condenatória, ainda que o Ministério Público tenha opinado pela absolvição, bem como reconhecer agravantes, embora nenhuma tenha sido alegada.

Quando o juiz da sentença não for o mesmo que presidiu à instrução criminal, é-lhe facultado ordenar que esta se realize novamente, em sua presença.

A sentença deve ser motivada. Com o sistema do relativo arbítrio judicial na aplicação da pena, consagrado pelo novo Código Penal, e o do livre convencimento do juiz, adotado pelo presente projeto, é a motivação da sentença que oferece garantia contra os excessos, os erros de apreciação, as falhas de raciocínio ou de lógica ou os demais vícios de julgamento. No caso de absolvição, a parte dispositiva da sentença deve conter, de modo preciso, a razão específica pela qual é o réu absolvido. É minudente o projeto, ao regular a motivação e o dispositivo da sentença.

AS FORMAS DO PROCESSO

XIII – São estabelecidas e devidamente reguladas as várias formas do processo.

O processo sumário é limitado às contravenções penais e aos crimes a que seja cominada pena de detenção. Para o efeito da aplicação de medida de segurança, nos casos do art. 76 do Código Penal, é instituído processo especial.

Ao cuidar do processo por crimes contra a honra (Ressalvada a legislação especial sobre os "crimes de imprensa") o projeto contém uma inovação: o juízo preliminar de reconciliação entre as partes. Antes de receber a queixa, o juiz deverá ouvir, separadamente, o querelante e o querelado e, se julgar possível a reconciliação, promoverá um entendimento entre eles, na sua presença. Se efetivamente se reconciliarem, será lavrado termo de desistência e arquivada a queixa. Os processos por calúnia, difamação ou injúria redundam, por vezes, em agravação de uma recíproca hostilidade. É de boa política, portanto, tentar-se, *in limine litis*, o apaziguamento dos ânimos, sem quebra da dignidade ou amor-próprio de qualquer das partes.

O processo por crime de falência é atribuído integralmente ao juízo criminal, ficando suprimido, por sua consequente inutilidade, o termo de pronúncia. Não são convenientes os argumentos em favor da atual dualidade de juízos, um para o processo até pronúncia e outro para o julgamento. Ao invés das singularidades de um processo anfíbio, com instrução no juízo cível e julgamento no juízo criminal, é estabelecida a competência deste *ab initio*, restituindo--se-lhe uma função específica e ensejando--se-lhe mais segura visão de conjunto, necessária ao acerto da decisão final.

O JÚRI

XIV – Com algumas alterações, impostas pela lição da experiência e pelo sistema de aplicação da pena adotado pelo novo Código Penal foi incluído no corpo do projeto o Decreto-Lei nº 167, de 5 de janeiro de 1938. Como atestam os aplausos recebidos, de vários pontos do país, pelo Governo da República, e é notório, têm sido excelentes os resultados desse Decreto-Lei que veio afeiçoar o tribunal popular à finalidade precípua da defesa social. A aplicação da justiça penal pelo júri deixou de ser uma abdicação, para ser uma delegação do Estado, controlada e orientada no sentido do superior interesse da sociedade. Privado de sua antiga soberania, que redundava, na prática, numa sistemática indulgência para com os criminosos, o júri está, agora, integrado na consciência de suas graves responsabilidades e reabilitado na confiança geral.

A relativa individualização da pena, segundo as normas do estatuto penal que entrará em vigor a 1º de janeiro do ano vindouro, não pode ser confiada ao conselho de sentença, pois exige, além da apreciação do fato criminoso em si mesmo, uma indagação em torno de condições e circunstâncias complexas, que não poderiam ser objeto de quesitos, para respostas de plano. Assim, ao conselho de sentença, na conformidade do que dispõe o projeto, apenas incumbirá afirmar ou negar o fato imputado, as circunstâncias elementares ou qualificativas, a desclassificação do crime acaso pedida pela defesa, as causas de aumento ou diminuição especial de pena e as causas de isenção de pena ou de crime. No caso em que as respostas sejam no sentido da condenação, a medida da pena caberá exclusivamente ao presidente do tribunal, pois, com o meditado estudo que já tem do processo, estará aparelhado para o ajustamento *in concreto* da pena aplicável ao réu. Também ao presidente do tribunal incumbe, privativamente, pronunciar-se sobre a aplicação de medidas de segurança e penas acessórias.

A decisão do conselho de sentença, prejudicial da sentença proferida pelo juiz-presidente, é reformável, *de meritis*, em grau de apelação, nos estritos casos em que o autoriza a legislação atual; mas do pronunciamento do juiz-presidente cabe apelação segundo a regra geral.

O RECURSO *EX OFFICIO* DA CONCESSÃO DE *HABEAS CORPUS* NA PRIMEIRA INSTÂNCIA

XV – O projeto determina o recurso *ex officio* da sentença proferida pelos juízes inferiores concedendo *habeas corpus*. Não é exato que a Constituição vigente tenha suprimido, implicitamente, essa providência de elementar cautela de administração da justiça penal. A opinião contrária levaria a admitir que tais sentenças são atualmente irrecorríveis, pois delas, pela mesma lógica, não caberia recurso do Ministério Público, ainda que se tornasse obrigatória a intervenção deste nos processos de *habeas corpus*.

A Constituição, em matéria de processo de *habeas corpus*, limita-se a dispor que das decisões denegatórias desse *remedium juris*, proferidas "em última ou única instância", há recurso ordinário para o Supremo Tribunal Federal. A última instância, a que se refere o dispositivo constitucional, é o Tribunal de Apelação, sendo evidente que, salvo os casos de competência originária deste, a decisão denegatória de *habeas corpus*, de que há recurso para o Supremo Tribunal, pressupõe um anterior recurso, do juiz inferior para o Tribunal de Apelação. Ora, se admitiu recurso para o Tribunal de Apelação, da sentença do juiz inferior no caso de denegação do *habeas corpus*, não seria compreensível que a Constituição, visceralmente informada no sentido da incontrastável supremacia do interesse social, se propusesse à abolição do recurso *ex officio*, para o mesmo Tribunal de Apelação♦, da decisão concessiva do *habeas corpus*, também emanada do juiz inferior, que passaria a ser, em tal caso, instância única.

♦ Atual denominação: "Tribunal de Justiça", nos termos da CF/1946.

É facilmente imaginável o desconchavo que daí poderia resultar. Sabe-se que um dos casos taxativos de concessão de *habeas corpus* é o de não constituir infração penal o fato que motiva o constrangimento à liberdade de ir e vir. E não se poderia conjurar, na prática, a seguinte situação aberrante: o juiz inferior, errada ou injustamente reconhece penalmente lícito o fato imputado ao paciente, e, em consequência, não somente ser este posto em liberdade, como também impedido o prosseguimento da ação penal, sem o pronunciamento da segunda instância.

Não se pode emprestar à Constituição a intenção de expor a semelhante desgarantia o interesse da defesa social. O que ela fez foi apenas deixar bem claro que das decisões sobre *habeas corpus*, proferidas pelos Tribunais de Apelação, como última ou única instância, somente caberá recurso para o Supremo Tribunal quando denegatórias.

No caso de decisão denegatória, não se tratando de *habeas corpus* originário de tribunal de apelação, haverá, excepcionalmente, três instâncias; se a decisão, porém, é concessiva da medida, duas apenas, segundo a regra geral, serão as instâncias.

OS NOVOS INSTITUTOS DA LEI PENAL MATERIAL

XVI – O projeto consagra capítulos especiais à detalhada regulamentação dos institutos que, estranhos à lei penal ainda vigente, figuram no novo Código Penal, como sejam as medidas de segurança e a reabilitação, do mesmo modo que provê à disciplina da execução das penas principais e acessórias, dentro da sistemática do referido Código.

AS NULIDADES

XVII – Como já foi dito de início, o projeto é infenso ao excessivo rigorismo formal, que dá ensejo, atualmente, à infindável série das nulidades processuais. Segundo a justa advertência de ilustre processualista italiano, "um bom direito processual penal deve limitar as sanções de nulidade àquele estrito mínimo que não pode ser abstraído sem lesar legítimos e graves interesses do Estado e dos cidadãos".

O projeto não deixa respiradouro para o frívolo curialismo, que se compraz em espiolhar nulidades. É consagrado o princípio geral de que nenhuma nulidade ocorre se não há prejuízo para a acusação ou a defesa.

Não será declarada a nulidade de nenhum ato processual, quando este não haja influído concretamente na decisão da causa ou na apuração da verdade substancial. Somente em casos excepcionais é declarada insanável a nulidade.

Fora desses casos, ninguém pode invocar direito à irredutível subsistência da nulidade.

Sempre que o juiz deparar com uma causa de nulidade, deve prover imediatamente à sua eliminação, renovando ou retificando o ato irregular, se possível; mas, ainda que o não faça, a nulidade considera-se sanada:

a) pelo silêncio das partes;

b) pela efetiva consecução do escopo visado pelo ato não obstante sua irregularidade;

c) pela aceitação, ainda que tácita, dos efeitos do ato irregular.

Se a parte interessada não argui a irregularidade ou com esta implicitamente se conforma, aceitando-lhe os efeitos, nada mais natural que se entenda haver renunciado ao direito de argui-la. Se toda formalidade processual visa um determinado fim, e este fim é alcançado, apesar de sua irregularidade, evidentemente carece esta de importância. Decidir de outro modo será incidir no despropósito de considerar-se a formalidade um fim em si mesma.

É igualmente firmado o princípio de que não pode arguir a nulidade quem lhe tenha dado causa ou não tenha interesse na sua declaração. Não se compreende que alguém provoque a irregularidade e seja admitido em seguida, a especular com ela; nem tampouco que, no silêncio da parte prejudicada, se permita à outra parte investir-se no direito de pleitear a nulidade.

O ESPÍRITO DO CÓDIGO

XVIII – Do que vem de ser ressaltado, e de vários outros critérios adotados pelo projeto, se evidencia que este se norteou no sentido de obter equilíbrio entre o interesse social e o da defesa individual, entre o direito do Estado à punição dos criminosos e o direito do indivíduo às garantias e seguranças de sua liberdade. Se ele não transige com as sistemáticas restrições ao poder público, não o inspira, entretanto, o espírito de um incondicional autoritarismo do Estado ou de uma sistemática prevenção contra os direitos e garantias individuais.

É justo que, ao finalizar esta Exposição de Motivos, deixe aqui consignada a minha homenagem aos autores do projeto, Drs. Vieira Braga, Nelson Hungria, Narcélio de Queiroz, Roberto Lyra, Desembargador Florêncio de Abreu e o saudoso Professor Cândido Mendes de Almeida, que revelaram rara competência e a mais exata e larga compreensão dos problemas de ordem teórica e de ordem prática que o Código se propõe resolver.

Na redação final do projeto contei com a valiosa colaboração do Dr. Abgar Renault.

Aproveito a oportunidade para renovar a Vossa Excelência os protestos de meu mais profundo respeito.

Francisco Campos

DOU de 13.10.1941

CÓDIGO DE PROCESSO PENAL

DECRETO-LEI Nº 3.689, DE 3 DE OUTUBRO DE 1941

Atualizado até a Lei nº 14.365, de 2.6.2022.

Código de Processo Penal.

O Presidente da República, usando da atribuição que lhe confere o art. 180 da Constituição♦, decreta a seguinte Lei:

♦ Constituição dos Estados Unidos do Brasil/1937.

LIVRO I
DO PROCESSO EM GERAL

TÍTULO I
DISPOSIÇÕES PRELIMINARES

Art. 1º. O processo penal reger-se-á, em todo o território brasileiro, por este Código, ressalvados:

I – os tratados, as convenções e regras de direito internacional;

II – as prerrogativas constitucionais do Presidente da República, dos ministros de Estado, nos crimes conexos com os do Presidente da República, e dos ministros do Supremo Tribunal Federal, nos crimes de responsabilidade (Constituição, arts. 86, 89, § 2º, e 100)♦;

♦ Constituição dos Estados Unidos do Brasil/1937. Vide arts. 50, § 2º; 52, I e parágrafo único; 85; 86, § 1º; e 102, I, "b", da CF/1988.

III – os processos da competência da Justiça Militar;

IV – os processos da competência do tribunal especial (Constituição♦, art. 122, nº 17);

♦ Constituição dos Estados Unidos do Brasil/1937.

V – os processos por crimes de imprensa.

(*) O STF, no julgamento da ADPF 130, declarou a não recepção da Lei de Imprensa (Lei nº 5.250, de 9.2.1967) pela CF/1988.

Parágrafo único. Aplicar-se-á, entretanto, este Código aos processos referidos nos nºs IV e V, quando as leis especiais que os regulam não dispuserem de modo diverso.

Art. 2º. A lei processual penal aplicar-se-á desde logo, sem prejuízo da validade dos atos realizados sob a vigência da lei anterior.

Art. 3º. A lei processual penal admitirá interpretação extensiva e aplicação analógica, bem como o suplemento dos princípios gerais de direito.

Juiz das Garantias

(*) Eficácia suspensa. ADI 6.298, 6.299, 6.300 e 6.305: "(...) *Ex positis,* concedo a medida cautelar requerida para suspender a eficácia do artigo 310, § 4°, do Código de Processo Penal (CPP), na redação introduzida pela Lei n° 13.964/2019. Conclusão: *Ex positis*, na condição de relator das ADIs 6.298, 6.299, 6.300 e 6.305, com as vênias de praxe e pelos motivos expostos: (a) Revogo a decisão monocrática constante das ADIs 6.298, 6.299, 6.300 e suspendo *sine die* a eficácia, *ad referendum* do Plenário, (a1) da implantação do juiz das garantias e seus consectários (Artigos 3º-A, 3º-B, 3º-C, 3º-D, 3º-E, 3º-F, do Código de Processo Penal); e (a2) da alteração do juiz sentenciante que conheceu de prova declarada inadmissível (157, § 5º, do Código de Processo Penal); (b) Concedo a medida cautelar requerida nos autos da ADI 6.305, e suspendo *sine die* a eficácia, *ad referendum* do Plenário, (b1) da alteração do procedimento de arquivamento do inquérito policial (28, *caput*, Código de Processo Penal); (b2) Da liberalização da prisão pela não realização da audiência de custódia no prazo de 24 horas (Artigo 310, § 4°, do Código de Processo Penal); Nos termos do artigo 10, § 2º, da Lei nº 9.868/95, a concessão desta medida cautelar não interfere nem suspende os inquéritos e os processos em curso na presente data. Aguardem-se as informações já solicitadas aos requeridos, ao Advogado-Geral da União e ao Procurador-Geral da República. Após, retornem os autos para a análise dos pedidos de ingresso na lide dos *amici curae* e a designação oportuna de audiências públicas. Publique-se. Intimem-se.".

Art. 3º-A. O processo penal terá estrutura acusatória, vedadas a iniciativa do juiz na fase de investigação e a substituição da atuação probatória do órgão de acusação.

(*) Art. 3º-A acrescido pela Lei nº 13.964/2019.

Art. 3º-B. O juiz das garantias é responsável pelo controle da legalidade da investigação criminal e pela salvaguarda dos direitos individuais cuja franquia tenha sido reservada à autorização prévia do Poder Judiciário, competindo-lhe especialmente:

I – receber a comunicação imediata da prisão, nos termos do inciso LXII do *caput* do art. 5º da Constituição Federal;

II – receber o auto da prisão em flagrante para o controle da legalidade da prisão, observado o disposto no art. 310 deste Código;

III – zelar pela observância dos direitos do preso, podendo determinar que este seja conduzido à sua presença, a qualquer tempo;

IV – ser informado sobre a instauração de qualquer investigação criminal;

V – decidir sobre o requerimento de prisão provisória ou outra medida cautelar, observado o disposto no § 1º deste artigo;

VI – prorrogar a prisão provisória ou outra medida cautelar, bem como substituí-las ou revogá-las, assegurado, no primeiro caso, o exercício do contraditório em audiência pública e oral, na forma do disposto neste Código ou em legislação especial pertinente;

VII – decidir sobre o requerimento de produção antecipada de provas consideradas urgentes e não repetíveis, assegurados o contraditório e a ampla defesa em audiência pública e oral;

VIII – prorrogar o prazo de duração do inquérito, estando o investigado preso, em vista das razões apresentadas pela autoridade policial e observado o disposto no § 2º deste artigo;

IX – determinar o trancamento do inquérito policial quando não houver fundamento razoável para sua instauração ou prosseguimento;

X – requisitar documentos, laudos e informações ao delegado de polícia sobre o andamento da investigação;

XI – decidir sobre os requerimentos de:

a) interceptação telefônica, do fluxo de comunicações em sistemas de informática e telemática ou de outras formas de comunicação;

b) afastamento dos sigilos fiscal, bancário, de dados e telefônico;

c) busca e apreensão domiciliar;

d) acesso a informações sigilosas;

e) outros meios de obtenção da prova que restrinjam direitos fundamentais do investigado;

XII – julgar o *habeas corpus* impetrado antes do oferecimento da denúncia;

XIII – determinar a instauração de incidente de insanidade mental;

XIV – decidir sobre o recebimento da denúncia ou queixa, nos termos do art. 399 deste Código;

XV – assegurar prontamente, quando se fizer necessário, o direito outorgado ao investigado e ao seu defensor de acesso a todos os elementos informativos e provas produzidos no âmbito da investigação criminal, salvo no que concerne, estritamente, às diligências em andamento;

XVI – deferir pedido de admissão de assistente técnico para acompanhar a produção da perícia;

XVII – decidir sobre a homologação de acordo de não persecução penal ou os de colaboração premiada, quando formalizados durante a investigação;

XVIII – outras matérias inerentes às atribuições definidas no *caput* deste artigo.

§ 1º. O preso em flagrante ou por força de mandado de prisão provisória será encaminhado à presença do juiz de garantias no prazo de 24 (vinte e quatro) horas, momento em que se realizará audiência com a presença do Ministério Público e da Defensoria Pública ou de advogado constituído, vedado o emprego de videoconferência.

(*) § 1º acrescido pela Lei nº 13.964/2019, vetado pelo Presidente da República, mantido pelo Congresso Nacional e publicado no *DOU* de 30.4.2021.

§ 2º. Se o investigado estiver preso, o juiz das garantias poderá, mediante representação da autoridade policial e ouvido o Ministério Público, prorrogar, uma única vez, a duração do inquérito por até 15 (quinze) dias, após o que, se ainda assim a investigação não for concluída, a prisão será imediatamente relaxada.

(*) Art. 3º-B acrescido pela Lei nº 13.964/2019.

Art. 3º-C. A competência do juiz das garantias abrange todas as infrações penais, exceto as de menor potencial ofensivo, e cessa com o recebimento da denúncia ou queixa na forma do art. 399 deste Código.

§ 1º. Recebida a denúncia ou queixa, as questões pendentes serão decididas pelo juiz da instrução e julgamento.

§ 2º. As decisões proferidas pelo juiz das garantias não vinculam o juiz da instrução e julgamento, que, após o recebimento da denúncia ou queixa, deverá reexaminar a necessidade das medidas cautelares em curso, no prazo máximo de 10 (dez) dias.

§ 3º. Os autos que compõem as matérias de competência do juiz das garantias ficarão acautelados na secretaria desse juízo, à disposição do

Ministério Público e da defesa, e não serão apensados aos autos do processo enviados ao juiz da instrução e julgamento, ressalvados os documentos relativos às provas irrepetíveis, medidas de obtenção de provas ou de antecipação de provas, que deverão ser remetidos para apensamento em apartado.

§ 4º. Fica assegurado às partes o amplo acesso aos autos acautelados na secretaria do juízo das garantias.

(*) Art. 3º-C acrescido pela Lei nº 13.964/2019.

Art. 3º-D. O juiz que, na fase de investigação, praticar qualquer ato incluído nas competências dos arts. 4º e 5º deste Código ficará impedido de funcionar no processo.

Parágrafo único. Nas comarcas em que funcionar apenas um juiz, os tribunais criarão um sistema de rodízio de magistrados, a fim de atender às disposições deste Capítulo.

(*) Art. 3º-D acrescido pela Lei nº 13.964/2019.

Art. 3º-E. O juiz das garantias será designado conforme as normas de organização judiciária da União, dos Estados e do Distrito Federal, observando critérios objetivos a serem periodicamente divulgados pelo respectivo tribunal.

(*) Art. 3º-E acrescido pela Lei nº 13.964/2019.

Art. 3º-F. O juiz das garantias deverá assegurar o cumprimento das regras para o tratamento dos presos, impedindo o acordo ou ajuste de qualquer autoridade com órgãos da imprensa para explorar a imagem da pessoa submetida à prisão, sob pena de responsabilidade civil, administrativa e penal.

Parágrafo único. Por meio de regulamento, as autoridades deverão disciplinar, em 180 (cento e oitenta) dias, o modo pelo qual as informações sobre a realização da prisão e a identidade do preso serão, de modo padronizado e respeitada a programação normativa aludida no *caput* deste artigo, transmitidas à imprensa, assegurados a efetividade da persecução penal, o direito à informação e a dignidade da pessoa submetida à prisão.

(*) Art. 3º-F acrescido pela Lei nº 13.964/2019.

TÍTULO II
DO INQUÉRITO POLICIAL

Art. 4º. A polícia judiciária será exercida pelas autoridades policiais no território de suas respectivas circunscrições e terá por fim a apuração das infrações penais e da sua autoria.

(*) Art. 4º, *caput*, com redação dada pela Lei nº 9.043/1995.

(*) V. art. 107 do CPP.

Parágrafo único. A competência definida neste artigo não excluirá a de autoridades administrativas, a quem por lei seja cometida a mesma função.

(*) V. arts. 69 a 87 do CPP.

(*) Vide Súmula 397 do STF.

Art. 5º. Nos crimes de ação pública o inquérito policial será iniciado:

I – de ofício;

II – mediante requisição da autoridade judiciária ou do Ministério Público, ou a requerimento do ofendido ou de quem tiver qualidade para representá-lo.

(*) V. § 2º deste artigo do CPP.

§ 1º. O requerimento a que se refere o nº II conterá sempre que possível:

a) a narração do fato, com todas as circunstâncias;

b) a individualização do indiciado ou seus sinais característicos e as razões de convicção ou de presunção de ser ele o autor da infração, ou os motivos de impossibilidade de o fazer;

c) a nomeação das testemunhas, com indicação de sua profissão e residência.

(*) V. arts. 202 e 207 do CPP.

§ 2º. Do despacho que indeferir o requerimento de abertura de inquérito caberá recurso para o chefe de Polícia.

§ 3º. Qualquer pessoa do povo que tiver conhecimento da existência de infração penal em que caiba ação pública poderá, verbalmente ou por escrito, comunicá-la à autoridade policial, e esta, verificada a procedência das informações, mandará instaurar inquérito.

§ 4º. O inquérito, nos crimes em que a ação pública depender de representação, não poderá sem ela ser iniciado.

(*) V. arts. 24 e 25 do CPP.

§ 5º. Nos crimes de ação privada, a autoridade policial somente poderá proceder a inquérito a requerimento de quem tenha qualidade para intentá-la.

(*) V. arts. 24, 30, 31 e 34 do CPP.

(*) Vide Súmula 594 do STF.

Art. 6º. Logo que tiver conhecimento da prática da infração penal, a autoridade policial deverá:

I – dirigir-se ao local, providenciando para que não se alterem o estado e conservação das coisas, até a chegada dos peritos criminais;

(*) Inciso I com redação dada pela Lei nº 8.862/1994.

(*) Vide Lei nº 5.970/1973, que exclui da aplicação do disposto neste inciso I os casos de acidente de trânsito.

II – apreender os objetos que tiverem relação com o fato, após liberados pelos peritos criminais;

(*) Inciso II com redação dada pela Lei nº 8.862/1994.

(*) V. arts. 11, 118, 120, 124 e 240 a 250 do CPP.

III – colher todas as provas que servirem para o esclarecimento do fato e suas circunstâncias;

(*) V. arts. 155 a 157 e 202 a 225 do CPP.

IV – ouvir o ofendido;

(*) V. art. 201 do CPP.

V – ouvir o indiciado, com observância, no que for aplicável, do disposto no Capítulo III do Título VII, deste Livro, devendo o respectivo termo ser assinado por 2 (duas) testemunhas que lhe tenham ouvido a leitura;

(*) V. arts. 185 a 196 do CPP.

VI – proceder a reconhecimento de pessoas e coisas e a acareações;

(*) V. arts. 226 a 230 do CPP.

VII – determinar, se for caso, que se proceda a exame de corpo de delito e a quaisquer outras perícias;

(*) V. arts. 158 a 184 do CPP.

VIII – ordenar a identificação do indiciado pelo processo datiloscópico, se possível, e fazer juntar aos autos sua folha de antecedentes;

IX – averiguar a vida pregressa do indiciado, sob o ponto de vista individual, familiar e social, sua condição econômica, sua atitude e estado de ânimo antes e depois do crime e durante ele, e quaisquer outros elementos que contribuírem para a apreciação do seu temperamento e caráter;

(*) V. art. 5º da LEP.

X – colher informações sobre a existência de filhos, respectivas idades e se possuem alguma deficiência e o nome e o contato de eventual responsável pelos cuidados dos filhos, indicado pela pessoa presa.

(*) Inciso X acrescido pela Lei nº 13.257/2016.

Art. 7º. Para verificar a possibilidade de haver a infração sido praticada de determinado modo, a autoridade policial poderá proceder à reprodução simulada dos fatos, desde que esta não contrarie a moralidade ou a ordem pública.

Art. 8º. Havendo prisão em flagrante, será observado o disposto no Capítulo II do Título IX deste Livro.

(*) V. arts. 301 a 310 do CPP.

(*) Vide Súmula 145 do STF.

Art. 9º. Todas as peças do inquérito policial serão, num só processado, reduzidas a escrito ou datilografadas e, neste caso, rubricadas pela autoridade.

(*) V. art. 405, § 1º, do CPP.

(*) Vide Súmula Vinculante 14 do STF.

Art. 10. O inquérito deverá terminar no prazo de 10 (dez) dias, se o indiciado tiver sido preso em flagrante, ou estiver preso preventivamente, contado o prazo, nesta hipótese, a partir do dia em que se executar a ordem de prisão, ou no prazo de 30 (trinta) dias, quando estiver solto, mediante fiança ou sem ela.

§ 1º. A autoridade fará minucioso relatório do que tiver sido apurado e enviará autos ao juiz competente.

(*) V. art. 23 do CPP.

§ 2º. No relatório poderá a autoridade indicar testemunhas que não tiverem sido inquiridas, mencionando o lugar onde possam ser encontradas.

§ 3º. Quando o fato for de difícil elucidação, e o indiciado estiver solto, a autoridade poderá requerer ao juiz a devolução dos autos, para ulteriores diligências, que serão realizadas no prazo marcado pelo juiz.

Art. 11. Os instrumentos do crime, bem como os objetos que interessarem à prova, acompanharão os autos do inquérito.

(*) V. arts. 118 a 124 do CPP.

Art. 12. O inquérito policial acompanhará a denúncia ou queixa, sempre que servir de base a uma ou outra.

(*) V. arts. 27; 39, § 5º; 40; e 46, § 1º, do CPP.

Art. 13. Incumbirá ainda à autoridade policial:

(*) V. arts. 6º e 7º do CPP.

I – fornecer às autoridades judiciárias as informações necessárias à instrução e julgamento dos processos;

(*) V. art. 149, § 1º, do CPP.

II – realizar as diligências requisitadas pelo juiz ou pelo Ministério Público;

III – cumprir os mandados de prisão expedidos pelas autoridades judiciárias;

(*) V. arts. 282 a 300 do CPP.

IV – representar acerca da prisão preventiva.

(*) V. art. 282, § 6º, do CPP.

Art. 13-A. Nos crimes previstos nos arts. 148, 149 e 149-A, no § 3º do art. 158 e no art. 159 do Decreto-Lei nº 2.848, de 7 de dezembro de 1940 (Código Penal), e no art. 239 da Lei nº 8.069, de 13 de julho de 1990 (Estatuto da Criança e do Adolescente), o membro do Ministério Público ou o delegado de polícia poderá requisitar, de quaisquer órgãos do poder público ou de empresas da iniciativa privada, dados e informações cadastrais da vítima ou de suspeitos.

Parágrafo único. A requisição, que será atendida no prazo de 24 (vinte e quatro) horas, conterá:

I – o nome da autoridade requisitante;

II – o número do inquérito policial; e

III – a identificação da unidade de polícia judiciária responsável pela investigação.

(*) Art. 13-A acrescido pela Lei nº 13.344/2016.

Art. 13-B. Se necessário à prevenção e à repressão dos crimes relacionados ao tráfico de pessoas, o membro do Ministério Público ou o delegado de polícia poderão requisitar, mediante autorização judicial, às empresas prestadoras de serviço de telecomunicações e/ou telemática que disponibilizem imediatamente os meios técnicos adequados – como sinais, informações e outros – que permitam a localização da vítima ou dos suspeitos do delito em curso.

§ 1º. Para os efeitos deste artigo, sinal significa posicionamento da estação de cobertura, setorização e intensidade de radiofrequência.

§ 2º. Na hipótese de que trata o *caput*, o sinal:

I – não permitirá acesso ao conteúdo da comunicação de qualquer natureza, que dependerá de autorização judicial, conforme disposto em lei;

II – deverá ser fornecido pela prestadora de telefonia móvel celular por período não superior a 30 (trinta) dias, renovável por uma única vez, por igual período;

III – para períodos superiores àquele de que trata o inciso II, será necessária a apresentação de ordem judicial.

§ 3º. Na hipótese prevista neste artigo, o inquérito policial deverá ser instaurado no prazo máximo de 72 (setenta e duas) horas, contado do registro da respectiva ocorrência policial.

§ 4º. Não havendo manifestação judicial no prazo de 12 (doze) horas, a autoridade competente requisitará às empresas prestadoras de serviço de telecomunicações e/ou telemática que disponibilizem imediatamente os meios técnicos adequados – como sinais, informações e outros – que permitam a localização da vítima ou dos suspeitos do delito em curso, com imediata comunicação ao juiz.

(*) Art. 13-B acrescido pela Lei nº 13.344/2016.

Art. 14. O ofendido, ou seu representante legal, e o indiciado poderão requerer qualquer diligência, que será realizada, ou não, a juízo da autoridade.

(*) V. art. 5º, § 2º, do CPP.

(*) Vide Súmula Vinculante 14 do STF.

Art. 14-A. Nos casos em que servidores vinculados às instituições dispostas no art. 144 da Constituição Federal figurarem como investigados em inquéritos policiais, inquéritos policiais militares e demais procedimentos extrajudiciais, cujo objeto for a investigação de fatos relacionados ao uso da força letal praticados no exercício profissional, de forma consumada ou tentada, incluindo as situações dispostas no art. 23 do Decreto-Lei nº 2.848, de 7 de dezembro de 1940 (Código Penal), o indiciado poderá constituir defensor.

§ 1º. Para os casos previstos no *caput* deste artigo, o investigado deverá ser citado da instauração do procedimento investigatório, podendo constituir defensor no prazo de até 48 (quarenta e oito) horas a contar do recebimento da citação.

§ 2º. Esgotado o prazo disposto no § 1º deste artigo com ausência de nomeação de defensor pelo investigado, a autoridade responsável pela investigação deverá intimar a instituição a que estava vinculado o investigado à época da ocorrência dos fatos, para que essa, no prazo de 48 (quarenta e oito) horas, indique defensor para a representação do investigado.

§ 3º. Havendo necessidade de indicação de defensor nos termos do § 2º deste artigo, a defesa caberá preferencialmente à Defensoria Pública, e, nos locais em que ela não estiver instalada, a União ou a Unidade da Federação correspondente à respectiva competência territorial do procedimento instaurado deverá disponibilizar profissional para acompanhamento e realização de todos os atos relacionados à defesa administrativa do investigado.

(*) § 3º acrescido pela Lei nº 13.964/2019, vetado pelo Presidente da República, mantido pelo Congresso Nacional e publicado no *DOU* de 30.4.2021.

§ 4º. A indicação do profissional a que se refere o § 3º deste artigo deverá ser precedida de manifestação de que não existe defensor público lotado na área territorial onde tramita o inquérito e com atribuição para nele atuar, hipótese em que poderá ser indicado profissional que não integre os quadros próprios da Administração.

(*) § 4º acrescido pela Lei nº 13.964/2019, vetado pelo Presidente da República, mantido pelo Congresso Nacional e publicado no *DOU* de 30.4.2021.

§ 5º. Na hipótese de não atuação da Defensoria Pública, os custos com o patrocínio dos interesses dos investigados nos procedimentos de que trata este artigo correrão por conta do orçamento próprio da instituição a que este esteja vinculado à época da ocorrência dos fatos investigados.

(*) § 5º acrescido pela Lei nº 13.964/2019, vetado pelo Presidente da República, mantido pelo Congresso Nacional e publicado no *DOU* de 30.4.2021.

§ 6º. As disposições constantes deste artigo se aplicam aos servidores militares vinculados às instituições dispostas no art. 142 da Constituição Federal, desde que os fatos investigados digam respeito a missões para a Garantia da Lei e da Ordem.

(*) Art. 14-A acrescido pela Lei nº 13.964/2019.

Art. 15. Se o indiciado for menor, ser-lhe-á nomeado curador pela autoridade policial.

(*) V. art. 262 do CPP.

Art. 16. O Ministério Público não poderá requerer a devolução do inquérito à autoridade policial, senão para novas diligências, imprescindíveis ao oferecimento da denúncia.

Art. 17. A autoridade policial não poderá mandar arquivar autos de inquérito.

Art. 18. Depois de ordenado o arquivamento do inquérito pela autoridade judiciária, por falta de base para a denúncia, a autoridade policial poderá proceder a novas pesquisas, se de outras provas tiver notícia.

(*) V. art. 28 do CPP.

(*) Vide Súmula 524 do STF.

Art. 19. Nos crimes em que não couber ação pública, os autos do inquérito serão remetidos ao juízo competente, onde aguardarão a iniciativa do ofendido ou de seu representante legal, ou serão entregues ao requerente, se o pedir, mediante traslado.

(*) V. arts. 30 a 38 e 183 do CPP.

Art. 20. A autoridade assegurará no inquérito o sigilo necessário à elucidação do fato ou exigido pelo interesse da sociedade.

Parágrafo único. Nos atestados de antecedentes que lhe forem solicitados, a autoridade policial não poderá mencionar quaisquer anotações referentes a instauração de inquérito contra os requerentes.

(*) Parágrafo único com redação dada pela Lei nº 12.681/2012.

Art. 21. A incomunicabilidade do indiciado dependerá sempre de despacho nos autos e somente será permitida quando o interesse da sociedade ou a conveniência da investigação o exigir.

Parágrafo único. A incomunicabilidade, que não excederá de 3 (três) dias, será decretada por despacho fundamentado do Juiz, a requerimento da autoridade policial, ou do órgão do Ministério Público, respeitado, em qualquer hipótese, o disposto no art. 89, inciso III, do Estatuto da Ordem dos Advogados do Brasil (Lei nº 4.215, de 27 de abril de 1963)♦.

(*) Parágrafo único com redação dada pela Lei nº 5.010/1966.

♦ Vide art. 7º, III, do Estatuto da OAB/1994.

Art. 22. No Distrito Federal e nas comarcas em que houver mais de uma circunscrição policial, a autoridade com exercício em uma delas poderá, nos inquéritos a que esteja procedendo, ordenar diligências em circunscrição de outra, independentemente de precatórias ou requisições, e bem assim providenciará, até que compareça a autoridade competente, sobre qualquer fato que ocorra em sua presença, noutra circunscrição.

Art. 23. Ao fazer a remessa dos autos do inquérito ao juiz competente, a autoridade policial oficiará ao Instituto de Identificação e Estatística, ou repartição congênere, mencionando o juízo a que tiverem sido distribuídos, e os dados relativos à infração penal e à pessoa do indiciado.

(*) V. art. 809 do CPP.

TÍTULO III
DA AÇÃO PENAL

Art. 24. Nos crimes de ação pública, esta será promovida por denúncia do Ministério Público, mas dependerá, quando a lei o exigir, de requisição do Ministro da Justiça, ou de representação do ofendido ou de quem tiver qualidade para representá-lo.

(*) V. arts. 39; 564, III, "a"; e 569 do CPP.

(*) Vide Súmulas 608, 609 e 714 do STF.

(*) Vide Súmula 542 do STJ.

§ 1º. No caso de morte do ofendido ou quando declarado ausente por decisão judicial, o direito de representação passará ao cônjuge, ascendente, descendente ou irmão.

(*) § 1º, primitivo parágrafo único, renumerado pela Lei nº 8.699/1993.

(*) V. art. 38, parágrafo único, do CPP.

(*) Vide Súmula 594 do STF.

§ 2º. Seja qual for o crime, quando praticado em detrimento do patrimônio ou interesse da União, Estado e Município, a ação penal será pública.

(*) § 2º acrescido pela Lei nº 8.699/1993.

Art. 25. A representação será irretratável, depois de oferecida a denúncia.

(*) V. art. 569 do CPP.

Art. 26. A ação penal, nas contravenções, será iniciada com o auto de prisão em flagrante ou por meio de portaria expedida pela autoridade judiciária ou policial.

(*) V. art. 257, I, do CPP.

(*) Vide Súmula 601 do STF.

Art. 27. Qualquer pessoa do povo poderá provocar a iniciativa do Ministério Público, nos casos em que caiba a ação pública, fornecendo-lhe, por escrito, informações sobre o fato e a autoria e indicando o tempo, o lugar e os elementos de convicção.

(*) V. art. 5º, § 3º, do CPP.

Art. 28. Ordenado o arquivamento do inquérito policial ou de quaisquer elementos informativos da mesma natureza, o órgão do Ministério Público comunicará à vítima, ao investigado e à autoridade policial e encaminhará os autos para a instância de revisão ministerial para fins de homologação, na forma da lei.

§ 1º. Se a vítima, ou seu representante legal, não concordar com o arquivamento do inquérito policial, poderá, no prazo de 30 (trinta) dias do recebimento da comunicação, submeter a matéria à revisão da instância competente do órgão ministerial, conforme dispuser a respectiva lei orgânica.

§ 2º. Nas ações penais relativas a crimes praticados em detrimento da União, Estados e Municípios, a revisão do arquivamento do inquérito policial poderá ser provocada pela chefia do órgão a quem couber a sua representação judicial.

(*) Art. 28 com redação dada pela Lei nº 13.964/2019.

(*) Vide Súmulas 524 e 696 do STF.

(*) Eficácia suspensa. ADI 6.298, 6.299, 6.300 e 6.305: "(...) *Ex positis*, concedo a medida cautelar requerida para suspender a eficácia do artigo 310, § 4°, do Código de Processo Penal (CPP), na redação introduzida pela Lei n° 13.964/2019. Conclusão: *Ex positis*, na condição de relator das ADIs 6.298, 6.299, 6.300 e 6.305, com as vênias de praxe e pelos motivos expostos: (a) Revogo a decisão monocrática constante das ADIs 6.298, 6.299, 6.300 e suspendo *sine die* a eficácia, *ad referendum* do Plenário, (a1) da implantação do juiz das garantias e seus consectários (Artigos 3º-A, 3º-B, 3º-C, 3º-D, 3º-E, 3º-F, do Código de Processo Penal); e (a2) da alteração do juiz sentenciante que conheceu de prova declarada inadmissível (157, § 5º, do Código de Processo Penal); (b) Concedo a medida cautelar requerida nos autos da ADI 6.305, e suspendo *sine die* a eficácia, *ad referendum* do Plenário, (b1) da alteração do procedimento de arquivamento do inquérito policial (28, *caput*, Código de Processo Penal); (b2) Da liberalização da prisão pela não realização da audiência de custódia no prazo de 24 horas (Artigo 310, § 4°, do Código de Processo Penal); Nos termos do artigo 10, § 2º, da Lei nº 9.868/95, a concessão desta medida cautelar não interfere nem suspende os inquéritos e os processos em curso na presente data. Aguardem-se as informações já solicitadas aos requeridos, ao Advogado-Geral da União e ao Procurador-Geral da República. Após, retornem os autos para a análise dos pedidos de ingresso na lide dos *amici curae* e a designação oportuna de audiências públicas. Publique-se. Intimem-se.".

Art. 28-A. Não sendo caso de arquivamento e tendo o investigado confessado formal e circunstancialmente a prática de infração penal sem violência ou grave ameaça e com pena mínima inferior a 4 (quatro) anos, o Ministério Público poderá propor acordo de não persecução penal, desde que necessário e suficiente para reprovação e prevenção do crime, mediante as seguintes condições ajustadas cumulativa e alternativamente:

(*) Vide Tema 238 do STF.

I – reparar o dano ou restituir a coisa à vítima, exceto na impossibilidade de fazê-lo;

II – renunciar voluntariamente a bens e direitos indicados pelo Ministério Público como instrumentos, produto ou proveito do crime;

III – prestar serviço à comunidade ou a entidades públicas por período correspondente à pena mínima cominada ao delito diminuída de um a dois terços, em local a ser indicado pelo juízo da execução, na forma do art. 46 do Decreto-Lei nº 2.848, de 7 de dezembro de 1940 (Código Penal);

IV – pagar prestação pecuniária, a ser estipulada nos termos do art. 45 do Decreto-Lei nº 2.848, de 7 de dezembro de 1940 (Código Penal), a entidade pública ou de interesse social, a ser indicada pelo juízo da execução, que tenha, preferencialmente, como função proteger bens jurídicos iguais ou semelhantes aos aparentemente lesados pelo delito; ou

V – cumprir, por prazo determinado, outra condição indicada pelo Ministério Público, desde que proporcional e compatível com a infração penal imputada.

§ 1º. Para aferição da pena mínima cominada ao delito a que se refere o *caput* deste artigo, serão consideradas as causas de aumento e diminuição aplicáveis ao caso concreto.

§ 2º. O disposto no *caput* deste artigo não se aplica nas seguintes hipóteses:

I – se for cabível transação penal de competência dos Juizados Especiais Criminais, nos termos da lei;

II – se o investigado for reincidente ou se houver elementos probatórios que indiquem conduta criminal habitual, reiterada ou profissional, exceto se insignificantes as infrações penais pretéritas;

III – ter sido o agente beneficiado nos 5 (cinco) anos anteriores ao cometimento da infração, em acordo de não persecução penal, transação penal ou suspensão condicional do processo; e

IV – nos crimes praticados no âmbito de violência doméstica ou familiar, ou praticados contra a mulher por razões da condição de sexo feminino, em favor do agressor.

§ 3º. O acordo de não persecução penal será formalizado por escrito e será firmado pelo membro do Ministério Público, pelo investigado e por seu defensor.

§ 4º. Para a homologação do acordo de não persecução penal, será realizada audiência na qual o juiz deverá verificar a sua voluntariedade, por meio da oitiva do investigado na presença do seu defensor, e sua legalidade.

§ 5º. Se o juiz considerar inadequadas, insuficientes ou abusivas as condições dispostas no acordo de não persecução penal, devolverá os autos ao Ministério Público para que seja reformulada a proposta de acordo, com concordância do investigado e seu defensor.

§ 6º. Homologado judicialmente o acordo de não persecução penal, o juiz devolverá os autos ao Ministério Público para que inicie sua execução perante o juízo de execução penal.

§ 7º. O juiz poderá recusar homologação à proposta que não atender aos requisitos legais ou quando não for realizada a adequação a que se refere o § 5º deste artigo.

§ 8º. Recusada a homologação, o juiz devolverá os autos ao Ministério Público para a análise da necessidade de complementação das investigações ou o oferecimento da denúncia.

§ 9º. A vítima será intimada da homologação do acordo de não persecução penal e de seu descumprimento.

§ 10. Descumpridas quaisquer das condições estipuladas no acordo de não persecução penal, o Ministério Público deverá comunicar ao juízo, para fins de sua rescisão e posterior oferecimento de denúncia.

§ 11. O descumprimento do acordo de não persecução penal pelo investigado também poderá ser utilizado pelo Ministério Público como justificativa para o eventual não oferecimento de suspensão condicional do processo.

§ 12. A celebração e o cumprimento do acordo de não persecução penal não constarão de certidão de antecedentes criminais, exceto para os fins previstos no inciso III do § 2º deste artigo.

§ 13. Cumprido integralmente o acordo de não persecução penal, o juízo competente decretará a extinção de punibilidade.

§ 14. No caso de recusa, por parte do Ministério Público, em propor o acordo de não persecução penal, o investigado poderá requerer a remessa dos autos a órgão superior, na forma do art. 28 deste Código.

(*) Art. 28-A acrescido pela Lei nº 13.964/2019.

Art. 29. Será admitida ação privada nos crimes de ação pública, se esta não for intentada no prazo legal, cabendo ao Ministério Público aditar a queixa, repudiá-la e oferecer denúncia substitutiva, intervir em todos os termos do processo, fornecer elementos de prova, interpor recurso e, a todo tempo, no caso de negligência do querelante, retomar a ação como parte principal.

(*) V. arts. 38, *caput*; 46; e 564, III, "d", do CPP.

Art. 30. Ao ofendido ou a quem tenha qualidade para representá-lo caberá intentar a ação privada.

(*) V. arts. 41; 44; e 564, II e III, "a", do CPP.

Art. 31. No caso de morte do ofendido ou quando declarado ausente por decisão judicial, o direito de oferecer queixa ou prosseguir na ação passará ao cônjuge, ascendente, descendente ou irmão.

(*) V. arts. 36; 38, parágrafo único; 268; e 598 do CPP.

Art. 32. Nos crimes de ação privada, o juiz, a requerimento da parte que comprovar a sua pobreza, nomeará advogado para promover a ação penal.

(*) V. art. 806 do CPP.

§ 1º. Considerar-se-á pobre a pessoa que não puder prover às despesas do processo, sem privar-se dos recursos indispensáveis ao próprio sustento ou da família.

(*) V. art. 68 do CPP.

§ 2º. Será prova suficiente de pobreza o atestado da autoridade policial em cuja circunscrição residir o ofendido.

(*) V. art. 68 do CPP.

Art. 33. Se o ofendido for menor de 18 (dezoito) anos, ou mentalmente enfermo, ou retardado mental, e não tiver representante legal, ou colidirem os interesses deste com os daquele, o direito de queixa poderá ser exercido por curador especial, nomeado, de ofício ou a requerimento do Ministério Público, pelo juiz competente para o processo penal.

Art. 34. Se o ofendido for menor de 21 (vinte e um) e maior de 18 (dezoito) anos, o direito de queixa poderá ser exercido por ele ou por seu representante legal.

(*) Vide Súmula 594 do STF.

Art. 35. (Revogado).

(*) Art. 35 revogado pela Lei nº 9.520/1997.

Art. 36. Se comparecer mais de uma pessoa com direito de queixa, terá preferência o cônjuge, e, em seguida, o parente mais próximo na ordem de enumeração constante do art. 31, podendo, entretanto, qualquer delas prosseguir na ação, caso o querelante desista da instância ou a abandone.

Art. 37. As fundações, associações ou sociedades legalmente constituídas poderão exercer a ação penal, devendo ser representadas por quem os respectivos contratos ou estatutos designarem ou, no silêncio destes, pelos seus diretores ou sócios-gerentes.

Art. 38. Salvo disposição em contrário, o ofendido, ou seu representante legal, decairá no direito de queixa ou de representação, se não o exercer dentro do prazo de 6 (seis) meses, contado do dia em que vier a saber quem é o autor do crime, ou, no caso do art. 29, do dia em que se esgotar o prazo para o oferecimento da denúncia.

(*) V. art. 529 do CPP.

Parágrafo único. Verificar-se-á a decadência do direito de queixa ou representação, dentro do mesmo prazo, nos casos dos arts. 24, parágrafo único,♦ e 31.

♦ Atual art. 24, § 1º, ante as alterações promovidas pela Lei nº 8.699/1993.

Art. 39. O direito de representação poderá ser exercido, pessoalmente ou por procurador com poderes especiais, mediante declaração, escrita ou oral, feita ao juiz, ao órgão do Ministério Público, ou à autoridade policial.

(*) V. arts. 529 e 569 do CPP.

§ 1º. A representação feita oralmente ou por escrito, sem assinatura devidamente autenticada do ofendido, de seu representante legal ou procurador, será reduzida a termo, perante o juiz ou autoridade policial, presente o órgão do Ministério Público, quando a este houver sido dirigida.

§ 2º. A representação conterá todas as informações que possam servir à apuração do fato e da autoria.

(*) V. art. 569 do CPP.

§ 3º. Oferecida ou reduzida a termo a representação, a autoridade policial procederá a inquérito, ou, não sendo competente, remetê-lo-á à autoridade que o for.

(*) V. art. 5º, § 3º, do CPP.

§ 4º. A representação, quando feita ao juiz ou perante este reduzida a termo, será remetida à autoridade policial para que esta proceda a inquérito.

§ 5º. O órgão do Ministério Público dispensará o inquérito, se com a representação forem oferecidos elementos que o habilitem a promover a ação penal, e, neste caso, oferecerá a denúncia no prazo de 15 (quinze) dias.

(*) V. art. 12 do CPP.

Art. 40. Quando, em autos ou papéis de que conhecerem, os juízes ou tribunais verificarem a existência de crime de ação pública, remeterão ao Ministério Público as cópias e os documentos necessários ao oferecimento da denúncia.

(*) V. art. 569 do CPP.

Art. 41. A denúncia ou queixa conterá a exposição do fato criminoso, com todas as suas circunstâncias, a qualificação do acusado ou esclarecimentos pelos quais se possa identificá-lo, a classificação do crime e, quando necessário, o rol das testemunhas.

(*) V. arts. 44; 259; 564, III, "a"; e 569 do CPP.

Art. 42. O Ministério Público não poderá desistir da ação penal.

Art. 43. (Revogado).

(*) Art. 43 revogado pela Lei nº 11.719/2008.

Art. 44. A queixa poderá ser dada por procurador com poderes especiais, devendo constar do instrumento do mandato o nome do querelante e a menção do fato criminoso, salvo quando tais esclarecimentos dependerem de diligências que devem ser previamente requeridas no juízo criminal.

(*) V. arts. 564, III, "a"; e 568 do CPP.

Art. 45. A queixa, ainda quando a ação penal for privativa do ofendido, poderá ser aditada pelo Ministério Público, a quem caberá intervir em todos os termos subsequentes do processo.

(*) V. arts. 29; 564, III, "d"; e 572 do CPP.

Art. 46. O prazo para oferecimento da denúncia, estando o réu preso, será de 5 (cinco) dias, contado da data em que o órgão do Ministério Público receber os autos do inquérito policial, e de 15 (quinze) dias, se o réu estiver solto ou afiançado. No último caso, se houver devolução do inquérito à autoridade policial (art. 16), contar-se-á o prazo da data em que o órgão do Ministério Público receber novamente os autos.

(*) V. art. 798, § 1º, do CPP.

§ 1º. Quando o Ministério Público dispensar o inquérito policial, o prazo para o oferecimento da denúncia contar-se-á da data em que tiver recebido as peças de informações ou a representação.

§ 2º. O prazo para o aditamento da queixa será de 3 (três) dias, contado da data em que o órgão do Ministério Público receber os autos, e, se este não se pronunciar dentro do tríduo, entender-se-á que não tem o que aditar, prosseguindo-se nos demais termos do processo.

Art. 47. Se o Ministério Público julgar necessários maiores esclarecimentos e documentos complementares ou novos elementos de convicção, deverá requisitá-los, diretamente, de quaisquer autoridades ou funcionários que devam ou possam fornecê-los.

Art. 48. A queixa contra qualquer dos autores do crime obrigará ao processo de todos, e o Ministério Público velará pela sua indivisibilidade.

Art. 49. A renúncia ao exercício do direito de queixa, em relação a um dos autores do crime, a todos se estenderá.

Art. 50. A renúncia expressa constará de declaração assinada pelo ofendido, por seu representante legal ou procurador com poderes especiais.

Parágrafo único. A renúncia do representante legal do menor que houver completado 18 (dezoito) anos não privará este do direito de queixa, nem a renúncia do último excluirá o direito do primeiro.

(*) V. arts. 34 e 56 do CPP.

Art. 51. O perdão concedido a um dos querelados aproveitará a todos, sem que produza, todavia, efeito em relação ao que o recusar.

Art. 52. Se o querelante for menor de 21 (vinte e um) e maior de 18 (dezoito) anos, o direito de perdão poderá ser exercido por ele ou por seu representante legal, mas o perdão concedido por um, havendo oposição do outro, não produzirá efeito.

(*) V. art. 54 do CPP.

Art. 53. Se o querelado for mentalmente enfermo ou retardado mental e não tiver representante legal, ou colidirem os interesses deste com os do querelado, a aceitação do perdão caberá ao curador que o juiz lhe nomear.

Art. 54. Se o querelado for menor de 21 (vinte e um) anos, observar-se-á, quanto à aceitação do perdão, o disposto no art. 52.

Art. 55. O perdão poderá ser aceito por procurador com poderes especiais.

Art. 56. Aplicar-se-á ao perdão extraprocessual expresso o disposto no art. 50.

Art. 57. A renúncia tácita e o perdão tácito admitirão todos os meios de prova.

Art. 58. Concedido o perdão, mediante declaração expressa nos autos, o querelado será intimado a dizer, dentro de 3 (três) dias, se o aceita, devendo, ao mesmo tempo, ser cientificado de que o seu silêncio importará aceitação.

Parágrafo único. Aceito o perdão, o juiz julgará extinta a punibilidade.

(*) V. art. 581, VIII, do CPP.

Art. 59. A aceitação do perdão fora do processo constará de declaração assinada pelo querelado, por seu representante legal ou procurador com poderes especiais.

(*) V. art. 56 do CPP.

Art. 60. Nos casos em que somente se procede mediante queixa, considerar-se-á perempta a ação penal:

I – quando, iniciada esta, o querelante deixar de promover o andamento do processo durante 30 (trinta) dias seguidos;

II – quando, falecendo o querelante, ou sobrevindo sua incapacidade, não comparecer em juízo, para prosseguir no processo, dentro do prazo de 60 (sessenta) dias, qualquer das pessoas a quem couber fazê-lo, ressalvado o disposto no art. 36;

III – quando o querelante deixar de comparecer, sem motivo justificado, a qualquer ato do processo a que deva estar presente, ou deixar de formular o pedido de condenação nas alegações finais;

IV – quando, sendo o querelante pessoa jurídica, esta se extinguir sem deixar sucessor.

Art. 61. Em qualquer fase do processo, o juiz, se reconhecer extinta a punibilidade, deverá declará-lo de ofício.

Parágrafo único. No caso de requerimento do Ministério Público, do querelante ou do réu, o juiz mandará autuá-lo em apartado, ouvirá a parte contrária e, se o julgar conveniente, concederá o prazo de 5 (cinco) dias para a prova, proferindo a decisão dentro de 5 (cinco) dias ou reservando-se para apreciar a matéria na sentença final.

Art. 62. No caso de morte do acusado, o juiz somente à vista da certidão de óbito, e depois de ouvido o Ministério Público, declarará extinta a punibilidade.

(*) V. art. 683 do CPP.

TÍTULO IV
DA AÇÃO CIVIL

Art. 63. Transitada em julgado a sentença condenatória, poderão promover-lhe a execução, no juízo cível, para o efeito da reparação do dano, o ofendido, seu representante legal ou seus herdeiros.

(*) V. arts. 68; 143; 387, IV; e 630 do CPP.

(*) Vide Súmulas 491 e 562 do STF.

(*) Vide Súmula 37 do STJ.

Parágrafo único. Transitada em julgado a sentença condenatória, a execução poderá ser efetuada pelo valor fixado nos termos do inciso IV do *caput* do art. 387 deste Código sem prejuízo da liquidação para a apuração do dano efetivamente sofrido.

(*) Parágrafo único acrescido pela Lei nº 11.719/2008.

Art. 64. Sem prejuízo do disposto no artigo anterior, a ação para ressarcimento do dano poderá ser proposta no juízo cível, contra o autor do crime e, se for caso, contra o responsável civil.

(*) V. art. 68 do CPP.

(*) Vide Súmula 491 do STF.

Parágrafo único. Intentada a ação penal, o juiz da ação civil poderá suspender o curso desta, até o julgamento definitivo daquela.

(*) Vide Lei nº 5.970/1973, que exclui da aplicação do disposto neste art. 64 os casos de acidente de trânsito.

Art. 65. Faz coisa julgada no cível a sentença penal que reconhecer ter sido o ato praticado em estado de necessidade, em legítima defesa, em estrito cumprimento de dever legal ou no exercício regular de direito.

(*) O STF, por unanimidade, referendou a concessão parcial da medida cautelar para: (i) firmar o entendimento de que a tese da legítima defesa da honra é inconstitucional, por contrariar os princípios constitucionais da dignidade da pessoa humana (art. 1º, III, da CF), da proteção à vida e da igualdade de gênero (art. 5º, *caput*, da CF); (ii) conferir interpretação conforme à Constituição aos arts. 23, inciso II, e 25, *caput* e parágrafo único, do Código Penal e ao art. 65 do Código de Processo Penal, de modo a excluir a legítima defesa da honra do âmbito do instituto da legítima defesa e, por consequência, (iii) obstar à defesa, à acusação, à autoridade policial e ao juízo que utilizem, direta ou indiretamente, a tese de legítima defesa da honra (ou qualquer argumento que induza à tese) nas fases pré-processual ou processual penais, bem como durante julgamento perante o tribunal do júri, sob pena de nulidade do ato e do julgamento. (ADPF 779, de 15.3.2021)

Art. 66. Não obstante a sentença absolutória no juízo criminal, a ação civil poderá ser proposta quando não tiver sido, categoricamente, reconhecida a inexistência material do fato.

Art. 67. Não impedirão igualmente a propositura da ação civil:

I – o despacho de arquivamento do inquérito ou das peças de informação;

(*) Vide Súmula 524 do STF.

II – a decisão que julgar extinta a punibilidade;

III – a sentença absolutória que decidir que o fato imputado não constitui crime.

(*) V. art. 386, III, do CPP.

Art. 68. Quando o titular do direito à reparação do dano for pobre (art. 32, §§ 1º e 2º), a execução da sentença condenatória (art. 63) ou a ação civil (art. 64) será promovida, a seu requerimento, pelo Ministério Público.

TÍTULO V
DA COMPETÊNCIA

Art. 69. Determinará a competência jurisdicional:

I – o lugar da infração:

(*) V. arts. 70 e 71 do CPP.

(*) Vide Súmula 200 do STJ.

II – o domicílio ou residência do réu;

(*) V. arts. 72 e 73 do CPP.

III – a natureza da infração;

(*) V. art. 74 do CPP.

(*) Vide Súmula Vinculante 36 do STF.

(*) Vide Súmulas 42, 122, 140, 165, 208 e 209 do STJ.

IV – a distribuição;

(*) V. art. 75 do CPP.

V – a conexão ou continência;

(*) V. arts. 76 a 82 do CPP.

VI – a prevenção;

(*) V. art. 83 do CPP.

VII – a prerrogativa de função.

(*) V. arts. 84 a 87 do CPP.

Capítulo I
DA COMPETÊNCIA PELO LUGAR DA INFRAÇÃO

(*) Vide Temas 170 e 648 do STF.

Art. 70. A competência será, de regra, determinada pelo lugar em que se consumar a infração, ou, no caso de tentativa, pelo lugar em que for praticado o último ato de execução.

(*) Vide Súmula 521 do STF.

(*) Vide Súmulas 244, 528 e 546 do STJ.

§ 1º. Se, iniciada a execução no território nacional, a infração se consumar fora dele, a competência será determinada pelo lugar em que tiver sido praticado, no Brasil, o último ato de execução.

§ 2º. Quando o último ato de execução for praticado fora do território nacional, será competente o juiz do lugar em que o crime, embora parcialmente, tenha produzido ou devia produzir seu resultado.

§ 3º. Quando incerto o limite territorial entre duas ou mais jurisdições, ou quando incerta a jurisdição por ter sido a infração consumada ou tentada nas divisas de duas ou mais jurisdições, a competência firmar-se-á pela prevenção.

(*) V. art. 83 do CPP.

§ 4º. Nos crimes previstos no art. 171 do Decreto-Lei nº 2.848, de 7 de dezembro de 1940 (Código Penal), quando praticados mediante depósito, mediante emissão de cheques sem suficiente provisão de fundos em poder do sacado ou com o pagamento frustrado ou mediante transferência de valores, a competência será definida pelo local do domicílio da vítima, e, em caso de pluralidade de vítimas, a competência firmar-se-á pela prevenção.

(*) § 4º acrescido pela Lei nº 14.155/2021.

Art. 71. Tratando-se de infração continuada ou permanente, praticada em território de duas ou mais jurisdições, a competência firmar-se-á pela prevenção.

(*) V. art. 83 do CPP.

(*) Vide Súmula 151 do STJ.

Capítulo II
DA COMPETÊNCIA PELO DOMICÍLIO OU RESIDÊNCIA DO RÉU

Art. 72. Não sendo conhecido o lugar da infração, a competência regular-se-á pelo domicílio ou residência do réu.

§ 1º. Se o réu tiver mais de uma residência, a competência firmar-se-á pela prevenção.

§ 2º. Se o réu não tiver residência certa ou for ignorado o seu paradeiro, será competente o juiz que primeiro tomar conhecimento do fato.

(*) V. art. 83 do CPP.

Art. 73. Nos casos de exclusiva ação privada, o querelante poderá preferir o foro de domicílio ou da residência do réu, ainda quando conhecido o lugar da infração.

(*) V. art. 30 do CPP.

Capítulo III
DA COMPETÊNCIA PELA NATUREZA DA INFRAÇÃO

Art. 74. A competência pela natureza da infração será regulada pelas leis de organização judiciária, salvo a competência privativa do Tribunal do Júri.

(*) Vide Súmulas 498 e 522 do STF.

(*) Vide Súmulas 38, 42, 47, 48, 53, 62, 73, 75, 104, 140, 147, 165, 172, 208, 209 e 376 do STJ.

§ 1º. Compete ao Tribunal do Júri o julgamento dos crimes previstos nos arts. 121, §§ 1º e 2º, 122, parágrafo único, 123, 124, 125, 126 e 127 do Código Penal, consumados ou tentados.

(*) § 1º com redação dada pela Lei nº 263/1948.

(*) V. art. 419 do CPP.

(*) Vide Súmulas 603 e 721 do STF.

§ 2º. Se, iniciado o processo perante um juiz, houver desclassificação para infração da competência de outro, a este será remetido o processo, salvo se mais graduada for a jurisdição do primeiro, que, em tal caso, terá sua competência prorrogada.

(*) V. arts. 383, § 2º; e 384 do CPP.

§ 3º. Se o juiz da pronúncia desclassificar a infração para outra atribuída à competência de juiz singular, observar-se-á o disposto no art. 410♦; mas, se a desclassificação for feita pelo próprio Tribunal do Júri, a seu presidente caberá proferir a sentença (art. 492, § 2º).

♦ Refere-se à redação anterior às alterações promovidas pela Lei nº 11.689/2008. V. atual art. 419 do CPP.

Capítulo IV
DA COMPETÊNCIA POR DISTRIBUIÇÃO

Art. 75. A precedência da distribuição fixará a competência quando, na mesma circunscrição judiciária, houver mais de um juiz igualmente competente.

Parágrafo único. A distribuição realizada para o efeito da concessão de fiança ou da decretação de prisão preventiva ou de qualquer diligência anterior à denúncia ou queixa prevenirá a da ação penal.

(*) V. arts. 311 a 316 e 321 a 350 do CPP.

(*) Vide Súmula 706 do STF.

Capítulo V
DA COMPETÊNCIA POR CONEXÃO OU CONTINÊNCIA

Art. 76. A competência será determinada pela conexão:

(*) Vide Súmula 704 do STF.

I – se, ocorrendo duas ou mais infrações, houverem sido praticadas, ao mesmo tempo, por várias pessoas reunidas, ou por várias pessoas em concurso, embora diverso o tempo e o lugar, ou por várias pessoas, umas contra as outras;

II – se, no mesmo caso, houverem sido umas praticadas para facilitar ou ocultar as outras, ou para conseguir impunidade ou vantagem em relação a qualquer delas;

III – quando a prova de uma infração ou de qualquer de suas circunstâncias elementares influir na prova de outra infração.

Art. 77. A competência será determinada pela continência quando:

(*) Vide Súmula 704 do STF.

I – 2 (duas) ou mais pessoas forem acusadas pela mesma infração;

II – no caso de infração cometida nas condições previstas nos arts. 51, § 1º, 53, segunda parte, e 54 do Código Penal♦.

♦ Refere-se à redação anterior às alterações promovidas pela Lei nº 7.209/1984. Vide atuais arts. 70, 73 e 74 do CP.

Art. 78. Na determinação da competência por conexão ou continência, serão observadas as seguintes regras:

I – no concurso entre a competência do júri e a de outro órgão da jurisdição comum, prevalecerá a competência do júri;

II – no concurso de jurisdições da mesma categoria:

a) preponderará a do lugar da infração, à qual for cominada a pena mais grave;

(*) Vide Súmula 122 do STJ.

b) prevalecerá a do lugar em que houver ocorrido o maior número de infrações, se as respectivas penas forem de igual gravidade;

c) firmar-se-á a competência pela prevenção, nos outros casos;

(*) V. art. 83 do CPP.

III – no concurso de jurisdições de diversas categorias, predominará a de maior graduação;

(*) Vide Súmula 122 do STJ.

IV – no concurso entre a jurisdição comum e a especial, prevalecerá esta.

(*) Art. 78 com redação dada pela Lei nº 263/1948.

(*) Vide Súmula 122 do STJ.

Art. 79. A conexão e a continência importarão unidade de processo e julgamento, salvo:

(*) Vide Súmula 704 do STF.

(*) Vide Súmula 234 do STJ.

I – no concurso entre a jurisdição comum e a militar;

II – no concurso entre a jurisdição comum e a do juízo de menores.

§ 1º. Cessará, em qualquer caso, a unidade do processo, se, em relação a algum corréu, sobrevier o caso previsto no art. 152.

§ 2º. A unidade do processo não importará a do julgamento, se houver corréu foragido que não possa ser julgado à revelia, ou ocorrer a hipótese do art. 461♦.

♦ Refere-se à redação anterior às alterações promovidas pela Lei nº 11.689/2008. V. atual art. 469, § 1º, do CPP.

Art. 80. Será facultativa a separação dos processos quando as infrações tiverem sido praticadas em circunstâncias de tempo ou de lugar diferentes, ou, quando pelo excessivo número de acusados e para não lhes prolongar a prisão provisória, ou por outro motivo relevante, o juiz reputar conveniente a separação.

Art. 81. Verificada a reunião dos processos por conexão ou continência, ainda que no processo da sua competência própria venha o juiz ou tribunal a proferir sentença absolutória ou que desclassifique a infração para outra que não se inclua na sua competência, continuará competente em relação aos demais processos.

Parágrafo único. Reconhecida inicialmente ao júri a competência por conexão ou continência, o juiz, se vier a desclassificar a infração ou impronunciar ou absolver o acusado, de maneira que exclua a competência do júri, remeterá o processo ao juízo competente.

Art. 82. Se, não obstante a conexão ou continência, forem instaurados processos diferentes, a autoridade de jurisdição prevalente deverá avocar os processos que corram perante os outros juízes, salvo se já estiverem com sentença definitiva. Neste caso, a unidade dos processos só se dará, ulteriormente, para o efeito de soma ou de unificação das penas.

(*) V. art. 66, III, "a", da LEP.

(*) Vide Súmula 235 do STJ.

Capítulo VI
DA COMPETÊNCIA POR PREVENÇÃO

Art. 83. Verificar-se-á a competência por prevenção toda vez que, concorrendo 2 (dois) ou mais juízes igualmente competentes ou com jurisdição cumulativa, um deles tiver antecedido aos outros na prática de algum ato do processo ou de medida a este relativa, ainda que anterior ao oferecimento da denúncia ou da queixa (arts. 70, § 3º, 71, 72, § 2º, e 78, II, "c").

(*) V. arts. 69, V; 72, § 1º; e 91 do CPP.

(*) Vide Súmula 706 do STF.

Capítulo VII
DA COMPETÊNCIA PELA PRERROGATIVA DE FUNÇÃO

(*) Vide Tema 453 do STF.

Art. 84. A competência pela prerrogativa de função é do Supremo Tribunal Federal, do Superior Tribunal de Justiça, dos Tribunais Regionais Federais e Tribunais de Justiça dos Estados e do Distrito Federal, relativamente às pessoas que devam responder perante eles por crimes comuns e de responsabilidade.

(*) Art. 84, *caput*, com redação dada pela Lei nº 10.628/2002.

(*) Vide Súmula 451 do STF.

§ 1º. [–]

(*) § 1º acrescido pela Lei nº 10.628/2002 e declarado inconstitucional, em controle concentrado, pelo Supremo Tribunal Federal, pela ADI nº 2.797/2002, publicada no *DOU* de 26.9.2005.

§ 2º. [–]

(*) § 2º acrescido pela Lei nº 10.628/2002 e declarado inconstitucional, em controle concentrado, pelo Supremo Tribunal Federal, pela ADI nº 2.797/2002, publicada no *DOU* de 26.9.2005.

Art. 85. Nos processos por crime contra a honra, em que forem querelantes as pessoas que a Constituição sujeita à jurisdição do Supremo Tribunal Federal e dos Tribunais de Apelação♦, àquele ou a estes caberá o julgamento, quando oposta e admitida a exceção da verdade.

♦ Atual denominação: "Tribunais de Justiça", nos termos da CF/1946.

(*) Vide Súmula 396 do STJ.

Art. 86. Ao Supremo Tribunal Federal competirá, privativamente, processar e julgar:

(*) Vide Súmula 451 do STF.

I – os seus ministros, nos crimes comuns;

II – os ministros de Estado, salvo nos crimes conexos com os do Presidente da República;

III – o procurador-geral da República, os desembargadores dos Tribunais de Apelação♦, os ministros do Tribunal de Contas e os embaixadores e ministros diplomáticos, nos crimes comuns e de responsabilidade.

♦ Atual denominação: "Tribunais de Justiça", nos termos da CF/1946.

Art. 87. Competirá, originariamente, aos Tribunais de Apelação♦ o julgamento dos governadores ou interventores nos Estados ou Territórios, e prefeito do Distrito Federal, seus respectivos secretários e chefes de Polícia, juízes de instância inferior e órgãos do Ministério Público.

♦ Atual denominação: "Tribunais de Justiça", nos termos da CF/1946.

Capítulo VIII
DISPOSIÇÕES ESPECIAIS

Art. 88. No processo por crimes praticados fora do território brasileiro, será competente o juízo da Capital do Estado onde houver por último residido o acusado. Se este nunca tiver residido no Brasil, será competente o juízo da Capital da República.

(*) Vide Súmula 522 do STF.

Art. 89. Os crimes cometidos em qualquer embarcação nas águas territoriais da República, ou nos rios e lagos fronteiriços, bem como a bordo de embarcações nacionais, em alto-mar, serão processados e julgados pela justiça do primeiro porto brasileiro em que tocar a embarcação, após o crime, ou, quando se afastar do País, pela do último em que houver tocado.

(*) V. art. 91 do CPP.

Art. 90. Os crimes praticados a bordo de aeronave nacional, dentro do espaço aéreo correspondente ao território brasileiro, ou ao alto-mar, ou a bordo de aeronave estrangeira, dentro do espaço aéreo correspondente ao território nacional, serão processados e julgados pela justiça da comarca em cujo território se verificar o pouso após o crime, ou pela da comarca de onde houver partido a aeronave.

(*) V. art. 91 do CPP.

Art. 91. Quando incerta e não se determinar de acordo com as normas estabelecidas nos arts. 89 e 90, a competência se firmará pela prevenção.

(*) Art. 91 com redação dada pela Lei nº 4.893/1965.

(*) V. art. 83 do CPP.

TÍTULO VI
DAS QUESTÕES E PROCESSOS INCIDENTES

Capítulo I
DAS QUESTÕES PREJUDICIAIS

Art. 92. Se a decisão sobre a existência da infração depender da solução de controvérsia, que o juiz repute séria e fundada, sobre o estado civil das pessoas, o curso da ação penal ficará suspenso até que no juízo cível seja a controvérsia dirimida por sentença passada em julgado, sem prejuízo, entretanto, da inquirição das testemunhas e de outras provas de natureza urgente.

(*) V. art. 581, XVI, do CPP.

Parágrafo único. Se for o crime de ação pública, o Ministério Público, quando necessário, promoverá a ação civil ou prosseguirá na que tiver sido iniciada, com a citação dos interessados.

Art. 93. Se o reconhecimento da existência da infração penal depender de decisão sobre questão diversa da prevista no artigo anterior, da competência do juízo cível, e se neste houver sido proposta ação para resolvê-la, o juiz criminal poderá, desde que essa questão seja de difícil solução e não verse sobre direito cuja prova a lei civil limite, suspender o curso do processo, após a inquirição das testemunhas e realização das outras provas de natureza urgente.

§ 1º. O juiz marcará o prazo da suspensão, que poderá ser razoavelmente prorrogado, se a demora não for imputável à parte. Expirado o prazo, sem que o juiz cível tenha proferido decisão, o juiz criminal fará prosseguir o processo, retomando sua competência para resolver, de fato e de direito, toda a matéria da acusação ou da defesa.

§ 2º. Do despacho que denegar a suspensão não caberá recurso.

(*) V. art. 581, XVI, do CPP.

§ 3º. Suspenso o processo, e tratando-se de crime de ação pública, incumbirá ao Ministério Público intervir imediatamente na causa cível, para o fim de promover-lhe o rápido andamento.

Art. 94. A suspensão do curso da ação penal, nos casos dos artigos anteriores, será decretada pelo juiz, de ofício ou a requerimento das partes.

Capítulo II
DAS EXCEÇÕES

Art. 95. Poderão ser opostas as exceções de:

(*) V. art. 111 do CPP.

I – suspeição;

(*) V. arts. 96 a 107; 252 a 256; 564, I; e 581, III, do CPP.

(*) Vide Súmula 234 do STJ.

II – incompetência de juízo;

(*) V. arts. 108; 109; 564, I; 567; e 581, II, do CPP.

III – litispendência;

(*) V. arts. 110; e 581, III, do CPP.

IV – ilegitimidade de parte;

(*) V. arts. 110; e 581, III, do CPP.

V – coisa julgada.

(*) V. arts. 65; 110; e 581, III, do CPP.

Art. 96. A arguição de suspeição precederá a qualquer outra, salvo quando fundada em motivo superveniente.

(*) V. arts. 252 a 256 do CPP.

Art. 97. O juiz que espontaneamente afirmar suspeição deverá fazê-lo por escrito, declarando o motivo legal, e remeterá imediatamente o processo ao seu substituto, intimadas as partes.

(*) V. art. 254 do CPP.

Art. 98. Quando qualquer das partes pretender recusar o juiz, deverá fazê-lo em petição assinada por ela própria ou por procurador com poderes especiais, aduzindo as suas razões acompanhadas de prova documental ou do rol de testemunhas.

(*) V. arts. 396-A; e 564, I do CPP.

Art. 99. Se reconhecer a suspeição, o juiz sustará a marcha do processo, mandará juntar aos autos a petição do recusante com os documentos que a instruam, e por despacho se declarará suspeito, ordenando a remessa dos autos ao substituto.

Art. 100. Não aceitando a suspeição, o juiz mandará autuar em apartado a petição, dará sua resposta dentro em 3 (três) dias, podendo instruí-la e oferecer testemunhas, e, em seguida, determinará sejam os autos da exceção remetidos, dentro em 24 (vinte e quatro) horas, ao juiz ou tribunal a quem competir o julgamento.

§ 1º. Reconhecida, preliminarmente, a relevância da arguição, o juiz ou tribunal, com citação das partes, marcará dia e hora para a inquirição das testemunhas, seguindo-se o julgamento, independentemente de mais alegações.

§ 2º. Se a suspeição for de manifesta improcedência, o juiz ou relator a rejeitará liminarmente.

Art. 101. Julgada procedente a suspeição, ficarão nulos os atos do processo principal, pagando o juiz as custas, no caso de erro inescusável; rejeitada, evidenciando-se a malícia do excipiente, a este será imposta a multa.

(*) V. art. 564, I, do CPP.

Art. 102. Quando a parte contrária reconhecer a procedência da arguição, poderá ser sustado, a seu requerimento, o processo principal, até que se julgue o incidente da suspeição.

(*) V. art. 100 do CPP.

Art. 103. No Supremo Tribunal Federal e nos Tribunais de Apelação♦, o juiz que se julgar suspeito deverá declará-lo nos autos e, se for revisor, passar o feito ao seu substituto na ordem da precedência, ou, se for relator, apresentar os autos em mesa para nova distribuição.

♦ Atual denominação: "Tribunais de Justiça", nos termos da CF/1946.

§ 1º. Se não for relator nem revisor, o juiz que houver de dar-se por suspeito, deverá fazê-lo verbalmente, na sessão de julgamento, registrando-se na ata a declaração.

§ 2º. Se o presidente do tribunal se der por suspeito, competirá ao seu substituto designar dia para o julgamento e presidi-lo.

§ 3º. Observar-se-á, quanto à arguição de suspeição pela parte, o disposto nos arts. 98 a 101, no que lhe for aplicável, atendido, se o juiz a reconhecer, o que estabelece este artigo.

§ 4º. A suspeição, não sendo reconhecida, será julgada pelo tribunal pleno, funcionando como relator o presidente.

§ 5º. Se o recusado for o presidente do tribunal, o relator será o vice-presidente.

Art. 104. Se for arguida a suspeição do órgão do Ministério Público, o juiz, depois de ouvi-lo, decidirá, sem recurso, podendo antes admitir a produção de provas no prazo de 3 (três) dias.

(*) V. arts. 258 e 470 do CPP.

(*) Vide Súmula 234 do STJ.

Art. 105. As partes poderão também arguir de suspeitos os peritos, os intérpretes e os serventuários ou funcionários de justiça, decidindo o juiz de plano e sem recurso, à vista da matéria alegada e prova imediata.

(*) V. arts. 274, 280, 281 e 470 do CPP.

Art. 106. A suspeição dos jurados deverá ser arguida oralmente, decidindo de plano do presidente do Tribunal do Júri, que a rejeitará se, negada pelo recusado, não for imediatamente comprovada, o que tudo constará da ata.

(*) V. arts. 448, § 2º; 451; 466; 468; 470; 471; e 571, VIII, do CPP.

Art. 107. Não se poderá opor suspeição às autoridades policiais nos atos do inquérito, mas deverão elas declarar-se suspeitas, quando ocorrer motivo legal.

Art. 108. A exceção de incompetência do juízo poderá ser oposta, verbalmente ou por escrito, no prazo de defesa.

(*) Vide Súmula 33 do STJ.

§ 1º. Se, ouvido o Ministério Público, for aceita a declinatória, o feito será remetido ao juízo competente, onde, ratificados os atos anteriores, o processo prosseguirá.

(*) V. art. 567 do CPP.

§ 2º. Recusada a incompetência, o juiz continuará no feito, fazendo tomar por termo a declinatória, se formulada verbalmente.

Art. 109. Se em qualquer fase do processo o juiz reconhecer motivo que o torne incompetente, declará-lo-á nos autos, haja ou não alegação da parte, prosseguindo-se na forma do artigo anterior.

(*) Vide Súmula 33 do STJ.

Art. 110. Nas exceções de litispendência, ilegitimidade de parte e coisa julgada, será observado, no que lhes for aplicável, o disposto sobre a exceção de incompetência do juízo.

(*) V. arts. 108 e 109 do CPP.

§ 1º. Se a parte houver de opor mais de uma dessas exceções, deverá fazê-lo numa só petição ou articulado.

§ 2º. A exceção de coisa julgada somente poderá ser oposta em relação ao fato principal, que tiver sido objeto da sentença.

Art. 111. As exceções serão processadas em autos apartados e não suspenderão, em regra, o andamento da ação penal.

Capítulo III
DAS INCOMPATIBILIDADES E IMPEDIMENTOS

Art. 112. O juiz, o órgão do Ministério Público, os serventuários ou funcionários de justiça e os peritos ou intérpretes abster-se-ão de servir no processo, quando houver incompatibilidade ou impedimento legal, que declararão nos autos. Se não se der a abstenção, a incompatibilidade ou impedimento poderá ser arguido pelas partes, seguindo-se o processo estabelecido para a exceção de suspeição.

(*) V. arts. 95 a 107 do CPP.

Capítulo IV
DO CONFLITO DE JURISDIÇÃO

Art. 113. As questões atinentes à competência resolver-se-ão não só pela exceção própria, como também pelo conflito positivo ou negativo de jurisdição.

(*) V. arts. 69 a 91, 108 e 109 do CPP.

(*) Vide Súmulas 59 e 428 do STJ.

Art. 114. Haverá conflito de jurisdição:

(*) Vide Súmula 59 do STJ.

I – quando 2 (duas) ou mais autoridades judiciárias se considerarem competentes, ou incompetentes, para conhecer do mesmo fato criminoso;

II – quando entre elas surgir controvérsia sobre unidade de juízo, junção ou separação de processos.

(*) V. arts. 80 a 82 do CPP.

Art. 115. O conflito poderá ser suscitado:

I – pela parte interessada;

II – pelos órgãos do Ministério Público junto a qualquer dos juízos em dissídio;

III – por qualquer dos juízes ou tribunais em causa.

(*) Vide Súmula 59 do STJ.

Art. 116. Os juízes e tribunais, sob a forma de representação, e a parte interessada, sob a de requerimento, darão parte escrita e circunstanciada do conflito, perante o tribunal competente, expondo os fundamentos e juntando os documentos comprobatórios.

§ 1º. Quando negativo o conflito, os juízes e tribunais poderão suscitá-lo nos próprios autos do processo.

§ 2º. Distribuído o feito, se o conflito for positivo, o relator poderá determinar imediatamente que se suspenda o andamento do processo.

§ 3º. Expedida ou não a ordem de suspensão, o relator requisitará informações às autoridades em conflito, remetendo-lhes cópia do requerimento ou representação.

§ 4º. As informações serão prestadas no prazo marcado pelo relator.

§ 5º. Recebidas as informações, e depois de ouvido o procurador-geral, o conflito será decidido na primeira sessão, salvo se a instrução do feito depender de diligência.

§ 6º. Proferida a decisão, as cópias necessárias serão remetidas, para a sua execução, às autoridades contra as quais tiver sido levantado o conflito ou que o houverem suscitado.

Art. 117. O Supremo Tribunal Federal, mediante avocatória, restabelecerá a sua jurisdição, sempre que exercida por qualquer dos juízes ou tribunais inferiores.

Capítulo V
DA RESTITUIÇÃO DAS COISAS APREENDIDAS

Art. 118. Antes de transitar em julgado a sentença final, as coisas apreendidas não poderão ser restituídas enquanto interessarem ao processo.

(*) V. art. 11 do CPP.

Art. 119. As coisas a que se referem os arts. 74 e 100 do Código Penal♦ não poderão ser restituídas, mesmo depois de transitar em julgado a sentença final, salvo se pertencerem ao lesado ou a terceiro de boa-fé.

♦ Refere-se à redação anterior às alterações promovidas pela Lei nº 7.209/1984. Vide atual art. 91 do CP.

(*) V. arts. 125, 132 e 530-G do CPP.

Art. 120. A restituição, quando cabível, poderá ser ordenada pela autoridade policial ou juiz, mediante termo nos autos, desde que não exista dúvida quanto ao direito do reclamante.

(*) V. art. 122 do CPP.

§ 1º. Se duvidoso esse direito, o pedido de restituição autuar-se-á em apartado, assinando-se ao requerente o prazo de 5 (cinco) dias para a prova. Em tal caso, só o juiz criminal poderá decidir o incidente.

§ 2º. O incidente autuar-se-á também em apartado e só a autoridade judicial o resolverá, se as coisas forem apreendidas em poder de terceiro de boa-fé, que será intimado para alegar e provar o seu direito, em prazo igual e sucessivo ao do reclamante, tendo um e outro 2 (dois) dias para arrazoar.

§ 3º. Sobre o pedido de restituição será sempre ouvido o Ministério Público.

§ 4º. Em caso de dúvida sobre quem seja o verdadeiro dono, o juiz remeterá as partes para o juízo cível, ordenando o depósito das coisas em mãos de depositário ou do próprio terceiro que as detinha, se for pessoa idônea.

§ 5º. Tratando-se de coisas facilmente deterioráveis, serão avaliadas e levadas a leilão público, depositando-se o dinheiro apurado, ou entregues ao terceiro que as detinha, se este for pessoa idônea e assinar termo de responsabilidade.

(*) V. art. 137, § 1º, do CPP.

Art. 121. No caso de apreensão de coisa adquirida com os proventos da infração, aplica-se o disposto no art. 133 e seu parágrafo.

Art. 122. Sem prejuízo do disposto no art. 120, as coisas apreendidas serão alienadas nos termos do disposto no art. 133 deste Código.

(*) Art. 122, *caput*, com redação dada pela Lei nº 13.964/2019.

Parágrafo único. (Revogado).

(*) Parágrafo único revogado pela Lei nº 13.964/2019.

Art. 123. Fora dos casos previstos nos artigos anteriores, se dentro no prazo de 90 (noventa) dias, a contar da data em que transitar em julgado a sentença final, condenatória ou absolutória, os objetos apreendidos não forem reclamados ou não pertencerem ao réu, serão vendidos em leilão, depositando-se o saldo à disposição do juízo de ausentes.

Art. 124. Os instrumentos do crime, cuja perda em favor da União for decretada, e as coisas confiscadas, de acordo com o disposto no art. 100 do Código Penal♦, serão inutilizados ou recolhidos a museu criminal, se houver interesse na sua conservação.

♦ Refere-se à redação anterior às alterações promovidas pela Lei nº 7.209/1984. Sem correspondência no Código Penal em vigor.

Art. 124-A. Na hipótese de decretação de perdimento de obras de arte ou de outros bens de relevante valor cultural ou artístico, se o crime não tiver vítima determinada, poderá haver destinação dos bens a museus públicos.

(*) Art. 124-A acrescido pela Lei nº 13.964/2019.

Capítulo VI
DAS MEDIDAS ASSECURATÓRIAS

Art. 125. Caberá o sequestro dos bens imóveis, adquiridos pelo indiciado com os proventos da infração, ainda que já tenham sido transferidos a terceiro.

Art. 126. Para a decretação do sequestro, bastará a existência de indícios veementes da proveniência ilícita dos bens.

(*) V. arts. 132 e 239 do CPP.

Art. 127. O juiz, de ofício, a requerimento do Ministério Público ou do ofendido, ou mediante representação da autoridade policial, poderá ordenar o sequestro, em qualquer fase do processo ou ainda antes de oferecida a denúncia ou queixa.

(*) V. art. 593, II, do CPP.

Art. 128. Realizado o sequestro, o juiz ordenará a sua inscrição no Registro de Imóveis.

Art. 129. O sequestro autuar-se-á em apartado e admitirá embargos de terceiro.

Art. 130. O sequestro poderá ainda ser embargado:

I – pelo acusado, sob o fundamento de não terem os bens sido adquiridos com os proventos da infração;

II – pelo terceiro, a quem houverem os bens sido transferidos a título oneroso, sob o fundamento de tê-los adquirido de boa-fé.

Parágrafo único. Não poderá ser pronunciada decisão nesses embargos antes de passar em julgado a sentença condenatória.

Art. 131. O sequestro será levantado:

I – se a ação penal não for intentada no prazo de 60 (sessenta) dias, contado da data em que ficar concluída a diligência;

II – se o terceiro, a quem tiverem sido transferidos os bens, prestar caução que assegure a aplicação do disposto no art. 74, II, *b*, segunda parte, do Código Penal♦;

♦ Refere-se à redação anterior às alterações promovidas pela Lei nº 7.209/1984. Vide atual art. 91, II, "b" do CP.

III – se for julgada extinta a punibilidade ou absolvido o réu, por sentença transitada em julgado.

Art. 132. Proceder-se-á ao sequestro dos bens móveis se, verificadas as condições previstas no art. 126, não for cabível a medida regulada no Capítulo XI do Título VII deste Livro.

(*) V. arts. 240 a 250 do CPP.

Art. 133. Transitada em julgado a sentença condenatória, o juiz, de ofício ou a requerimento do interessado ou do Ministério Público, determinará a avaliação e a venda dos bens em leilão público cujo perdimento tenha sido decretado.

§ 1º. Do dinheiro apurado, será recolhido aos cofres públicos o que não couber ao lesado ou a terceiro de boa-fé.

§ 2º. O valor apurado deverá ser recolhido ao Fundo Penitenciário Nacional, exceto se houver previsão diversa em lei especial.

(*) Art. 133 com redação dada pela Lei nº 13.964/2019.

(*) V. arts. 121 e 122 do CPP.

Art. 133-A. O juiz poderá autorizar, constatado o interesse público, a utilização de bem sequestrado, apreendido ou sujeito a qualquer medida assecuratória pelos órgãos de segurança pública previstos no art. 144 da Constituição Federal, do sistema prisional, do sistema socioeducativo, da Força Nacional de Segurança Pública e do Instituto Geral de Perícia, para o desempenho de suas atividades.

§ 1º. O órgão de segurança pública participante das ações de investigação ou repressão da infração penal que ensejou a constrição do bem terá prioridade na sua utilização.

§ 2º. Fora das hipóteses anteriores, demonstrado o interesse público, o juiz poderá autorizar o uso do bem pelos demais órgãos públicos.

§ 3º. Se o bem a que se refere o *caput* deste artigo for veículo, embarcação ou aeronave, o juiz ordenará à autoridade de trânsito ou ao órgão de registro e controle a expedição de certificado provisório de registro e licenciamento em favor do órgão público beneficiário, o qual estará isento do pagamento de multas, encargos e tributos anteriores à disponibilização do bem para a sua utilização, que deverão ser cobrados de seu responsável.

§ 4º. Transitada em julgado a sentença penal condenatória com a decretação de perdimento dos bens, ressalvado o direito do lesado ou terceiro de boa-fé, o juiz poderá determinar a transferência definitiva da propriedade ao órgão público beneficiário ao qual foi custodiado o bem.

(*) Art. 133-A acrescido pela Lei nº 13.964/2019.

Art. 134. A hipoteca legal sobre os imóveis do indiciado poderá ser requerida pelo ofendido em qualquer fase do processo, desde que haja certeza da infração e indícios suficientes da autoria.

(*) V. arts. 142, 144 e 239 do CPP.

Art. 135. Pedida a especialização mediante requerimento, em que a parte estimará o valor da responsabilidade civil, e designará e estimará o imóvel ou imóveis que terão de ficar especialmente hipotecados, o juiz mandará logo proceder ao arbitramento do valor da responsabilidade e à avaliação do imóvel ou imóveis.

§ 1º. A petição será instruída com as provas ou indicação das provas em que se fundar a estimação da responsabilidade, com a relação dos imóveis que o responsável possuir, se outros tiver, além dos indicados no requerimento, e com os documentos comprobatórios do domínio.

§ 2º. O arbitramento do valor da responsabilidade e a avaliação dos imóveis designados far-se-ão por perito nomeado pelo juiz, onde não houver avaliador judicial, sendo-lhe facultada a consulta dos autos do processo respectivo.

§ 3º. O juiz, ouvidas as partes no prazo de 2 (dois) dias, que correrá em cartório, poderá corrigir o arbitramento do valor da responsabilidade, se lhe parecer excessivo ou deficiente.

§ 4º. O juiz autorizará somente a inscrição da hipoteca do imóvel ou imóveis necessários à garantia da responsabilidade.

§ 5º. O valor da responsabilidade será liquidado definitivamente após a condenação, podendo ser requerido novo arbitramento se qualquer das partes não se conformar com o arbitramento anterior à sentença condenatória.

§ 6º. Se o réu oferecer caução suficiente, em dinheiro ou em títulos de dívida pública, pelo valor de sua cotação em Bolsa, o juiz poderá deixar de mandar proceder à inscrição da hipoteca legal.

Art. 136. O arresto do imóvel poderá ser decretado de início, revogando-se, porém, se no prazo de 15 (quinze) dias não for promovido o processo de inscrição da hipoteca legal.

(*) Art. 136 com redação dada pela Lei nº 11.435/2006.

(*) V. art. 144 do CPP.

Art. 137. Se o responsável não possuir bens imóveis ou os possuir de valor insuficiente, poderão ser arrestados bens móveis suscetíveis de penhora, nos termos em que é facultada a hipoteca legal dos imóveis.

(*) Art. 137, *caput*, com redação dada pela Lei nº 11.435/2006.

(*) V. arts. 142 e 144 do CPP.

§ 1º. Se esses bens forem coisas fungíveis e facilmente deterioráveis, proceder-se-á na forma do § 5º do art. 120.

§ 2º. Das rendas dos bens móveis poderão ser fornecidos recursos arbitrados pelo juiz, para a manutenção do indiciado e de sua família.

Art. 138. O processo de especialização da hipoteca e do arresto correrão em auto apartado.

(*) Art. 138 com redação dada pela Lei nº 11.435/2006.

Art. 139. O depósito e a administração dos bens arrestados ficarão sujeitos ao regime do processo civil.

(*) Art. 139 com redação dada pela Lei nº 11.435/2006.

Art. 140. As garantias do ressarcimento do dano alcançarão também as despesas processuais e as penas pecuniárias, tendo preferência sobre estas a reparação do dano ao ofendido.

(*) V. arts. 63 a 68, 804 e 806 do CPP.

Art. 141. O arresto será levantado ou cancelada a hipoteca, se, por sentença irrecorrível, o réu for absolvido ou julgada extinta a punibilidade.

(*) Art. 141 com redação dada pela Lei nº 11.435/2006.

Art. 142. Caberá ao Ministério Público promover as medidas estabelecidas nos arts. 134 e 137, se houver interesse da Fazenda Pública, ou se o ofendido for pobre e o requerer.

(*) V. arts. 144 e 257 do CPP.

Art. 143. Passando em julgado a sentença condenatória, serão os autos de hipoteca ou arresto remetidos ao juiz do cível (art. 63).

(*) Art. 143 com redação dada pela Lei nº 11.435/2006.

Art. 144. Os interessados ou, nos casos do art. 142, o Ministério Público poderão requerer no juízo cível, contra o responsável civil, as medidas previstas nos arts. 134, 136 e 137.

Art. 144-A. O juiz determinará a alienação antecipada para preservação do valor dos bens sempre que estiverem sujeitos a qualquer grau de deterioração ou depreciação, ou quando houver dificuldade para sua manutenção.

§ 1º. O leilão far-se-á preferencialmente por meio eletrônico.

§ 2º. Os bens deverão ser vendidos pelo valor fixado na avaliação judicial ou por valor maior. Não alcançado o valor estipulado pela administração judicial, será realizado novo leilão, em até 10 (dez) dias contados da realização do primeiro, podendo os bens ser alienados por valor não inferior a 80% (oitenta por cento) do estipulado na avaliação judicial.

§ 3º. O produto da alienação ficará depositado em conta vinculada ao juízo até a decisão final do processo, procedendo-se à sua conversão em renda para a União, Estado ou Distrito Federal, no caso de condenação, ou, no caso de absolvição, à sua devolução ao acusado.

§ 4º. Quando a indisponibilidade recair sobre dinheiro, inclusive moeda estrangeira, títulos, valores mobiliários ou cheques emitidos como ordem de pagamento, o juízo determinará a conversão do numerário apreendido em moeda nacional corrente e o depósito das correspondentes quantias em conta judicial.

§ 5º. No caso da alienação de veículos, embarcações ou aeronaves, o juiz ordenará à autoridade de trânsito ou ao equivalente órgão de registro e controle a expedição de certificado de registro e licenciamento em favor do arrematante, ficando este livre do pagamento de multas, encargos e tributos anteriores, sem prejuízo de execução fiscal em relação ao antigo proprietário.

§ 6º. O valor dos títulos da dívida pública, das ações das sociedades e dos títulos de crédito negociáveis em bolsa será o da cotação oficial do dia, provada por certidão ou publicação no órgão oficial.

§ 7º. (Vetado).

(*) Art. 144-A acrescido pela Lei nº 12.694/2012.

Capítulo VII
DO INCIDENTE DE FALSIDADE

Art. 145. Arguida, por escrito, a falsidade de documento constante dos autos, o juiz observará o seguinte processo:

I – mandará autuar em apartado a impugnação, e em seguida ouvirá a parte contrária, que, no prazo de 48 (quarenta e oito) horas, oferecerá resposta;

II – assinará o prazo de 3 (três) dias, sucessivamente, a cada uma das partes, para prova de suas alegações;

III – conclusos os autos, poderá ordenar as diligências que entender necessárias;

IV – se reconhecida a falsidade por decisão irrecorrível, mandará desentranhar o documento e remetê-lo, com os autos do processo incidente, ao Ministério Público.

(*) V. arts. 40; e 581, XVIII, do CPP.

(*) V. art. 15 da LICPP.

Art. 146. A arguição de falsidade, feita por procurador, exige poderes especiais.

Art. 147. O juiz poderá, de ofício, proceder à verificação da falsidade.

Art. 148. Qualquer que seja a decisão, não fará coisa julgada em prejuízo de ulterior processo penal ou civil.

Capítulo VIII
DA INSANIDADE MENTAL DO ACUSADO

(*) V. arts. 8º, 9º, 100, 108, 167, 175, 176 e 183 da LEP.

Art. 149. Quando houver dúvida sobre a integridade mental do acusado, o juiz ordenará, de ofício ou a requerimento do Ministério Público, do defensor, do curador, do ascendente, descendente, irmão ou cônjuge do acusado, seja este submetido a exame médico-legal.

§ 1º. O exame poderá ser ordenado ainda na fase do inquérito, mediante representação da autoridade policial ao juiz competente.

§ 2º. O juiz nomeará curador ao acusado, quando determinar o exame, ficando suspenso o processo, se já iniciada a ação penal, salvo quanto às diligências que possam ser prejudicadas pelo adiamento.

(*) V. art. 152 do CPP.

Art. 150. Para o efeito do exame, o acusado, se estiver preso, será internado em manicômio judiciário, onde houver, ou, se estiver solto, e o requererem os peritos, em estabelecimento adequado que o juiz designar.

§ 1º. O exame não durará mais de 45 (quarenta e cinco) dias, salvo se os peritos demonstrarem a necessidade de maior prazo.

§ 2º. Se não houver prejuízo para a marcha do processo, o juiz poderá autorizar sejam os autos entregues aos peritos, para facilitar o exame.

Art. 151. Se os peritos concluírem que o acusado era, ao tempo da infração, irresponsável nos termos do art. 22 do Código Penal, o processo prosseguirá, com a presença do curador.

Art. 152. Se se verificar que a doença mental sobreveio à infração o processo continuará suspenso até que o acusado se restabeleça, observado o § 2º do art. 149.

(*) V. art. 79, § 1º, do CPP.

§ 1º. O juiz poderá, nesse caso, ordenar a internação do acusado em manicômio judiciário ou em outro estabelecimento adequado.

§ 2º. O processo retomará o seu curso, desde que se restabeleça o acusado, ficando-lhe assegurada a faculdade de reinquirir as testemunhas que houverem prestado depoimento sem a sua presença.

Art. 153. O incidente da insanidade mental processar-se-á em auto apartado, que só depois da apresentação do laudo, será apenso ao processo principal.

Art. 154. Se a insanidade mental sobrevier no curso da execução da pena, observar-se-á o disposto no art. 682.

TÍTULO VII
DA PROVA

Capítulo I
DISPOSIÇÕES GERAIS

Art. 155. O juiz formará sua convicção pela livre apreciação da prova produzida em contraditório judicial, não podendo fundamentar sua decisão exclusivamente nos elementos informativos colhidos na investigação, ressalvadas as provas cautelares, não repetíveis e antecipadas.

(*) Art. 155, *caput*, com redação dada pela Lei nº 11.690/2008.

Parágrafo único. Somente quanto ao estado das pessoas serão observadas as restrições estabelecidas na lei civil.

(*) Parágrafo único acrescido pela Lei nº 11.690/2008.

(*) Vide Súmula 74 do STJ.

Art. 156. A prova da alegação incumbirá a quem a fizer, sendo, porém, facultado ao juiz de ofício:

(*) Art. 156, *caput*, com redação dada pela Lei nº 11.690/2008.

I – ordenar, mesmo antes de iniciada a ação penal, a produção antecipada de provas consideradas urgentes e relevantes, observando a necessidade, adequação e proporcionalidade da medida;

(*) Inciso I acrescido pela Lei nº 11.690/2008.

II – determinar, no curso da instrução, ou antes de proferir sentença, a realização de diligências para dirimir dúvida sobre ponto relevante.

(*) Inciso II acrescido pela Lei nº 11.690/2008.

Art. 157. São inadmissíveis, devendo ser desentranhadas do processo, as provas ilícitas, assim entendidas as obtidas em violação a normas constitucionais ou legais.

(*) Art. 157, *caput*, com redação dada pela Lei nº 11.690/2008.

(*) Vide Tema 237 do STF.

§ 1º. São também inadmissíveis as provas derivadas das ilícitas, salvo quando não evidenciado o nexo de causalidade entre umas e outras, ou quando as derivadas puderem ser obtidas por uma fonte independente das primeiras.

(*) § 1º acrescido pela Lei nº 11.690/2008.

§ 2º. Considera-se fonte independente aquela que por si só, seguindo os trâmites típicos e de praxe, próprios da investigação ou instrução criminal, seria capaz de conduzir ao fato objeto da prova.

(*) § 2º acrescido pela Lei nº 11.690/2008.

§ 3º. Preclusa a decisão de desentranhamento da prova declarada inadmissível, esta será inutilizada por decisão judicial, facultado às partes acompanhar o incidente.

(*) § 3º acrescido pela Lei nº 11.690/2008.

§ 4º. (Vetado).

(*) § 4º acrescido pela Lei nº 11.690/2008.

§ 5º. O juiz que conhecer do conteúdo da prova declarada inadmissível não poderá proferir a sentença ou acórdão.

(*) § 5º acrescido pela Lei nº 13.964/2019.

(*) Eficácia suspensa. ADI 6.298, 6.299, 6.300 e 6.305: "(...) *Ex positis*, concedo a medida cautelar requerida para suspender a eficácia do artigo 310, § 4°, do Código de Processo Penal (CPP), na redação introduzida pela Lei n° 13.964/2019. Conclusão: *Ex positis*, na condição de relator das ADIs 6.298, 6.299, 6.300 e 6.305, com as vênias de praxe e pelos motivos expostos: (a) Revogo a decisão monocrática constante das ADIs 6.298, 6.299, 6.300 e suspendo *sine die* a eficácia, *ad referendum* do Plenário, (a1) da implantação do juiz das garantias e seus consectários (Artigos 3º-A, 3º-B, 3º-C, 3º-D, 3º-E, 3º-F, do Código de Processo Penal); e (a2) da alteração do juiz sentenciante que conheceu de prova declarada inadmissível (157, § 5º, do Código de Processo Penal); (b) Concedo a medida cautelar requerida nos autos da ADI 6.305, e suspendo *sine die* a eficácia, *ad referendum* do Plenário, (b1) da alteração do procedimento de arquivamento do inquérito policial (28, *caput*, Código de Processo Penal); (b2) Da liberalização da prisão pela não realização da audiência de custódia no prazo de 24 horas (Artigo 310, § 4°, do Código de Processo Penal); Nos termos do artigo 10, § 2º, da Lei nº 9.868/95, a concessão desta medida cautelar não interfere nem suspende os inquéritos e os processos em curso na presente data. Aguardem-se as informações já solicitadas aos requeridos, ao Advogado-Geral da União e ao Procurador-Geral da República. Após, retornem os autos para a análise dos pedidos de ingresso na lide dos *amici curae* e a designação oportuna de audiências públicas. Publique-se. Intimem-se.".

Capítulo II
DO EXAME DE CORPO DE DELITO, DA CADEIA DE CUSTÓDIA E DAS PERÍCIAS EM GERAL

(*) Capítulo II com redação do título dada pela Lei nº 13.964/2019.

Art. 158. Quando a infração deixar vestígios, será indispensável o exame de corpo de delito, direto ou indireto, não podendo supri-lo a confissão do acusado.

(*) V. arts. 6º, VIII; 167; 525; e 564, III, "b", do CPP.

Parágrafo único. Dar-se-á prioridade à realização do exame de corpo de delito quando se tratar de crime que envolva:

I – violência doméstica e familiar contra mulher;

II – violência contra criança, adolescente, idoso ou pessoa com deficiência.

(*) Parágrafo único acrescido pela Lei nº 13.721/2018.

Art. 158-A. Considera-se cadeia de custódia o conjunto de todos os procedimentos utilizados para manter e documentar a história cronológica do vestígio coletado em locais ou em vítimas de crimes, para rastrear sua posse e manuseio a partir de seu reconhecimento até o descarte.

§ 1º. O início da cadeia de custódia dá-se com a preservação do local de crime ou com procedimentos policiais ou periciais nos quais seja detectada a existência de vestígio.

§ 2º. O agente público que reconhecer um elemento como de potencial interesse para a produção da prova pericial fica responsável por sua preservação.

§ 3º. Vestígio é todo objeto ou material bruto, visível ou latente, constatado ou recolhido, que se relaciona à infração penal.

(*) Art. 158-A acrescido pela Lei nº 13.964/2019.

Art. 158-B. A cadeia de custódia compreende o rastreamento do vestígio nas seguintes etapas:

I – reconhecimento: ato de distinguir um elemento como de potencial interesse para a produção da prova pericial;

II – isolamento: ato de evitar que se altere o estado das coisas, devendo isolar e preservar o ambiente imediato, mediato e relacionado aos vestígios e local de crime;

III – fixação: descrição detalhada do vestígio conforme se encontra no local de crime ou no corpo de delito, e a sua posição na área de exames, podendo ser ilustrada por fotografias, filmagens ou croqui, sendo indispensável a sua descrição no laudo pericial produzido pelo perito responsável pelo atendimento;

IV – coleta: ato de recolher o vestígio que será submetido à análise pericial, respeitando suas características e natureza;

V – acondicionamento: procedimento por meio do qual cada vestígio coletado é embalado de forma individualizada, de acordo com suas características físicas, químicas e biológicas, para posterior análise, com anotação da data, hora e nome de quem realizou a coleta e o acondicionamento;

VI – transporte: ato de transferir o vestígio de um local para o outro, utilizando as condições adequadas (embalagens, veículos, temperatura, entre outras), de modo a garantir a manutenção de suas características originais, bem como o controle de sua posse;

VII – recebimento: ato formal de transferência da posse do vestígio, que deve ser documentado com, no mínimo, informações referentes ao número de procedimento e unidade de polícia judiciária relacionada, local de origem, nome de quem transportou o vestígio, código de rastreamento, natureza do exame, tipo do vestígio, protocolo, assinatura e identificação de quem o recebeu;

VIII – processamento: exame pericial em si, manipulação do vestígio de acordo com a metodologia adequada às suas características biológicas, físicas e químicas, a fim de se obter o resultado desejado, que deverá ser formalizado em laudo produzido por perito;

IX – armazenamento: procedimento referente à guarda, em condições adequadas, do material a ser processado, guardado para realização de contraperícia, descartado ou transportado, com vinculação ao número do laudo correspondente;

X – descarte: procedimento referente à liberação do vestígio, respeitando a legislação vigente e, quando pertinente, mediante autorização judicial.

(*) Art. 158-B acrescido pela Lei nº 13.964/2019.

Art. 158-C. A coleta dos vestígios deverá ser realizada preferencialmente por perito oficial, que dará o encaminhamento necessário para a central de custódia, mesmo quando for necessária a realização de exames complementares.

§ 1º. Todos vestígios coletados no decurso do inquérito ou processo devem ser tratados como descrito nesta Lei, ficando órgão central de perícia oficial de natureza criminal responsável por detalhar a forma do seu cumprimento.

§ 2º. É proibida a entrada em locais isolados bem como a remoção de quaisquer vestígios de locais de crime antes da liberação por parte do perito responsável, sendo tipificada como fraude processual a sua realização.

(*) Art. 158-C acrescido pela Lei nº 13.964/2019.

Art. 158-D. O recipiente para acondicionamento do vestígio será determinado pela natureza do material.

§ 1º. Todos os recipientes deverão ser selados com lacres, com numeração individualizada, de forma a garantir a inviolabilidade e a idoneidade do vestígio durante o transporte.

§ 2º. O recipiente deverá individualizar o vestígio, preservar suas características, impedir contaminação e vazamento, ter grau de resistência adequado e espaço para registro de informações sobre seu conteúdo.

§ 3º. O recipiente só poderá ser aberto pelo perito que vai proceder à análise e, motivadamente, por pessoa autorizada.

§ 4º. Após cada rompimento de lacre, deve se fazer constar na ficha de acompanhamento de vestígio o nome e a matrícula do responsável, a data, o local, a finalidade, bem como as informações referentes ao novo lacre utilizado.

§ 5º. O lacre rompido deverá ser acondicionado no interior do novo recipiente.

(*) Art. 158-D acrescido pela Lei nº 13.964/2019.

Art. 158-E. Todos os Institutos de Criminalística deverão ter uma central de custódia destinada à guarda e controle dos vestígios, e sua gestão deve ser vinculada diretamente ao órgão central de perícia oficial de natureza criminal.

§ 1º. Toda central de custódia deve possuir os serviços de protocolo, com local para conferência, recepção, devolução de materiais e documentos, possibilitando a seleção, a classificação e a distribuição de materiais, devendo ser um espaço seguro e apresentar condições ambientais que não interfiram nas características do vestígio.

§ 2º. Na central de custódia, a entrada e a saída de vestígio deverão ser protocoladas, consignando-se informações sobre a ocorrência no inquérito que a eles se relacionam.

§ 3º. Todas as pessoas que tiverem acesso ao vestígio armazenado deverão ser identificadas e deverão ser registradas a data e a hora do acesso.

§ 4º. Por ocasião da tramitação do vestígio armazenado, todas as ações deverão ser registradas, consignando-se a identificação do responsável pela tramitação, a destinação, a data e horário da ação.

(*) Art. 158-E acrescido pela Lei nº 13.964/2019.

Art. 158-F. Após a realização da perícia, o material deverá ser devolvido à central de custódia, devendo nela permanecer.

Parágrafo único. Caso a central de custódia não possua espaço ou condições de armazenar determinado material, deverá a autoridade policial ou judiciária determinar as condições de depósito do referido material em local diverso, mediante requerimento do diretor do órgão central de perícia oficial de natureza criminal.

(*) Art. 158-F acrescido pela Lei nº 13.964/2019.

Art. 159. O exame de corpo de delito e outras perícias serão realizados por perito oficial, portador de diploma de curso superior.

(*) Art. 159, *caput*, com redação dada pela Lei nº 11.690/2008.

(*) V. arts. 178 e 280 do CPP.

§ 1º. Na falta de perito oficial, o exame será realizado por 2 (duas) pessoas idôneas, portadoras de diploma de curso superior preferencialmente na área específica, dentre as que tiverem habilitação técnica relacionada com a natureza do exame.

(*) § 1º com redação dada pela Lei nº 11.690/2008.

(*) V. art. 179 do CPP.

§ 2º. Os peritos não oficiais prestarão o compromisso de bem e fielmente desempenhar o encargo.

(*) § 2º com redação dada pela Lei nº 11.690/2008.

(*) V. arts. 275 a 279 do CPP.

§ 3º. Serão facultadas ao Ministério Público, ao assistente de acusação, ao ofendido, ao querelante e ao acusado a formulação de quesitos e indicação de assistente técnico.

(*) § 3º acrescido pela Lei nº 11.690/2008.

§ 4º. O assistente técnico atuará a partir de sua admissão pelo juiz e após a conclusão dos exames e elaboração do laudo pelos peritos oficiais, sendo as partes intimadas desta decisão.

(*) § 4º acrescido pela Lei nº 11.690/2008.

§ 5º. Durante o curso do processo judicial, é permitido às partes, quanto à perícia:

I – requerer a oitiva dos peritos para esclarecerem a prova ou para responderem a quesitos, desde que o mandado de intimação e os quesitos ou questões a serem esclarecidas sejam encaminhados com antecedência mínima de 10 (dez) dias, podendo apresentar as respostas em laudo complementar;

II – indicar assistentes técnicos que poderão apresentar pareceres em prazo a ser fixado pelo juiz ou ser inquiridos em audiência.

(*) § 5º acrescido pela Lei nº 11.690/2008.

§ 6º. Havendo requerimento das partes, o material probatório que serviu de base à perícia será disponibilizado no ambiente do órgão oficial, que manterá sempre sua guarda, e na presença de perito oficial, para exame pelos assistentes, salvo se for impossível a sua conservação.

(*) § 6º acrescido
pela Lei nº 11.690/2008.

§ 7º. Tratando-se de perícia complexa que abranja mais de uma área de conhecimento especializado, poder-se-á designar a atuação de mais de um perito oficial, e a parte indicar mais de um assistente técnico.

(*) § 7º acrescido
pela Lei nº 11.690/2008.

Art. 160. Os peritos elaborarão o laudo pericial, onde descreverão minuciosamente o que examinarem, e responderão aos quesitos formulados.

Parágrafo único. O laudo pericial será elaborado no prazo máximo de 10 (dez) dias, podendo este prazo ser prorrogado, em casos excepcionais, a requerimento dos peritos.

(*) Art. 160 com redação dada
pela Lei nº 8.862/1994.

(*) V. art. 179, parágrafo único, do CPP.

Art. 161. O exame de corpo de delito poderá ser feito em qualquer dia e a qualquer hora.

(*) V. art. 6º, VII, do CPP.

Art. 162. A autópsia será feita pelo menos 6 (seis) horas depois do óbito, salvo se os peritos, pela evidência dos sinais de morte, julgarem que possa ser feita antes daquele prazo, o que declararão no auto.

Parágrafo único. Nos casos de morte violenta, bastará o simples exame externo do cadáver, quando não houver infração penal que apurar, ou quando as lesões externas permitirem precisar a causa da morte e não houver necessidade de exame interno para a verificação de alguma circunstância relevante.

Art. 163. Em caso de exumação para exame cadavérico, a autoridade providenciará para que, em dia e hora previamente marcados, se realize a diligência, da qual se lavrará auto circunstanciado.

Parágrafo único. O administrador de cemitério público ou particular indicará o lugar da sepultura, sob pena de desobediência. No caso de recusa ou de falta de quem indique a sepultura, ou de encontrar-se o cadáver em lugar não destinado a inumações, a autoridade procederá às pesquisas necessárias, o que tudo constará do auto.

Art. 164. Os cadáveres serão sempre fotografados na posição em que forem encontrados, bem como, na medida do possível, todas as lesões externas e vestígios deixados no local do crime.

(*) Art. 164 com redação dada
pela Lei nº 8.862/1994.

(*) V. art. 6º, I, do CPP.

Art. 165. Para representar as lesões encontradas no cadáver, os peritos, quando possível, juntarão ao laudo do exame provas fotográficas, esquemas ou desenhos, devidamente rubricados.

Art. 166. Havendo dúvida sobre a identidade do cadáver exumado, proceder-se-á ao reconhecimento pelo Instituto de Identificação e Estatística ou repartição congênere ou pela inquirição de testemunhas, lavrando-se auto de reconhecimento e de identidade, no qual se descreverá o cadáver, com todos os sinais e indicações.

Parágrafo único. Em qualquer caso, serão arrecadados e autenticados todos os objetos encontrados, que possam ser úteis para a identificação do cadáver.

Art. 167. Não sendo possível o exame de corpo de delito, por haverem desaparecido os vestígios, a prova testemunhal poderá suprir-lhe a falta.

(*) V. arts. 158; 202 a 225; e 564, III, "b", do CPP.

Art. 168. Em caso de lesões corporais, se o primeiro exame pericial tiver sido incompleto, proceder-se-á a exame complementar por determinação da autoridade policial ou judiciária, de ofício, ou a requerimento do Ministério Público, do ofendido ou do acusado, ou de seu defensor.

§ 1º. No exame complementar, os peritos terão presente o auto de corpo de delito, a fim de suprir-lhe a deficiência ou retificá-lo.

§ 2º. Se o exame tiver por fim precisar a classificação do delito no art. 129, § 1º, I, do Código Penal, deverá ser feito logo que decorra o prazo de 30 (trinta) dias, contado da data do crime.

§ 3º. A falta de exame complementar poderá ser suprida pela prova testemunhal.

(*) V. arts. 202 a 225 do CPP.

Art. 169. Para o efeito de exame do local onde houver sido praticada a infração, a autoridade providenciará imediatamente para que não se altere o estado das coisas até a chegada dos peritos, que poderão instruir seus laudos com fotografias, desenhos ou esquemas elucidativos.

(*) V. art. 6º, I, do CPP.

(*) Vide Lei nº 5.970/1973, que exclui da aplicação do disposto neste art. 169 os casos de acidente de trânsito.

Parágrafo único. Os peritos registrarão, no laudo, as alterações do estado das coisas e discutirão, no relatório, as consequências dessas alterações na dinâmica dos fatos.

(*) Parágrafo único acrescido pela Lei nº 8.862/1994.

Art. 170. Nas perícias de laboratório, os peritos guardarão material suficiente para a eventualidade de nova perícia. Sempre que conveniente, os laudos serão ilustrados com provas fotográficas, ou microfotográficas, desenhos ou esquemas.

Art. 171. Nos crimes cometidos com destruição ou rompimento de obstáculo a subtração da coisa, ou por meio de escalada, os peritos, além de descrever os vestígios, indicarão com que instrumentos, por que meios e em que época presumem ter sido o fato praticado.

Art. 172. Proceder-se-á, quando necessário, à avaliação de coisas destruídas, deterioradas ou que constituam produto do crime.

Parágrafo único. Se impossível a avaliação direta, os peritos procederão à avaliação por meio dos elementos existentes nos autos e dos que resultarem de diligências.

(*) V. art. 387, IV, do CPP.

Art. 173. No caso de incêndio, os peritos verificarão a causa e o lugar em que houver começado, o perigo que dele tiver resultado para a vida ou para o patrimônio alheio, a extensão do dano e o seu valor e as demais circunstâncias que interessarem à elucidação do fato.

(*) V. art. 387, IV, do CPP.

Art. 174. No exame para o reconhecimento de escritos, por comparação de letra, observar-se-á o seguinte:

I – a pessoa a quem se atribua ou se possa atribuir o escrito será intimada para o ato, se for encontrada;

II – para a comparação, poderão servir quaisquer documentos que a dita pessoa reconhecer ou já tiverem sido judicialmente reconhecidos como de seu punho, ou sobre cuja autenticidade não houver dúvida;

III – a autoridade, quando necessário, requisitará, para o exame, os documentos que existirem em arquivos ou estabelecimentos públicos, ou nestes realizará a diligência, se daí não puderem ser retirados;

IV – quando não houver escritos para a comparação ou forem insuficientes os exibidos, a autoridade mandará que a pessoa escreva o que lhe for ditado. Se estiver ausente a pessoa, mas em lugar certo, esta última diligência poderá ser feita por precatória, em que se consignarão as palavras que a pessoa será intimada a escrever.

Art. 175. Serão sujeitos a exame os instrumentos empregados para a prática da infração, a fim de se lhes verificar a natureza e a eficiência.

(*) V. art. 6º, II, do CPP.

Art. 176. A autoridade e as partes poderão formular quesitos até o ato da diligência.

(*) V. art. 14 do CPP.

Art. 177. No exame por precatória, a nomeação dos peritos far-se-á no juízo deprecado. Havendo, porém, no caso de ação privada, acordo das partes, essa nomeação poderá ser feita pelo juiz deprecante.

(*) V. arts. 276 e 277 do CPP.

Parágrafo único. Os quesitos do juiz e das partes serão transcritos na precatória.

Art. 178. No caso do art. 159, o exame será requisitado pela autoridade ao diretor da repartição, juntando-se ao processo o laudo assinado pelos peritos.

Art. 179. No caso do § 1º do art. 159, o escrivão lavrará o auto respectivo, que será assinado pelos peritos e, se presente ao exame, também pela autoridade.

Parágrafo único. No caso do art. 160, parágrafo único, o laudo, que poderá ser datilografado, será subscrito e rubricado em suas folhas por todos os peritos.

Art. 180. Se houver divergência entre os peritos, serão consignadas no auto do exame as declarações e respostas de um e de outro, ou cada um redigirá separadamente o seu laudo, e a autoridade nomeará um terceiro; se este divergir de ambos, a autoridade poderá mandar proceder a novo exame por outros peritos.

Art. 181. No caso de inobservância de formalidades, ou no caso de omissões, obscuridades ou contradições, a autoridade judiciária mandará suprir a formalidade, complementar ou esclarecer o laudo.

(*) Art. 181, *caput*, com redação dada pela Lei nº 8.862/1994.

(*) V. arts. 563; 564, IV; 566; e 572 do CPP.

Parágrafo único. A autoridade poderá também ordenar que se proceda a novo exame, por outros peritos, se julgar conveniente.

Art. 182. O juiz não ficará adstrito ao laudo, podendo aceitá-lo ou rejeitá-lo, no todo ou em parte.

(*) V. art. 155 do CPP.

Art. 183. Nos crimes em que não couber ação pública, observar-se-á o disposto no art. 19.

(*) V. art. 525 do CPP.

Art. 184. Salvo o caso de exame de corpo de delito, o juiz ou a autoridade policial negará a perícia requerida pelas partes, quando não for necessária ao esclarecimento da verdade.

(*) V. art. 14 do CPP.

Capítulo III
DO INTERROGATÓRIO DO ACUSADO

Art. 185. O acusado que comparecer perante a autoridade judiciária, no curso do processo penal, será qualificado e interrogado na presença de seu defensor, constituído ou nomeado.

(*) Art. 185, *caput*, com redação dada pela Lei nº 10.792/2003.

(*) V. arts. 474; 564, III, "e"; e 616 do CPP.

(*) Vide Súmula 523 do STF.

§ 1º. O interrogatório do réu preso será realizado, em sala própria, no estabelecimento em que estiver recolhido, desde que estejam garantidas a segurança do juiz, do membro do Ministério Público e dos auxiliares bem como a presença do defensor e a publicidade do ato.

(*) § 1º com redação dada pela Lei nº 11.900/2009.

(*) V. § 7º deste artigo.

§ 2º. Excepcionalmente, o juiz, por decisão fundamentada, de ofício ou a requerimento das partes, poderá realizar o interrogatório do réu preso por sistema de videoconferência ou outro recurso tecnológico de transmissão de sons e imagens em tempo real, desde que a medida seja necessária para atender a uma das seguintes finalidades:

(*) § 2º, *caput*, com redação dada pela Lei nº 11.900/2009.

(*) V. §§ 7º e 8º deste artigo.

(*) Vide Resolução CNJ nº 329/2020, que regulamenta e estabelece critérios para a realização de audiências e outros atos processuais por videoconferência, em processos penais e de execução penal, durante o estado de calamidade pública, reconhecido pelo Decreto Federal nº 06/2020, em razão da pandemia mundial por Covid-19.

I – prevenir risco à segurança pública, quando exista fundada suspeita de que o preso integre organização criminosa ou de que, por outra razão, possa fugir durante o deslocamento;

(*) Inciso I acrescido pela Lei nº 11.900/2009.

II – viabilizar a participação do réu no referido ato processual, quando haja relevante dificuldade para seu comparecimento em juízo, por enfermidade ou outra circunstância pessoal;

(*) Inciso II acrescido pela Lei nº 11.900/2009.

III – impedir a influência do réu no ânimo de testemunha ou da vítima, desde que não seja possível colher o depoimento destas por videoconferência, nos termos do art. 217 deste Código;

(*) Inciso III acrescido pela Lei nº 11.900/2009.

IV – responder à gravíssima questão de ordem pública.

(*) Inciso IV acrescido pela Lei nº 11.900/2009.

§ 3º. Da decisão que determinar a realização de interrogatório por videoconferência, as partes serão intimadas com 10 (dez) dias de antecedência.

(*) § 3º acrescido pela Lei nº 11.900/2009.

(*) V. § 8º deste artigo.

§ 4º. Antes do interrogatório por videoconferência, o preso poderá acompanhar, pelo mesmo sistema tecnológico, a realização de todos os atos da audiência única de instrução e julgamento de que tratam os arts. 400, 411 e 531 deste Código.

(*) § 4º acrescido pela Lei nº 11.900/2009.

(*) V. § 8º deste artigo.

§ 5º. Em qualquer modalidade de interrogatório, o juiz garantirá ao réu o direito de entrevista prévia e reservada com o seu defensor; se realizado por videoconferência, fica também garantido o acesso a canais telefônicos reservados para comunicação entre o defensor que esteja no presídio e o advogado presente na sala de audiência do Fórum, e entre este e o preso.

(*) § 5º acrescido pela Lei nº 11.900/2009.

(*) V. § 8º deste artigo.

§ 6º. A sala reservada no estabelecimento prisional para a realização de atos processuais por sistema de videoconferência será fiscalizada pelos corregedores e pelo juiz de cada causa, como também pelo Ministério Público e pela Ordem dos Advogados do Brasil.

(*) § 6º acrescido pela Lei nº 11.900/2009.

§ 7º. Será requisitada a apresentação do réu preso em juízo nas hipóteses em que o interrogatório não se realizar na forma prevista nos §§ 1º e 2º deste artigo.

(*) § 7º acrescido pela Lei nº 11.900/2009.

§ 8º. Aplica-se o disposto nos §§ 2º, 3º, 4º e 5º deste artigo, no que couber, à realização de outros atos processuais que dependam da participação de pessoa que esteja presa, como acareação, reconhecimento de pessoas e coisas, e inquirição de testemunha ou tomada de declarações do ofendido.

(*) § 8º acrescido pela Lei nº 11.900/2009.

(*) V. § 9º deste artigo.

§ 9º. Na hipótese do § 8º deste artigo, fica garantido o acompanhamento do ato processual pelo acusado e seu defensor.

(*) § 9º acrescido pela Lei nº 11.900/2009.

§ 10. Do interrogatório deverá constar a informação sobre a existência de filhos, respectivas idades e se possuem alguma deficiência e o nome e o contato de eventual responsável pelos cuidados dos filhos, indicado pela pessoa presa.

(*) § 10 acrescido pela Lei nº 13.257/2016.

Art. 186. Depois de devidamente qualificado e cientificado do inteiro teor da acusação, o acusado será informado pelo juiz, antes de iniciar o interrogatório, do seu direito de permanecer calado e de não responder perguntas que lhe forem formuladas.

(*) Art. 186, *caput*, com redação dada pela Lei nº 10.792/2003.

(*) V. arts. 261 a 263 do CPP.

Parágrafo único. O silêncio, que não importará em confissão, não poderá ser interpretado em prejuízo da defesa.

(*) Parágrafo único acrescido pela Lei nº 10.792/2003.

Art. 187. O interrogatório será constituído de duas partes: sobre a pessoa do acusado e sobre os fatos.

(*) Art. 187, *caput*, com redação dada pela Lei nº 10.792/2003.

§ 1º. Na primeira parte o interrogando será perguntado sobre a residência, meios de vida ou profissão, oportunidades sociais, lugar onde exerce a sua atividade, vida pregressa, notadamente se foi preso ou processado alguma vez e, em caso afirmativo, qual o juízo do processo, se houve suspensão condicional ou condenação, qual a pena imposta, se a cumpriu e outros dados familiares e sociais.

(*) § 1º acrescido pela Lei nº 10.792/2003.

§ 2º. Na segunda parte será perguntado sobre:

I – ser verdadeira a acusação que lhe é feita;

II – não sendo verdadeira a acusação, se tem algum motivo particular a que atribuí-la, se conhece a pessoa ou pessoas a quem deva ser imputada a prática do crime, e quais sejam, e se com elas esteve antes da prática da infração ou depois dela;

III – onde estava ao tempo em que foi cometida a infração e se teve notícia desta;

IV – as provas já apuradas;

V – se conhece as vítimas e testemunhas já inquiridas ou por inquirir, e desde quando, e se tem o que alegar contra elas;

VI – se conhece o instrumento com que foi praticada a infração, ou qualquer objeto que com esta se relacione e tenha sido apreendido;

VII – todos os demais fatos e pormenores que conduzam à elucidação dos antecedentes e circunstâncias da infração;

VIII – se tem algo mais a alegar em sua defesa.

(*) § 2º acrescido pela Lei nº 10.792/2003.

Art. 188. Após proceder ao interrogatório, o juiz indagará das partes se restou algum fato para ser esclarecido, formulando as perguntas correspondentes se o entender pertinente e relevante.

(*) Art. 188 com redação dada pela Lei nº 10.792/2003.

Art. 189. Se o interrogando negar a acusação, no todo ou em parte, poderá prestar esclarecimentos e indicar provas.

(*) Art. 189 com redação dada pela Lei nº 10.792/2003.

Art. 190. Se confessar a autoria, será perguntado sobre os motivos e circunstâncias do fato e se outras pessoas concorreram para a infração, e quais sejam.

(*) Art. 190 com redação dada pela Lei nº 10.792/2003.

(*) V. art. 200 do CPP.

Art. 191. Havendo mais de um acusado, serão interrogados separadamente.

(*) Art. 191 com redação dada pela Lei nº 10.792/2003.

Art. 192. O interrogatório do mudo, do surdo ou do surdo-mudo será feito pela forma seguinte:

(*) V. art. 223 do CPP.

I – ao surdo serão apresentadas por escrito as perguntas, que ele responderá oralmente;

II – ao mudo as perguntas serão feitas oralmente, respondendo-as por escrito;

III – ao surdo-mudo as perguntas serão formuladas por escrito e do mesmo modo dará as respostas.

Parágrafo único. Caso o interrogando não saiba ler ou escrever, intervirá no ato, como intérprete e sob compromisso, pessoa habilitada a entendê-lo.

(*) Art. 192 com redação dada pela Lei nº 10.792/2003.

(*) V. art. 281 do CPP.

Art. 193. Quando o interrogando não falar a língua nacional, o interrogatório será feito por meio de intérprete.

(*) Art. 193 com redação dada pela Lei nº 10.792/2003.

(*) V. art. 281 do CPP.

Art. 194. (Revogado).

(*) Art. 194 revogado pela Lei nº 10.792/2003.

Art. 195. Se o interrogado não souber escrever, não puder ou não quiser assinar, tal fato será consignado no termo.

(*) Art. 195 com redação dada pela Lei nº 10.792/2003.

(*) V. arts. 199 e 405 do CPP.

Art. 196. A todo tempo o juiz poderá proceder a novo interrogatório de ofício ou a pedido fundamentado de qualquer das partes.

(*) Art. 196 com redação dada pela Lei nº 10.792/2003.

(*) V. art. 616 do CPP.

Capítulo IV
DA CONFISSÃO

Art. 197. O valor da confissão se aferirá pelos critérios adotados para os outros elementos de prova, e para a sua apreciação o juiz deverá confrontá-la com as demais provas do processo, verificando se entre ela e estas existe compatibilidade ou concordância.

(*) V. art. 155 do CPP.

Art. 198. O silêncio do acusado não importará confissão, mas poderá constituir elemento para a formação do convencimento do juiz.

(*) V. art. 186 do CPP.

Art. 199. A confissão, quando feita fora do interrogatório, será tomada por termo nos autos, observado o disposto no art. 195.

Art. 200. A confissão será divisível e retratável, sem prejuízo do livre convencimento do juiz, fundado no exame das provas em conjunto.

Capítulo V
DO OFENDIDO

(*) Capítulo V com redação do título dada pela Lei nº 11.690/2008.

Art. 201. Sempre que possível, o ofendido será qualificado e perguntado sobre as circunstâncias da infração, quem seja ou presuma ser o seu autor, as provas que possa indicar, tomando-se por termo as suas declarações.

(*) Art. 201, *caput*, com redação dada pela Lei nº 11.690/2008.

(*) V. art. 473 do CPP.

§ 1º. Se, intimado para esse fim, deixar de comparecer sem motivo justo, o ofendido poderá ser conduzido à presença da autoridade.

(*) § 1º acrescido pela Lei nº 11.690/2008.

§ 2º. O ofendido será comunicado dos atos processuais relativos ao ingresso e à saída do acusado da prisão, à designação de data para audiência e à sentença e respectivos acórdãos que a mantenham ou modifiquem.

(*) § 2º acrescido pela Lei nº 11.690/2008.

§ 3º. As comunicações ao ofendido deverão ser feitas no endereço por ele indicado, admitindo-se, por opção do ofendido, o uso de meio eletrônico.

(*) § 3º acrescido pela Lei nº 11.690/2008.

§ 4º. Antes do início da audiência e durante a sua realização, será reservado espaço separado para o ofendido.

(*) § 4º acrescido pela Lei nº 11.690/2008.

§ 5º. Se o juiz entender necessário, poderá encaminhar o ofendido para atendimento multidisciplinar, especialmente nas áreas psicossocial, de assistência jurídica e de saúde, a expensas do ofensor ou do Estado.

(*) § 5º acrescido pela Lei nº 11.690/2008.

§ 6º. O juiz tomará as providências necessárias à preservação da intimidade, vida privada, honra e imagem do ofendido, podendo, inclusive, determinar o segredo de justiça em relação aos dados, depoimentos e outras informações constantes dos autos a seu respeito para evitar sua exposição aos meios de comunicação.

(*) § 6º acrescido pela Lei nº 11.690/2008.

Capítulo VI
DAS TESTEMUNHAS

Art. 202. Toda pessoa poderá ser testemunha.

Art. 203. A testemunha fará, sob palavra de honra, a promessa de dizer a verdade do que souber e lhe for perguntado, devendo declarar seu nome, sua idade, seu estado e sua residência, sua profissão, lugar onde exerce sua atividade, se é parente, e em que grau, de alguma das partes, ou quais suas relações com qualquer delas, e relatar o que souber, explicando sempre as razões de sua ciência ou as circunstâncias pelas quais possa avaliar-se de sua credibilidade.

(*) V. art. 208 do CPP.

Art. 204. O depoimento será prestado oralmente, não sendo permitido à testemunha trazê-lo por escrito.

(*) V. arts. 221 e 223 do CPP.

Parágrafo único. Não será vedada à testemunha, entretanto, breve consulta a apontamentos.

Art. 205. Se ocorrer dúvida sobre a identidade da testemunha, o juiz procederá à verificação pelos meios ao seu alcance, podendo, entretanto, tomar-lhe o depoimento desde logo.

Art. 206. A testemunha não poderá eximir-se da obrigação de depor. Poderão, entretanto, recusar-se a fazê-lo o ascendente ou descendente, o afim em linha reta, o cônjuge, ainda que desquitado, o irmão e o pai, a mãe, ou o filho adotivo do acusado, salvo quando não for possível, por outro modo, obter-se ou integrar-se a prova do fato e de suas circunstâncias.

(*) V. art. 208 do CPP.

Art. 207. São proibidas de depor as pessoas que, em razão de função, ministério, ofício ou profissão, devam guardar segredo, salvo se, desobrigadas pela parte interessada, quiserem dar o seu testemunho.

(*) V. art. 214 do CPP.

Art. 208. Não se deferirá o compromisso a que alude o art. 203 aos doentes e deficientes mentais e aos menores de 14 (quatorze) anos, nem às pessoas a que se refere o art. 206.

(*) V. art. 214 do CPP.

Art. 209. O juiz, quando julgar necessário, poderá ouvir outras testemunhas, além das indicadas pelas partes.

§ 1º. Se ao juiz parecer conveniente, serão ouvidas as pessoas a que as testemunhas se referirem.

§ 2º. Não será computada como testemunha a pessoa que nada souber que interesse à decisão da causa.

(*) V. art. 401, § 2º, do CPP.

Art. 210. As testemunhas serão inquiridas cada uma de *per si*, de modo que umas não saibam nem ouçam os depoimentos das outras, devendo o juiz adverti-las das penas cominadas ao falso testemunho.

(*) Art. 210, *caput*, com redação dada pela Lei nº 11.690/2008.

Parágrafo único. Antes do início da audiência e durante a sua realização, serão reservados espaços separados para a garantia da incomunicabilidade das testemunhas.

(*) Parágrafo único acrescido pela Lei nº 11.690/2008.

Art. 211. Se o juiz, ao pronunciar sentença final, reconhecer que alguma testemunha fez afirmação falsa, calou ou negou a verdade, remeterá cópia do depoimento à autoridade policial para a instauração de inquérito.

(*) Vide Súmula 165 do STJ.

Parágrafo único. Tendo o depoimento sido prestado em plenário de julgamento, o juiz, no caso de proferir decisão na audiência (art. 538, § 2º)♦, o tribunal (art. 561)♦♦, ou o conselho de sentença, após a votação dos quesitos, poderão fazer apresentar imediatamente a testemunha à autoridade policial.

♦ O § 2º do art. 538 foi revogado pela Lei nº 11.719/2008.

♦♦ O art. 561 foi revogado pela Lei nº 8.658/1993.

Art. 212. As perguntas serão formuladas pelas partes diretamente à testemunha, não admitindo o juiz aquelas que puderem induzir a resposta, não tiverem relação com a causa ou importarem na repetição de outra já respondida.

(*) Art. 212, *caput*, com redação dada pela Lei nº 11.690/2008.

Parágrafo único. Sobre os pontos não esclarecidos, o juiz poderá complementar a inquirição.

(*) Parágrafo único acrescido pela Lei nº 11.690/2008.

Art. 213. O juiz não permitirá que a testemunha manifeste suas apreciações pessoais, salvo quando inseparáveis da narrativa do fato.

Art. 214. Antes de iniciado o depoimento, as partes poderão contraditar a testemunha ou arguir circunstâncias ou defeitos, que a tornem suspeita de parcialidade, ou indigna de fé. O juiz fará consignar a contradita ou arguição e a resposta da testemunha, mas só excluirá a testemunha ou não lhe deferirá compromisso nos casos previstos nos arts. 207 e 208.

Art. 215. Na redação do depoimento, o juiz deverá cingir-se, tanto quanto possível, às expressões usadas pelas testemunhas, reproduzindo fielmente as suas frases.

Art. 216. O depoimento da testemunha será reduzido a termo, assinado por ela, pelo juiz e pelas partes. Se a testemunha não souber assinar, ou não puder fazê-lo, pedirá a alguém que o faça por ela, depois de lido na presença de ambos.

(*) V. art. 405 do CPP.

Art. 217. Se o juiz verificar que a presença do réu poderá causar humilhação, temor, ou sério constrangimento à testemunha ou ao ofendido, de modo que prejudique a verdade do depoimento, fará a inquirição por videoconferência e, somente na impossibilidade dessa forma, determinará a retirada do réu, prosseguindo na inquirição, com a presença do seu defensor.

(*) Art. 217, *caput*, com redação dada pela Lei nº 11.690/2008.

(*) V. art. 185, § 2º, III, do CPP.

Parágrafo único. A adoção de qualquer das medidas previstas no *caput* deste artigo deverá constar do termo, assim como os motivos que a determinaram.

(*) Parágrafo único acrescido pela Lei nº 11.690/2008.

Art. 218. Se, regularmente intimada, a testemunha deixar de comparecer sem motivo justificado, o juiz poderá requisitar à autoridade policial a sua apresentação ou determinar seja conduzida por oficial de justiça, que poderá solicitar o auxílio da força pública.

(*) V. art. 221, § 3º, do CPP.

Art. 219. O juiz poderá aplicar à testemunha faltosa a multa prevista no art. 453♦, sem prejuízo do processo penal por crime de desobediência, e condená-la ao pagamento das custas da diligência.

(*) Art. 219 com redação dada pela Lei nº 6.416/1977.

♦ Refere-se à redação anterior às alterações promovidas pela Lei nº 11.689/2008. V. atual art. 436, § 2º, do CPP.

Art. 220. As pessoas impossibilitadas, por enfermidade ou por velhice, de comparecer para depor, serão inquiridas onde estiverem.

(*) V. art. 792, § 2º, do CPP.

Art. 221. O Presidente e o Vice-Presidente da República, os senadores e deputados federais, os ministros de Estado, os governadores de Estados e Territórios, os secretários de Estado, os prefeitos do Distrito Federal e dos Municípios, os deputados às Assembleias Legislativas Estaduais, os membros do Poder Judiciário, os ministros e juízes dos Tribunais de Contas da União, dos Estados, do Distrito Federal, bem como os do Tribunal Marítimo serão inquiridos em local, dia e hora previamente ajustados entre eles e o juiz.

(*) Art. 221, *caput*, com redação dada pela Lei nº 3.653/1959.

§ 1º. O Presidente e o Vice-Presidente da República, os presidentes do Senado Federal, da Câmara dos Deputados e do Supremo Tribunal Federal poderão optar pela prestação de depoimento por escrito, caso em que as perguntas, formuladas pelas partes e deferidas pelo juiz, lhes serão transmitidas por ofício.

(*) § 1º com redação dada pela Lei nº 6.416/1977.

§ 2º. Os militares deverão ser requisitados à autoridade superior.

(*) § 2º com redação dada pela Lei nº 6.416/1977.

§ 3º. Aos funcionários públicos aplicar-se-á o disposto no art. 218, devendo, porém, a expedição do mandado ser imediatamente comunicada ao chefe da repartição em que servirem, com indicação do dia e da hora marcados.

(*) § 3º acrescido pela Lei nº 6.416/1977.

Art. 222. A testemunha que morar fora da jurisdição do juiz será inquirida pelo juiz do lugar de sua residência, expedindo-se, para esse fim, carta precatória, com prazo razoável, intimadas as partes.

(*) V. arts. 400 e 531 do CPP.

(*) Vide Súmula 155 do STF.

(*) Vide Súmula 273 do STJ.

§ 1º. A expedição da precatória não suspenderá a instrução criminal.

§ 2º. Findo o prazo marcado, poderá realizar-se o julgamento, mas, a todo tempo, a precatória, uma vez devolvida, será junta aos autos.

§ 3º. Na hipótese prevista no *caput* deste artigo, a oitiva de testemunha poderá ser realizada por meio de videoconferência ou outro recurso tecnológico de transmissão de sons e imagens em tempo real, permitida a presença do defensor e podendo ser realizada, inclusive, durante a realização da audiência de instrução e julgamento.

(*) § 3º acrescido pela Lei nº 11.900/2009.

(*) Vide Súmula 523 do STF.

(*) Vide Resolução CNJ nº 329/2020, que regulamenta e estabelece critérios para a realização de audiências e outros atos processuais por videoconferência, em processos penais e de execução penal, durante o estado de calamidade pública, reconhecido pelo Decreto Federal nº 06/2020, em razão da pandemia mundial por Covid-19.

Art. 222-A. As cartas rogatórias só serão expedidas se demonstrada previamente a sua imprescindibilidade, arcando a parte requerente com os custos de envio.

Parágrafo único. Aplica-se às cartas rogatórias o disposto nos §§ 1º e 2º do art. 222 deste Código.

(*) Art. 222-A acrescido pela Lei nº 11.900/2009.

Art. 223. Quando a testemunha não conhecer a língua nacional, será nomeado intérprete para traduzir as perguntas e respostas.

(*) V. art. 193 do CPP.

Parágrafo único. Tratando-se de mudo, surdo ou surdo-mudo, proceder-se-á na conformidade do art. 192.

Art. 224. As testemunhas comunicarão ao juiz, dentro de 1 (um) ano, qualquer mudança de residência, sujeitando-se, pela simples omissão, às penas do não comparecimento.

(*) V. arts. 219; 436, § 2º; e 458 do CPP.

Art. 225. Se qualquer testemunha houver de ausentar-se, ou, por enfermidade ou por velhice, inspirar receio de que ao tempo da instrução criminal já não exista, o juiz poderá, de ofício ou a requerimento de qualquer das partes, tomar-lhe antecipadamente o depoimento.

(*) V. art. 156, I, do CPP.

Capítulo VII
DO RECONHECIMENTO DE PESSOAS E COISAS

(*) Vide Resolução CNJ nº 484/2022, que estabelece diretrizes para a realização do reconhecimento de pessoas em procedimentos e processos criminais e sua avaliação no âmbito do Poder Judiciário.

Art. 226. Quando houver necessidade de fazer-se o reconhecimento de pessoa, proceder-se-á pela seguinte forma:

(*) V. art. 6º, VI, do CPP.

I – a pessoa que tiver de fazer o reconhecimento será convidada a descrever a pessoa que deva ser reconhecida;

II – a pessoa, cujo reconhecimento se pretender, será colocada, se possível, ao lado de outras que com ela tiverem qualquer semelhança, convidando-se quem tiver de fazer o reconhecimento a apontá-la;

III – se houver razão para recear que a pessoa chamada para o reconhecimento, por efeito de intimidação ou outra influência, não diga a verdade em face da pessoa que deve ser reconhecida, a autoridade providenciará para que esta não veja aquela;

IV – do ato de reconhecimento lavrar-se-á auto pormenorizado, subscrito pela autoridade, pela pessoa chamada para proceder ao reconhecimento e por 2 (duas) testemunhas presenciais.

Parágrafo único. O disposto no nº III deste artigo não terá aplicação na fase da instrução criminal ou em plenário de julgamento.

Art. 227. No reconhecimento de objeto, proceder-se-á com as cautelas estabelecidas no artigo anterior, no que for aplicável.

Art. 228. Se várias forem as pessoas chamadas a efetuar o reconhecimento de pessoa ou de objeto, cada uma fará a prova em separado, evitando-se qualquer comunicação entre elas.

Capítulo VIII
DA ACAREAÇÃO

Art. 229. A acareação será admitida entre acusados, entre acusado e testemunha, entre testemunhas, entre acusado ou testemunha e a pessoa ofendida, e entre as pessoas ofendidas, sempre que divergirem, em suas declarações, sobre fatos ou circunstâncias relevantes.

(*) V. arts. 400; 411; 473, § 3º; e 531 do CPP.

Parágrafo único. Os acareados serão reperguntados, para que expliquem os pontos de divergências, reduzindo-se a termo o ato de acareação.

Art. 230. Se ausente alguma testemunha, cujas declarações divirjam das de outra, que esteja presente, a esta se darão a conhecer os pontos da divergência, consignando-se no auto o que explicar ou observar. Se subsistir a discordância, expedir-se-á precatória à autoridade do lugar onde resida a testemunha ausente, transcrevendo-se as declarações desta e as da testemunha presente, nos pontos em que divergirem, bem como o texto do referido auto, a fim de que se complete a diligência, ouvindo-se a testemunha ausente, pela mesma forma estabelecida para a testemunha presente. Esta diligência só se realizará quando não importe demora prejudicial ao processo e o juiz a entenda conveniente.

(*) V. art. 222 do CPP.

Capítulo IX
DOS DOCUMENTOS

Art. 231. Salvo os casos expressos em lei, as partes poderão apresentar documentos em qualquer fase do processo.

(*) V. arts. 233, 234 e 479 do CPP.

Art. 232. Consideram-se documentos quaisquer escritos, instrumentos ou papéis, públicos ou particulares.

Parágrafo único. À fotografia do documento, devidamente autenticada, se dará o mesmo valor do original.

Art. 233. As cartas particulares, interceptadas ou obtidas por meios criminosos, não serão admitidas em juízo.

(*) V. art. 157 do CPP.

Parágrafo único. As cartas poderão ser exibidas em juízo pelo respectivo destinatário, para a defesa de seu direito, ainda que não haja consentimento do signatário.

Art. 234. Se o juiz tiver notícia da existência de documento relativo a ponto relevante da acusação ou da defesa, providenciará, independentemente de requerimento de qualquer das partes, para sua juntada aos autos, se possível.

(*) V. art. 156 do CPP.

Art. 235. A letra e firma dos documentos particulares serão submetidas a exame pericial, quando contestada a sua autenticidade.

(*) V. art. 174 do CPP.

Art. 236. Os documentos em língua estrangeira, sem prejuízo de sua juntada imediata, serão, se necessário, traduzidos por tradutor público, ou, na falta, por pessoa idônea nomeada pela autoridade.

Art. 237. As públicas-formas só terão valor quando conferidas com o original, em presença da autoridade.

Art. 238. Os documentos originais, juntos a processo findo, quando não exista motivo relevante que justifique a sua conservação nos autos, poderão, mediante requerimento, e ouvido o Ministério Público, ser entregues à parte que os produziu, ficando traslado nos autos.

Capítulo X
DOS INDÍCIOS

Art. 239. Considera-se indício a circunstância conhecida e provada, que, tendo relação com o fato, autorize, por indução, concluir-se a existência de outra ou outras circunstâncias.

Capítulo XI
DA BUSCA E DA APREENSÃO

Art. 240. A busca será domiciliar ou pessoal.

§ 1º. Proceder-se-á à busca domiciliar, quando fundadas razões a autorizarem, para:

a) prender criminosos;

(*) V. art. 293 do CPP.

b) apreender coisas achadas ou obtidas por meios criminosos;

c) apreender instrumentos de falsificação ou de contrafação e objetos falsificados ou contrafeitos;

d) apreender armas e munições, instrumentos utilizados na prática de crime ou destinados a fim delituoso;

e) descobrir objetos necessários à prova de infração ou à defesa do réu;

f) apreender cartas, abertas ou não, destinadas ao acusado ou em seu poder, quando haja suspeita de que o conhecimento do seu conteúdo possa ser útil à elucidação do fato;

g) apreender pessoas vítimas de crimes;

h) colher qualquer elemento de convicção.

§ 2º. Proceder-se-á à busca pessoal quando houver fundada suspeita de que alguém oculte consigo arma proibida ou objetos mencionados nas letras "b" a "f" e letra "h" do parágrafo anterior.

Art. 241. Quando a própria autoridade policial ou judiciária não a realizar pessoalmente, a busca domiciliar deverá ser precedida da expedição de mandado.

Art. 242. A busca poderá ser determinada de ofício ou a requerimento de qualquer das partes.

Art. 243. O mandado de busca deverá:

I – indicar, o mais precisamente possível, a casa em que será realizada a diligência e o nome do respectivo proprietário ou morador; ou, no caso de busca pessoal, o nome da pessoa que terá de sofrê-la ou os sinais que a identifiquem;

II – mencionar o motivo e os fins da diligência;

III – ser subscrito pelo escrivão e assinado pela autoridade que o fizer expedir.

§ 1º. Se houver ordem de prisão, constará do próprio texto do mandado de busca.

§ 2º. Não será permitida a apreensão de documento em poder do defensor do acusado, salvo quando constituir elemento do corpo de delito.

Art. 244. A busca pessoal independerá de mandado, no caso de prisão ou quando houver fundada suspeita de que a pessoa esteja na posse de arma proibida ou de objetos ou papéis que constituam corpo de delito, ou quando a medida for determinada no curso de busca domiciliar.

Art. 245. As buscas domiciliares serão executadas de dia, salvo se o morador consentir que se realizem à noite, e, antes de penetrarem na casa, os executores mostrarão e lerão o mandado ao morador, ou a quem o represente, intimando-o, em seguida, a abrir a porta.

(*) V. art. 293 do CPP.

§ 1º. Se a própria autoridade der a busca, declarará previamente sua qualidade e o objeto da diligência.

§ 2º. Em caso de desobediência, será arrombada a porta e forçada a entrada.

§ 3º. Recalcitrando o morador, será permitido o emprego de força contra coisas existentes no interior da casa, para o descobrimento do que se procura.

(*) V. art. 292 do CPP.

§ 4º. Observar-se-á o disposto nos §§ 2º e 3º, quando ausentes os moradores, devendo, neste caso, ser intimado a assistir à diligência qualquer vizinho, se houver e estiver presente.

§ 5º. Se é determinada a pessoa ou coisa que se vai procurar, o morador será intimado a mostrá-la.

§ 6º. Descoberta a pessoa ou coisa que se procura, será imediatamente apreendida e posta sob custódia da autoridade ou de seus agentes.

§ 7º. Finda a diligência, os executores lavrarão auto circunstanciado, assinando-o com 2 (duas) testemunhas presenciais, sem prejuízo do disposto no § 4º.

Art. 246. Aplicar-se-á também o disposto no artigo anterior, quando se tiver de proceder a busca em compartimento habitado ou em aposento ocupado de habitação coletiva ou em compartimento não aberto ao público, onde alguém exercer profissão ou atividade.

Art. 247. Não sendo encontrada a pessoa ou coisa procurada, os motivos da diligência serão comunicados a quem tiver sofrido a busca, se o requerer.

Art. 248. Em casa habitada, a busca será feita de modo que não moleste os moradores mais do que o indispensável para o êxito da diligência.

Art. 249. A busca em mulher será feita por outra mulher, se não importar retardamento ou prejuízo da diligência.

Art. 250. A autoridade ou seus agentes poderão penetrar no território de jurisdição alheia, ainda que de outro Estado, quando, para o fim de apreensão, forem no seguimento de pessoa ou coisa, devendo apresentar-se à competente autoridade local, antes da diligência ou após, conforme a urgência desta.

(*) V. art. 290 do CPP.

§ 1º. Entender-se-á que a autoridade ou seus agentes vão em seguimento da pessoa ou coisa, quando:

a) tendo conhecimento direto de sua remoção ou transporte, a seguirem sem interrupção, embora depois a percam de vista;

b) ainda que não a tenham avistado, mas sabendo, por informações fidedignas ou circunstâncias indiciárias, que está sendo removida ou transportada em determinada direção, forem ao seu encalço.

§ 2º. Se as autoridades locais tiverem fundadas razões para duvidar da legitimidade das pessoas que, nas referidas diligências, entrarem pelos seus distritos, ou da legalidade dos mandados que apresentarem, poderão exigir as provas dessa legitimidade, mas de modo que não se frustre a diligência.

TÍTULO VIII
DO JUIZ, DO MINISTÉRIO PÚBLICO, DO ACUSADO E DEFENSOR, DOS ASSISTENTES E AUXILIARES DA JUSTIÇA

Capítulo I
DO JUIZ

Art. 251. Ao juiz incumbirá prover à regularidade do processo e manter a ordem no curso dos respectivos atos, podendo, para tal fim, requisitar a força pública.

(*) V. arts. 794 e 795 do CPP.

Art. 252. O juiz não poderá exercer jurisdição no processo em que:

(*) V. arts. 97 e 267 do CPP.

I – tiver funcionado seu cônjuge ou parente, consanguíneo ou afim, em linha reta ou colateral até o terceiro grau, inclusive, como defensor ou advogado, órgão do Ministério Público, autoridade policial, auxiliar da justiça ou perito;

II – ele próprio houver desempenhado qualquer dessas funções ou servido como testemunha;

(*) V. art. 112 do CPP.

III – tiver funcionado como juiz de outra instância, pronunciando-se, de fato ou de direito, sobre a questão;

(*) V. art. 112 do CPP.

(*) Vide Súmula 206 do STF.

IV – ele próprio ou seu cônjuge ou parente, consanguíneo ou afim em linha reta ou colateral até o terceiro grau, inclusive, for parte ou diretamente interessado no feito.

Art. 253. Nos juízos coletivos, não poderão servir no mesmo processo os juízes que forem entre si parentes, consanguíneos ou afins, em linha reta ou colateral até o terceiro grau, inclusive.

(*) V. arts. 112 e 448 do CPP.

Art. 254. O juiz dar-se-á por suspeito, e, se não o fizer, poderá ser recusado por qualquer das partes:

(*) V. arts. 97; e 564, I, do CPP.

I – se for amigo íntimo ou inimigo capital de qualquer deles;

II – se ele, seu cônjuge, ascendente ou descendente, estiver respondendo a processo por fato análogo, sobre cujo caráter criminoso haja controvérsia;

III – se ele, seu cônjuge, ou parente, consanguíneo, ou afim, até o terceiro grau, inclusive, sustentar demanda ou responder a processo que tenha de ser julgado por qualquer das partes;

IV – se tiver aconselhado qualquer das partes;

V – se for credor ou devedor, tutor ou curador, de qualquer das partes;

VI – se for sócio, acionista ou administrador de sociedade interessada no processo.

Art. 255. O impedimento ou suspeição decorrente de parentesco por afinidade cessará pela dissolução do casamento que lhe tiver dado causa, salvo sobrevindo descendentes; mas, ainda que dissolvido o casamento sem descendentes, não funcionará como juiz o sogro, o padrasto, o cunhado, o genro ou enteado de quem for parte no processo.

Art. 256. A suspeição não poderá ser declarada nem reconhecida, quando a parte injuriar o juiz ou de propósito der motivo para criá-la.

(*) V. art. 565 do CPP.

Capítulo II
DO MINISTÉRIO PÚBLICO

Art. 257. Ao Ministério Público cabe:

(*) Art. 257, *caput*, com redação dada pela Lei nº 11.719/2008.

(*) V. art. 564, III, "d", do CPP.

I – promover, privativamente, a ação penal pública, na forma estabelecida neste Código; e

(*) Inciso I acrescido pela Lei nº 11.719/2008.

(*) V. arts. 24, 29, 42 e 46 do CPP.

II – fiscalizar a execução da lei.

(*) Inciso II acrescido pela Lei nº 11.719/2008.

Art. 258. Os órgãos do Ministério Público não funcionarão nos processos em que o juiz ou qualquer das partes for seu cônjuge, ou parente, consanguíneo ou afim, em linha reta ou colateral, até o terceiro grau, inclusive, e a eles se estendem, no que lhes for aplicável, as prescrições relativas à suspeição e aos impedimentos dos juízes.

(*) V. arts. 104 e 252 do CPP.

(*) Vide Súmula 234 do STJ.

Capítulo III
DO ACUSADO E SEU DEFENSOR

Art. 259. A impossibilidade de identificação do acusado com o seu verdadeiro nome ou outros qualificativos não retardará a ação penal, quando certa a identidade física. A qualquer tempo, no curso do processo, do julgamento ou da execução da sentença, se for descoberta a sua qualificação, far-se-á a retificação, por termo, nos autos, sem prejuízo da validade dos atos precedentes.

(*) V. art. 41 do CPP.

Art. 260. Se o acusado não atender à intimação para o interrogatório, reconhecimento ou qualquer outro ato que, sem ele, não possa ser realizado, a autoridade poderá mandar conduzi-lo à sua presença.

(*) V. arts. 219; e 457, § 2º, do CPP.

Parágrafo único. O mandado conterá, além da ordem de condução, os requisitos mencionados no art. 352, no que lhe for aplicável.

Art. 261. Nenhum acusado, ainda que ausente ou foragido, será processado ou julgado sem defensor.

(*) V. art. 564, III, "c", do CPP.

(*) Vide Súmulas 523 e 708 do STF.

Parágrafo único. A defesa técnica, quando realizada por defensor público ou dativo, será sempre exercida através de manifestação fundamentada.

(*) Parágrafo único acrescido pela Lei nº 10.792/2003.

Art. 262. Ao acusado menor dar-se-á curador.

(*) V. art. 564, III, "c", do CPP.

(*) Vide Súmula 352 do STF.

Art. 263. Se o acusado não o tiver, ser-lhe-á nomeado defensor pelo juiz, ressalvado o seu direito de, a todo tempo, nomear outro de sua confiança, ou a si mesmo defender-se, caso tenha habilitação.

(*) V. art. 396-A, § 2º, do CPP.

Parágrafo único. O acusado, que não for pobre, será obrigado a pagar os honorários do defensor dativo, arbitrados pelo juiz.

Art. 264. Salvo motivo relevante, os advogados e solicitadores serão obrigados, sob pena de multa de 100 (cem) a 500 (quinhentos) mil-réis, a prestar seu patrocínio aos acusados, quando nomeados pelo Juiz.

Art. 265. O defensor não poderá abandonar o processo senão por motivo imperioso, comunicado previamente o juiz, sob pena de multa de 10 (dez) a 100 (cem) salários-mínimos, sem prejuízo das demais sanções cabíveis.

(*) Art. 265, *caput*, com redação dada pela Lei nº 11.719/2008.

§ 1º. A audiência poderá ser adiada se, por motivo justificado, o defensor não puder comparecer.

(*) § 1º acrescido pela Lei nº 11.719/2008.

§ 2º. Incumbe ao defensor provar o impedimento até a abertura da audiência. Não o fazendo, o juiz não determinará o adiamento de ato algum do processo, devendo nomear defensor substituto, ainda que provisoriamente ou só para o efeito do ato.

(*) § 1º acrescido pela Lei nº 11.719/2008.

(*) V. art. 456 do CPP.

Art. 266. A constituição de defensor independerá de instrumento de mandato, se o acusado o indicar por ocasião do interrogatório.

(*) V. art. 185 do CPP.

Art. 267. Nos termos do art. 252, não funcionarão como defensores os parentes do juiz.

Capítulo IV
DOS ASSISTENTES

(*) Vide Súmulas 208, 210 e 448 do STF.

Art. 268. Em todos os termos da ação pública, poderá intervir, como assistente do Ministério Público, o ofendido ou seu representante legal, ou, na falta, qualquer das pessoas mencionadas no art. 31.

(*) V. arts. 391 e 598 do CPP.

Art. 269. O assistente será admitido enquanto não passar em julgado a sentença e receberá a causa no estado em que se achar.

(*) V. arts. 271, 430 e 598 do CPP.

Art. 270. O corréu no mesmo processo não poderá intervir como assistente do Ministério Público.

Art. 271. Ao assistente será permitido propor meios de prova, requerer perguntas às testemunhas, aditar o libelo♦ e os articulados, participar do debate oral e arrazoar os recursos interpostos pelo Ministério Público, ou por ele próprio, nos casos dos arts. 584, § 1º, e 598.

♦ A Lei nº 11.689, de 9.6.2008, que alterou os arts. 406 a 497 do CPP, extinguiu o libelo.

(*) Vide Súmulas 208, 210 e 448 do STF.

§ 1º. O juiz, ouvido o Ministério Público, decidirá acerca da realização das provas propostas pelo assistente.

§ 2º. O processo prosseguirá independentemente de nova intimação do assistente, quando este, intimado, deixar de comparecer a qualquer dos atos da instrução ou do julgamento, sem motivo de força maior devidamente comprovado.

Art. 272. O Ministério Público será ouvido previamente sobre a admissão do assistente.

Art. 273. Do despacho que admitir, ou não, o assistente, não caberá recurso, devendo, entretanto, constar dos autos o pedido e a decisão.

(*) Vide Súmulas 208 e 210 do STF.

Capítulo V
DOS FUNCIONÁRIOS DA JUSTIÇA

Art. 274. As prescrições sobre suspeição dos juízes estendem-se aos serventuários e funcionários da justiça, no que lhes for aplicável.

(*) V. arts. 105 e 252 a 256 do CPP.

Capítulo VI
DOS PERITOS E INTÉRPRETES

Art. 275. O perito, ainda quando não oficial, estará sujeito à disciplina judiciária.

(*) V. art. 105 do CPP.

Art. 276. As partes não intervirão na nomeação do perito.

(*) V. arts. 159, § 5º, I; 400, § 2º; 411, § 1º; 473, § 3º; e 531 do CPP.

Art. 277. O perito nomeado pela autoridade será obrigado a aceitar o encargo, sob pena de multa de 100 (cem) a 500 (quinhentos) mil-réis, salvo escusa atendível.

(*) V. art. 112 do CPP.

Parágrafo único. Incorrerá na mesma multa o perito que, sem justa causa, provada imediatamente:

a) deixar de acudir à intimação ou ao chamado da autoridade;

b) não comparecer no dia e local designados para o exame;

c) não der o laudo, ou concorrer para que a perícia não seja feita, nos prazos estabelecidos.

Art. 278. No caso de não comparecimento do perito, sem justa causa, a autoridade poderá determinar a sua condução.

Art. 279. Não poderão ser peritos:

I – os que estiverem sujeitos à interdição de direito mencionada nos nºs I e IV do art. 69♦ do Código Penal;

♦ Refere-se à redação anterior às alterações promovidas pela Lei nº 7.209/1984. Vide atual art. 47, I e II, do CP.

II – os que tiverem prestado depoimento no processo ou opinado anteriormente sobre o objeto da perícia;

III – os analfabetos e os menores de 21 (vinte e um) anos.

Art. 280. É extensivo aos peritos, no que lhes for aplicável, o disposto sobre suspeição dos juízes.

(*) V. arts. 105 e 252 a 256 do CPP.

Art. 281. Os intérpretes são, para todos os efeitos, equiparados aos peritos.

TÍTULO IX
DA PRISÃO, DAS MEDIDAS CAUTELARES E DA LIBERDADE PROVISÓRIA

(*) Nome do Título IX com redação dada pela Lei nº 12.403/2011.

(*) Vide Súmula Vinculante 56 do STF.

(*) Vide Resolução CNJ nº 369/2021.

Capítulo I
DISPOSIÇÕES GERAIS

Art. 282. As medidas cautelares previstas neste Título deverão ser aplicadas observando-se a:

I – necessidade para aplicação da lei penal, para a investigação ou a instrução criminal e, nos casos expressamente previstos, para evitar a prática de infrações penais;

II – adequação da medida à gravidade do crime, circunstâncias do fato e condições pessoais do indiciado ou acusado.

(*) Art. 282, *caput*, com redação dada pela Lei nº 12.403/2011.

§ 1º. As medidas cautelares poderão ser aplicadas isolada ou cumulativamente.

(*) § 1º acrescido pela Lei nº 12.403/2011.

§ 2º. As medidas cautelares serão decretadas pelo juiz a requerimento das partes ou, quando no curso da investigação criminal, por representação da autoridade policial ou mediante requerimento do Ministério Público.

(*) § 2º acrescido pela Lei nº 12.403/2011 e com redação dada pela Lei nº 13.964/2019.

§ 3º. Ressalvados os casos de urgência ou de perigo de ineficácia da medida, o juiz, ao receber o pedido de medida cautelar, determinará a intimação da parte contrária, para se manifestar no prazo de 5 (cinco) dias, acompanhada de cópia do requerimento e das peças necessárias, permanecendo os autos em juízo, e os casos de urgência ou de perigo deverão ser justificados e fundamentados em decisão que contenha elementos do caso concreto que justifiquem essa medida excepcional.

(*) § 3º acrescido pela Lei nº 12.403/2011 e com redação dada pela Lei nº 13.964/2019.

§ 4º. No caso de descumprimento de qualquer das obrigações impostas, o juiz, mediante requerimento do Ministério Público, de seu assistente ou do querelante, poderá substituir a medida, impor outra em cumulação, ou, em último caso, decretar a prisão preventiva, nos termos do parágrafo único do art. 312 deste Código.

(*) § 4º acrescido pela Lei nº 12.403/2011 e com redação dada pela Lei nº 13.964/2019.

(*) V. art. 350, parágrafo único, do CPP.

§ 5º. O juiz poderá, de ofício ou a pedido das partes, revogar a medida cautelar ou substituí-la quando verificar a falta de motivo para que subsista, bem como voltar a decretá-la, se sobrevierem razões que a justifiquem.

(*) § 5º acrescido pela Lei nº 12.403/2011 e com redação dada pela Lei nº 13.964/2019.

§ 6º. A prisão preventiva somente será determinada quando não for cabível a sua substituição por outra medida cautelar, observado o art. 319 deste Código, e o não cabimento da substituição por outra medida cautelar deverá ser justificado de forma fundamentada nos elementos presentes do caso concreto, de forma individualizada.

(*) § 6º acrescido pela Lei nº 12.403/2011 e com redação dada pela Lei nº 13.964/2019.

(*) V. art. 321 do CPP.

Art. 283. Ninguém poderá ser preso senão em flagrante delito ou por ordem escrita e fundamentada da autoridade judiciária competente, em decorrência de prisão cautelar ou em virtude de condenação criminal transitada em julgado.

(*) Art. 283, *caput*, alterado pela Lei nº 12.403/2011 e com redação dada pela Lei nº 13.964/2019.

(*) V. arts. 301 a 310 e 311 a 316 do CPP.

§ 1º. As medidas cautelares previstas neste Título não se aplicam à infração a que não for isolada, cumulativa ou alternativamente cominada pena privativa de liberdade.

(*) § 1º acrescido pela Lei nº 12.403/2011.

§ 2º. A prisão poderá ser efetuada em qualquer dia e a qualquer hora, respeitadas as restrições relativas à inviolabilidade do domicílio.

(*) § 2º acrescido pela Lei nº 12.403/2011.

Art. 284. Não será permitido o emprego de força, salvo a indispensável no caso de resistência ou de tentativa de fuga do preso.

(*) Vide Súmula Vinculante 11 do STF.

Art. 285. A autoridade que ordenar a prisão fará expedir o respectivo mandado.

Parágrafo único. O mandado de prisão:

a) será lavrado pelo escrivão e assinado pela autoridade;

(*) V. arts. 564, IV; e 572 do CPP.

b) designará a pessoa, que tiver de ser presa, por seu nome, alcunha ou sinais característicos;

c) mencionará a infração penal que motivar a prisão;

d) declarará o valor da fiança arbitrada, quando afiançável a infração;

(*) V. arts. 322 a 350 do CPP.

e) será dirigido a quem tiver qualidade para dar-lhe execução.

Art. 286. O mandado será passado em duplicata, e o executor entregará ao preso, logo depois da prisão, um dos exemplares com declaração do dia, hora e lugar da diligência. Da entrega deverá o preso passar recibo no outro exemplar; se recusar, não souber ou não puder escrever, o fato será mencionado em declaração, assinada por 2 (duas) testemunhas.

Art. 287. Se a infração for inafiançável, a falta de exibição do mandado não obstará a prisão, e o preso, em tal caso, será imediatamente apresentado ao juiz que tiver expedido o mandado, para a realização de audiência de custódia.

(*) Art. 287 com redação dada pela Lei nº 13.964/2019.

Art. 288. Ninguém será recolhido à prisão, sem que seja exibido o mandado ao respectivo diretor ou carcereiro, a quem será entregue cópia assinada pelo executor ou apresentada a guia expedida pela autoridade competente, devendo ser passado recibo da entrega do preso, com declaração de dia e hora.

Parágrafo único. O recibo poderá ser passado no próprio exemplar do mandado, se este for o documento exibido.

Art. 289. Quando o acusado estiver no território nacional, fora da jurisdição do juiz processante, será deprecada a sua prisão, devendo constar da precatória o inteiro teor do mandado.

(*) Art. 289, *caput*, com redação dada pela Lei nº 12.403/2011.

§ 1º. Havendo urgência, o juiz poderá requisitar a prisão por qualquer meio de comunicação, do qual deverá constar o motivo da prisão, bem como o valor da fiança se arbitrada.

(*) § 1º acrescido pela Lei nº 12.403/2011.

(*) V. art. 665, parágrafo único, do CPP.

§ 2º. A autoridade a quem se fizer a requisição tomará as precauções necessárias para averiguar a autenticidade da comunicação.

(*) § 2º acrescido pela Lei nº 12.403/2011.

§ 3º. O juiz processante deverá providenciar a remoção do preso no prazo máximo de 30 (trinta) dias, contados da efetivação da medida.

(*) § 3º acrescido pela Lei nº 12.403/2011.

(*) Vide Resolução CNJ nº 404/2021.

Art. 289-A. O juiz competente providenciará o imediato registro do mandado de prisão em banco de dados mantido pelo Conselho Nacional de Justiça para essa finalidade.

(*) Vide Resolução CNJ nº 417/2021, que institui e regulamenta o Banco Nacional de Medidas Penais e Prisões (BNMP 3.0).

§ 1º. Qualquer agente policial poderá efetuar a prisão determinada no mandado de prisão registrado no Conselho Nacional de Justiça, ainda que fora da competência territorial do juiz que o expediu.

§ 2º. Qualquer agente policial poderá efetuar a prisão decretada, ainda que sem registro no Conselho Nacional de Justiça, adotando as precauções necessárias para averiguar a autenticidade do mandado e comunicando ao juiz que a decretou, devendo este providenciar, em seguida, o registro do mandado na forma do *caput* deste artigo.

§ 3º. A prisão será imediatamente comunicada ao juiz do local de cumprimento da medida o qual providenciará a certidão extraída do registro do Conselho Nacional de Justiça e informará ao juízo que a decretou.

§ 4º. O preso será informado de seus direitos, nos termos do inciso LXIII do art. 5º da Constituição Federal e, caso o autuado não informe o nome de seu advogado, será comunicado à Defensoria Pública.

§ 5º. Havendo dúvidas das autoridades locais sobre a legitimidade da pessoa do executor ou sobre a identidade do preso, aplica-se o disposto no § 2º do art. 290 deste Código.

§ 6º. O Conselho Nacional de Justiça regulamentará o registro do mandado de prisão a que se refere o *caput* deste artigo.

(*) Art. 289-A acrescido pela Lei nº 12.403/2011.

(*) Vide Resolução CNJ nº 404/2021.

Art. 290. Se o réu, sendo perseguido, passar ao território de outro município ou comarca, o executor poderá efetuar-lhe a prisão no lugar onde o alcançar, apresentando-o imediatamente à autoridade local, que, depois de lavrado, se for o caso, o auto de flagrante, providenciará para a remoção do preso.

(*) V. art. 250 do CPP.

§ 1º. Entender-se-á que o executor vai em perseguição do réu, quando:

a) tendo-o avistado, for perseguindo-o sem interrupção, embora depois o tenha perdido de vista;

b) sabendo, por indícios ou informações fidedignas, que o réu tenha passado, há pouco tempo, em tal ou qual direção, pelo lugar em que o procure, for no seu encalço.

§ 2º. Quando as autoridades locais tiverem fundadas razões para duvidar da legitimidade da pessoa do executor ou da legalidade do mandado que apresentar, poderão pôr em custódia o réu, até que fique esclarecida a dúvida.

(*) V. art. 289-A, § 5º, do CPP.

Art. 291. A prisão em virtude de mandado entender-se-á feita desde que o executor, fazendo-se conhecer do réu, lhe apresente o mandado e o intime a acompanhá-lo.

Art. 292. Se houver, ainda que por parte de terceiros, resistência à prisão em flagrante ou à determinada por autoridade competente, o executor e as pessoas que o auxiliarem poderão usar dos meios necessários para defender-se ou para vencer a resistência, do que tudo se lavrará auto subscrito também por 2 (duas) testemunhas.

Parágrafo único. É vedado o uso de algemas em mulheres grávidas durante os atos médico-hospitalares preparatórios para a realização do parto e durante o trabalho de parto, bem como em mulheres durante o período de puerpério imediato.

(*) Parágrafo único acrescido pela Lei nº 13.434/2017.

Art. 293. Se o executor do mandado verificar, com segurança, que o réu entrou ou se encontra em alguma casa, o morador será intimado a entregá-lo, à vista da ordem de prisão. Se não for obedecido imediatamente, o executor convocará 2 (duas) testemunhas e, sendo dia, entrará à força na casa, arrombando as portas, se preciso; sendo noite, o executor, depois da intimação ao morador, se não for atendido, fará guardar todas as saídas, tornando a casa incomunicável, e, logo que amanheça, arrombará as portas e efetuará a prisão.

(*) V. arts. 240, § 1º, "a"; 245; e 283 do CPP.

(*) Vide Súmula Vinculante 11 do STF.

Parágrafo único. O morador que se recusar a entregar o réu oculto em sua casa será levado à presença da autoridade, para que se proceda contra ele como for de direito.

Art. 294. No caso de prisão em flagrante, observar-se-á o disposto no artigo anterior, no que for aplicável.

(*) V. art. 303 do CPP.

Art. 295. Serão recolhidos a quartéis ou a prisão especial, à disposição da autoridade competente, quando sujeitos a prisão antes de condenação definitiva:

(*) Vide Súmula 717 do STF.

I – os ministros de Estado;

II – os governadores ou interventores de Estados ou Territórios, o prefeito do Distrito Federal, seus respectivos secretários, os prefeitos municipais, os vereadores e os chefes de Polícia;

(*) Inciso II com redação dada pela Lei nº 3.181/1957.

III – os membros do Parlamento Nacional, do Conselho de Economia Nacional e das Assembleias Legislativas dos Estados;

IV – os cidadãos inscritos no "Livro de Mérito";

V – os oficiais das Forças Armadas e os militares dos Estados, do Distrito Federal e dos Territórios;

(*) Inciso V com redação dada pela Lei nº 10.258/2001.

VI – os magistrados;

VII – os diplomados por qualquer das faculdades superiores da República;

VIII – os ministros de confissão religiosa;

IX – os ministros do Tribunal de Contas;

X – os cidadãos que já tiverem exercido efetivamente a função de jurado, salvo quando excluídos da lista por motivo de incapacidade para o exercício daquela função;

XI – os delegados de polícia e os guardas-civis dos Estados e Territórios, ativos e inativos.

(*) Inciso XI com redação dada pela Lei nº 5.126/1966.

§ 1º. A prisão especial, prevista neste Código ou em outras leis, consiste exclusivamente no recolhimento em local distinto da prisão comum.

(*) § 1º acrescido pela Lei nº 10.258/2001.

§ 2º. Não havendo estabelecimento específico para o preso especial, este será recolhido em cela distinta do mesmo estabelecimento.

(*) § 2º acrescido pela Lei nº 10.258/2001.

§ 3º. A cela especial poderá consistir em alojamento coletivo, atendidos os requisitos de salubridade do ambiente, pela concorrência dos fatores de aeração, insolação e condicionamento térmico adequados à existência humana.

(*) § 3º acrescido pela Lei nº 10.258/2001.

§ 4º. O preso especial não será transportado juntamente com o preso comum.

(*) § 4º acrescido pela Lei nº 10.258/2001.

§ 5º. Os demais direitos e deveres do preso especial serão os mesmos do preso comum.

(*) § 5º acrescido pela Lei nº 10.258/2001.

Art. 296. Os inferiores e praças de pré, onde for possível, serão recolhidos à prisão, em estabelecimentos militares, de acordo com os respectivos regulamentos.

Art. 297. Para o cumprimento de mandado expedido pela autoridade judiciária, a autoridade policial poderá expedir tantos outros quantos necessários às diligências, devendo neles ser fielmente reproduzido o teor do mandado original.

(*) V. art. 13, III, do CPP.

Art. 298. (Revogado).

(*) Art. 298 revogado pela Lei nº 12.403/2011.

Art. 299. A captura poderá ser requisitada, à vista de mandado judicial, por qualquer meio de comunicação, tomadas pela autoridade, a quem se fizer a requisição, as precauções necessárias para averiguar a autenticidade desta.

(*) Art. 299 com redação dada pela Lei nº 12.403/2011.

Art. 300. As pessoas presas provisoriamente ficarão separadas das que já estiverem definitivamente condenadas, nos termos da lei de execução penal.

(*) Art. 300, *caput*, com redação dada pela Lei nº 12.403/2011.

(*) V. art. 84 da LEP.

Parágrafo único. O militar preso em flagrante delito, após a lavratura dos procedimentos legais, será recolhido a quartel da instituição a que pertencer, onde ficará preso à disposição das autoridades competentes.

(*) Parágrafo único acrescido pela Lei nº 12.403/2011.

Capítulo II
DA PRISÃO EM FLAGRANTE

Art. 301. Qualquer do povo poderá e as autoridades policiais e seus agentes deverão prender quem quer que seja encontrado em flagrante delito.

(*) Vide Súmulas 145 e 397 do STF.

(*) Vide Tema 380 do STF.

Art. 302. Considera-se em flagrante delito quem:

I – está cometendo a infração penal;

II – acaba de cometê-la;

III – é perseguido, logo após, pela autoridade, pelo ofendido ou por qualquer pessoa, em situação que faça presumir ser autor da infração;

(*) Vide Súmula 145 do STF.

IV – é encontrado, logo depois, com instrumentos, armas, objetos ou papéis que façam presumir ser ele autor da infração.

Art. 303. Nas infrações permanentes, entende-se o agente em flagrante delito enquanto não cessar a permanência.

(*) V. art. 71 do CPP.

Art. 304. Apresentado o preso à autoridade competente, ouvirá esta o condutor e colherá, desde logo, sua assinatura, entregando a este cópia do termo e recibo de entrega do preso. Em seguida, procederá à oitiva das testemunhas que o acompanharem e ao interrogatório do acusado sobre a imputação que lhe é feita, colhendo, após cada oitiva suas respectivas assinaturas, lavrando, a autoridade, afinal, o auto.

(*) Art. 304, *caput*, com redação dada pela Lei nº 11.113/2005.

(*) V. art. 290, *caput*, do CPP.

§ 1º. Resultando das respostas fundada a suspeita contra o conduzido, a autoridade mandará recolhê-lo à prisão, exceto no caso de livrar-se solto ou de prestar fiança, e prosseguirá nos atos do inquérito ou processo, se para isso for competente; se não o for, enviará os autos à autoridade que o seja.

§ 2º. A falta de testemunhas da infração não impedirá o auto de prisão em flagrante; mas, nesse caso, com o condutor, deverão assiná-lo pelo menos 2 (duas) pessoas que hajam testemunhado a apresentação do preso à autoridade.

§ 3º. Quando o acusado se recusar a assinar, não souber ou não puder fazê-lo, o auto de prisão em flagrante será assinado por 2 (duas) testemunhas, que tenham ouvido sua leitura na presença deste.

(*) § 3º com redação dada pela Lei nº 11.113/2005.

§ 4º. Da lavratura do auto de prisão em flagrante deverá constar a informação sobre a existência de filhos, respectivas idades e se possuem alguma deficiência e o nome e o contato de eventual responsável pelos cuidados dos filhos, indicado pela pessoa presa.

(*) § 4º acrescido pela Lei nº 13.257/2016.

Art. 305. Na falta ou no impedimento do escrivão, qualquer pessoa designada pela autoridade lavrará o auto, depois de prestado o compromisso legal.

Art. 306. A prisão de qualquer pessoa e o local onde se encontre serão comunicados imediatamente ao juiz competente, ao Ministério Público e à família do preso ou à pessoa por ele indicada.

§ 1º. Em até 24 (vinte e quatro) horas após a realização da prisão, será encaminhado ao juiz competente o auto de prisão em flagrante e, caso o autuado não informe o nome de seu advogado, cópia integral para a Defensoria Pública.

(*) V. arts. 310, III; e 311 do CPP.

(*) Vide Resolução CNJ nº 213/2015, que dispõe sobre a apresentação de toda pessoa presa à autoridade judicial no prazo de 24 horas.

§ 2º. No mesmo prazo, será entregue ao preso, mediante recibo, a nota de culpa, assinada pela autoridade, com o motivo da prisão, o nome do condutor e os das testemunhas.

(*) Art. 306 com redação dada pela Lei nº 12.403/2011.

Art. 307. Quando o fato for praticado em presença da autoridade, ou contra esta, no exercício de suas funções, constarão do auto a narração deste fato, a voz de prisão, as declarações que fizer o preso e os depoimentos das testemunhas, sendo tudo assinado pela autoridade, pelo preso e pelas testemunhas e remetido imediatamente ao juiz a quem couber tomar conhecimento do fato delituoso, se não o for a autoridade que houver presidido o auto.

(*) Vide Súmula 397 do STF.

Art. 308. Não havendo autoridade no lugar em que se tiver efetuado a prisão, o preso será logo apresentado à do lugar mais próximo.

Art. 309. Se o réu se livrar solto, deverá ser posto em liberdade, depois de lavrado o auto de prisão em flagrante.

Art. 310. Após receber o auto de prisão em flagrante, no prazo máximo de até 24 (vinte e quatro) horas após a realização da prisão, o juiz deverá promover audiência de custódia com a presença do acusado, seu advogado constituído ou membro da Defensoria Pública e o membro do Ministério Público, e, nessa audiência, o juiz deverá, fundamentadamente:

(*) Art. 310, *caput*, alterado pela Lei nº 12.403/2011 e com redação dada pela Lei nº 13.964/2019.

(*) V. art. 581, V, do CPP.

I – relaxar a prisão ilegal; ou

(*) Inciso I acrescido pela Lei nº 12.403/2011.

II – converter a prisão em flagrante em preventiva, quando presentes os requisitos constantes do art. 312 deste Código, e se revelarem inadequadas ou insuficientes as medidas cautelares diversas da prisão; ou

(*) Inciso II acrescido pela Lei nº 12.403/2011.

III – conceder liberdade provisória, com ou sem fiança.

(*) Inciso III acrescido pela Lei nº 12.403/2011.

§ 1º. Se o juiz verificar, pelo auto de prisão em flagrante, que o agente praticou o fato em qualquer das condições constantes dos incisos I, II ou III do *caput* do art. 23 do Decreto-Lei nº 2.848, de 7 de dezembro de 1940 (Código Penal), poderá, fundamentadamente, conceder ao acusado liberdade provisória, mediante termo de comparecimento obrigatório a todos os atos processuais, sob pena de revogação.

(*) § 1º, primitivo parágrafo único, alterado pela Lei nº 12.403/2011, renumerado e com redação dada pela Lei nº 13.964/2019.

§ 2º. Se o juiz verificar que o agente é reincidente ou que integra organização criminosa armada ou milícia, ou que porta arma de fogo de uso restrito, deverá denegar a liberdade provisória, com ou sem medidas cautelares.

(*) § 2º acrescido pela Lei nº 13.964/2019.

§ 3º. A autoridade que deu causa, sem motivação idônea, à não realização da audiência de custódia no prazo estabelecido no *caput* deste artigo responderá administrativa, civil e penalmente pela omissão.

(*) § 3º acrescido pela Lei nº 13.964/2019.

§ 4º. Transcorridas 24 (vinte e quatro) horas após o decurso do prazo estabelecido no *caput* deste artigo, a não realização de audiência de custódia sem motivação idônea ensejará também a ilegalidade da prisão, a ser relaxada pela autoridade competente, sem prejuízo da possibilidade de imediata decretação de prisão preventiva.

(*) § 4º acrescido pela Lei nº 13.964/2019.

(*) Eficácia suspensa. ADI 6.298, 6.299, 6.300 e 6.305: "(...) *Ex positis*, concedo a medida cautelar requerida para suspender a eficácia do artigo 310, § 4°, do Código de Processo Penal (CPP), na redação introduzida pela Lei n° 13.964/2019. Conclusão: *Ex positis*, na condição de relator das ADIs 6.298, 6.299, 6.300 e 6.305, com as vênias de praxe e pelos motivos expostos: (a) Revogo a decisão monocrática constante das ADIs 6.298, 6.299, 6.300 e suspendo *sine die* a eficácia, *ad referendum* do Plenário, (a1) da implantação do juiz das garantias e seus consectários (Artigos 3º-A, 3º-B, 3º-C, 3º-D, 3º-E, 3º-F, do Código de Processo Penal); e (a2) da alteração do juiz sentenciante que conheceu de prova declarada inadmissível (157, § 5º, do Código de Processo Penal); (b) Concedo a medida cautelar requerida nos autos da ADI 6.305, e suspendo *sine die* a eficácia, *ad referendum* do Plenário, (b1) da alteração do procedimento de arquivamento do inquérito policial (28, *caput*, Código de Processo Penal); (b2) Da liberalização da prisão pela não realização da audiência de custodia no prazo de 24 horas (Artigo 310, § 4°, do Código de Processo Penal); Nos termos do artigo 10, § 2º, da Lei nº 9.868/95, a concessão desta medida cautelar não interfere nem suspende os inquéritos e os processos em curso na presente data. Aguardem-se as informações já solicitadas aos requeridos, ao Advogado-Geral da União e ao Procurador-Geral da República. Após, retornem os autos para a análise dos pedidos de ingresso na lide dos *amici curae* e a designação oportuna de audiências públicas. Publique-se. Intimem-se.".

Capítulo III
DA PRISÃO PREVENTIVA

(*) V. art. 2º da LICPP.

Art. 311. Em qualquer fase da investigação policial ou do processo penal, caberá a prisão preventiva decretada pelo juiz, a requerimento do Ministério Público, do querelante ou do assistente, ou por representação da autoridade policial.

(*) Art. 311 alterado pela Lei nº 12.403/2011 e com redação dada pela Lei nº 13.964/2019.

(*) Vide Súmulas 21, 52 e 64 do STJ.

Art. 312. A prisão preventiva poderá ser decretada como garantia da ordem pública, da ordem econômica, por conveniência da instrução criminal ou para assegurar a aplicação da lei penal, quando houver prova da existência do crime e indício suficiente de autoria e de perigo gerado pelo estado de liberdade do imputado.

(*) Art. 312, *caput*, alterado pela Lei nº 12.403/2011 e com redação dada pela Lei nº 13.964/2019.

(*) V. arts. 310, II; 321; 324, IV; 326; e 366 do CPP.

§ 1º. A prisão preventiva também poderá ser decretada em caso de descumprimento de qualquer das obrigações impostas por força de outras medidas cautelares (art. 282, § 4º).

(*) § 1º, primitivo parágrafo único, acrescido pela Lei nº 12.403/2011 e renumerado pela Lei nº 13.964/2019.

§ 2º. A decisão que decretar a prisão preventiva deve ser motivada e fundamentada em receio de perigo e existência concreta de fatos novos ou contemporâneos que justifiquem a aplicação da medida adotada.

(*) § 2º acrescido pela Lei nº 13.964/2019.

Art. 313. Nos termos do art. 312 deste Código, será admitida a decretação da prisão preventiva:

(*) Art. 313, *caput*, com redação dada pela Lei nº 12.403/2011.

I – nos crimes dolosos punidos com pena privativa de liberdade máxima superior a 4 (quatro) anos;

(*) Inciso I com redação dada pela Lei nº 12.403/2011.

II – se tiver sido condenado por outro crime doloso, em sentença transitada em julgado, ressalvado o disposto no inciso I do *caput* do art. 64 do Decreto-Lei nº 2.848, de 7 de dezembro de 1940 – Código Penal;

(*) Inciso II com redação dada pela Lei nº 12.403/2011.

III – se o crime envolver violência doméstica e familiar contra a mulher, criança, adolescente, idoso, enfermo ou pessoa com deficiência, para garantir a execução das medidas protetivas de urgência;

(*) Inciso III com redação dada pela Lei nº 12.403/2011.

IV – (revogado).

(*) Inciso IV revogado pela Lei nº 12.403/2011.

§ 1º. Também será admitida a prisão preventiva quando houver dúvida sobre a identidade civil da pessoa ou quando esta não fornecer elementos suficientes para esclarecê-la, devendo o preso ser colocado imediatamente em liberdade após a identificação, salvo se outra hipótese recomendar a manutenção da medida.

(*) § 1º, primitivo parágrafo único, acrescido pela Lei nº 12.403/2011 e renumerado pela Lei nº 13.964/2019.

§ 2º. Não será admitida a decretação da prisão preventiva com a finalidade de antecipação de cumprimento de pena ou como decorrência imediata de investigação criminal ou da apresentação ou recebimento de denúncia.

(*) § 2º acrescido pela Lei nº 13.964/2019.

Art. 314. A prisão preventiva em nenhum caso será decretada se o juiz verificar pelas provas constantes dos autos ter o agente praticado o fato nas condições previstas nos incisos I, II e III do *caput* do art. 23 do Decreto-Lei nº 2.848, de 7 de dezembro de 1940 – Código Penal.

(*) Art. 314 com redação dada pela Lei nº 12.403/2011.

Art. 315. A decisão que decretar, substituir ou denegar a prisão preventiva será sempre motivada e fundamentada.

§ 1º. Na motivação da decretação da prisão preventiva ou de qualquer outra cautelar, o juiz deverá indicar concretamente a existência de fatos novos ou contemporâneos que justifiquem a aplicação da medida adotada.

§ 2º. Não se considera fundamentada qualquer decisão judicial, seja ela interlocutória, sentença ou acórdão, que:

I – limitar-se à indicação, à reprodução ou à paráfrase de ato normativo, sem explicar sua relação com a causa ou a questão decidida;

II – empregar conceitos jurídicos indeterminados, sem explicar o motivo concreto de sua incidência no caso;

III – invocar motivos que se prestariam a justificar qualquer outra decisão;

IV – não enfrentar todos os argumentos deduzidos no processo capazes de, em tese, infirmar a conclusão adotada pelo julgador;

V – limitar-se a invocar precedente ou enunciado de súmula, sem identificar seus fundamentos determinantes nem demonstrar que o caso sob julgamento se ajusta àqueles fundamentos;

VI – deixar de seguir enunciado de súmula, jurisprudência ou precedente invocado pela parte, sem demonstrar a existência de distinção no caso em julgamento ou a superação do entendimento.

(*) Art. 315 alterado pela Lei nº 12.403/2011 e com redação dada pela Lei nº 13.964/2019.

Art. 316. O juiz poderá, de ofício ou a pedido das partes, revogar a prisão preventiva se, no correr da investigação ou do processo, verificar a falta de motivo para que ela subsista, bem como novamente decretá-la, se sobrevierem razões que a justifiquem.

Parágrafo único. Decretada a prisão preventiva, deverá o órgão emissor da decisão revisar a necessidade de sua manutenção a cada 90 (noventa) dias, mediante decisão fundamentada, de ofício, sob pena de tornar a prisão ilegal.

(*) Art. 316 alterado pela Lei nº 5.349/1967 e com redação dada pela Lei nº 13.964/2019.

(*) V. arts. 647 a 667 do CPP.

Capítulo IV
DA PRISÃO DOMICILIAR

(*) Capítulo IV com redação do título dada pela Lei nº 12.403/2011.

(*) V. art. 117 da LEP.

Art. 317. A prisão domiciliar consiste no recolhimento do indiciado ou acusado em sua residência, só podendo dela ausentar-se com autorização judicial.

(*) Art. 317 com redação dada pela Lei nº 12.403/2011.

Art. 318. Poderá o juiz substituir a prisão preventiva pela domiciliar quando o agente for:

(*) Art. 318, *caput*, com redação dada pela Lei nº 12.403/2011.

I – maior de 80 (oitenta) anos;

(*) Inciso I acrescido pela Lei nº 12.403/2011.

II – extremamente debilitado por motivo de doença grave;

(*) Inciso II acrescido pela Lei nº 12.403/2011.

III – imprescindível aos cuidados especiais de pessoa menor de 6 (seis) anos de idade ou com deficiência;

(*) Inciso III acrescido pela Lei nº 12.403/2011.

IV – gestante;

(*) Inciso IV acrescido pela Lei nº 12.403/2011, e com redação dada pela Lei nº 13.257/2016.

V – mulher com filho de até 12 (doze) anos de idade incompletos;

(*) Inciso V acrescido pela Lei nº 13.257/2016.

VI – homem, caso seja o único responsável pelos cuidados do filho de até 12 (doze) anos de idade incompletos.

(*) Inciso VI acrescido pela Lei nº 13.257/2016.

Parágrafo único. Para a substituição, o juiz exigirá prova idônea dos requisitos estabelecidos neste artigo.

(*) Parágrafo único acrescido pela Lei nº 12.403/2011.

(*) Vide Resolução CNJ nº 369/2021.

Art. 318-A. A prisão preventiva imposta à mulher gestante ou que for mãe ou responsável por crianças ou pessoas com deficiência será substituída por prisão domiciliar, desde que:

I – não tenha cometido crime com violência ou grave ameaça a pessoa;

II – não tenha cometido o crime contra seu filho ou dependente.

(*) Art. 318-A acrescido pela Lei nº 13.769/2018.

(*) Vide Resolução CNJ nº 369/2021.

Art. 318-B. A substituição de que tratam os arts. 318 e 318-A poderá ser efetuada sem prejuízo da aplicação concomitante das medidas alternativas previstas no art. 319 deste Código.

(*) Art. 318-B acrescido pela Lei nº 13.769/2018.

Capítulo V
DAS OUTRAS MEDIDAS CAUTELARES

(*) Capítulo V com redação do título dada pela Lei nº 12.403/2011.

Art. 319. São medidas cautelares diversas da prisão:

(*) Art. 319, *caput*, com redação dada pela Lei nº 12.403/2011.

(*) V. art. 321 do CPP.

I – comparecimento periódico em juízo, no prazo e nas condições fixadas pelo juiz, para informar e justificar atividades;

(*) Inciso I com redação dada pela Lei nº 12.403/2011.

II – proibição de acesso ou frequência a determinados lugares quando, por circunstâncias relacionadas ao fato, deva o indiciado ou acusado permanecer distante desses locais para evitar o risco de novas infrações;

(*) Inciso II com redação dada pela Lei nº 12.403/2011.

III – proibição de manter contato com pessoa determinada quando, por circunstâncias relacionadas ao fato, deva o indiciado ou acusado dela permanecer distante;

(*) Inciso III com redação dada pela Lei nº 12.403/2011.

IV – proibição de ausentar-se da Comarca quando a permanência seja conveniente ou necessária para a investigação ou instrução;

(*) Inciso IV acrescido pela Lei nº 12.403/2011.

V – recolhimento domiciliar no período noturno e nos dias de folga quando o investigado ou acusado tenha residência e trabalho fixos;

(*) Inciso V acrescido pela Lei nº 12.403/2011.

VI – suspensão do exercício de função pública ou de atividade de natureza econômica ou financeira quando houver justo receio de sua utilização para a prática de infrações penais;

(*) Inciso VI acrescido pela Lei nº 12.403/2011.

VII – internação provisória do acusado nas hipóteses de crimes praticados com violência ou grave ameaça, quando os peritos concluírem ser inimputável ou semi-imputável (art. 26 do Código Penal) e houver risco de reiteração;

(*) Inciso VII acrescido pela Lei nº 12.403/2011.

VIII – fiança, nas infrações que a admitem, para assegurar o comparecimento a atos do processo, evitar a obstrução do seu andamento ou em caso de resistência injustificada à ordem judicial;

(*) Inciso VIII acrescido pela Lei nº 12.403/2011.

IX – monitoração eletrônica.

(*) Inciso IX acrescido pela Lei nº 12.403/2011.

(*) V. arts. 146-B a 146-D da LEP.

§ 1º. (Revogado).

(*) § 1º revogado pela Lei nº 12.403/2011.

§ 2º. (Revogado).

(*) § 2º revogado pela Lei nº 12.403/2011.

§ 3º. (Revogado).

(*) § 3º revogado pela Lei nº 12.403/2011.

§ 4º. A fiança será aplicada de acordo com as disposições do Capítulo VI deste Título, podendo ser cumulada com outras medidas cautelares.

(*) § 4º acrescido pela Lei nº 12.403/2011.

Art. 320. A proibição de ausentar-se do País será comunicada pelo juiz às autoridades encarregadas de fiscalizar as saídas do território nacional, intimando-se o indiciado ou acusado para entregar o passaporte, no prazo de 24 (vinte e quatro) horas.

(*) Art. 320 com redação dada pela Lei nº 12.403/2011.

Capítulo VI
DA LIBERDADE PROVISÓRIA, COM OU SEM FIANÇA

Art. 321. Ausentes os requisitos que autorizam a decretação da prisão preventiva, o juiz deverá conceder liberdade provisória, impondo, se for o caso, as medidas cautelares previstas no art. 319 deste Código e observados os critérios constantes do art. 282 deste Código.

(*) Art. 321 com redação dada pela Lei nº 12.403/2011.

I – (Revogado);

(*) Inciso I revogado pela Lei nº 12.403/2011.

II – (Revogado).

(*) Inciso II revogado pela Lei nº 12.403/2011.

Art. 322. A autoridade policial somente poderá conceder fiança nos casos de infração cuja pena privativa de liberdade máxima não seja superior a 4 (quatro) anos.

Parágrafo único. Nos demais casos, a fiança será requerida ao juiz, que decidirá em 48 (quarenta e oito) horas.

(*) Art. 322 com redação dada pela Lei nº 12.403/2011.

Art. 323. Não será concedida fiança:

(*) Art. 323, *caput*, com redação dada pela Lei nº 12.403/2011.

(*) V. art. 380 do CPP.

I – nos crimes de racismo;

(*) Inciso I com redação dada pela Lei nº 12.403/2011.

II – nos crimes de tortura, tráfico ilícito de entorpecentes e drogas afins, terrorismo e nos definidos como crimes hediondos;

(*) Inciso II com redação dada pela Lei nº 12.403/2011.

III – nos crimes cometidos por grupos armados, civis ou militares, contra a ordem constitucional e o Estado Democrático;

(*) Inciso III com redação dada pela Lei nº 12.403/2011.

IV – (revogado);

(*) Inciso IV revogado pela Lei nº 12.403/2011.

V – (revogado).

(*) Inciso V revogado pela Lei nº 12.403/2011.

Art. 324. Não será, igualmente, concedida fiança:

(*) Art. 324, *caput*, com redação dada pela Lei nº 12.403/2011.

(*) V. art. 341 do CPP.

I – aos que, no mesmo processo, tiverem quebrado fiança anteriormente concedida ou infringido, sem motivo justo, qualquer das obrigações a que se referem os arts. 327 e 328 deste Código;

(*) Inciso I com redação dada pela Lei nº 12.403/2011.

II – em caso de prisão civil ou militar;

(*) Inciso II com redação dada pela Lei nº 12.403/2011.

III – (Revogado);

(*) Inciso III revogado pela Lei nº 12.403/2011.

IV – quando presentes os motivos que autorizam a decretação da prisão preventiva (art. 312).

(*) Inciso IV com redação dada pela Lei nº 12.403/2011.

Art. 325. O valor da fiança será fixado pela autoridade que a conceder nos seguintes limites:

(*) Art. 325, *caput*, com redação dada pela Lei nº 12.403/2011.

a) (Revogada);

(*) Alínea "a" revogada pela Lei nº 12.403/2011.

b) (Revogada);

(*) Alínea "b" revogada pela Lei nº 12.403/2011.

c) (Revogada).

(*) Alínea "c" revogada pela Lei nº 12.403/2011.

I – de 1 (um) a 100 (cem) salários-mínimos, quando se tratar de infração cuja pena privativa de liberdade, no grau máximo, não for superior a 4 (quatro) anos;

(*) Inciso I acrescido pela Lei nº 12.403/2011.

II – de 10 (dez) a 200 (duzentos) salários-mínimos, quando o máximo da pena privativa de liberdade cominada for superior a 4 (quatro) anos.

(*) Inciso II acrescido pela Lei nº 12.403/2011.

§ 1º. Se assim recomendar a situação econômica do preso, a fiança poderá ser:

I – dispensada, na forma do art. 350 deste Código;

II – reduzida até o máximo de 2/3 (dois terços); ou

III – aumentada em até 1.000 (mil) vezes.

(*) § 1º com redação dada pela Lei nº 12.403/2011.

§ 2º. (Revogado).

(*) § 2º revogado pela Lei nº 12.403/2011.

Art. 326. Para determinar o valor da fiança, a autoridade terá em consideração a natureza da infração, as condições pessoais de fortuna e vida pregressa do acusado, as circunstâncias indicativas de sua periculosidade, bem como a importância provável das custas do processo, até final julgamento.

Art. 327. A fiança tomada por termo obrigará o afiançado a comparecer perante a autoridade, todas as vezes que for intimado para atos do inquérito e da instrução criminal e para o julgamento. Quando o réu não comparecer, a fiança será havida como quebrada.

(*) V. arts. 324, I; 329, parágrafo único; 341 a 350; e 581, VII, do CPP.

Art. 328. O réu afiançado não poderá, sob pena de quebramento da fiança, mudar de residência, sem prévia permissão da autoridade processante, ou ausentar-se por mais de 8 (oito) dias de sua residência, sem comunicar àquela autoridade o lugar onde será encontrado.

(*) V. arts. 324, I; 329, parágrafo único; 350; e 581, VII, do CPP.

Art. 329. Nos juízos criminais e delegacias de polícia, haverá um livro especial, com termos de abertura e de encerramento, numerado e rubricado em todas as suas folhas pela autoridade, destinado especialmente aos termos de fiança. O termo será lavrado pelo escrivão e assinado pela autoridade e por quem prestar a fiança, e dele extrair-se-á certidão para juntar-se aos autos.

Parágrafo único. O réu e quem prestar a fiança serão pelo escrivão notificados das obrigações e da sanção previstas nos arts. 327 e 328, o que constará dos autos.

(*) Vide Resolução CNJ nº 224/2016.

Art. 330. A fiança, que será sempre definitiva, consistirá em depósito de dinheiro, pedras, objetos ou metais preciosos, títulos da dívida pública, federal, estadual ou municipal, ou em hipoteca inscrita em primeiro lugar.

§ 1º. A avaliação de imóvel, ou de pedras, objetos ou metais preciosos será feita imediatamente por perito nomeado pela autoridade.

§ 2º. Quando a fiança consistir em caução de títulos da dívida pública, o valor será determinado pela sua cotação em Bolsa, e, sendo nominativos, exigir-se-á prova de que se acham livres de ônus.

Art. 331. O valor em que consistir a fiança será recolhido à repartição arrecadadora federal ou estadual, ou entregue ao depositário público, juntando-se aos autos os respectivos conhecimentos.

Parágrafo único. Nos lugares em que o depósito não se puder fazer de pronto, o valor será entregue ao escrivão ou pessoa abonada, a critério da autoridade, e dentro de 3 (três) dias dar-se-á ao valor o destino que lhe assina este artigo, o que tudo constará do termo de fiança.

Art. 332. Em caso de prisão em flagrante, será competente para conceder a fiança a autoridade que presidir ao respectivo auto, e, em caso de prisão por mandado, o juiz que o houver expedido, ou a autoridade judiciária ou policial a quem tiver sido requisitada a prisão.

(*) V. arts. 285, 301 a 310 e 322 do CPP.

Art. 333. Depois de prestada a fiança, que será concedida independentemente de audiência do Ministério Público, este terá vista do processo a fim de requerer o que julgar conveniente.

(*) V. art. 581, V, do CPP.

Art. 334. A fiança poderá ser prestada enquanto não transitar em julgado a sentença condenatória.

(*) Art. 334 com redação dada pela Lei nº 12.403/2011.

(*) V. arts. 387, § 1º; 413, § 2º; e 660, § 3º, do CPP.

Art. 335. Recusando ou retardando a autoridade policial a concessão da fiança, o preso, ou alguém por ele, poderá prestá-la, mediante simples petição, perante o juiz competente, que decidirá em 48 (quarenta e oito) horas.

(*) Art. 335 com redação dada pela Lei nº 12.403/2011.

(*) V. art. 648, V, do CPP.

Art. 336. O dinheiro ou objetos dados como fiança servirão ao pagamento das custas, da indenização do dano, da prestação pecuniária e da multa, se o réu for condenado.

Parágrafo único. Este dispositivo terá aplicação ainda no caso da prescrição depois da sentença condenatória (art. 110 do Código Penal).

(*) Art. 336 com redação dada pela Lei nº 12.403/2011.

Art. 337. Se a fiança for declarada sem efeito ou passar em julgado sentença que houver absolvido o acusado ou declarada extinta a ação penal, o valor que a constituir, atualizado, será restituído sem desconto, salvo o disposto no parágrafo único do art. 336 deste Código.

(*) Art. 337 com redação dada pela Lei nº 12.403/2011.

Art. 338. A fiança que se reconheça não ser cabível na espécie será cassada em qualquer fase do processo.

(*) V. art. 581, V, do CPP.

Art. 339. Será também cassada a fiança quando reconhecida a existência de delito inafiançável, no caso de inovação na classificação do delito.

(*) V. arts. 383; 384; e 581, V, do CPP.

(*) Vide Súmula 81 do STJ.

Art. 340. Será exigido o reforço da fiança:

I – quando a autoridade tomar, por engano, fiança insuficiente;

II – quando houver depreciação material ou perecimento dos bens hipotecados ou caucionados, ou depreciação dos metais ou pedras preciosas;

III – quando for inovada a classificação do delito.

Parágrafo único. A fiança ficará sem efeito e o réu será recolhido à prisão, quando, na conformidade deste artigo, não for reforçada.

Art. 341. Julgar-se-á quebrada a fiança quando o acusado:

(*) Art. 341, *caput*, com redação dada pela Lei nº 12.403/2011.

(*) V. art. 581, VII, do CPP.

I – regularmente intimado para ato do processo, deixar de comparecer, sem motivo justo;

(*) Inciso I acrescido pela Lei nº 12.403/2011.

II – deliberadamente praticar ato de obstrução ao andamento do processo;

(*) Inciso II acrescido pela Lei nº 12.403/2011.

III – descumprir medida cautelar imposta cumulativamente com a fiança;

(*) Inciso III acrescido pela Lei nº 12.403/2011.

(*) V. art. 319 do CPP.

IV – resistir injustificadamente a ordem judicial;

(*) Inciso IV acrescido pela Lei nº 12.403/2011.

V – praticar nova infração penal dolosa.

(*) Inciso V acrescido pela Lei nº 12.403/2011.

Art. 342. Se vier a ser reformado o julgamento em que se declarou quebrada a fiança, esta subsistirá em todos os seus efeitos.

Art. 343. O quebramento injustificado da fiança importará na perda de metade do seu valor, cabendo ao juiz decidir sobre a imposição de outras medidas cautelares ou, se for o caso, a decretação da prisão preventiva.

(*) Art. 343 com redação dada pela Lei nº 12.403/2011.

(*) V. arts. 319; e 581, VII, do CPP.

Art. 344. Entender-se-á perdido, na totalidade, o valor da fiança, se, condenado, o acusado não se apresentar para o início do cumprimento da pena definitivamente imposta.

(*) Art. 344 com redação dada pela Lei nº 12.403/2011.

(*) V. art. 581, VII, do CPP.

Art. 345. No caso de perda da fiança, o seu valor, deduzidas as custas e mais encargos a que o acusado estiver obrigado, será recolhido ao fundo penitenciário, na forma da lei.

(*) Art. 345 com redação dada pela Lei nº 12.403/2011.

Art. 346. No caso de quebramento de fiança, feitas as deduções previstas no art. 345 deste Código, o valor restante será recolhido ao fundo penitenciário, na forma da lei.

(*) Art. 346 com redação dada pela Lei nº 12.403/2011.

Art. 347. Não ocorrendo a hipótese do art. 345, o saldo será entregue a quem houver prestado a fiança, depois de deduzidos os encargos a que o réu estiver obrigado.

Art. 348. Nos casos em que a fiança tiver sido prestada por meio de hipoteca, a execução será promovida no juízo cível pelo órgão do Ministério Público.

Art. 349. Se a fiança consistir em pedras, objetos ou metais preciosos, o juiz determinará a venda por leiloeiro ou corretor.

Art. 350. Nos casos em que couber fiança, o juiz, verificando a situação econômica do preso, poderá conceder-lhe liberdade provisória, sujeitando-o às obrigações constantes dos arts. 327 e 328 deste Código e a outras medidas cautelares, se for o caso.

Parágrafo único. Se o beneficiado descumprir, sem motivo justo, qualquer das obrigações ou medidas impostas, aplicar-se-á o disposto no § 4º do art. 282 deste Código.

(*) Art. 350 com redação dada pela Lei nº 12.403/2011.

TÍTULO X
DAS CITAÇÕES E INTIMAÇÕES

Capítulo I
DAS CITAÇÕES

Art. 351. A citação inicial far-se-á por mandado, quando o réu estiver no território sujeito à jurisdição do juiz que a houver ordenado.

(*) V. arts. 564, III, "e"; e 570 a 572 do CPP.

(*) Vide Súmula 351 do STF.

Art. 352. O mandado de citação indicará:

(*) V. arts. 396, *caput*; e 406, *caput*, do CPP.

I – o nome do juiz;

II – o nome do querelante nas ações iniciadas por queixa;

III – o nome do réu, ou, se for desconhecido, os seus sinais característicos;

IV – a residência do réu, se for conhecida;

V – o fim para que é feita a citação;

VI – o juízo e o lugar, o dia e a hora em que o réu deverá comparecer;

VII – a subscrição do escrivão e a rubrica do juiz.

(*) V. art. 260, parágrafo único, do CPP.

Art. 353. Quando o réu estiver fora do território da jurisdição do juiz processante, será citado mediante precatória.

Art. 354. A precatória indicará:

(*) V. art. 356 do CPP.

(*) Vide Súmula 273 do STJ.

I – o juiz deprecado e o juiz deprecante;

II – a sede da jurisdição de um e de outro;

III – o fim para que é feita a citação, com todas as especificações;

IV – o juízo do lugar, o dia e a hora em que o réu deverá comparecer.

Art. 355. A precatória será devolvida ao juiz deprecante, independentemente de traslado, depois de lançado o "cumpra-se" e de feita a citação por mandado do juiz deprecado.

§ 1º. Verificado que o réu se encontra em território sujeito à jurisdição de outro juiz, a este remeterá o juiz deprecado os autos para efetivação da diligência, desde que haja tempo para fazer-se a citação.

§ 2º. Certificado pelo oficial de justiça que o réu se oculta para não ser citado, a precatória será imediatamente devolvida, para o fim previsto no art. 362.

Art. 356. Se houver urgência, a precatória, que conterá em resumo os requisitos enumerados no art. 354, poderá ser expedida por via telegráfica, depois de reconhecida a firma do juiz, o que a estação expedidora mencionará.

Art. 357. São requisitos da citação por mandado:

(*) V. art. 371 do CPP.

I – leitura do mandado ao citando pelo oficial e entrega da contrafé, na qual se mencionarão dia e hora da citação;

II – declaração do oficial, na certidão, da entrega da contrafé, e sua aceitação ou recusa.

Art. 358. A citação do militar far-se-á por intermédio do chefe do respectivo serviço.

(*) V. art. 221, § 2º, do CPP.

Art. 359. O dia designado para funcionário público comparecer em juízo, como acusado, será notificado assim a ele como ao chefe de sua repartição.

(*) V. art. 221, § 3º, do CPP.

Art. 360. Se o réu estiver preso, será pessoalmente citado.

(*) Art. 360 com redação dada pela Lei nº 10.792/2003.

(*) Vide Súmula 351 do STF.

Art. 361. Se o réu não for encontrado, será citado por edital, com o prazo de 15 (quinze) dias.

(*) V. arts. 366; 396, parágrafo único; e 406, § 1º, do CPP.

(*) Vide Súmulas 351 e 366 do STF.

Art. 362. Verificando que o réu se oculta para não ser citado, o oficial de justiça certificará a ocorrência e procederá à citação com hora certa, na forma estabelecida nos arts. 227 a 229 da Lei nº 5.869, de 11 de janeiro de 1973 – Código de Processo Civil♦.

(*) Art. 362, *caput*, com redação dada pela Lei nº 11.719/2008.

♦ CPC/1973. Vide arts. 252 a 254 da Lei nº 13.105, de 16 de março de 2015 – Código de Processo Civil.

Parágrafo único. Completada a citação com hora certa, se o acusado não comparecer, ser-lhe-á nomeado defensor dativo.

(*) Parágrafo único acrescido pela Lei nº 11.719/2008.

(*) V. art. 355, § 2º, do CPP.

(*) Vide Tema 613 do STF.

Art. 363. O processo terá completada a sua formação quando realizada a citação do acusado.

(*) Art. 363, *caput*, com redação dada pela Lei nº 11.719/2008.

I – (Revogado);

(*) Inciso I revogado pela Lei nº 11.719/2008.

II – (Revogado).

(*) Inciso II revogado pela Lei nº 11.719/2008.

§ 1º. Não sendo encontrado o acusado, será procedida a citação por edital.

(*) § 1º acrescido pela Lei nº 11.719/2008.

(*) V. arts. 361; 366; 396; e 406, § 1º, do CPP.

§ 2º. (Vetado).

(*) § 2º acrescido pela Lei nº 11.719/2008.

§ 3º. (Vetado).

(*) § 3º acrescido pela Lei nº 11.719/2008.

§ 4º. Comparecendo o acusado citado por edital, em qualquer tempo, o processo observará o disposto nos arts. 394 e seguintes deste Código.

(*) § 4º acrescido pela Lei nº 11.719/2008.

Art. 364. No caso do artigo anterior, no I, o prazo será fixado pelo juiz entre 15 (quinze) e 90 (noventa) dias, de acordo com as circunstâncias, e, no caso do nº II, o prazo será de 30 (trinta) dias.

(*) V. art. 361 do CPP.

Art. 365. O edital de citação indicará:

(*) Vide Súmula 366 do STF.

I – o nome do juiz que a determinar;

II – o nome do réu, ou, se não for conhecido, os seus sinais característicos, bem como sua residência e profissão, se constarem do processo;

(*) V. art. 259 do CPP.

III – o fim para que é feita a citação;

IV – o juízo e o dia, a hora e o lugar em que o réu deverá comparecer;

V – o prazo, que será contado do dia da publicação do edital na imprensa, se houver, ou da sua afixação.

Parágrafo único. O edital será afixado à porta do edifício onde funcionar o juízo e será publicado pela imprensa, onde houver, devendo a afixação ser certificada pelo oficial que a tiver feito e a publicação provada por exemplar do jornal ou certidão do escrivão, da qual conste a página do jornal com a data da publicação.

Art. 366. Se o acusado, citado por edital, não comparecer, nem constituir advogado, ficarão suspensos o processo e o curso do prazo prescricional, podendo o juiz determinar a produção antecipada das provas consideradas urgentes e, se for o caso, decretar prisão preventiva, nos termos do disposto no art. 312.

(*) Art. 366, *caput*, com redação dada pela Lei nº 9.271/1996.

(*) Vide Tema 438 do STF.

(*) Vide Súmulas 415 e 455 do STJ.

§ 1º. (Revogado).

(*) § 1º revogado pela Lei nº 11.719/2008.

§ 2º. (Revogado).

(*) § 2º revogado pela Lei nº 11.719/2008.

Art. 367. O processo seguirá sem a presença do acusado que, citado ou intimado pessoalmente para qualquer ato, deixar de comparecer sem motivo justificado, ou, no caso de mudança de residência, não comunicar o novo endereço ao juízo.

(*) Art. 367 com redação dada pela Lei nº 9.271/1996.

Art. 368. Estando o acusado no estrangeiro, em lugar sabido, será citado mediante carta rogatória, suspendendo-se o curso do prazo de prescrição até o seu cumprimento.

(*) Art. 368 com redação dada pela Lei nº 9.271/1996.

Art. 369. As citações que houverem de ser feitas em legações estrangeiras serão efetuadas mediante carta rogatória.

(*) Art. 369 com redação dada pela Lei nº 9.271/1996.

(*) V. arts. 783 a 786 do CPP.

Capítulo II
DAS INTIMAÇÕES

Art. 370. Nas intimações dos acusados, das testemunhas e demais pessoas que devam tomar conhecimento de qualquer ato, será observado, no que for aplicável, o disposto no Capítulo anterior.

(*) Art. 370, *caput*, com redação dada pela Lei nº 9.271/1996.

(*) V. arts. 392 e 570 do CPP.

§ 1º. A intimação do defensor constituído, do advogado do querelante e do assistente far-se-á por publicação no órgão incumbido da publicidade dos atos judiciais da comarca, incluindo, sob pena de nulidade, o nome do acusado.

(*) § 1º acrescido pela Lei nº 9.271/1996.

§ 2º. Caso não haja órgão de publicação dos atos judiciais na comarca, a intimação far-se-á diretamente pelo escrivão, por mandado, ou via postal com comprovante de recebimento, ou por qualquer outro meio idôneo.

(*) § 2º acrescido pela Lei nº 9.271/1996.

§ 3º. A intimação pessoal, feita pelo escrivão, dispensará a aplicação a que alude o § 1º.

(*) § 3º acrescido pela Lei nº 9.271/1996.

§ 4º. A intimação do Ministério Público e do defensor nomeado será pessoal.

(*) § 4º acrescido pela Lei nº 9.271/1996.

Art. 371. Será admissível a intimação por despacho na petição em que for requerida, observado o disposto no art. 357.

Art. 372. Adiada, por qualquer motivo, a instrução criminal, o juiz marcará desde logo, na presença das partes e testemunhas, dia e hora para seu prosseguimento, do que se lavrará termo nos autos.

TÍTULO XI
DA APLICAÇÃO PROVISÓRIA DE INTERDIÇÕES DE DIREITOS E MEDIDAS DE SEGURANÇA

Art. 373. A aplicação provisória de interdições de direitos poderá ser determinada pelo juiz, de ofício, ou a requerimento do Ministério Público, do querelante, do assistente, do ofendido, ou de seu representante legal, ainda que este não se tenha constituído como assistente:

I – durante a instrução criminal após a apresentação da defesa ou do prazo concedido para esse fim;

II – na sentença de pronúncia;

III – na decisão confirmatória da pronúncia ou na que, em grau de recurso, pronunciar o réu;

IV – na sentença condenatória recorrível.

§ 1º. No caso do nº I, havendo requerimento de aplicação da medida, o réu ou seu defensor será ouvido no prazo de 2 (dois) dias.

§ 2º. Decretada a medida, serão feitas as comunicações necessárias para a sua execução, na forma do disposto no Capítulo III do Título II do Livro IV.

(*) V. arts. 691 a 695 do CPP.

Art. 374. Não caberá recurso do despacho ou da parte da sentença que decretar ou denegar a aplicação provisória de interdições de direitos, mas estas poderão ser substituídas ou revogadas:

I – se aplicadas no curso da instrução criminal, durante esta ou pelas sentenças a que se referem os nºs II, III e IV do artigo anterior;

II – se aplicadas na sentença de pronúncia, pela decisão que, em grau de recurso, a confirmar, total ou parcialmente, ou pela sentença condenatória recorrível;

III – se aplicadas na decisão a que se refere o no III do artigo anterior, pela sentença condenatória recorrível.

Art. 375. O despacho que aplicar, provisoriamente, substituir ou revogar interdição de direito, será fundamentado.

Art. 376. A decisão que impronunciar ou absolver o réu fará cessar a aplicação provisória da interdição anteriormente determinada.

Art. 377. Transitando em julgado a sentença condenatória, serão executadas somente as interdições nela aplicadas ou que derivarem da imposição da pena principal.

Art. 378. A aplicação provisória de medida de segurança obedecerá ao disposto nos artigos anteriores, com as modificações seguintes:

I – o juiz poderá aplicar, provisoriamente, a medida de segurança, de ofício, ou a requerimento do Ministério Público;

II – a aplicação poderá ser determinada ainda no curso do inquérito, mediante representação da autoridade policial;

III – a aplicação provisória de medida de segurança, a substituição ou a revogação da anteriormente aplicada poderão ser determinadas, também, na sentença absolutória;

IV – decretada a medida, atender-se-á ao disposto no Título V do Livro IV, no que for aplicável.

(*) V. arts. 751 a 779 do CPP.

(*) V. arts. 147, 171 e 172 da LEP.

Art. 379. Transitando em julgado a sentença, observar-se-á, quanto à execução das medidas de segurança definitivamente aplicadas, o disposto no Título V do Livro IV.

(*) V. arts. 751 a 779 do CPP.

(*) V. arts. 147, 171 e 172 da LEP.

Art. 380. A aplicação provisória de medida de segurança obstará a concessão de fiança, e tornará sem efeito a anteriormente concedida.

TÍTULO XII
DA SENTENÇA

Art. 381. A sentença conterá:

(*) V. art. 564, III, "m", e IV, do CPP.

I – os nomes das partes ou, quando não possível, as indicações necessárias para identificá-las;

II – a exposição sucinta da acusação e da defesa;

III – a indicação dos motivos de fato e de direito em que se fundar a decisão;

IV – a indicação dos artigos de lei aplicados;

V – o dispositivo;

VI – a data e a assinatura do juiz.

Art. 382. Qualquer das partes poderá, no prazo de 2 (dois) dias, pedir ao juiz que declare♦ a sentença, sempre que nela houver obscuridade, ambiguidade, contradição ou omissão.

♦ Publicação oficial: "declare". Entendemos que seria: "aclare". (N.E.)

(*) V. art. 798, § 1º, do CPP.

(*) Vide Súmula 710 do STF.

Art. 383. O juiz, sem modificar a descrição do fato contida na denúncia ou queixa, poderá atribuir-lhe definição jurídica diversa, ainda que, em consequência, tenha de aplicar pena mais grave.

(*) Art. 383, *caput*, com redação dada pela Lei nº 11.719/2008.

(*) V. art. 617 do CPP.

§ 1º. Se, em consequência de definição jurídica diversa, houver possibilidade de proposta de suspensão condicional do processo, o juiz procederá de acordo com o disposto na lei.

(*) § 1º acrescido pela Lei nº 11.719/2008.

(*) V. art. 384, § 3º, do CPP.

(*) Vide Súmulas 696 e 723 do STF.

(*) Vide Súmulas 243 e 337 do STJ.

§ 2º. Tratando-se de infração da competência de outro juízo, a este serão encaminhados os autos.

(*) § 2º acrescido pela Lei nº 11.719/2008.

(*) V. art. 384, § 3º, do CPP.

Art. 384. Encerrada a instrução probatória, se entender cabível nova definição jurídica do fato, em consequência de prova existente nos autos de elemento ou circunstância da infração penal não contida na acusação, o Ministério Público deverá aditar a denúncia ou queixa, no prazo de 5 (cinco) dias, se em virtude desta houver sido instaurado o processo em crime de ação pública, reduzindo-se a termo o aditamento, quando feito oralmente.

(*) Art. 384, *caput*, com redação dada pela Lei nº 11.719/2008.

(*) Vide Súmula 453 do STF.

§ 1º. Não procedendo o órgão do Ministério Público ao aditamento, aplica-se o art. 28 deste Código.

(*) § 1º acrescido pela Lei nº 11.719/2008.

(*) Entendemos derrogado este § 1º ante a redação dada pela Lei nº 13.964/2019 ao art. 28 do CPP.

§ 2º. Ouvido o defensor do acusado no prazo de 5 (cinco) dias e admitido o aditamento, o juiz, a requerimento de qualquer das partes, designará dia e hora para continuação da audiência, com inquirição de testemunhas, novo interrogatório do acusado, realização de debates e julgamento.

(*) § 2º acrescido pela Lei nº 11.719/2008.

§ 3º. Aplicam-se as disposições dos §§ 1º e 2º do art. 383 ao *caput* deste artigo.

(*) § 3º acrescido pela Lei nº 11.719/2008.

§ 4º. Havendo aditamento, cada parte poderá arrolar até 3 (três) testemunhas, no prazo de 5 (cinco) dias, ficando o juiz, na sentença, adstrito aos termos do aditamento.

(*) § 4º acrescido pela Lei nº 11.719/2008.

§ 5º. Não recebido o aditamento, o processo prosseguirá.

(*) § 5º acrescido pela Lei nº 11.719/2008.

Art. 385. Nos crimes de ação pública, o juiz poderá proferir sentença condenatória, ainda que o Ministério Público tenha opinado pela absolvição, bem como reconhecer agravantes, embora nenhuma tenha sido alegada.

Art. 386. O juiz absolverá o réu, mencionando a causa na parte dispositiva, desde que reconheça:

(*) V. arts. 415 e 617 do CPP.

I – estar provada a inexistência do fato;

II – não haver prova da existência do fato;

(*) V. art. 66 do CPP.

III – não constituir o fato infração penal;

(*) V. arts. 67, III; 397, III; e 415, III, do CPP.

IV – estar provado que o réu não concorreu para a infração penal;

(*) Inciso IV com redação dada pela Lei nº 11.690/2008.

(*) V. art. 415, II, do CPP.

V – não existir prova de ter o réu concorrido para a infração penal;

(*) Inciso V com redação dada pela Lei nº 11.690/2008.

(*) V. art. 397, II; e 415, II, do CPP.

VI – existirem circunstâncias que excluam o crime ou isentem o réu de pena (arts. 20, 21, 22, 23, 26 e § 1º do art. 28, todos do Código Penal), ou mesmo se houver fundada dúvida sobre sua existência;

(*) Inciso VI com redação dada pela Lei nº 11.690/2008.

(*) V. art. 65; 397, I e II; e 415, IV, do CPP.

VII – não existir prova suficiente para a condenação.

(*) Inciso VII acrescido pela Lei nº 11.690/2008.

Parágrafo único. Na sentença absolutória, o juiz:

I – mandará, se for o caso, pôr o réu em liberdade;

(*) V. art. 596 do CPP.

II – ordenará a cessação das medidas cautelares e provisoriamente aplicadas;

(*) Inciso II com redação dada pela Lei nº 11.690/2008.

III – aplicará medida de segurança, se cabível.

(*) Vide Súmulas 422 e 525 do STF.

Art. 387. O juiz, ao proferir sentença condenatória:

(*) V. art. 617 do CPP.

(*) Vide Resolução CNJ nº 113/2010.

I – mencionará as circunstâncias agravantes ou atenuantes definidas no Código Penal, e cuja existência reconhecer;

(*) Vide Súmula 716 do STF.

(*) Vide Súmulas 241, 440 e 444 do STJ.

II – mencionará as outras circunstâncias apuradas e tudo o mais que deva ser levado em conta na aplicação da pena, de acordo com o disposto nos arts. 59 e 60 do Decreto-Lei nº 2.848, de 7 de dezembro de 1940 – Código Penal;

(*) Inciso II com redação dada pela Lei nº 11.719/2008.

III – aplicará as penas de acordo com essas conclusões;

(*) Inciso III com redação dada pela Lei nº 11.719/2008.

IV – fixará valor mínimo para reparação dos danos causados pela infração, considerando os prejuízos sofridos pelo ofendido;

(*) Inciso IV com redação dada pela Lei nº 11.719/2008.

(*) V. arts. 63 e 64 do CPP.

(*) Vide Tema Repetitivo 983 do STJ.

V – atenderá, quanto à aplicação provisória de interdições de direitos e medidas de segurança, ao disposto no Título XI deste Livro;

(*) V. arts. 282 a 350 e 373 a 380 do CPP.

VI – determinará se a sentença deverá ser publicada na íntegra ou em resumo e designará o jornal em que será feita a publicação (art. 73, § 1º, do Código Penal).

§ 1º. O juiz decidirá, fundamentadamente, sobre a manutenção ou, se for o caso, a imposição de prisão preventiva ou de outra medida cautelar, sem prejuízo do conhecimento de apelação que vier a ser interposta.

(*) § 1º acrescido pela Lei nº 12.736/2012.

(*) V. arts. 311 a 318 e 593, I, do CPP.

(*) Vide Súmula 347 do STJ.

§ 2º. O tempo de prisão provisória, de prisão administrativa ou de internação, no Brasil ou no estrangeiro, será computado para fins de determinação do regime inicial de pena privativa de liberdade.

(*) § 2º acrescido pela Lei nº 12.736/2012.

Art. 388. A sentença poderá ser datilografada e neste caso o juiz a rubricará em todas as folhas.

Art. 389. A sentença será publicada em mão do escrivão, que lavrará nos autos o respectivo termo, registrando-a em livro especialmente destinado a esse fim.

(*) V. art. 799 do CPP.

Art. 390. O escrivão, dentro de 3 (três) dias após a publicação, e sob pena de suspensão de 5 (cinco) dias, dará conhecimento da sentença ao órgão do Ministério Público.

(*) V. arts. 799 e 800, § 4º, do CPP.

Art. 391. O querelante ou o assistente será intimado da sentença, pessoalmente ou na pessoa de seu advogado. Se nenhum deles for encontrado no lugar da sede do juízo, a intimação será feita mediante edital com o prazo de 10 (dez) dias, afixado no lugar de costume.

(*) V. arts. 268 a 273; e 370, § 1º, do CPP.

Art. 392. A intimação da sentença será feita:

(*) V. art. 798 do CPP.

(*) Vide Súmulas 310 e 710 do STF.

I – ao réu, pessoalmente, se estiver preso;

II – ao réu, pessoalmente, ou ao defensor por ele constituído, quando se livrar solto, ou, sendo afiançável a infração, tiver prestado fiança;

(*) V. arts. 321 a 324 e 370 do CPP.

III – ao defensor constituído pelo réu, se este, afiançável, ou não, a infração, expedido o mandado de prisão, não tiver sido encontrado, e assim o certificar o oficial de justiça;

(*) V. art. 370 do CPP.

IV – mediante edital, nos casos do nº II, se o réu e o defensor que houver constituído não forem encontrados, e assim o certificar o oficial de justiça;

V – mediante edital, nos casos do nº III, se o defensor que o réu houver constituído também não for encontrado, e assim o certificar o oficial de justiça;

VI – mediante edital, se o réu, não tendo constituído defensor, não for encontrado, e assim o certificar o oficial de justiça.

§ 1º. O prazo do edital será de 90 (noventa) dias, se tiver sido imposta pena privativa de liberdade por tempo igual ou superior a 1 (um) ano, e de 60 (sessenta) dias, nos outros casos.

§ 2º. O prazo para apelação correrá após o término do fixado no edital, salvo se, no curso deste, for feita a intimação por qualquer das outras formas estabelecidas neste artigo.

Art. 393. (Revogado).

(*) Art. 393 revogado pela Lei nº 12.403/2011.

LIVRO II
DOS PROCESSOS EM ESPÉCIE

TÍTULO I
DO PROCESSO COMUM

Capítulo I
DA INSTRUÇÃO CRIMINAL

Art. 394. O procedimento será comum ou especial.

(*) Art. 394, *caput*, com redação dada pela Lei nº 11.719/2008.

§ 1º. O procedimento comum será ordinário, sumário ou sumaríssimo:

I – ordinário, quando tiver por objeto crime cuja sanção máxima cominada for igual ou superior a 4 (quatro) anos de pena privativa de liberdade;

II – sumário, quando tiver por objeto crime cuja sanção máxima cominada seja inferior a 4 (quatro) anos de pena privativa de liberdade;

(*) V. arts. 531 a 538 do CPP.

III – sumaríssimo, para as infrações penais de menor potencial ofensivo, na forma da lei.

(*) § 1º acrescido pela Lei nº 11.719/2008.

§ 2º. Aplica-se a todos os processos o procedimento comum, salvo disposições em contrário deste Código ou de lei especial.

(*) § 2º acrescido pela Lei nº 11.719/2008.

§ 3º. Nos processos de competência do Tribunal do Júri, o procedimento observará as disposições estabelecidas nos arts. 406 a 497 deste Código.

(*) § 3º acrescido pela Lei nº 11.719/2008.

§ 4º. As disposições dos arts. 395 a 398 deste Código aplicam-se a todos os procedimentos penais de primeiro grau, ainda que não regulados neste Código.

(*) § 4º acrescido pela Lei nº 11.719/2008.

§ 5º. Aplicam-se subsidiariamente aos procedimentos especial, sumário e sumaríssimo as disposições do procedimento ordinário.

(*) § 5º acrescido pela Lei nº 11.719/2008.

Art. 394-A. Os processos que apurem a prática de crime hediondo terão prioridade de tramitação em todas as instâncias.

(*) Art. 394-A acrescido pela Lei nº 13.285/2016.

Art. 395. A denúncia ou queixa será rejeitada quando:

(*) Art. 395, *caput*, com redação dada pela Lei nº 11.719/2008.

(*) V. arts. 516 e 581, I, do CPP.

(*) Vide Súmulas 524, 707 e 709 do STF.

I – for manifestamente inepta;

(*) Inciso I acrescido pela Lei nº 11.719/2008.

(*) V. art. 41 do CPP.

II – faltar pressuposto processual ou condição para o exercício da ação penal; ou

(*) Inciso II acrescido pela Lei nº 11.719/2008.

III – faltar justa causa para o exercício da ação penal.

(*) Inciso III acrescido pela Lei nº 11.719/2008.

Parágrafo único. (Revogado).

(*) Parágrafo único acrescido e com texto revogado pela Lei nº 11.719/2008.

Art. 396. Nos procedimentos ordinário e sumário, oferecida a denúncia ou queixa, o juiz, se não a rejeitar liminarmente, recebê-la-á e ordenará a citação do acusado para responder à acusação, por escrito, no prazo de 10 (dez) dias.

Parágrafo único. No caso de citação por edital, o prazo para a defesa começará a fluir a partir do comparecimento pessoal do acusado ou do defensor constituído.

(*) Art. 396 com redação dada pela Lei nº 11.719/2008.

Art. 396-A. Na resposta, o acusado poderá arguir preliminares e alegar tudo o que interesse à sua defesa, oferecer documentos e justificações, especificar as provas pretendidas e arrolar testemunhas, qualificando-as e requerendo sua intimação, quando necessário.

§ 1º. A exceção será processada em apartado, nos termos dos arts. 95 a 112 deste Código.

§ 2º. Não apresentada a resposta no prazo legal, ou se o acusado, citado, não constituir defensor, o juiz nomeará defensor para oferecê-la, concedendo-lhe vista dos autos por 10 (dez) dias.

(*) Art. 396-A acrescido pela Lei nº 11.719/2008.

(*) V. art. 366 do CPP.

Art. 397. Após o cumprimento do disposto no art. 396-A, e parágrafos, deste Código, o juiz deverá absolver sumariamente o acusado quando verificar:

(*) Art. 397, *caput*, com redação dada pela Lei nº 11.719/2008.

(*) V. arts. 415, 581, VIII, e 593, I, do CPP.

I – a existência manifesta de causa excludente da ilicitude do fato;

(*) Inciso I acrescido pela Lei nº 11.719/2008.

II – a existência manifesta de causa excludente da culpabilidade do agente, salvo inimputabilidade;

(*) Inciso II acrescido pela Lei nº 11.719/2008.

III – que o fato narrado evidentemente não constitui crime; ou

(*) Inciso III acrescido pela Lei nº 11.719/2008.

IV – extinta a punibilidade do agente.

(*) Inciso IV acrescido pela Lei nº 11.719/2008.

(*) V. art. 61 do CPP.

Art. 398. (Revogado).

(*) Art. 398 revogado pela Lei nº 11.719/2008.

Art. 399. Recebida a denúncia ou queixa, o juiz designará dia e hora para a audiência, ordenando a intimação do acusado, de seu defensor, do Ministério Público e, se for o caso, do querelante e do assistente.

(*) Art. 399, *caput*, com redação dada pela Lei nº 11.719/2008.

(*) V. arts. 370 a 372 do CPP.

§ 1º. O acusado preso será requisitado para comparecer ao interrogatório, devendo o poder público providenciar sua apresentação.

(*) § 1º acrescido pela Lei nº 11.719/2008.

(*) V. arts. 185 a 196; 260; e 564, III, "e", do CPP.

§ 2º. O juiz que presidiu a instrução deverá proferir a sentença.

(*) § 2º acrescido pela Lei nº 11.719/2008.

Art. 400. Na audiência de instrução e julgamento, a ser realizada no prazo máximo de 60 (sessenta) dias, proceder-se-á à tomada de declarações do ofendido, à inquirição das testemunhas arroladas pela acusação e pela defesa, nesta ordem, ressalvado o disposto no art. 222 deste Código, bem como aos esclarecimentos dos peritos, às acareações e ao reconhecimento de pessoas e coisas, interrogando-se, em seguida, o acusado.

(*) Art. 400, *caput*, com redação dada pela Lei nº 11.719/2008.

(*) V. art. 185, § 4º; e 533 do CPP.

§ 1º. As provas serão produzidas numa só audiência, podendo o juiz indeferir as consideradas irrelevantes, impertinentes ou protelatórias.

(*) § 1º acrescido pela Lei nº 11.719/2008.

§ 2º. Os esclarecimentos dos peritos dependerão de prévio requerimento das partes.

(*) § 2º acrescido pela Lei nº 11.719/2008.

(*) V. art. 278 do CPP.

Art. 400-A. Na audiência de instrução e julgamento, e, em especial, nas que apurem crimes contra a dignidade sexual, todas as partes e demais sujeitos processuais presentes no ato deverão zelar pela integridade física e psicológica da vítima, sob pena de responsabilização civil, penal e administrativa, cabendo ao juiz garantir o cumprimento do disposto neste artigo, vedadas:

I – a manifestação sobre circunstâncias ou elementos alheios aos fatos objeto de apuração nos autos;

II – a utilização de linguagem, de informações ou de material que ofendam a dignidade da vítima ou de testemunhas.

(*) Art. 400-A acrescido pela Lei nº 14.245/2021.

Art. 401. Na instrução poderão ser inquiridas até 8 (oito) testemunhas arroladas pela acusação e 8 (oito) pela defesa.

(*) Art. 401, *caput*, com redação dada pela Lei nº 11.719/2008.

(*) V. art. 209 do CPP.

§ 1º. Nesse número não se compreendem as que não prestem compromisso e as referidas.

(*) § 1º acrescido pela Lei nº 11.719/2008.

(*) V. art. 208 do CPP.

§ 2º. A parte poderá desistir da inquirição de qualquer das testemunhas arroladas, ressalvado o disposto no art. 209 deste Código.

(*) § 2º acrescido pela Lei nº 11.719/2008.

Art. 402. Produzidas as provas, ao final da audiência, o Ministério Público, o querelante e o assistente e, a seguir, o acusado poderão requerer diligências cuja necessidade se origine de circunstâncias ou fatos apurados na instrução.

(*) Art. 402 com redação dada pela Lei nº 11.719/2008.

Art. 403. Não havendo requerimento de diligências, ou sendo indeferido, serão oferecidas alegações finais orais por 20 (vinte) minutos, respectivamente, pela acusação e pela defesa, prorrogáveis por mais 10 (dez), proferindo o juiz, a seguir, sentença.

(*) Art. 403, *caput*, com redação dada pela Lei nº 11.719/2008.

§ 1º. Havendo mais de um acusado, o tempo previsto para a defesa de cada um será individual.

(*) § 1º acrescido pela Lei nº 11.719/2008.

§ 2º. Ao assistente do Ministério Público, após a manifestação desse, serão concedidos 10 (dez) minutos, prorrogando-se por igual período o tempo de manifestação da defesa.

(*) § 2º acrescido pela Lei nº 11.719/2008.

(*) V. arts. 268 a 273 do CPP.

§ 3º. O juiz poderá, considerada a complexidade do caso ou o número de acusados, conceder às partes o prazo de 5 (cinco) dias sucessivamente para a apresentação de memoriais. Nesse caso, terá o prazo de 10 (dez) dias para proferir a sentença.

(*) § 3º acrescido pela Lei nº 11.719/2008.

(*) V. art. 800, § 3º, do CPP.

Art. 404. Ordenado diligência considerada imprescindível, de ofício ou a requerimento da parte, a audiência será concluída sem as alegações finais.

(*) Art. 404, *caput*, com redação dada pela Lei nº 11.719/2008.

Parágrafo único. Realizada, em seguida, a diligência determinada, as partes apresentarão, no prazo sucessivo de 5 (cinco) dias, suas alegações finais, por memorial, e, no prazo de 10 (dez) dias, o juiz proferirá a sentença.

(*) Parágrafo único acrescido pela Lei nº 11.719/2008.

Art. 405. Do ocorrido em audiência será lavrado termo em livro próprio, assinado pelo juiz e pelas partes, contendo breve resumo dos fatos relevantes nela ocorridos.

(*) Art. 405, *caput*, com redação dada pela Lei nº 11.719/2008.

§ 1º. Sempre que possível, o registro dos depoimentos do investigado, indiciado, ofendido e testemunhas será feito pelos meios ou recursos de gravação magnética, estenotipia, digital ou técnica similar, inclusive audiovisual, destinada a obter maior fidelidade das informações.

(*) § 1º acrescido pela Lei nº 11.719/2008.

§ 2º. No caso de registro por meio audiovisual, será encaminhado às partes cópia do registro original, sem necessidade de transcrição.

(*) § 2º acrescido pela Lei nº 11.719/2008.

(*) V. art. 41 do CPP.

(*) Vide Resolução CNJ nº 105/2010.

Capítulo II
DO PROCEDIMENTO RELATIVO AOS PROCESSOS DA COMPETÊNCIA DO TRIBUNAL DO JÚRI

(*) Capítulo II com redação do título dada pela Lei nº 11.689/2008.

Seção I
Da Acusação e da Instrução Preliminar

(*) Seção I com redação do título dada pela Lei nº 11.689/2008.

(*) V. art. 74, § 1º, do CPP.

Art. 406. O juiz, ao receber a denúncia ou a queixa, ordenará a citação do acusado para responder a acusação, por escrito, no prazo de 10 (dez) dias.

(*) Art. 406, *caput*, com redação dada pela Lei nº 11.689/2008.

§ 1º. O prazo previsto no *caput* deste artigo será contado a partir do efetivo cumprimento do mandado ou do comparecimento, em juízo, do acusado ou de defensor constituído, no caso de citação inválida ou por edital.

(*) § 1º com redação dada pela Lei nº 11.689/2008.

(*) Vide Súmula 710 do STF.

§ 2º. A acusação deverá arrolar testemunhas, até o máximo de 8 (oito), na denúncia ou na queixa.

(*) § 2º com redação dada pela Lei nº 11.689/2008.

§ 3º. Na resposta, o acusado poderá arguir preliminares e alegar tudo que interesse a sua defesa, oferecer documentos e justificações, especificar as provas pretendidas e arrolar testemunhas, até o máximo de 8 (oito), qualificando-as e requerendo sua intimação, quando necessário.

(*) § 3º acrescido pela Lei nº 11.689/2008.

Art. 407. As exceções serão processadas em apartado, nos termos dos arts. 95 a 112 deste Código.

(*) Art. 407 com redação dada pela Lei nº 11.689/2008.

Art. 408. Não apresentada a resposta no prazo legal, o juiz nomeará defensor para oferecê-la em até 10 (dez) dias, concedendo-lhe vista dos autos.

(*) Art. 408 com redação dada pela Lei nº 11.689/2008.

Art. 409. Apresentada a defesa, o juiz ouvirá o Ministério Público ou o querelante sobre preliminares e documentos, em 5 (cinco) dias.

(*) Art. 409 com redação dada pela Lei nº 11.689/2008.

Art. 410. O juiz determinará a inquirição das testemunhas e a realização das diligências requeridas pelas partes, no prazo máximo de 10 (dez) dias.

(*) Art. 410 com redação dada pela Lei nº 11.689/2008.

Art. 411. Na audiência de instrução, proceder-se-á à tomada de declarações do ofendido, se possível, à inquirição das testemunhas arroladas pela acusação e pela defesa, nesta ordem, bem como aos esclarecimentos dos peritos, às acareações e ao reconhecimento de pessoas e coisas, interrogando-se, em seguida, o acusado e procedendo-se o debate.

(*) Art. 411, *caput*, com redação dada pela Lei nº 11.689/2008.

(*) V. art. 185, § 4º, do CPP.

(*) Vide Súmula 712 do STF.

§ 1º. Os esclarecimentos dos peritos dependerão de prévio requerimento e de deferimento pelo juiz.

(*) § 1º acrescido pela Lei nº 11.689/2008.

§ 2º. As provas serão produzidas em uma só audiência, podendo o juiz indeferir as consideradas irrelevantes, impertinentes ou protelatórias.

(*) § 2º acrescido pela Lei nº 11.689/2008.

§ 3º. Encerrada a instrução probatória, observar-se-á, se for o caso, o disposto no art. 384 deste Código.

(*) § 3º acrescido pela Lei nº 11.689/2008.

§ 4º. As alegações serão orais, concedendo-se a palavra, respectivamente, à acusação e à defesa, pelo prazo de 20 (vinte) minutos, prorrogáveis por mais 10 (dez).

(*) § 4º acrescido pela Lei nº 11.689/2008.

§ 5º. Havendo mais de 1 (um) acusado, o tempo previsto para a acusação e a defesa de cada um deles será individual.

(*) § 5º acrescido pela Lei nº 11.689/2008.

§ 6º. Ao assistente do Ministério Público, após a manifestação deste, serão concedidos 10 (dez) minutos, prorrogando-se por igual período o tempo de manifestação da defesa.

(*) § 6º acrescido pela Lei nº 11.689/2008.

§ 7º. Nenhum ato será adiado, salvo quando imprescindível à prova faltante, determinando o juiz a condução coercitiva de quem deva comparecer.

(*) § 7º acrescido pela Lei nº 11.689/2008.

§ 8º. A testemunha que comparecer será inquirida, independentemente da suspensão da audiência, observada em qualquer caso a ordem estabelecida no *caput* deste artigo.

(*) § 8º acrescido pela Lei nº 11.689/2008.

§ 9º. Encerrados os debates, o juiz proferirá a sua decisão, ou o fará em 10 (dez) dias, ordenando que os autos para isso lhe sejam conclusos.

(*) § 9º acrescido pela Lei nº 11.689/2008.

Art. 412. O procedimento será concluído no prazo máximo de 90 (noventa) dias.

(*) Art. 412 com redação dada pela Lei nº 11.689/2008.

Seção II
Da Pronúncia, da Impronúncia e da Absolvição Sumária

(*) Seção II com redação dada pela Lei nº 11.689/2008.

Art. 413. O juiz, fundamentadamente, pronunciará o acusado, se convencido da materialidade do fato e da existência de indícios suficientes de autoria ou de participação.

(*) Art. 413, *caput*, com redação dada pela Lei nº 11.689/2008.

(*) V. arts. 74, § 3º; 239; 564, III, "f"; 581, IV; e 585 do CPP.

(*) Vide Súmula 712 do STF.

(*) Vide Súmula 191 do STJ.

§ 1º. A fundamentação da pronúncia limitar-se-á à indicação da materialidade do fato e da existência de indícios suficientes de autoria ou de participação, devendo o juiz declarar o dispositivo legal em que julgar incurso o acusado e especificar as circunstâncias qualificadoras e as causas de aumento de pena.

(*) § 1º acrescido pela Lei nº 11.689/2008.

(*) V. art. 418 do CPP.

§ 2º. Se o crime for afiançável, o juiz arbitrará o valor da fiança para a concessão ou manutenção da liberdade provisória.

(*) § 2º acrescido pela Lei nº 11.689/2008.

(*) V. arts. 321 a 350 do CPP.

§ 3º. O juiz decidirá, motivadamente, no caso de manutenção, revogação ou substituição da prisão ou medida restritiva de liberdade anteriormente decretada e, tratando-se de acusado solto, sobre a necessidade da decretação da prisão ou imposição de quaisquer das medidas previstas no Título IX do Livro I deste Código.

(*) § 3º acrescido pela Lei nº 11.689/2008.

(*) Vide Súmula 21 do STJ.

Art. 414. Não se convencendo da materialidade do fato ou da existência de indícios suficientes de autoria ou de participação, o juiz, fundamentadamente, impronunciará o acusado.

(*) Art. 414, *caput*, com redação dada pela Lei nº 11.689/2008.

Parágrafo único. Enquanto não ocorrer a extinção da punibilidade, poderá ser formulada nova denúncia ou queixa se houver prova nova.

(*) Parágrafo único acrescido pela Lei nº 11.689/2008.

Art. 415. O juiz, fundamentadamente, absolverá desde logo o acusado, quando:

(*) V. arts. 574, II; e 596 do CPP.

I – provada a inexistência do fato;

II – provado não ser ele autor ou partícipe do fato;

III – o fato não constituir infração penal;

IV – demonstrada causa de isenção de pena ou de exclusão do crime.

(*) Art. 415, *caput*, com redação dada pela Lei nº 11.689/2008.

Parágrafo único. Não se aplica o disposto no inciso IV do *caput* deste artigo ao caso de inimputabilidade prevista no *caput* do art. 26 do Decreto-Lei nº 2.848, de 7 de dezembro de 1940 – Código Penal, salvo quando esta for a única tese defensiva.

(*) Parágrafo único acrescido pela Lei nº 11.689/2008.

Art. 416. Contra a sentença de impronúncia ou de absolvição sumária caberá apelação.

(*) Art. 416 com redação dada pela Lei nº 11.689/2008.

Art. 417. Se houver indícios de autoria ou de participação de outras pessoas não incluídas na acusação, o juiz, ao pronunciar ou impronunciar o acusado, determinará o retorno dos autos ao Ministério Público, por 15 (quinze) dias, aplicável, no que couber, o art. 80 deste Código.

(*) Art. 417 com redação dada pela Lei nº 11.689/2008.

(*) V. art. 28 do CPP.

Art. 418. O juiz poderá dar ao fato definição jurídica diversa da constante da acusação, embora o acusado fique sujeito a pena mais grave.

(*) Art. 418 com redação dada pela Lei nº 11.689/2008.

Art. 419. Quando o juiz se convencer, em discordância com a acusação, da existência de crime diverso dos referidos no § 1º do art. 74 deste Código e não for competente para o julgamento, remeterá os autos ao juiz que o seja.

(*) Art. 419, *caput*, com redação dada pela Lei nº 11.689/2008.

(*) V. arts. 81, parágrafo único; e 581, II, do CPP.

(*) Vide Súmula 603 do STF.

Parágrafo único. Remetidos os autos do processo a outro juiz, à disposição deste ficará o acusado preso.

(*) Parágrafo único acrescido pela Lei nº 11.689/2008.

Art. 420. A intimação da decisão de pronúncia será feita:

(*) Art. 420, *caput*, com redação dada pela Lei nº 11.689/2008.

I – pessoalmente ao acusado, ao defensor nomeado e ao Ministério Público;

(*) Inciso I acrescido pela Lei nº 11.689/2008.

II – ao defensor constituído, ao querelante e ao assistente do Ministério Público, na forma do disposto no § 1º do art. 370 deste Código.

(*) Inciso II acrescido pela Lei nº 11.689/2008.

Parágrafo único. Será intimado por edital o acusado solto que não for encontrado.

(*) Parágrafo único acrescido pela Lei nº 11.689/2008.

Art. 421. Preclusa a decisão de pronúncia, os autos serão encaminhados ao juiz presidente do Tribunal do Júri.

(*) Art. 421, *caput*, com redação dada pela Lei nº 11.689/2008.

§ 1º. Ainda que preclusa a decisão de pronúncia, havendo circunstância superveniente que altere a classificação do crime, o juiz ordenará a remessa dos autos ao Ministério Público.

(*) § 1º acrescido pela Lei nº 11.689/2008.

§ 2º. Em seguida, os autos serão conclusos ao juiz para decisão.

(*) § 2º acrescido pela Lei nº 11.689/2008.

Seção III
Da Preparação do Processo para Julgamento em Plenário

(*) Seção III com redação dada pela Lei nº 11.689/2008.

Art. 422. Ao receber os autos, o presidente do Tribunal do Júri determinará a intimação do órgão do Ministério Público ou do querelante, no caso de queixa, e do defensor, para, no prazo de 5 (cinco) dias, apresentarem rol de testemunhas que irão depor em plenário, até o máximo de 5 (cinco), oportunidade em que poderão juntar documentos e requerer diligência.

(*) Art. 422 com redação dada pela Lei nº 11.689/2008.

(*) V. art. 461 do CPP.

Art. 423. Deliberando sobre os requerimentos de provas a serem produzidas ou exibidas no plenário do júri, e adotadas as providências devidas, o juiz presidente:

(*) Art. 423, *caput*, com redação dada pela Lei nº 11.689/2008.

I – ordenará as diligências necessárias para sanar qualquer nulidade ou esclarecer fato que interesse ao julgamento da causa;

(*) Inciso I acrescido pela Lei nº 11.689/2008.

II – fará relatório sucinto do processo, determinando sua inclusão em pauta da reunião do Tribunal do Júri.

(*) Inciso II acrescido pela Lei nº 11.689/2008.

Art. 424. Quando a lei local de organização judiciária não atribuir ao presidente do Tribunal do Júri o preparo para julgamento, o juiz competente remeter-lhe-á os autos do processo preparado até 5 (cinco) dias antes do sorteio a que se refere o art. 433 deste Código.

Parágrafo único. Deverão ser remetidos, também, os processos preparados até o encerramento da reunião, para a realização de julgamento.

(*) Art. 424 com redação dada pela Lei nº 11.689/2008.

Seção IV
Do Alistamento dos Jurados

(*) Seção IV com redação dada pela Lei nº 11.689/2008.

Art. 425. Anualmente, serão alistados pelo presidente do Tribunal do Júri de 800 (oitocentos) a 1.500 (um mil e quinhentos) jurados nas comarcas de mais de 1.000.000 (um milhão) de habitantes, de 300 (trezentos) a 700 (setecentos) nas comarcas de mais de 100.000 (cem mil) habitantes e de 80 (oitenta) a 400 (quatrocentos) nas comarcas de menor população.

(*) Art. 425, *caput*, com redação dada pela Lei nº 11.689/2008.

§ 1º. Nas comarcas onde for necessário, poderá ser aumentado o número de jurados e, ainda, organizada lista de suplentes, depositadas as cédulas em urna especial, com as cautelas mencionadas na parte final do § 3º do art. 426 deste Código.

(*) § 1º acrescido pela Lei nº 11.689/2008.

§ 2º. O juiz presidente requisitará às autoridades locais, associações de classe e de bairro, entidades associativas e culturais, instituições de ensino em geral, universidades, sindicatos, repartições públicas e outros núcleos comunitários a indicação de pessoas que reúnam as condições para exercer a função de jurado.

(*) § 2º acrescido pela Lei nº 11.689/2008.

Art. 426. A lista geral dos jurados, com indicação das respectivas profissões, será publicada pela imprensa até o dia 10 de outubro de cada ano e divulgada em editais afixados à porta do Tribunal do Júri.

(*) Art. 426, *caput*, com redação dada pela Lei nº 11.689/2008.

§ 1º. A lista poderá ser alterada, de ofício ou mediante reclamação de qualquer do povo ao juiz presidente até o dia 10 de novembro, data de sua publicação definitiva.

(*) § 1º acrescido pela Lei nº 11.689/2008.

(*) V. arts. 581, XIV; e 586, parágrafo único, do CPP.

§ 2º. Juntamente com a lista, serão transcritos os arts. 436 a 446 deste Código.

(*) § 2º acrescido pela Lei nº 11.689/2008.

§ 3º. Os nomes e endereços dos alistados, em cartões iguais, após serem verificados na presença do Ministério Público, de advogado indicado pela Seção local da Ordem dos Advogados do Brasil e de defensor indicado pelas Defensorias Públicas competentes, permanecerão guardados em urna fechada a chave, sob a responsabilidade do juiz presidente.

(*) § 3º acrescido pela Lei nº 11.689/2008.

(*) V. art. 425, § 1º, do CPP.

§ 4º. O jurado que tiver integrado o Conselho de Sentença nos 12 (doze) meses que antecederem à publicação da lista geral fica dela excluído.

(*) § 4º acrescido pela Lei nº 11.689/2008.

§ 5º. Anualmente, a lista geral de jurados será, obrigatoriamente, completada.

(*) § 5º acrescido pela Lei nº 11.689/2008.

Seção V
Do Desaforamento

(*) Seção V com redação dada pela Lei nº 11.689/2008.

Art. 427. Se o interesse da ordem pública o reclamar ou houver dúvida sobre a imparcialidade do júri ou a segurança pessoal do acusado, o Tribunal, a requerimento do Ministério Público, do assistente, do querelante ou do acusado ou mediante representação do juiz competente, poderá determinar o desaforamento do julgamento para outra comarca da mesma região, onde não existam aqueles motivos, preferindo-se as mais próximas.

(*) Art. 427, *caput*, com redação dada pela Lei nº 11.689/2008.

§ 1º. O pedido de desaforamento será distribuído imediatamente e terá preferência de julgamento na Câmara ou Turma competente.

(*) § 1º acrescido pela Lei nº 11.689/2008.

§ 2º. Sendo relevantes os motivos alegados, o relator poderá determinar, fundamentadamente, a suspensão do julgamento pelo júri.

(*) § 2º acrescido pela Lei nº 11.689/2008.

§ 3º. Será ouvido o juiz presidente, quando a medida não tiver sido por ele solicitada.

(*) § 3º acrescido pela Lei nº 11.689/2008.

§ 4º. Na pendência de recurso contra a decisão de pronúncia ou quando efetivado o julgamento, não se admitirá o pedido de desaforamento, salvo, nesta última hipótese, quanto a fato ocorrido durante ou após a realização de julgamento anulado.

(*) § 4º acrescido pela Lei nº 11.689/2008.

Art. 428. O desaforamento também poderá ser determinado, em razão do comprovado excesso de serviço, ouvidos o juiz presidente e a parte contrária, se o julgamento não puder ser realizado no prazo de 6 (seis) meses, contado do trânsito em julgado da decisão de pronúncia.

(*) Art. 428, *caput*, com redação dada pela Lei nº 11.689/2008.

§ 1º. Para a contagem do prazo referido neste artigo, não se computará o tempo de adiamentos, diligências ou incidentes de interesse da defesa.

(*) § 1º acrescido pela Lei nº 11.689/2008.

(*) Vide Súmula 64 do STJ.

§ 2º. Não havendo excesso de serviço ou existência de processos aguardando julgamento em quantidade que ultrapasse a possibilidade de apreciação pelo Tribunal do Júri, nas reuniões periódicas previstas para o exercício, o acusado poderá requerer ao Tribunal que determine a imediata realização do julgamento.

(*) § 2º acrescido pela Lei nº 11.689/2008.

(*) Vide Súmula 21 do STJ.

Seção VI
Da Organização da Pauta

(*) Seção VI acrescida pela Lei nº 11.689/2008.

Art. 429. Salvo motivo relevante que autorize alteração na ordem dos julgamentos, terão preferência:

(*) Art. 429, *caput*, com redação dada pela Lei nº 11.689/2008.

(*) V. art. 469, § 2º, do CPP.

I – os acusados presos;

(*) Inciso I acrescido pela Lei nº 11.689/2008.

II – dentre os acusados presos, aqueles que estiverem há mais tempo na prisão;

(*) Inciso II acrescido pela Lei nº 11.689/2008.

III – em igualdade de condições, os precedentemente pronunciados.

(*) Inciso III acrescido pela Lei nº 11.689/2008.

§ 1º. Antes do dia designado para o primeiro julgamento da reunião periódica, será afixada na porta do edifício do Tribunal do Júri a lista dos processos a serem julgados, obedecida a ordem prevista no *caput* deste artigo.

(*) § 1º com redação dada pela Lei nº 11.689/2008.

§ 2º. O juiz presidente reservará datas na mesma reunião periódica para a inclusão de processo que tiver o julgamento adiado.

(*) § 2º com redação dada pela Lei nº 11.689/2008.

Art. 430. O assistente somente será admitido se tiver requerido sua habilitação até 5 (cinco) dias antes da data da sessão na qual pretenda atuar.

(*) Art. 430 com redação dada pela Lei nº 11.689/2008.

(*) V. arts. 268 e 269 do CPP.

Art. 431. Estando o processo em ordem, o juiz presidente mandará intimar as partes, o ofendido, se for possível, as testemunhas e os peritos, quando houver requerimento, para a sessão de instrução e julgamento, observando, no que couber, o disposto no art. 420 deste Código.

(*) Art. 431 com redação dada pela Lei nº 11.689/2008.

Seção VII
Do Sorteio e da Convocação dos Jurados

(*) Seção VII acrescida pela Lei nº 11.689/2008.

Art. 432. Em seguida à organização da pauta, o juiz presidente determinará a intimação do Ministério Público, da Ordem dos Advogados do Brasil e da Defensoria Pública para acompanharem, em dia e hora designados, o sorteio dos jurados que atuarão na reunião periódica.

(*) Art. 432 com redação dada pela Lei nº 11.689/2008.

Art. 433. O sorteio, presidido pelo juiz, far-se-á a portas abertas, cabendo-lhe retirar as cédulas até completar o número de 25 (vinte e cinco) jurados, para a reunião periódica ou extraordinária.

(*) Art. 433, *caput*, com redação dada pela Lei nº 11.689/2008.

(*) V. art. 564, III, "j", do CPP.

§ 1º. O sorteio será realizado entre o 15º (décimo quinto) e o 10º (décimo) dia útil antecedente à instalação da reunião.

(*) § 1º acrescido pela Lei nº 11.689/2008.

§ 2º. A audiência de sorteio não será adiada pelo não comparecimento das partes.

(*) § 2º acrescido pela Lei nº 11.689/2008.

§ 3º. O jurado não sorteado poderá ter o seu nome novamente incluído para as reuniões futuras.

(*) § 3º acrescido pela Lei nº 11.689/2008.

Art. 434. Os jurados sorteados serão convocados pelo correio ou por qualquer outro meio hábil para comparecer no dia e hora designados para a reunião, sob as penas da lei.

(*) Art. 434, *caput*, com redação dada pela Lei nº 11.689/2008.

Parágrafo único. No mesmo expediente de convocação serão transcritos os arts. 436 a 446 deste Código.

(*) Parágrafo único acrescido pela Lei nº 11.689/2008.

Art. 435. Serão afixados na porta do edifício do Tribunal do Júri a relação dos jurados convocados, os nomes do acusado e dos procuradores das partes, além do dia, hora e local das sessões de instrução e julgamento.

(*) Art. 435 com redação dada pela Lei nº 11.689/2008.

Seção VIII
Da Função do Jurado

(*) Seção VIII acrescida pela Lei nº 11.689/2008.

Art. 436. O serviço do júri é obrigatório. O alistamento compreenderá os cidadãos maiores de 18 (dezoito) anos de notória idoneidade.

(*) Art. 436, *caput*, com redação dada pela Lei nº 11.689/2008.

§ 1º. Nenhum cidadão poderá ser excluído dos trabalhos do júri ou deixar de ser alistado em razão de cor ou etnia, raça, credo, sexo, profissão, classe social ou econômica, origem ou grau de instrução.

(*) § 1º acrescido pela Lei nº 11.689/2008.

§ 2º. A recusa injustificada ao serviço do júri acarretará multa no valor de 1 (um) a 10 (dez) salários mínimos, a critério do juiz, de acordo com a condição econômica do jurado.

(*) § 2º acrescido pela Lei nº 11.689/2008.

(*) V. art. 458 do CPP.

Art. 437. Estão isentos do serviço do júri:

(*) Art. 437, *caput*, com redação dada pela Lei nº 11.689/2008.

I – o Presidente da República e os Ministros de Estado;

(*) Inciso I acrescido pela Lei nº 11.689/2008.

II – os Governadores e seus respectivos Secretários;

(*) Inciso II acrescido pela Lei nº 11.689/2008.

III – os membros do Congresso Nacional, das Assembleias Legislativas e das Câmaras Distrital e Municipais;

(*) Inciso III acrescido pela Lei nº 11.689/2008.

IV – os Prefeitos Municipais;

(*) Inciso IV acrescido pela Lei nº 11.689/2008.

V – os Magistrados e membros do Ministério Público e da Defensoria Pública;

(*) Inciso V acrescido pela Lei nº 11.689/2008.

VI – os servidores do Poder Judiciário, do Ministério Público e da Defensoria Pública;

(*) Inciso VI acrescido pela Lei nº 11.689/2008.

VII – as autoridades e os servidores da polícia e da segurança pública;

(*) Inciso VII acrescido pela Lei nº 11.689/2008.

VIII – os militares em serviço ativo;

(*) Inciso VIII acrescido pela Lei nº 11.689/2008.

IX – os cidadãos maiores de 70 (setenta) anos que requeiram sua dispensa;

(*) Inciso IX acrescido pela Lei nº 11.689/2008.

X – aqueles que o requererem, demonstrando justo impedimento.

(*) Inciso X acrescido pela Lei nº 11.689/2008.

Art. 438. A recusa ao serviço do júri fundada em convicção religiosa, filosófica ou política importará no dever de prestar serviço alternativo, sob pena de suspensão dos direitos políticos, enquanto não prestar o serviço imposto.

(*) Art. 438, *caput*, com redação dada pela Lei nº 11.689/2008.

§ 1º. Entende-se por serviço alternativo o exercício de atividades de caráter administrativo, assistencial, filantrópico ou mesmo produtivo, no Poder Judiciário, na Defensoria Pública, no Ministério Público ou em entidade conveniada para esses fins.

(*) § 1º acrescido pela Lei nº 11.689/2008.

§ 2º. O juiz fixará o serviço alternativo atendendo aos princípios da proporcionalidade e da razoabilidade.

(*) § 2º acrescido pela Lei nº 11.689/2008.

Art. 439. O exercício efetivo da função de jurado constituirá serviço público relevante e estabelecerá presunção de idoneidade moral.

(*) Art. 439 com redação dada pela Lei nº 12.403/2011.

(*) V. art. 295, X, do CPP.

Art. 440. Constitui também direito do jurado, na condição do art. 439 deste Código, preferência, em igualdade de condições, nas licitações públicas e no provimento, mediante concurso, de cargo ou função pública, bem como nos casos de promoção funcional ou remoção voluntária.

(*) Art. 440 com redação dada pela Lei nº 11.689/2008.

Art. 441. Nenhum desconto será feito nos vencimentos ou salário do jurado sorteado que comparecer à sessão do júri.

(*) Art. 441 com redação dada pela Lei nº 11.689/2008.

Art. 442. Ao jurado que, sem causa legítima, deixar de comparecer no dia marcado para a sessão ou retirar-se antes de ser dispensado pelo presidente será aplicada multa de 1 (um) a 10 (dez) salários mínimos, a critério do juiz, de acordo com a sua condição econômica.

(*) Art. 442 com redação dada pela Lei nº 11.689/2008.

Art. 443. Somente será aceita escusa fundada em motivo relevante devidamente comprovado e apresentada, ressalvadas as hipóteses de força maior, até o momento da chamada dos jurados.

(*) Art. 443 com redação dada pela Lei nº 11.689/2008.

Art. 444. O jurado somente será dispensado por decisão motivada do juiz presidente, consignada na ata dos trabalhos.

(*) Art. 444 com redação dada pela Lei nº 11.689/2008.

Art. 445. O jurado, no exercício da função ou a pretexto de exercê-la, será responsável criminalmente nos mesmos termos em que o são os juízes togados.

(*) Art. 445 com redação dada pela Lei nº 11.689/2008.

Art. 446. Aos suplentes, quando convocados, serão aplicáveis os dispositivos referentes às dispensas, faltas e escusas e à equiparação de responsabilidade penal prevista no art. 445 deste Código.

(*) Art. 446 com redação dada pela Lei nº 11.689/2008.

Seção IX
Da Composição do Tribunal do Júri e da Formação do Conselho de Sentença

(*) Seção IX acrescida pela Lei nº 11.689/2008.

Art. 447. O Tribunal do Júri é composto por 1 (um) juiz togado, seu presidente e por 25 (vinte e cinco) jurados que serão sorteados dentre os alistados, 7 (sete) dos quais constituirão o Conselho de Sentença em cada sessão de julgamento.

(*) Art. 447 com redação dada pela Lei nº 11.689/2008.

(*) V. arts. 425; 426; e 564, III, "i", do CPP.

Art. 448. São impedidos de servir no mesmo Conselho:

(*) Art. 448, *caput*, com redação dada pela Lei nº 11.689/2008.

(*) V. arts. 252 e 253 do CPP.

I – marido e mulher;

(*) Inciso I acrescido pela Lei nº 11.689/2008.

II – ascendente e descendente;

(*) Inciso II acrescido pela Lei nº 11.689/2008.

III – sogro e genro ou nora;

(*) Inciso III acrescido pela Lei nº 11.689/2008.

IV – irmãos e cunhados, durante o cunhadio;

(*) Inciso IV acrescido pela Lei nº 11.689/2008.

V – tio e sobrinho;

(*) Inciso V acrescido pela Lei nº 11.689/2008.

VI – padrasto, madrasta ou enteado.

(*) Inciso VI acrescido pela Lei nº 11.689/2008.

§ 1º. O mesmo impedimento ocorrerá em relação às pessoas que mantenham união estável reconhecida como entidade familiar.

(*) § 1º acrescido pela Lei nº 11.689/2008.

§ 2º. Aplicar-se-á aos jurados o disposto sobre os impedimentos, a suspeição e as incompatibilidades dos juízes togados.

(*) § 2º acrescido pela Lei nº 11.689/2008.

(*) V. arts. 252 e 253 do CPP.

Art. 449. Não poderá servir o jurado que:

(*) Art. 449, *caput*, com redação dada pela Lei nº 11.689/2008.

I – tiver funcionado em julgamento anterior do mesmo processo, independentemente da causa determinante do julgamento posterior;

(*) Inciso I acrescido pela Lei nº 11.689/2008.

(*) Vide Súmula 206 do STF.

II – no caso do concurso de pessoas, houver integrado o Conselho de Sentença que julgou o outro acusado;

(*) Inciso II acrescido pela Lei nº 11.689/2008.

III – tiver manifestado prévia disposição para condenar ou absolver o acusado.

(*) Inciso III acrescido pela Lei nº 11.689/2008.

Art. 450. Dos impedidos entre si por parentesco ou relação de convivência, servirá o que houver sido sorteado em primeiro lugar.

(*) Art. 450 com redação dada pela Lei nº 11.689/2008.

Art. 451. Os jurados excluídos por impedimento, suspeição ou incompatibilidade serão considerados para a constituição do número legal exigível para a realização da sessão.

(*) Art. 451 com redação dada pela Lei nº 11.689/2008.

(*) V. art. 106 do CPP.

Art. 452. O mesmo Conselho de Sentença poderá conhecer de mais de um processo, no mesmo dia, se as partes o aceitarem, hipótese em que seus integrantes deverão prestar novo compromisso.

(*) Art. 452 com redação dada pela Lei nº 11.689/2008.

Seção X
Da Reunião e das Sessões do Tribunal do Júri

(*) Seção X acrescida pela Lei nº 11.689/2008.

Art. 453. O Tribunal do Júri reunir-se-á para as sessões de instrução e julgamento nos períodos e na forma estabelecida pela lei local de organização judiciária.

(*) Art. 453 com redação dada pela Lei nº 11.689/2008.

Art. 454. Até o momento de abertura dos trabalhos da sessão, o juiz presidente decidirá os casos de isenção e dispensa de jurados e o pedido de adiamento de julgamento, mandando consignar em ata as deliberações.

(*) Art. 454 com redação dada pela Lei nº 11.689/2008.

(*) V. arts. 437 e 443 do CPP.

Art. 455. Se o Ministério Público não comparecer, o juiz presidente adiará o julgamento para o primeiro dia desimpedido da mesma reunião, cientificadas as partes e as testemunhas.

(*) Art. 455, *caput*, com redação dada pela Lei nº 11.689/2008.

Parágrafo único. Se a ausência não for justificada, o fato será imediatamente comunicado ao Procurador-Geral de Justiça com a data designada para a nova sessão.

(*) Parágrafo único acrescido pela Lei nº 11.689/2008.

Art. 456. Se a falta, sem escusa legítima, for do advogado do acusado, e se outro não for por este constituído, o fato será imediatamente comunicado ao presidente da seccional da Ordem dos Advogados do Brasil, com a data designada para a nova sessão.

(*) Art. 456, *caput*, com redação dada pela Lei nº 11.689/2008.

(*) V. art. 265 do CPP.

§ 1º. Não havendo escusa legítima, o julgamento será adiado somente uma vez, devendo o acusado ser julgado quando chamado novamente.

(*) § 1º acrescido pela Lei nº 11.689/2008.

§ 2º. Na hipótese do § 1º deste artigo, o juiz intimará a Defensoria Pública para o novo julgamento, que será adiado para o primeiro dia desimpedido, observado o prazo mínimo de 10 (dez) dias.

(*) § 2º acrescido pela Lei nº 11.689/2008.

(*) Vide Súmula 523 do STF.

Art. 457. O julgamento não será adiado pelo não comparecimento do acusado solto, do assistente ou do advogado do querelante, que tiver sido regularmente intimado.

(*) Art. 457, *caput*, com redação dada pela Lei nº 11.689/2008.

§ 1º. Os pedidos de adiamento e as justificações de não comparecimento deverão ser, salvo comprovado motivo de força maior, previamente submetidos à apreciação do juiz presidente do Tribunal do Júri.

(*) § 1º acrescido pela Lei nº 11.689/2008.

§ 2º. Se o acusado preso não for conduzido, o julgamento será adiado para o primeiro dia desimpedido da mesma reunião, salvo se houver pedido de dispensa de comparecimento subscrito por ele e seu defensor.

(*) § 2º acrescido pela Lei nº 11.689/2008.

(*) V. art. 564, III, "g", do CPP.

Art. 458. Se a testemunha, sem justa causa, deixar de comparecer, o juiz presidente, sem prejuízo da ação penal pela desobediência, aplicar-lhe-á a multa prevista no § 2º do art. 436 deste Código.

(*) Art. 458 com redação dada pela Lei nº 11.689/2008.

Art. 459. Aplicar-se-á às testemunhas a serviço do Tribunal do Júri o disposto no art. 441 deste Código.

(*) Art. 459 com redação dada pela Lei nº 11.689/2008.

Art. 460. Antes de constituído o Conselho de Sentença, as testemunhas serão recolhidas a lugar onde umas não possam ouvir os depoimentos das outras.

(*) Art. 460 com redação dada pela Lei nº 11.689/2008.

(*) V. art. 210 do CPP.

Art. 461. O julgamento não será adiado se a testemunha deixar de comparecer, salvo se uma das partes tiver requerido a sua intimação por mandado, na oportunidade de que trata o art. 422 deste Código, declarando não prescindir do depoimento e indicando a sua localização.

(*) Art. 461, *caput*, com redação dada pela Lei nº 11.689/2008.

§ 1º. Se, intimada, a testemunha não comparecer, o juiz presidente suspenderá os trabalhos e mandará conduzi-la ou adiará o julgamento para o primeiro dia desimpedido, ordenando a sua condução.

(*) § 1º acrescido pela Lei nº 11.689/2008.

§ 2º. O julgamento será realizado mesmo na hipótese de a testemunha não ser encontrada no local indicado, se assim for certificado por oficial de justiça.

(*) § 2º acrescido pela Lei nº 11.689/2008.

Art. 462. Realizadas as diligências referidas nos arts. 454 a 461 deste Código, o juiz presidente verificará se a urna contém as cédulas dos 25 (vinte e cinco) jurados sorteados, mandando que o escrivão proceda à chamada deles.

(*) Art. 462 com redação dada pela Lei nº 11.689/2008.

Art. 463. Comparecendo, pelo menos, 15 (quinze) jurados, o juiz presidente declarará instalados os trabalhos, anunciando o processo que será submetido a julgamento.

(*) Art. 463, *caput*, com redação dada pela Lei nº 11.689/2008.

(*) V. art. 464 do CPP.

§ 1º. O oficial de justiça fará o pregão, certificando a diligência nos autos.

(*) § 1º acrescido pela Lei nº 11.689/2008.

§ 2º. Os jurados excluídos por impedimento ou suspeição serão computados para a constituição do número legal.

(*) § 2º acrescido pela Lei nº 11.689/2008.

Art. 464. Não havendo o número referido no art. 463 deste Código, proceder-se-á ao sorteio de tantos suplentes quantos necessários, e designar-se-á nova data para a sessão do júri.

(*) Art. 464 com redação dada pela Lei nº 11.689/2008.

(*) V. arts. 471; e 564, III, "i", do CPP.

Art. 465. Os nomes dos suplentes serão consignados em ata, remetendo-se o expediente de convocação, com observância do disposto nos arts. 434 e 435 deste Código.

(*) Art. 465 com redação dada pela Lei nº 11.689/2008.

Art. 466. Antes do sorteio dos membros do Conselho de Sentença, o juiz presidente esclarecerá sobre os impedimentos, a suspeição e as incompatibilidades constantes dos arts. 448 e 449 deste Código.

(*) Art. 466, *caput*, com redação dada pela Lei nº 11.689/2008.

§ 1º. O juiz presidente também advertirá os jurados de que, uma vez sorteados, não poderão comunicar-se entre si e com outrem, nem manifestar sua opinião sobre o processo, sob pena de exclusão do Conselho e multa, na forma do § 2º do art. 436 deste Código.

(*) § 1º com redação dada pela Lei nº 11.689/2008.

(*) V. art. 564, III, "j", do CPP.

§ 2º. A incomunicabilidade será certificada nos autos pelo oficial de justiça.

(*) § 2º com redação dada pela Lei nº 11.689/2008.

Art. 467. Verificando que se encontram na urna as cédulas relativas aos jurados presentes, o juiz presidente sorteará 7 (sete) dentre eles para a formação do Conselho de Sentença.

(*) Art. 467 com redação dada pela Lei nº 11.689/2008.

(*) V. art. 564, III, "j", do CPP.

Art. 468. À medida que as cédulas forem sendo retiradas da urna, o juiz presidente as lerá, e a defesa e, depois dela, o Ministério Público poderão recusar os jurados sorteados, até 3 (três) cada parte, sem motivar a recusa.

(*) Art. 468, *caput*, com redação dada pela Lei nº 11.689/2008.

(*) V. art. 495, XII, do CPP.

Parágrafo único. O jurado recusado imotivadamente por qualquer das partes será excluído daquela sessão de instrução e julgamento, prosseguindo-se o sorteio para a composição do Conselho de Sentença com os jurados remanescentes.

(*) Parágrafo único acrescido pela Lei nº 11.689/2008.

Art. 469. Se forem 2 (dois) ou mais os acusados, as recusas poderão ser feitas por um só defensor.

(*) Art. 469, *caput*, com redação dada pela Lei nº 11.689/2008.

§ 1º. A separação dos julgamentos somente ocorrerá se, em razão das recusas, não for obtido o número mínimo de 7 (sete) jurados para compor o Conselho de Sentença.

(*) § 1º acrescido pela Lei nº 11.689/2008.

(*) V. art. 79, § 2º, do CPP.

§ 2º. Determinada a separação dos julgamentos, será julgado em primeiro lugar o acusado a quem foi atribuída a autoria do fato ou, em caso de coautoria, aplicar-se-á o critério de preferência disposto no art. 429 deste Código.

(*) § 2º acrescido pela Lei nº 11.689/2008.

Art. 470. Desacolhida a arguição de impedimento, de suspeição ou de incompatibilidade contra o juiz presidente do Tribunal do Júri, órgão do Ministério Público, jurado ou qualquer funcionário, o julgamento não será suspenso, devendo, entretanto, constar da ata o seu fundamento e a decisão.

(*) Art. 470 com redação dada pela Lei nº 11.689/2008.

(*) V. arts. 254, 258 e 274 do CPP.

Art. 471. Se, em consequência do impedimento, suspeição, incompatibilidade, dispensa ou recusa, não houver número para a formação do Conselho, o julgamento será adiado para o primeiro dia desimpedido, após sorteados os suplentes, com observância do disposto no art. 464 deste Código.

(*) Art. 471 com redação dada pela Lei nº 11.689/2008.

Art. 472. Formado o Conselho de Sentença, o presidente, levantando-se, e, com ele, todos os presentes, fará aos jurados a seguinte exortação:

Em nome da lei, concito-vos a examinar esta causa com imparcialidade e a proferir a vossa decisão de acordo com a vossa consciência e os ditames da justiça.

Os jurados, nominalmente chamados pelo presidente, responderão:

Assim o prometo.

(*) Art. 472, *caput*, com redação dada pela Lei nº 11.689/2008.

Parágrafo único. O jurado, em seguida, receberá cópias da pronúncia ou, se for o caso, das decisões posteriores que julgaram admissível a acusação e do relatório do processo.

(*) Parágrafo único acrescido pela Lei nº 11.689/2008.

Seção XI
Da Instrução em Plenário

(*) Seção XI acrescida pela Lei nº 11.689/2008.

Art. 473. Prestado o compromisso pelos jurados, será iniciada a instrução plenária quando o juiz presidente, o Ministério Público, o assistente, o querelante e o defensor do acusado tomarão, sucessiva e diretamente, as declarações do ofendido, se possível, e inquirirão as testemunhas arroladas pela acusação.

(*) Art. 473, *caput*, com redação dada pela Lei nº 11.689/2008.

§ 1º. Para a inquirição das testemunhas arroladas pela defesa, o defensor do acusado formulará as perguntas antes do Ministério Público e do assistente, mantidos no mais a ordem e os critérios estabelecidos neste artigo.

(*) § 1º acrescido pela Lei nº 11.689/2008.

§ 2º. Os jurados poderão formular perguntas ao ofendido e às testemunhas, por intermédio do juiz presidente.

(*) § 2º acrescido pela Lei nº 11.689/2008.

§ 3º. As partes e os jurados poderão requerer acareações, reconhecimento de pessoas e coisas e esclarecimento dos peritos, bem como a leitura de peças que se refiram, exclusivamente, às provas colhidas por carta precatória e às provas cautelares, antecipadas ou não repetíveis.

(*) § 3º acrescido pela Lei nº 11.689/2008.

Art. 474. A seguir será o acusado interrogado, se estiver presente, na forma estabelecida no Capítulo III do Título VII do Livro I deste Código, com as alterações introduzidas nesta Seção.

(*) Art. 474, *caput*, com redação dada pela Lei nº 11.689/2008.

(*) V. arts. 185 a 196 do CPP.

§ 1º. O Ministério Público, o assistente, o querelante e o defensor, nessa ordem, poderão formular, diretamente, perguntas ao acusado.

(*) § 1º com redação dada pela Lei nº 11.689/2008.

§ 2º. Os jurados formularão perguntas por intermédio do juiz presidente.

(*) § 2º com redação dada pela Lei nº 11.689/2008.

§ 3º. Não se permitirá o uso de algemas no acusado durante o período em que permanecer no plenário do júri, salvo se absolutamente necessário à ordem dos trabalhos, à segurança das testemunhas ou à garantia da integridade física dos presentes.

(*) § 3º acrescido pela Lei nº 11.689/2008.

(*) Vide Súmula Vinculante 11 do STF.

Art. 474-A. Durante a instrução em plenário, todas as partes e demais sujeitos processuais presentes no ato deverão respeitar a dignidade da vítima, sob pena de responsabilização civil, penal e administrativa, cabendo ao juiz presidente garantir o cumprimento do disposto neste artigo, vedadas:

I – a manifestação sobre circunstâncias ou elementos alheios aos fatos objeto de apuração nos autos;

II – a utilização de linguagem, de informações ou de material que ofendam a dignidade da vítima ou de testemunhas.

(*) Art. 474-A acrescido pela Lei nº 14.245/2021.

Art. 475. O registro dos depoimentos e do interrogatório será feito pelos meios ou recursos de gravação magnética, eletrônica, estenotipia ou técnica similar, destinada a obter maior fidelidade e celeridade na colheita da prova.

(*) Art. 475, *caput*, com redação dada pela Lei nº 11.689/2008.

Parágrafo único. A transcrição do registro, após feita a degravação, constará dos autos.

(*) Parágrafo único acrescido pela Lei nº 11.689/2008.

Seção XII
Dos Debates

(*) Seção XII acrescida pela Lei nº 11.689/2008.

Art. 476. Encerrada a instrução, será concedida a palavra ao Ministério Público, que fará a acusação, nos limites da pronúncia ou das decisões posteriores que julgaram admissível a acusação, sustentando, se for o caso, a existência de circunstância agravante.

(*) Art. 476, *caput*, com redação dada pela Lei nº 11.689/2008.

§ 1º. O assistente falará depois do Ministério Público.

(*) § 1º acrescido pela Lei nº 11.689/2008.

§ 2º. Tratando-se de ação penal de iniciativa privada, falará em primeiro lugar o querelante e, em seguida, o Ministério Público, salvo se este houver retomado a titularidade da ação, na forma do art. 29 deste Código.

(*) § 2º acrescido pela Lei nº 11.689/2008.

§ 3º. Finda a acusação, terá a palavra a defesa.

(*) § 3º acrescido pela Lei nº 11.689/2008.

§ 4º. A acusação poderá replicar e a defesa treplicar, sendo admitida a reinquirição de testemunha já ouvida em plenário.

(*) § 4º acrescido pela Lei nº 11.689/2008.

Art. 477. O tempo destinado à acusação e à defesa será de uma hora e meia para cada, e de uma hora para a réplica e outro tanto para a tréplica.

(*) Art. 477, *caput*, com redação dada pela Lei nº 11.689/2008.

§ 1º. Havendo mais de um acusador ou mais de um defensor, combinarão entre si a distribuição do tempo, que, na falta de acordo, será dividido pelo juiz presidente, de forma a não exceder o determinado neste artigo.

(*) § 1º acrescido pela Lei nº 11.689/2008.

§ 2º. Havendo mais de 1 (um) acusado, o tempo para a acusação e a defesa será acrescido de 1 (uma) hora e elevado ao dobro o da réplica e da tréplica, observado o disposto no § 1º deste artigo.

(*) § 2º acrescido pela Lei nº 11.689/2008.

Art. 478. Durante os debates as partes não poderão, sob pena de nulidade, fazer referências:

(*) Art. 478, *caput*, com redação dada pela Lei nº 11.689/2008.

I – à decisão de pronúncia, às decisões posteriores que julgaram admissível a acusação ou à determinação do uso de algemas como argumento de autoridade que beneficiem ou prejudiquem o acusado;

(*) Inciso I acrescido pela Lei nº 11.689/2008.

II – ao silêncio do acusado ou à ausência de interrogatório por falta de requerimento, em seu prejuízo.

(*) Inciso II acrescido pela Lei nº 11.689/2008.

(*) V. art. 186, parágrafo único, do CPP.

Art. 479. Durante o julgamento não será permitida a leitura de documento ou a exibição de objeto que não tiver sido juntado aos autos com a antecedência mínima de 3 (três) dias úteis, dando-se ciência à outra parte.

(*) Art. 479, *caput*, com redação dada pela Lei nº 11.689/2008.

(*) V. art. 798, § 1º, do CPP.

Parágrafo único. Compreende-se na proibição deste artigo a leitura de jornais ou qualquer outro escrito, bem como a exibição de vídeos, gravações, fotografias, laudos, quadros, croqui ou qualquer outro meio assemelhado, cujo conteúdo versar sobre a matéria de fato submetida à apreciação e julgamento dos jurados.

(*) Parágrafo único acrescido pela Lei nº 11.689/2008.

Art. 480. A acusação, a defesa e os jurados poderão, a qualquer momento e por intermédio do juiz presidente, pedir ao orador que indique a folha dos autos onde se encontra a peça por ele lida ou citada, facultando-se, ainda, aos jurados solicitar-lhe, pelo mesmo meio, o esclarecimento de fato por ele alegado.

(*) Art. 480, *caput*, com redação dada pela Lei nº 11.689/2008.

§ 1º. Concluídos os debates, o presidente indagará dos jurados se estão habilitados a julgar ou se necessitam de outros esclarecimentos.

(*) § 1º acrescido pela Lei nº 11.689/2008.

§ 2º. Se houver dúvida sobre questão de fato, o presidente prestará esclarecimentos à vista dos autos.

(*) § 2º acrescido pela Lei nº 11.689/2008.

§ 3º. Os jurados, nesta fase do procedimento, terão acesso aos autos e aos instrumentos do crime se solicitarem ao juiz presidente.

(*) § 3º acrescido pela Lei nº 11.689/2008.

Art. 481. Se a verificação de qualquer fato, reconhecida como essencial para o julgamento da causa, não puder ser realizada imediatamente, o juiz presidente dissolverá o Conselho, ordenando a realização das diligências entendidas necessárias.

(*) V. art. 497, VII e XI, do CPP.

Parágrafo único. Se a diligência consistir na produção de prova pericial, o juiz presidente, desde logo, nomeará perito e formulará quesitos, facultando às partes também formulá-los e indicar assistentes técnicos, no prazo de 5 (cinco) dias.

(*) Art. 481 com redação dada pela Lei nº 11.689/2008.

Seção XIII
Do Questionário e sua Votação

(*) Seção XIII acrescida pela Lei nº 11.689/2008.

Art. 482. O Conselho de Sentença será questionado sobre matéria de fato e se o acusado deve ser absolvido.

(*) Art. 482, *caput*, com redação dada pela Lei nº 11.689/2008.

Parágrafo único. Os quesitos serão redigidos em proposições afirmativas, simples e distintas, de modo que cada um deles possa ser respondido com suficiente clareza e necessária precisão. Na sua elaboração, o presidente levará em conta os termos da pronúncia ou das decisões posteriores que julgaram admissível a acusação, do interrogatório e das alegações das partes.

(*) Parágrafo único acrescido pela Lei nº 11.689/2008.

Art. 483. Os quesitos serão formulados na seguinte ordem, indagando sobre:

(*) Art. 483, *caput*, com redação dada pela Lei nº 11.689/2008.

(*) V. art. 564, III, "k", do CPP.

(*) Vide Súmulas 156 e 162 do STF.

I – a materialidade do fato;

(*) Inciso I acrescido pela Lei nº 11.689/2008.

II – a autoria ou participação;

(*) Inciso II acrescido pela Lei nº 11.689/2008.

III – se o acusado deve ser absolvido;

(*) Inciso III acrescido pela Lei nº 11.689/2008.

(*) V. art. 593, § 3º, do CPP.

IV – se existe causa de diminuição de pena alegada pela defesa;

(*) Inciso IV acrescido pela Lei nº 11.689/2008.

(*) V. art. 593, § 3º, do CPP.

V – se existe circunstância qualificadora ou causa de aumento de pena reconhecidas na pronúncia ou em decisões posteriores que julgaram admissível a acusação.

(*) Inciso V acrescido pela Lei nº 11.689/2008.

§ 1º. A resposta negativa, de mais de 3 (três) jurados, a qualquer dos quesitos referidos nos incisos I e II do *caput* deste artigo encerra a votação e implica a absolvição do acusado.

(*) § 1º acrescido pela Lei nº 11.689/2008.

§ 2º. Respondidos afirmativamente por mais de 3 (três) jurados os quesitos relativos aos incisos I e II do *caput* deste artigo será formulado quesito com a seguinte redação:

O jurado absolve o acusado?

(*) § 2º acrescido pela Lei nº 11.689/2008.

§ 3º. Decidindo os jurados pela condenação, o julgamento prossegue, devendo ser formulados quesitos sobre:

I – causa de diminuição de pena alegada pela defesa;

II – circunstância qualificadora ou causa de aumento de pena, reconhecidas na pronúncia ou em decisões posteriores que julgaram admissível a acusação.

(*) § 3º acrescido pela Lei nº 11.689/2008.

§ 4º. Sustentada a desclassificação da infração para outra de competência do juiz singular, será formulado quesito a respeito, para ser respondido após o 2º (segundo) ou 3º (terceiro) quesito, conforme o caso.

(*) § 4º acrescido pela Lei nº 11.689/2008.

(*) V. art. 593, § 3º, do CPP.

§ 5º. Sustentada a tese de ocorrência do crime na sua forma tentada ou havendo divergência sobre a tipificação do delito, sendo este da competência do Tribunal do Júri, o juiz formulará quesito acerca destas questões, para ser respondido após o segundo quesito.

(*) § 5º acrescido pela Lei nº 11.689/2008.

§ 6º. Havendo mais de um crime ou mais de um acusado, os quesitos serão formulados em séries distintas.

(*) § 6º acrescido pela Lei nº 11.689/2008.

Art. 484. A seguir, o presidente lerá os quesitos e indagará das partes se têm requerimento ou reclamação a fazer, devendo qualquer deles, bem como a decisão, constar da ata.

Parágrafo único. Ainda em plenário, o juiz presidente explicará aos jurados o significado de cada quesito.

(*) Art. 484 com redação dada pela Lei nº 11.689/2008.

(*) V. art. 564, parágrafo único, do CPP.

Art. 485. Não havendo dúvida a ser esclarecida, o juiz presidente, os jurados, o Ministério Público, o assistente, o querelante, o defensor do acusado, o escrivão e o oficial de justiça dirigir-se-ão à sala especial a fim de ser procedida a votação.

(*) Art. 485, *caput*, com redação dada pela Lei nº 11.689/2008.

§ 1º. Na falta de sala especial, o juiz presidente determinará que o público se retire, permanecendo somente as pessoas mencionadas no *caput* deste artigo.

(*) § 1º acrescido pela Lei nº 11.689/2008.

§ 2º. O juiz presidente advertirá as partes de que não será permitida qualquer intervenção que possa perturbar a livre manifestação do Conselho e fará retirar da sala quem se portar inconvenientemente.

(*) § 2º acrescido pela Lei nº 11.689/2008.

(*) V. art. 251 do CPP.

Art. 486. Antes de proceder-se à votação de cada quesito, o juiz presidente mandará distribuir aos jurados pequenas cédulas, feitas de papel opaco e facilmente dobráveis, contendo 7 (sete) delas a palavra *sim*, 7 (sete) a palavra *não*.

(*) Art. 486 com redação dada pela Lei nº 11.689/2008.

Art. 487. Para assegurar o sigilo do voto, o oficial de justiça recolherá em urnas separadas as cédulas correspondentes aos votos e as não utilizadas.

(*) Art. 487 com redação dada pela Lei nº 11.689/2008.

Art. 488. Após a resposta, verificados os votos e as cédulas não utilizadas, o presidente determinará que o escrivão registre no termo a votação de cada quesito, bem como o resultado do julgamento.

(*) Art. 488, *caput*, com redação dada pela Lei nº 11.689/2008.

(*) V. art. 491 do CPP.

Parágrafo único. Do termo também constará a conferência das cédulas não utilizadas.

(*) Parágrafo único acrescido pela Lei nº 11.689/2008.

Art. 489. As decisões do Tribunal do Júri serão tomadas por maioria de votos.

(*) Art. 489 com redação dada pela Lei nº 11.689/2008.

Art. 490. Se a resposta a qualquer dos quesitos estiver em contradição com outra ou outras já dadas, o presidente, explicando aos jurados em que consiste a contradição, submeterá novamente à votação os quesitos a que se referirem tais respostas.

(*) Art. 490, *caput*, com redação dada pela Lei nº 11.689/2008.

(*) V. art. 564, parágrafo único, do CPP.

Parágrafo único. Se, pela resposta dada a um dos quesitos, o presidente verificar que ficam prejudicados os seguintes, assim o declarará, dando por finda a votação.

(*) Parágrafo único acrescido pela Lei nº 11.689/2008.

Art. 491. Encerrada a votação, será o termo a que se refere o art. 488 deste Código assinado pelo presidente, pelos jurados e pelas partes.

(*) Art. 491 com redação dada pela Lei nº 11.689/2008.

Seção XIV
Da Sentença

(*) Seção XIV acrescida pela Lei nº 11.689/2008.

Art. 492. Em seguida, o presidente proferirá sentença que:

(*) Art. 492, *caput*, com redação dada pela Lei nº 11.689/2008.

(*) V. art. 564, III, "m", do CPP.

I – no caso de condenação:

(*) Inciso I, *caput*, com redação dada pela Lei nº 11.689/2008.

(*) V. arts. 74, § 3º, e 699 do CPP.

a) fixará a pena-base;

(*) Alínea "a" acrescida pela Lei nº 11.689/2008.

b) considerará as circunstâncias agravantes ou atenuantes alegadas nos debates;

(*) Alínea "b" acrescida pela Lei nº 11.689/2008.

c) imporá os aumentos ou diminuições da pena, em atenção às causas admitidas pelo júri;

(*) Alínea "c" acrescida pela Lei nº 11.689/2008.

d) observará as demais disposições do art. 387 deste Código;

(*) Alínea "d" acrescida pela Lei nº 11.689/2008.

e) mandará o acusado recolher-se ou recomendá-lo-á à prisão em que se encontra, se presentes os requisitos da prisão preventiva, ou, no caso de condenação a uma pena igual ou superior a 15 (quinze) anos de reclusão, determinará a execução provisória das penas, com expedição do mandado de prisão, se for o caso, sem prejuízo do conhecimento de recursos que vierem a ser interpostos;

(*) Alínea "e" acrescida pela Lei nº 11.689/2008 e com redação dada pela Lei nº 13.964/2019.

f) estabelecerá os efeitos genéricos e específicos da condenação;

(*) Alínea "f" acrescida pela Lei nº 11.689/2008.

II – no caso de absolvição:

(*) Inciso II, *caput*, com redação dada pela Lei nº 11.689/2008.

a) mandará colocar em liberdade o acusado se por outro motivo não estiver preso;

(*) Alínea "a" com redação dada pela Lei nº 11.689/2008.

(*) V. art. 596 do CPP.

b) revogará as medidas restritivas provisoriamente decretadas;

(*) Alínea "b" com redação dada pela Lei nº 11.689/2008.

c) imporá, se for o caso, a medida de segurança cabível.

(*) Alínea "c" com redação dada pela Lei nº 11.689/2008.

§ 1º. Se houver desclassificação da infração para outra, de competência do juiz singular, ao presidente do Tribunal do Júri caberá proferir sentença em seguida, aplicando-se, quando o delito resultante da nova tipificação for considerado pela lei como infração penal de menor potencial ofensivo, o disposto nos arts. 69 e seguintes da Lei nº 9.099, de 26 de setembro de 1995.

(*) § 1º com redação dada pela Lei nº 11.689/2008.

(*) V. art. 74, § 3º, do CPP.

§ 2º. Em caso de desclassificação, o crime conexo que não seja doloso contra a vida será julgado pelo juiz presidente do Tribunal do Júri, aplicando-se, no que couber, o disposto no § 1º deste artigo.

(*) § 2º com redação dada pela Lei nº 11.689/2008.

(*) V. art. 74, § 3º, do CPP.

§ 3º. O presidente poderá, excepcionalmente, deixar de autorizar a execução provisória das penas de que trata a alínea "e" do inciso I do *caput* deste artigo, se houver questão substancial cuja resolução pelo tribunal ao qual competir o julgamento possa plausivelmente levar à revisão da condenação.

(*) § 3º acrescido pela Lei nº 13.964/2019.

§ 4º. A apelação interposta contra decisão condenatória do Tribunal do Júri a uma pena igual ou superior a 15 (quinze) anos de reclusão não terá efeito suspensivo.

(*) § 4º acrescido pela Lei nº 13.964/2019.

§ 5º. Excepcionalmente, poderá o tribunal atribuir efeito suspensivo à apelação de que trata o § 4º deste artigo, quando verificado cumulativamente que o recurso:

I – não tem propósito meramente protelatório; e

II – levanta questão substancial e que pode resultar em absolvição, anulação da sentença, novo julgamento ou redução da pena para patamar inferior a 15 (quinze) anos de reclusão.

(*) § 5º acrescido pela Lei nº 13.964/2019.

§ 6º. O pedido de concessão de efeito suspensivo poderá ser feito incidentemente na apelação ou por meio de petição em separado dirigida diretamente ao relator, instruída com cópias da sentença condenatória, das razões da apelação e de prova da tempestividade, das contrarrazões e das demais peças necessárias à compreensão da controvérsia.

(*) § 6º acrescido pela Lei nº 13.964/2019.

Art. 493. A sentença será lida em plenário pelo presidente antes de encerrada a sessão de instrução e julgamento.

(*) Art. 493 com redação dada pela Lei nº 11.689/2008.

(*) V. arts. 495, XVII; e 571, VIII, do CPP.

Seção XV
Da Ata dos Trabalhos

(*) Seção XV acrescida pela Lei nº 11.689/2008.

Art. 494. De cada sessão de julgamento o escrivão lavrará ata, assinada pelo presidente e pelas partes.

(*) Art. 494 com redação dada pela Lei nº 11.689/2008.

Art. 495. A ata descreverá fielmente todas as ocorrências, mencionando obrigatoriamente:

I – a data e a hora da instalação dos trabalhos;

II – o magistrado que presidiu a sessão e os jurados presentes;

III – os jurados que deixaram de comparecer, com escusa ou sem ela, e as sanções aplicadas;

IV – o ofício ou requerimento de isenção ou dispensa;

V – o sorteio dos jurados suplentes;

VI – o adiamento da sessão, se houver ocorrido, com a indicação do motivo;

VII – a abertura da sessão e a presença do Ministério Público, do querelante e do assistente, se houver, e a do defensor do acusado;

VIII – o pregão e a sanção imposta, no caso de não comparecimento;

IX – as testemunhas dispensadas de depor;

X – o recolhimento das testemunhas a lugar de onde umas não pudessem ouvir o depoimento das outras;

XI – a verificação das cédulas pelo juiz presidente;

XII – a formação do Conselho de Sentença, com o registro dos nomes dos jurados sorteados e recusas;

XIII – o compromisso e o interrogatório, com simples referência ao termo;

XIV – os debates e as alegações das partes com os respectivos fundamentos;

XV – os incidentes;

XVI – o julgamento da causa;

XVII – a publicidade dos atos da instrução plenária, das diligências e da sentença.

(*) Art. 495 com redação dada pela Lei nº 11.689/2008.

Art. 496. A falta da ata sujeitará o responsável a sanções administrativa e penal.

(*) Art. 496 com redação dada pela Lei nº 11.689/2008.

Seção XVI
Das Atribuições do Presidente do Tribunal do Júri

(*) Seção XVI acrescida pela Lei nº 11.689/2008.

Art. 497. São atribuições do juiz presidente do Tribunal do Júri, além de outras expressamente referidas neste Código:

(*) Art. 497, *caput*, com redação dada pela Lei nº 11.689/2008.

(*) V. art. 251 do CPP.

I – regular a polícia das sessões e prender os desobedientes;

(*) Inciso I com redação dada pela Lei nº 11.689/2008.

(*) V. art. 795, parágrafo único, do CPP.

II – requisitar o auxílio da força pública, que ficará sob sua exclusiva autoridade;

(*) Inciso II com redação dada pela Lei nº 11.689/2008.

(*) V. art. 794 do CPP.

III – dirigir os debates, intervindo em caso de abuso, excesso de linguagem ou mediante requerimento de uma das partes;

(*) Inciso III com redação dada pela Lei nº 11.689/2008.

(*) V. arts. 476 a 481 do CPP.

IV – resolver as questões incidentes que não dependam de pronunciamento do júri;

(*) Inciso IV com redação dada pela Lei nº 11.689/2008.

V – nomear defensor ao acusado, quando considerá-lo indefeso, podendo, neste caso, dissolver o Conselho e designar novo dia para o julgamento, com a nomeação ou a constituição de novo defensor;

(*) Inciso V com redação dada pela Lei nº 11.689/2008.

(*) V. arts. 261 a 267 do CPP.

VI – mandar retirar da sala o acusado que dificultar a realização do julgamento, o qual prosseguirá sem a sua presença;

(*) Inciso VI com redação dada pela Lei nº 11.689/2008.

(*) V. arts. 217 e 796 do CPP.

VII – suspender a sessão pelo tempo indispensável à realização das diligências requeridas ou entendidas necessárias, mantida a incomunicabilidade dos jurados;

(*) Inciso VII com redação dada pela Lei nº 11.689/2008.

(*) V. arts. 481; e 564, III, "j", do CPP.

VIII – interromper a sessão por tempo razoável, para proferir sentença e para repouso ou refeição dos jurados;

(*) Inciso VIII com redação dada pela Lei nº 11.689/2008.

(*) V. art. 564, III, "j", do CPP.

IX – decidir, de ofício, ouvidos o Ministério Público e a defesa, ou a requerimento de qualquer destes, a arguição de extinção de punibilidade;

(*) Inciso IX com redação dada pela Lei nº 11.689/2008.

(*) V. arts. 61; e 67, II, do CPP.

X – resolver as questões de direito suscitadas no curso do julgamento;

(*) Inciso X com redação dada pela Lei nº 11.689/2008.

XI – determinar, de ofício ou a requerimento das partes ou de qualquer jurado, as diligências destinadas a sanar nulidade ou a suprir falta que prejudique o esclarecimento da verdade;

(*) Inciso XI com redação dada pela Lei nº 11.689/2008.

(*) V. art. 481 do CPP.

XII – regulamentar, durante os debates, a intervenção de uma das partes, quando a outra estiver com a palavra, podendo conceder até 3 (três) minutos para cada aparte requerido, que serão acrescidos ao tempo desta última.

(*) Inciso XII acrescido pela Lei nº 11.689/2008.

Capítulo III
DO PROCESSO E DO JULGAMENTO DOS CRIMES DA COMPETÊNCIA DO JUIZ SINGULAR

Arts. 498 a 502. (Revogados).

(*) Arts. 498 a 502 revogados pela Lei nº 11.719/2008.

TÍTULO II
DOS PROCESSOS ESPECIAIS

Capítulo I
DO PROCESSO E DO JULGAMENTO DOS CRIMES DE FALÊNCIA

(*) A Lei nº 11.101/2005 regula a recuperação judicial, a extrajudicial e a falência do empresário e da sociedade empresária. Em seus arts. 168 a 178 tipifica os crimes de fraude a credores e em seus arts. 183 a 188 regulamenta o processamento penal.

Arts. 503 a 512. (Revogados).

(*) Arts. 503 a 512 revogados pela Lei nº 11.101/2005.

Capítulo II
DO PROCESSO E DO JULGAMENTO DOS CRIMES DE RESPONSABILIDADE DOS FUNCIONÁRIOS PÚBLICOS

Art. 513. Os crimes de responsabilidade dos funcionários públicos, cujo processo e julgamento competirão aos juízes de direito, a queixa ou a denúncia será instruída com documentos ou justificação que façam presumir a existência do delito ou com declaração fundamentada da impossibilidade de apresentação de qualquer dessas provas.

Art. 514. Nos crimes afiançáveis, estando a denúncia ou queixa em devida forma, o juiz mandará autuá-la e ordenará a notificação do acusado, para responder por escrito, dentro do prazo de 15 (quinze) dias.

(*) V. arts. 323 e 324 do CPP.

(*) Vide Súmula 330 do STJ.

Parágrafo único. Se não for conhecida a residência do acusado, ou este se achar fora da jurisdição do juiz, ser-lhe-á nomeado defensor, a quem caberá apresentar a resposta preliminar.

(*) V. arts. 261 a 263; e 564, III, "c", do CPP.

Art. 515. No caso previsto no artigo anterior, durante o prazo concedido para a resposta, os autos permanecerão em cartório, onde poderão ser examinados pelo acusado ou por seu defensor.

Parágrafo único. A resposta poderá ser instruída com documentos e justificações.

Art. 516. O juiz rejeitará a queixa ou denúncia, em despacho fundamentado, se convencido, pela resposta do acusado ou do seu defensor, da inexistência do crime ou da improcedência da ação.

(*) V. arts. 386; 395; 581, I; e 583, II, do CPP.

Art. 517. Recebida a denúncia ou a queixa, será o acusado citado, na forma estabelecida no Capítulo I do Título X do Livro I.

Art. 518. Na instrução criminal e nos demais termos do processo, observar-se-á o disposto nos Capítulos I e III♦, Título I, deste Livro.

♦ Os arts. 498 a 502 (Capítulo III) foram revogados pela Lei nº 11.719/2008.

(*) V. arts. 394 a 405 do CPP (Capítulo I).

Capítulo III
DO PROCESSO E DO JULGAMENTO DOS CRIMES DE CALÚNIA E INJÚRIA, DE COMPETÊNCIA DO JUIZ SINGULAR

Art. 519. No processo por crime de calúnia ou injúria, para o qual não haja outra forma estabelecida em lei especial, observar-se-á o disposto nos Capítulos I e III♦, Titulo I, deste Livro, com as modificações constantes dos artigos seguintes.

♦ Os arts. 498 a 502 (Capítulo III) foram revogados pela Lei nº 11.719/2008.

(*) V. arts. 394 a 405 CPP (Capítulo I).

Art. 520. Antes de receber a queixa, o juiz oferecerá às partes oportunidade para se reconciliarem, fazendo-as comparecer em juízo e ouvindo-as, separadamente, sem a presença dos seus advogados, não se lavrando termo.

Art. 521. Se depois de ouvir o querelante e o querelado, o juiz achar provável a reconciliação, promoverá entendimento entre eles, na sua presença.

Art. 522. No caso de reconciliação, depois de assinado pelo querelante o termo da desistência, a queixa será arquivada.

Art. 523. Quando for oferecida a exceção da verdade ou da notoriedade do fato imputado, o querelante poderá contestar a exceção no prazo de 2 (dois) dias, podendo ser inquiridas as testemunhas arroladas na queixa, ou outras indicadas naquele prazo, em substituição às primeiras, ou para completar o máximo legal.

Capítulo IV
DO PROCESSO E DO JULGAMENTO DOS CRIMES CONTRA A PROPRIEDADE IMATERIAL

Art. 524. No processo e julgamento dos crimes contra a propriedade imaterial, observar-se-á o disposto nos Capítulos I e III♦ do Título I deste Livro, com as modificações constantes dos artigos seguintes.

♦ Os arts. 498 a 502 (Capítulo III) foram revogados pela Lei nº 11.719/2008.

(*) V. arts. 394 a 405 CPP (Capítulo I).

Art. 525. No caso de haver o crime deixado vestígio, a queixa ou a denúncia não será recebida se não for instruída com o exame pericial dos objetos que constituam o corpo de delito.

(*) V. arts. 158; 167; 395; e 564, III, "b", do CPP.

Art. 526. Sem a prova de direito à ação, não será recebida a queixa, nem ordenada qualquer diligência preliminarmente requerida pelo ofendido.

Art. 527. A diligência de busca ou de apreensão será realizada por 2 (dois) peritos nomeados pelo juiz, que verificarão a existência de fundamento para a apreensão, e quer esta se realize, quer não, o laudo pericial será apresentado dentro de 3 (três) dias após o encerramento da diligência.

(*) V. arts. 159 e 240 a 250 do CPP.

Parágrafo único. O requerente da diligência poderá impugnar o laudo contrário à apreensão, e o juiz ordenará que esta se efetue, se reconhecer a improcedência das razões aduzidas pelos peritos.

Art. 528. Encerradas as diligências, os autos serão conclusos ao juiz para homologação do laudo.

Art. 529. Nos crimes de ação privativa do ofendido, não será admitida queixa com fundamento em apreensão e em perícia, se decorrido o prazo de 30 (trinta) dias, após a homologação do laudo.

(*) V. arts. 29 e 38 do CPP.

Parágrafo único. Será dada vista ao Ministério Público dos autos de busca e apreensão requeridas pelo ofendido, se o crime for de ação pública e não tiver sido oferecida queixa no prazo fixado neste artigo.

Art. 530. Se ocorrer prisão em flagrante e o réu não for posto em liberdade, o prazo a que se refere o artigo anterior será de 8 (oito) dias.

Art. 530-A. O disposto nos arts. 524 a 530 será aplicável aos crimes em que se proceda mediante queixa.

(*) Art. 530-A acrescido pela Lei nº 10.695/2003.

Art. 530-B. Nos casos das infrações previstas nos §§ 1º, 2º e 3º do art. 184 do Código Penal, a autoridade policial procederá à apreensão dos bens ilicitamente produzidos ou reproduzidos, em sua totalidade, juntamente com os equipamentos, suportes e materiais que possibilitaram a sua existência, desde que estes se destinem precipuamente à prática do ilícito.

(*) Art. 530-B acrescido pela Lei nº 10.695/2003.

Art. 530-C. Na ocasião da apreensão será lavrado termo, assinado por 2 (duas) ou mais testemunhas, com a descrição de todos os bens apreendidos e informações sobre suas origens, o qual deverá integrar o inquérito policial ou o processo.

(*) Art. 530-C acrescido pela Lei nº 10.695/2003.

Art. 530-D. Subsequente à apreensão, será realizada, por perito oficial, ou, na falta deste, por pessoa tecnicamente habilitada, perícia sobre todos os bens apreendidos e elaborado o laudo que deverá integrar o inquérito policial ou o processo.

(*) Art. 530-D acrescido pela Lei nº 10.695/2003.

Art. 530-E. Os titulares de direito de autor e os que lhe são conexos serão os fiéis depositários de todos os bens apreendidos, devendo colocá-los à disposição do juiz quando do ajuizamento da ação.

(*) Art. 530-E acrescido pela Lei nº 10.695/2003.

Art. 530-F. Ressalvada a possibilidade de se preservar o corpo de delito, o juiz poderá determinar, a requerimento da vítima, a destruição da produção ou reprodução apreendida quando não houver impugnação quanto à sua ilicitude ou quando a ação penal não puder ser iniciada por falta de determinação de quem seja o autor do ilícito.

(*) Art. 530-F acrescido pela Lei nº 10.695/2003.

Art. 530-G. O juiz, ao prolatar a sentença condenatória, poderá determinar a destruição dos bens ilicitamente produzidos ou reproduzidos e o perdimento dos equipamentos apreendidos, desde que precipuamente destinados à produção e reprodução dos bens, em favor da Fazenda Nacional, que deverá destruí-los ou doá-los aos Estados, Municípios e Distrito Federal, a instituições públicas de ensino e pesquisa ou de assistência social, bem como incorporá-los, por economia ou interesse público, ao patrimônio da União, que não poderão retorná-los aos canais de comércio.

(*) Art. 530-G acrescido pela Lei nº 10.695/2003.

Art. 530-H. As associações de titulares de direitos de autor e os que lhes são conexos poderão, em seu próprio nome, funcionar como assistente da acusação nos crimes previstos no art. 184 do Código Penal, quando praticado em detrimento de qualquer de seus associados.

(*) Art. 530-H acrescido pela Lei nº 10.695/2003.

Art. 530-I. Nos crimes em que caiba ação penal pública incondicionada ou condicionada, observar-se-ão as normas constantes dos arts. 530-B, 530-C, 530-D, 530-E, 530-F, 530-G e 530-H.

(*) Art. 530-I acrescido pela Lei nº 10.695/2003.

Capítulo V
DO PROCESSO SUMÁRIO

Art. 531. Na audiência de instrução e julgamento, a ser realizada no prazo máximo de 30 (trinta) dias, proceder-se-á à tomada de declarações do ofendido, se possível, à inquirição das testemunhas arroladas pela acusação e pela defesa, nesta ordem, ressalvado o disposto no art. 222 deste Código, bem como aos esclarecimentos dos peritos, às acareações e ao reconhecimento de pessoas e coisas, interrogando-se, em seguida, o acusado e procedendo-se, finalmente, ao debate.

(*) Art. 531 com redação dada pela Lei nº 11.719/2008.

(*) V. arts. 185, § 4º; e 209 do CPP.

Art. 532. Na instrução, poderão ser inquiridas até 5 (cinco) testemunhas arroladas pela acusação e 5 (cinco) pela defesa.

(*) Art. 532 com redação dada pela Lei nº 11.719/2008.

Art. 533. Aplica-se ao procedimento sumário o disposto nos parágrafos do art. 400 deste Código.

(*) Art. 533 com redação dada pela Lei nº 11.719/2008.

§ 1º. (Revogado).

(*) § 1º revogado pela Lei nº 11.719/2008.

§ 2º. (Revogado).

(*) § 2º revogado pela Lei nº 11.719/2008.

§ 3º. (Revogado).

(*) § 3º revogado pela Lei nº 11.719/2008.

§ 4º. (Revogado).

(*) § 4º revogado pela Lei nº 11.719/2008.

Art. 534. As alegações finais serão orais, concedendo-se a palavra, respectivamente, à acusação e à defesa, pelo prazo de 20 (vinte) minutos, prorrogáveis por mais 10 (dez), proferindo o juiz, a seguir, sentença.

(*) Art. 534, *caput*, com redação dada pela Lei nº 11.719/2008.

§ 1º. Havendo mais de um acusado, o tempo previsto para a defesa de cada um será individual.

(*) § 1º acrescido pela Lei nº 11.719/2008.

§ 2º. Ao assistente do Ministério Público, após a manifestação deste, serão concedidos 10 (dez) minutos, prorrogando-se por igual período o tempo de manifestação da defesa.

(*) § 2º acrescido pela Lei nº 11.719/2008.

Art. 535. Nenhum ato será adiado, salvo quando imprescindível a prova faltante, determinando o juiz a condução coercitiva de quem deva comparecer.

(*) Art. 535 com redação dada pela Lei nº 11.719/2008.

§ 1º. (Revogado).

(*) § 1º revogado pela Lei nº 11.719/2008.

§ 2º. (Revogado).

(*) § 2º revogado pela Lei nº 11.719/2008.

Art. 536. A testemunha que comparecer será inquirida, independentemente da suspensão da audiência, observada em qualquer caso a ordem estabelecida no art. 531 deste Código.

(*) Art. 536 com redação dada pela Lei nº 11.719/2008.

Art. 537. (Revogado).

(*) Art. 537 revogado pela Lei nº 11.719/2008.

Art. 538. Nas infrações penais de menor potencial ofensivo, quando o juizado especial criminal encaminhar ao juízo comum as peças existentes para a adoção de outro procedimento, observar-se-á o procedimento sumário previsto neste Capítulo.

(*) Art. 538 com redação dada pela Lei nº 11.719/2008.

§ 1º. (Revogado).

(*) § 1º revogado pela Lei nº 11.719/2008.

§ 2º. (Revogado).

(*) § 2º revogado pela Lei nº 11.719/2008.

§ 3º. (Revogado).

(*) § 3º revogado pela Lei nº 11.719/2008.

§ 4º. (Revogado).

(*) § 4º revogado pela Lei nº 11.719/2008.

Arts. 539 e 540. (Revogados).

(*) Arts. 539 e 540 revogados pela Lei nº 11.719/2008.

Capítulo VI
DO PROCESSO DE RESTAURAÇÃO DE AUTOS EXTRAVIADOS OU DESTRUÍDOS

Art. 541. Os autos originais de processo penal extraviados ou destruídos, em primeira ou segunda instância, serão restaurados.

§ 1º. Se existir e for exibida cópia autêntica ou certidão do processo, será uma ou outra considerada como original.

§ 2º. Na falta de cópia autêntica ou certidão do processo, o juiz mandará, de ofício, ou a requerimento de qualquer das partes, que:

a) o escrivão certifique o estado do processo, segundo a sua lembrança, e reproduza o que houver a respeito em seus protocolos e registros;

b) sejam requisitadas cópias do que constar a respeito no Instituto Médico-Legal, no Instituto de Identificação e Estatística ou em estabelecimentos congêneres, repartições públicas, penitenciárias ou cadeias;

c) as partes sejam citadas pessoalmente, ou, se não forem encontradas, por edital, com o prazo de 10 (dez) dias, para o processo de restauração dos autos.

§ 3º. Proceder-se-á à restauração na primeira instância, ainda que os autos se tenham extraviado na segunda.

Art. 542. No dia designado, as partes serão ouvidas, mencionando-se em termo circunstanciado os pontos em que estiverem acordes e a exibição e a conferência das certidões e mais reproduções do processo apresentadas e conferidas.

Art. 543. O juiz determinará as diligências necessárias para a restauração, observando-se o seguinte:

I – caso ainda não tenha sido proferida a sentença, reinquirir-se-ão as testemunhas podendo ser substituídas as que tiverem falecido ou se encontrarem em lugar não sabido;

II – os exames periciais, quando possível, serão repetidos, e de preferência pelos mesmos peritos;

III – a prova documental será reproduzida por meio de cópia autêntica ou, quando impossível, por meio de testemunhas;

IV – poderão também ser inquiridas sobre os atos do processo, que deverá ser restaurado, as autoridades, os serventuários, os peritos e mais pessoas que tenham nele funcionado;

V – o Ministério Público e as partes poderão oferecer testemunhas e produzir documentos, para provar o teor do processo extraviado ou destruído.

Art. 544. Realizadas as diligências que, salvo motivo de força maior, deverão concluir-se dentro de 20 (vinte) dias, serão os autos conclusos para julgamento.

Parágrafo único. No curso do processo, e depois de subirem os autos conclusos para sentença, o juiz poderá, dentro em 5 (cinco) dias, requisitar de autoridades ou de repartições todos os esclarecimentos para a restauração.

Art. 545. Os selos e as taxas judiciárias, já pagos nos autos originais, não serão novamente cobrados.

Art. 546. Os causadores de extravio de autos responderão pelas custas, em dobro, sem prejuízo da responsabilidade criminal.

Art. 547. Julgada a restauração, os autos respectivos valerão pelos originais.

(*) V. art. 593, II, do CPP.

Parágrafo único. Se no curso da restauração aparecerem os autos originais, nestes continuará o processo, apensos a eles os autos da restauração.

Art. 548. Até à decisão que julgue restaurados os autos, a sentença condenatória em execução continuará a produzir efeito, desde que conste da respectiva guia arquivada na cadeia ou na penitenciária, onde o réu estiver cumprindo a pena, ou de registro que torne a sua existência inequívoca.

Capítulo VII
DO PROCESSO DE APLICAÇÃO DE MEDIDA DE SEGURANÇA POR FATO NÃO CRIMINOSO

Art. 549. Se a autoridade policial tiver conhecimento de fato que, embora não constituindo infração penal, possa determinar a aplicação de medida de segurança (Código Penal, arts. 14 e 27), deverá proceder a inquérito, a fim de apurá-lo e averiguar todos os elementos que possam interessar à verificação da periculosidade do agente.

Art. 550. O processo será promovido pelo Ministério Público, mediante requerimento que conterá a exposição sucinta do fato, as suas circunstâncias e todos os elementos em que se fundar o pedido.

Art. 551. O juiz, ao deferir o requerimento, ordenará a intimação do interessado para comparecer em juízo, a fim de ser interrogado.

Art. 552. Após o interrogatório ou dentro do prazo de 2 (dois) dias, o interessado ou seu defensor poderá oferecer alegações.

Parágrafo único. O juiz nomeará defensor ao interessado que não o tiver.

Art. 553. O Ministério Público, ao fazer o requerimento inicial, e a defesa, no prazo estabelecido no artigo anterior, poderão requerer exames, diligências e arrolar até 3 (três) testemunhas.

Art. 554. Após o prazo de defesa ou a realização dos exames e diligências ordenados pelo juiz, de ofício ou a requerimento das partes, será marcada audiência, em que, inquiridas as testemunhas e produzidas alegações orais pelo órgão do Ministério Público e pelo defensor, dentro de 10 (dez) minutos para cada um, o juiz proferirá sentença.

Parágrafo único. Se o juiz não se julgar habilitado a proferir a decisão, designará, desde logo, outra audiência, que se realizará dentro de 5 (cinco) dias, para publicar a sentença.

Art. 555. Quando, instaurado processo por infração penal, o juiz, absolvendo ou impronunciando o réu, reconhecer a existência de qualquer dos fatos previstos no art. 14 ou no art. 27 do Código Penal, aplicar-lhe-á, se for caso, medida de segurança.

TÍTULO III
DOS PROCESSOS DE COMPETÊNCIA DO SUPREMO TRIBUNAL FEDERAL E DOS TRIBUNAIS DE APELAÇÃO

(*) Título III revogado pela Lei nº 8.658/1993.

(*) A normatização para as ações penais originárias estão regradas pela Lei nº 8.038, de 28 de maio de 1990. Vide nesta edição.

Capítulo I
DA INSTRUÇÃO

(*) Capítulo I revogado pela Lei nº 8.658/1993.

Arts. 556 a 560. (Revogados).

(*) Arts. 556 a 560 revogados pela Lei nº 8.658/1993.

Capítulo II
DO JULGAMENTO

(*) Capítulo II revogado pela Lei nº 8.658/1993.

Arts. 561 e 562. (Revogados).

(*) Arts. 561 e 562 revogados pela Lei nº 8.658/1993.

LIVRO III
DAS NULIDADES E DOS RECURSOS EM GERAL

TÍTULO I
DAS NULIDADES

(*) Vide Tema 240 do STF.

Art. 563. Nenhum ato será declarado nulo, se da nulidade não resultar prejuízo para a acusação ou para a defesa.

(*) V. art. 566 do CPP.

(*) Vide Súmulas 431, 523 e 707 do STF.

Art. 564. A nulidade ocorrerá nos seguintes casos:

I – por incompetência, suspeição ou suborno do juiz;

(*) V. arts. 96 a 109 do CPP.

II – por ilegitimidade de parte;

(*) V. arts. 95, IV; 110; e 568 do CPP.

III – por falta das fórmulas ou dos termos seguintes:

(*) V. arts. 569 e 603 do CPP.

a) a denúncia ou a queixa e a representação e, nos processos de contravenções penais, a portaria ou o auto de prisão em flagrante;

(*) V. arts. 26, 39, 41 e 44 do CPP.

b) o exame do corpo de delito nos crimes que deixam vestígios, ressalvado o disposto no art. 167;

(*) V. arts. 158 a 183 do CPP.

c) a nomeação de defensor ao réu presente, que o não tiver, ou ao ausente, e de curador ao menor de 21 (vinte e um) anos;

(*) V. arts. 261 a 267 do CPP.

(*) Vide Súmulas 352, 523 e 708 do STF.

d) a intervenção do Ministério Público em todos os termos da ação por ele intentada e nos da intentada pela parte ofendida, quando se tratar de crime de ação pública;

(*) V. arts. 24, 29 e 572 do CPP.

e) a citação do réu para ver-se processar, o seu interrogatório, quando presente, e os prazos concedidos à acusação e à defesa;

(*) V. arts. 185 a 196, 351 a 369 e 572 do CPP.

(*) Vide Súmulas 707 e 708 do STF.

f) a sentença de pronúncia, o libelo♦ e a entrega da respectiva cópia, com o rol de testemunhas, nos processos perante o Tribunal do Júri;

♦ A Lei nº 11.689, de 9.6.2008, que alterou os arts. 406 a 497 do CPP, extinguiu o libelo.

g) a intimação do réu para a sessão de julgamento, pelo Tribunal do Júri, quando a lei não permitir o julgamento à revelia;

(*) V. art. 457, § 2º, do CPP.

(*) Vide Súmula 712 do STF.

h) a intimação das testemunhas arroladas no libelo♦ e na contrariedade, nos termos estabelecidos pela lei;

♦ A Lei nº 11.689, de 9.6.2008, que alterou os arts. 406 a 497 do CPP, extinguiu o libelo.

(*) V. arts. 461 e 572 do CPP.

i) a presença pelo menos de 15 (quinze) jurados para a constituição do júri;

(*) V. art. 463 do CPP.

j) o sorteio dos jurados do conselho de sentença em número legal e sua incomunicabilidade;

(*) V. arts. 433; 466 a 468; e 495, XII, do CPP.

k) os quesitos e as respectivas respostas;

(*) V. arts. 455; 456, § 2º; e 482 a 484 do CPP.

(*) Vide Súmulas 156 e 162 do STF.

l) a acusação e a defesa, na sessão de julgamento;

(*) V. arts. 476 a 481 do CPP.

m) a sentença;

(*) V. arts. 381 a 392 do CPP.

n) o recurso de oficio, nos casos em que a lei o tenha estabelecido;

(*) V. arts. 574 e 576 do CPP.

(*) Vide Súmula 423 do STF.

o) a intimação, nas condições estabelecidas pela lei, para ciência de sentenças e despachos de que caiba recurso;

(*) V. arts. 370 a 372 e 390 a 392 do CPP.

p) no Supremo Tribunal Federal e nos Tribunais de Apelação♦, o *quorum* legal para o julgamento;

♦ Atual denominação: "Tribunais de Justiça", nos termos da CF/1946.

IV – por omissão de formalidade que constitua elemento essencial do ato;

V – em decorrência de decisão carente de fundamentação.

(*) Inciso V acrescido pela Lei nº 13.964/2019.

Parágrafo único. Ocorrerá ainda a nulidade, por deficiência dos quesitos ou das suas respostas, e contradição entre estas.

(*) Parágrafo único acrescido pela Lei nº 263/1948.

(*) V. arts. 483 a 490 do CPP.

(*) Vide Súmulas 156 e 162 do STF.

Art. 565. Nenhuma das partes poderá arguir nulidade a que haja dado causa, ou para que tenha concorrido, ou referente a formalidade cuja observância só à parte contrária interesse.

(*) V. art. 563 do CPP.

Art. 566. Não será declarada a nulidade de ato processual que não houver influído na apuração da verdade substancial ou na decisão da causa.

(*) Vide Súmulas 352 e 366 do STF.

Art. 567. A incompetência do juízo anula somente os atos decisórios, devendo o processo, quando for declarada a nulidade, ser remetido ao juiz competente.

(*) V. arts. 108, § 1º; e 564, I, do CPP.

Art. 568. A nulidade por ilegitimidade do representante da parte poderá ser a todo tempo sanada, mediante ratificação dos atos processuais.

Art. 569. As omissões da denúncia ou da queixa, da representação, ou, nos processos das contravenções penais, da portaria ou do auto de prisão em flagrante, poderão ser supridas a todo o tempo, antes da sentença final.

Art. 570. A falta ou a nulidade da citação, da intimação ou notificação estará sanada, desde que o interessado compareça, antes de o ato consumar-se, embora declare que o faz para o único fim de argui-la. O juiz ordenará, todavia, a suspensão ou o adiamento do ato, quando reconhecer que a irregularidade poderá prejudicar direito da parte.

(*) Vide Súmula 155 do STF.

Art. 571. As nulidades deverão ser arguidas:

(*) Vide Súmulas 155, 160 e 523 do STF.

I – as da instrução criminal dos processos da competência do júri, nos prazos a que se refere o art. 406;

(*) V. art. 411 do CPP.

II – as da instrução criminal dos processos de competência do juiz singular e dos processos especiais, salvo os dos Capítulos V e VII do Título II do Livro II,♦ nos prazos a que se refere o art. 500♦♦;

♦ O Capítulo V abrange os arts. 531 a 538, e o Capítulo VII, os arts. 549 a 555, do CPP.

♦♦ O art. 500 foi revogado pela Lei nº 11.719/2008. V. atual art. 384 do CPP.

(*) V. art. 400 do CPP.

III – as do processo sumário, no prazo a que se refere o art. 537♦, ou, se verificadas depois desse prazo, logo depois de aberta a audiência e apregoadas as partes;

♦ O art. 537 foi revogado pela Lei nº 11.719/2008.

(*) V. art. 531 do CPP.

IV – as do processo regulado no Capítulo VII do Título II do Livro II, logo depois de aberta a audiência;

(*) V. arts. 549 a 555 do CPP.

V – as ocorridas posteriormente à pronúncia, logo depois de anunciado o julgamento e apregoadas as partes (art. 447)♦;

♦ Refere-se à redação anterior às alterações promovidas pela Lei nº 11.689/2008. V. atual art. 454 do CPP.

VI – as de instrução criminal dos processos de competência do Supremo Tribunal Federal e dos Tribunais de Apelação♦, nos prazos a que se refere o art. 500♦♦;

♦ Atual denominação: "Tribunais de Justiça", nos termos da CF/1946.

♦♦ O art. 500 foi revogado pela Lei nº 11.719/2008. V. atual art. 384 do CPP.

VII – se verificadas após a decisão da primeira instância, nas razões de recurso ou logo depois de anunciado o julgamento do recurso e apregoadas as partes;

VIII – as do julgamento em plenário, em audiência ou em sessão do tribunal, logo depois de ocorrerem.

Art. 572. As nulidades previstas no art. 564, III, "d" e "e", segunda parte, "g" e "h", e IV, considerar-se-ão sanadas:

I – se não forem arguidas, em tempo oportuno, de acordo com o disposto no artigo anterior;

II – se, praticado por outra forma, o ato tiver atingido o seu fim;

III – se a parte, ainda que tacitamente, tiver aceito os seus efeitos.

Art. 573. Os atos, cuja nulidade não tiver sido sanada, na forma dos artigos anteriores, serão renovados ou retificados.

§ 1º. A nulidade de um ato, uma vez declarada, causará a dos atos que dele diretamente dependam ou sejam consequência.

§ 2º. O juiz que pronunciar a nulidade declarará os atos a que ela se estende.

TÍTULO II
DOS RECURSOS EM GERAL

Capítulo I
DISPOSIÇÕES GERAIS

Art. 574. Os recursos serão voluntários, excetuando-se os seguintes casos, em que deverão ser interpostos, de ofício, pelo juiz:

(*) V. art. 564, III, "n", do CPP.

(*) Vide Súmulas 160, 322 e 423 do STF.

I – da sentença que conceder *habeas corpus*;

(*) V. arts. 581, X; e 647 a 667 do CPP.

(*) Vide Súmula 344 do STF.

II – da que absolver desde logo o réu com fundamento na existência de circunstância que exclua o crime ou isente o réu de pena, nos termos do art. 411♦.

♦ Refere-se à redação anterior às alterações promovidas pela Lei nº 11.689/2008. V. atual art. 415 do CPP.

Art. 575. Não serão prejudicados os recursos que, por erro, falta ou omissão dos funcionários, não tiverem seguimento ou não forem apresentados dentro do prazo.

(*) V. art. 798, § 4º, do CPP.

(*) Vide Súmulas 320, 428 e 705 do STF.

Art. 576. O Ministério Público não poderá desistir de recurso que haja interposto.

Art. 577. O recurso poderá ser interposto pelo Ministério Público, ou pelo querelante, ou pelo réu, seu procurador ou seu defensor.

(*) Vide Súmulas 210 e 448 do STF.

Parágrafo único. Não se admitirá, entretanto, recurso da parte que não tiver interesse na reforma ou modificação da decisão.

Art. 578. O recurso será interposto por petição ou por termo nos autos, assinado pelo recorrente ou por seu representante.

(*) V. arts. 587 e 600 do CPP.

(*) Vide Súmulas 160, 320 e 428 do STF.

§ 1º. Não sabendo ou não podendo o réu assinar o nome, o termo será assinado por alguém, a seu rogo, na presença de 2 (duas) testemunhas.

§ 2º. A petição de interposição de recurso, com o despacho do juiz, será, até o dia seguinte ao último do prazo, entregue ao escrivão, que certificará no termo da juntada a data da entrega.

§ 3º. Interposto por termo o recurso, o escrivão, sob pena de suspensão por 10 (dez) a 30 (trinta) dias, fará conclusos os autos ao juiz, até o dia seguinte ao último do prazo.

Art. 579. Salvo a hipótese de má-fé, a parte não será prejudicada pela interposição de um recurso por outro.

Parágrafo único. Se o juiz, desde logo, reconhecer a impropriedade do recurso interposto pela parte, mandará processá-lo de acordo com o rito do recurso cabível.

Art. 580. No caso de concurso de agentes (Código Penal, art. 25•), a decisão do recurso interposto por um dos réus, se fundado em motivos que não sejam de caráter exclusivamente pessoal, aproveitará aos outros.

♦ Refere-se à redação anterior às alterações promovidas pela Lei nº 7.209/1984. Vide atual art. 29 do CP.

Capítulo II
DO RECURSO EM SENTIDO ESTRITO

Art. 581. Caberá recurso, no sentido estrito, da decisão, despacho ou sentença:

(*) V. art. 593, § 4º, do CPP.

(*) Vide Súmula 604 do STJ.

I – que não receber a denúncia ou a queixa;

(*) V. art. 395 do CPP.

II – que concluir pela incompetência do juízo;

(*) V. art. 567 do CPP.

(*) Vide Súmula 33 do STJ.

III – que julgar procedentes as exceções, salvo a de suspeição;

(*) V. arts. 95 a 111 do CPP.

IV – que pronunciar o réu;

(*) Inciso IV com redação dada pela Lei nº 11.689/2008.

(*) V. art. 413 do CPP.

V – que conceder, negar, arbitrar, cassar ou julgar inidônea a fiança, indeferir requerimento de prisão preventiva ou revogá-la, conceder liberdade provisória ou relaxar a prisão em flagrante;

(*) Inciso V com redação dada pela Lei nº 7.780/1989.

(*) V. arts. 310, 316 e 322 do CPP.

VI – (Revogado);

(*) Inciso VI revogado pela Lei nº 11.689/2008.

VII – que julgar quebrada a fiança ou perdido o seu valor;

(*) V. arts. 341 a 347 do CPP.

VIII – que decretar a prescrição ou julgar, por outro modo, extinta a punibilidade;

(*) V. art. 61 do CPP.

IX – que indeferir o pedido de reconhecimento da prescrição ou de outra causa extintiva da punibilidade;

X – que conceder ou negar a ordem de *habeas corpus*;

(*) V. arts. 647 a 667 do CPP.

(*) Vide Súmula 423 do STF.

XI – que conceder, negar ou revogar a suspensão condicional da pena;

(*) V. arts. 696 a 709 do CPP.

(*) V. arts. 66, 156 a 163 e 197 da LEP.

XII – que conceder, negar ou revogar livramento condicional;

(*) V. arts. 710 a 733 do CPP.

(*) V. arts. 131 a 146 e 197 da LEP.

XIII – que anular o processo da instrução criminal, no todo ou em parte;

XIV – que incluir jurado na lista geral ou desta o excluir;

(*) V. arts. 426, § 1º; e 586, parágrafo único, do CPP.

XV – que denegar a apelação ou a julgar deserta;

(*) V. arts. 593, 639, I; e 806, § 2º, do CPP.

XVI – que ordenar a suspensão do processo, em virtude de questão prejudicial;

(*) V. arts. 92 a 94 do CPP.

XVII – que decidir sobre a unificação de penas;

(*) V. arts. 111 e 197 da LEP.

XVIII – que decidir o incidente de falsidade;

(*) V. arts. 145 a 148 do CPP.

XIX – que decretar medida de segurança, depois de transitar a sentença em julgado;

(*) V. arts. 752 e 753 do CPP.

(*) V. arts. 183 e 184 da LEP.

XX – que impuser medida de segurança por transgressão de outra;

(*) V. arts. 772 a 774 do CPP.

XXI – que mantiver ou substituir a medida de segurança, nos casos do art. 774;

XXII – que revogar a medida de segurança;

(*) V. arts. 775 a 777 do CPP.

(*) V. arts. 175 a 179 da LEP.

XXIII – que deixar de revogar a medida de segurança, nos casos em que a lei admita a revogação;

(*) V. arts. 175 a 179 da LEP.

XXIV – que converter a multa em detenção ou em prisão simples;

(*) V. art. 689 do CPP.

XXV – que recusar homologação à proposta de acordo de não persecução penal, previsto no art. 28-A desta Lei.

(*) Inciso XXV acrescido pela Lei nº 13.964/2019.

Art. 582. Os recursos serão sempre para o Tribunal de Apelação♦, salvo nos casos dos nºs V, X e XIV.

♦ Atual denominação: "Tribunal de Justiça", nos termos da CF/1946.

Parágrafo único. O recurso, no caso do no XIV, será para o presidente do Tribunal de Apelação♦.

♦ Atual denominação: "Tribunal de Justiça", nos termos da CF/1946.

Art. 583. Subirão nos próprios autos os recursos:

I – quando interpostos de oficio;

II – nos casos do art. 581, I, III, IV, VI, VIII e X;

III – quando o recurso não prejudicar o andamento do processo.

Parágrafo único. O recurso da pronúncia subirá em traslado, quando, havendo 2 (dois) ou mais réus, qualquer deles se conformar com a decisão ou todos não tiverem sido ainda intimados da pronúncia.

Art. 584. Os recursos terão efeito suspensivo nos casos de perda da fiança, de concessão de livramento condicional e dos nºs XV, XVII e XXIV do art. 581.

(*) Vide Súmula 604 do STJ.

§ 1º. Ao recurso interposto de sentença de impronúncia ou no caso do no VIII do art. 581, aplicar-se-á o disposto nos arts. 596 e 598.

(*) V. art. 271 do CPP.

(*) Vide Súmula 210 do STF.

§ 2º. O recurso da pronúncia suspenderá tão somente o julgamento.

§ 3º. O recurso do despacho que julgar quebrada a fiança suspenderá unicamente o efeito de perda da metade do seu valor.

Art. 585. O réu não poderá recorrer da pronúncia senão depois de preso, salvo se prestar fiança, nos casos em que a lei a admitir.

Art. 586. O recurso voluntário poderá ser interposto no prazo de 5 (cinco) dias.

(*) Vide Súmulas 319 e 700 do STF.

Parágrafo único. No caso do art. 581, XIV, o prazo será de 20 (vinte) dias, contado da data da publicação definitiva da lista de jurados.

Art. 587. Quando o recurso houver de subir por instrumento, a parte indicará, no respectivo termo, ou em requerimento avulso, as peças dos autos de que pretenda traslado.

(*) Vide Súmula 288 do STF.

Parágrafo único. O traslado será extraído, conferido e concertado no prazo de 5 (cinco) dias, e dele constarão sempre a decisão recorrida, a certidão de sua intimação, se por outra forma não for possível verificar-se a oportunidade do recurso, e o termo de interposição.

Art. 588. Dentro de 2 (dois) dias, contados da interposição do recurso, ou do dia em que o escrivão, extraído o traslado, o fizer com vista ao recorrente, este oferecerá as razões e, em seguida, será aberta vista ao recorrido por igual prazo.

(*) V. art. 643 do CPP.

(*) Vide Súmula 707 do STF.

Parágrafo único. Se o recorrido for o réu, será intimado do prazo na pessoa do defensor.

Art. 589. Com a resposta do recorrido ou sem ela, será o recurso concluso ao juiz, que, dentro de 2 (dois) dias, reformará ou sustentará o seu despacho, mandando instruir o recurso com os traslados que lhe parecerem necessários.

(*) V. art. 643 do CPP.

Parágrafo único. Se o juiz reformar o despacho recorrido, a parte contrária, por simples petição, poderá recorrer da nova decisão, se couber recurso, não sendo mais lícito ao juiz modificá-la. Neste caso, independentemente de novos arrazoados, subirá o recurso nos próprios autos ou em traslado.

Art. 590. Quando for impossível ao escrivão extrair o traslado no prazo da lei, poderá o juiz prorrogá-lo até o dobro.

(*) V. art. 643 do CPP.

Art. 591. Os recursos serão apresentados ao juiz ou tribunal *ad quem*, dentro de 5 (cinco) dias da publicação da resposta do juiz *a quo*, ou entregues ao Correio dentro do mesmo prazo.

(*) V. art. 643 do CPP.

Art. 592. Publicada a decisão do juiz ou do tribunal *ad quem*, deverão os autos ser devolvidos, dentro de 5 (cinco) dias, ao juiz *a quo*.

(*) V. art. 643 do CPP.

Capítulo III
DA APELAÇÃO

Art. 593. Caberá apelação no prazo de 5 (cinco) dias:

(*) V. art. 609 do CPP.

(*) Vide Súmulas 320, 428 e 713 do STF.

(*) Vide Súmula 604 do STJ.

I – das sentenças definitivas de condenação ou absolvição proferidas por juiz singular;

II – das decisões definitivas, ou com força de definitivas, proferidas por juiz singular nos casos não previstos no Capítulo anterior;

III – das decisões do Tribunal do Júri, quando:

a) ocorrer nulidade posterior à pronúncia;

b) for a sentença do juiz-presidente contrária à lei expressa ou à decisão dos jurados;

(*) V. art. 593, § 1º, do CPP.

c) houver erro ou injustiça no tocante à aplicação da pena ou da medida de segurança;

(*) V. art. 593, § 2º, do CPP.

d) for a decisão dos jurados manifestamente contrária à prova dos autos.

(*) V. art. 593, § 3º, do CPP.

(*) Art. 593, *caput* e incisos, com redação dada pela Lei nº 263/1948.

§ 1º. Se a sentença do juiz-presidente for contrária à lei expressa ou divergir das respostas dos jurados aos quesitos, o tribunal *ad quem* fará a devida retificação.

(*) § 1º acrescido pela Lei nº 263/1948.

§ 2º. Interposta a apelação com fundamento no nº III, "c", deste artigo, o tribunal *ad quem*, se lhe der provimento, retificará a aplicação da pena ou da medida de segurança.

(*) § 2º acrescido pela Lei nº 263/1948.

§ 3º. Se a apelação se fundar no nº III, "d", deste artigo, e o tribunal *ad quem* se convencer de que a decisão dos jurados é manifestamente contrária à prova dos autos, dar-lhe-á provimento para sujeitar o réu a novo julgamento; não se admite, porém, pelo mesmo motivo, segunda apelação.

(*) § 3º acrescido pela Lei nº 263/1948.

§ 4º. Quando cabível a apelação, não poderá ser usado o recurso em sentido estrito, ainda que somente de parte da decisão se recorra.

(*) § 4º, primitivo parágrafo único, renumerado pela Lei nº 263/1948.

Arts. 594 e 595. (Revogados).

(*) Arts. 594 e 595 revogados pela Lei nº 11.719/2008.

Art. 596. A apelação da sentença absolutória não impedirá que o réu seja posto imediatamente em liberdade.

Parágrafo único. A apelação não suspenderá a execução da medida de segurança aplicada provisoriamente.

(*) Art. 596 com redação dada pela Lei nº 263/1948.

Art. 597. A apelação de sentença condenatória terá efeito suspensivo, salvo o disposto no art. 393•, a aplicação provisória de interdições de direitos e de medidas de segurança (arts. 374 e 378), e o caso de suspensão condicional de pena.

♦ O art. 393 foi revogado pela Lei nº 12.403/2011.

(*) Vide Súmula 713 do STF.

(*) Vide Súmula 604 do STJ.

Art. 598. Nos crimes de competência do Tribunal do Júri, ou do juiz singular, se da sentença não for interposta apelação pelo Ministério Público no prazo legal, o ofendido ou qualquer das pessoas enumeradas no art. 31, ainda que não se tenha habilitado como assistente, poderá interpor apelação, que não terá, porém, efeito suspensivo.

Parágrafo único. O prazo para interposição desse recurso será de 15 (quinze) dias e correrá do dia em que terminar o do Ministério Público.

(*) V. art. 271 do CPP.

(*) Vide Súmulas 210 e 713 do STF.

Art. 599. As apelações poderão ser interpostas quer em relação a todo o julgado, quer em relação a parte dele.

Art. 600. Assinado o termo de apelação, o apelante e, depois dele, o apelado terão o prazo de 8 (oito) dias cada um para oferecer razões, salvo nos processos de contravenção, em que o prazo será de 3 (três) dias.

§ 1º. Se houver assistente, este arrazoará, no prazo de 3 (três) dias, após o Ministério Público.

§ 2º. Se a ação penal for movida pela parte ofendida, o Ministério Público terá vista dos autos, no prazo do parágrafo anterior.

§ 3º. Quando forem 2 (dois) ou mais os apelantes ou apelados, os prazos serão comuns.

§ 4º. Se o apelante declarar, na petição ou no termo, ao interpor a apelação, que deseja arrazoar na superior instância serão os autos remetidos ao tribunal *ad quem* onde será aberta vista às partes, observados os prazos legais, notificadas as partes pela publicação oficial.

(*) § 4º acrescido pela Lei nº 4.336/1964.

Art. 601. Findos os prazos para razões, os autos serão remetidos à instância superior, com as razões ou sem elas, no prazo de 5 (cinco) dias, salvo no caso do art. 603, segunda parte, em que o prazo será de 30 (trinta) dias.

§ 1º. Se houver mais de um réu, e não houverem todos sido julgados, ou não tiverem todos apelado, caberá ao apelante promover extração do traslado dos autos, o qual deverá ser remetido à instância superior no prazo de 30 (trinta) dias, contado da data da entrega das últimas razões de apelação, ou do vencimento do prazo para a apresentação das do apelado.

§ 2º. As despesas do traslado correrão por conta de quem o solicitar, salvo se o pedido for de réu pobre ou do Ministério Público.

Art. 602. Os autos serão, dentro dos prazos do artigo anterior, apresentados ao tribunal *ad quem* ou entregues ao Correio, sob registro.

Art. 603. A apelação subirá nos autos originais e, a não ser no Distrito Federal e nas comarcas que forem sede de Tribunal de Apelação♦, ficará em cartório traslado dos termos essenciais do processo referidos no art. 564, III.

♦ Atual denominação: "Tribunal de Justiça", nos termos da CF/1946.

(*) V. art. 601, *caput*, parte final, do CPP.

Arts. 604. a 606 (Revogados).

(*) Arts. 604 a 606 revogados pela Lei nº 263/1948.

Capítulo IV
DO PROTESTO POR NOVO JÚRI

(*) Capítulo IV revogado pela Lei nº 11.689/2008.

Arts. 607 e 608. (Revogados).

(*) Arts. 607 e 608 revogados pela Lei nº 11.689/2008.

Capítulo V
DO PROCESSO E DO JULGAMENTO DOS RECURSOS EM SENTIDO ESTRITO E DAS APELAÇÕES, NOS TRIBUNAIS DE APELAÇÃO♦

♦ Atual denominação: "Tribunais de Justiça", nos termos da CF/1946.

Art. 609. Os recursos, apelações e embargos serão julgados pelos Tribunais de Justiça, câmaras ou turmas criminais, de acordo com a competência estabelecida nas leis de organização judiciária.

(*) Art. 609, *caput*, com redação dada pela Lei nº 1.720-B/1952.

Parágrafo único. Quando não for unânime a decisão de segunda instância, desfavorável ao réu, admitem-se embargos infringentes e de nulidade, que poderão ser opostos dentro de 10 (dez) dias, a contar da publicação de acórdão, na forma do art. 613. Se o desacordo for parcial, os embargos serão restritos à matéria objeto de divergência.

(*) Parágrafo único acrescido pela Lei nº 1.720-B/1952.

(*) Vide Súmula 293 do STF.

Art. 610. Nos recursos em sentido estrito, com exceção do de *habeas corpus*, e nas apelações interpostas das sentenças em processo de contravenção ou de crime a que a lei comine pena de detenção, os autos irão imediatamente com vista ao procurador-geral pelo prazo de 5 (cinco) dias, e, em seguida, passarão, por igual prazo, ao relator, que pedirá designação de dia para o julgamento.

Parágrafo único. Anunciado o julgamento pelo presidente, e apregoadas as partes, com a presença destas ou à sua revelia, o relator fará a exposição do feito e, em seguida, o presidente concederá, pelo prazo de 10 (dez) minutos, a palavra aos advogados ou às partes que a solicitarem e ao procurador-geral, quando o requerer, por igual prazo.

(*) Entendemos prejudicado este art. 610 ante o advento das Leis nº 9.099/1995 e nº 10.259/2001.

Art. 611. (Revogado).

(*) Art. 611 revogado pelo Decreto-Lei nº 552/1969.

Art. 612. Os recursos de *habeas corpus*, designado o relator, serão julgados na primeira sessão.

(*) Vide Súmula 431 do STF.

Art. 613. As apelações interpostas das sentenças proferidas em processos por crime a que a lei comine pena de reclusão, deverão ser processadas e julgadas pela forma estabelecida no art. 610, com as seguintes modificações:

(*) V. art. 609 do CPP.

I – exarado o relatório nos autos, passarão estes ao revisor, que terá igual prazo para o exame do processo e pedirá designação de dia para o julgamento;

II – os prazos serão ampliados ao dobro;

III – o tempo para os debates será de 1/4 (um quarto) de hora.

Art. 614. No caso de impossibilidade de observância de qualquer dos prazos marcados nos arts. 610 e

613, os motivos da demora serão declarados nos autos.

Art. 615. O tribunal decidirá por maioria de votos.

§ 1º. Havendo empate de votos no julgamento de recursos, se o presidente do tribunal, câmara ou turma, não tiver tomado parte na votação, proferirá o voto de desempate; no caso contrário, prevalecerá a decisão mais favorável ao réu.

§ 2º. O acórdão será apresentado à conferência na primeira sessão seguinte à do julgamento, ou no prazo de 2 (duas) sessões, pelo juiz incumbido de lavrá-lo.

(*) V. arts. 185 a 196 do CPP.

Art. 616. No julgamento das apelações poderá o tribunal, câmara ou turma proceder a novo interrogatório do acusado, reinquirir testemunhas ou determinar outras diligências.

Art. 617. O tribunal, câmara ou turma atenderá nas suas decisões ao disposto nos arts. 383, 386 e 387, no que for aplicável, não podendo, porém, ser agravada a pena, quando somente o réu houver apelado da sentença.

(*) Vide Súmulas 160, 453 e 525 do STF.

Art. 618. Os regimentos dos Tribunais de Apelação♦ estabelecerão as normas complementares para o processo e julgamento dos recursos e apelações.

♦ Atual denominação: "Tribunais de Justiça", nos termos da CF/1946.

Capítulo VI
DOS EMBARGOS

Art. 619. Aos acórdãos proferidos pelos Tribunais de Apelação♦, câmaras ou turmas, poderão ser opostos embargos de declaração, no prazo de 2 (dois) dias contados da sua publicação, quando houver na sentença ambiguidade, obscuridade, contradição ou omissão.

♦ Atual denominação: "Tribunais de Justiça", nos termos da CF/1946.

Art. 620. Os embargos de declaração serão deduzidos em requerimento de que constem os pontos em que o acórdão é ambíguo, obscuro, contraditório ou omisso.

§ 1º. O requerimento será apresentado pelo relator e julgado, independentemente de revisão, na primeira sessão.

§ 2º. Se não preenchidas as condições enumeradas neste artigo, o relator indeferirá desde logo o requerimento.

Capítulo VII
DA REVISÃO

Art. 621. A revisão dos processos findos será admitida:

I – quando a sentença condenatória for contrária ao texto expresso da lei penal ou à evidência dos autos;

II – quando a sentença condenatória se fundar em depoimentos, exames ou documentos comprovadamente falsos;

III – quando, após a sentença, se descobrirem novas provas de inocência do condenado ou de circunstância que determine ou autorize diminuição especial da pena.

(*) Vide Súmula 611 do STF.

Art. 622. A revisão poderá ser requerida em qualquer tempo, antes da extinção da pena ou após.

(*) Vide Súmula 393 do STF.

Parágrafo único. Não será admissível a reiteração do pedido, salvo se fundado em novas provas.

Art. 623. A revisão poderá ser pedida pelo próprio réu ou por procurador legalmente habilitado ou, no caso de morte do réu, pelo cônjuge, ascendente, descendente ou irmão.

Art. 624. As revisões criminais serão processadas e julgadas:

I – pelo Supremo Tribunal Federal, quanto às condenações por ele proferidas;

II – pelo Tribunal Federal de Recursos♦, Tribunais de Justiça ou de Alçada♦♦, nos demais casos.

(*) Art. 624, *caput*, com redação dada pelo Decreto-Lei nº 504/1969.

♦ O Tribunal Federal de Recursos foi extinto pela Constituição de 1988.

♦♦ Os Tribunais de Alçada foram extintos pela Emenda Constitucional nº 45, de 8.12.2004.

§ 1º. No Supremo Tribunal Federal e no Tribunal Federal de Recursos♦ o processo e julgamento obedecerão ao que for estabelecido no respectivo regimento interno.

(*) § 1º acrescido pelo Decreto-Lei nº 504/1969.

♦ O Tribunal Federal de Recursos foi extinto pela Constituição de 1988.

§ 2º. Nos Tribunais de Justiça ou de Alçada♦, o julgamento será efetuado pelas câmaras ou turmas criminais, reunidas em sessão conjunta, quando houver mais de uma, e, no caso contrário, pelo tribunal pleno.

(*) § 2º acrescido pelo Decreto-Lei nº 504/1969.

♦ Os Tribunais de Alçada foram extintos pela Emenda Constitucional nº 45, de 8.12.2004.

§ 3º. Nos tribunais onde houver 4 (quatro) ou mais câmaras ou turmas criminais, poderão ser constituídos 2 (dois) ou mais grupos de câmaras ou turmas para o julgamento de revisão, obedecido o que for estabelecido no respectivo regimento interno.

(*) § 3º acrescido pelo Decreto-Lei nº 504/1969.

Art. 625. O requerimento será distribuído a um relator e a um revisor, devendo funcionar como relator um desembargador que não tenha pronunciado decisão em qualquer fase do processo.

§ 1º. O requerimento será instruído com a certidão de haver passado em julgado a sentença condenatória e com as peças necessárias à comprovação dos fatos arguidos.

§ 2º. O relator poderá determinar que se apensem os autos originais, se daí não advier dificuldade à execução normal da sentença.

§ 3º. Se o relator julgar insuficientemente instruído o pedido e inconveniente ao interesse da justiça que se apensem os autos originais, indeferi-lo-á *in limine*, dando recurso para as câmaras reunidas ou para o tribunal, conforme o caso (art. 624, parágrafo único)♦.

♦ Atuais § 1º ao § 3º, ante as alterações promovidas pelo Decreto-Lei nº 504/1969.

§ 4º. Interposto o recurso por petição e independentemente de termo, o relator apresentará o processo em mesa para o julgamento e o relatará, sem tomar parte na discussão.

§ 5º. Se o requerimento não for indeferido *in limine*, abrir-se-á vista dos autos ao procurador-geral, que dará parecer no prazo de 10 (dez) dias. Em seguida, examinados os autos, sucessivamente, em igual prazo, pelo relator e revisor, julgar-se-á o pedido na sessão que o presidente designar.

Art. 626. Julgando procedente a revisão, o tribunal poderá alterar a classificação da infração, absolver o réu, modificar a pena ou anular o processo.

Parágrafo único. De qualquer maneira, não poderá ser agravada a pena imposta pela decisão revista.

(*) Vide Súmulas 160 e 453 do STF.

Art. 627. A absolvição implicará o restabelecimento de todos os direitos perdidos em virtude da condenação, devendo o tribunal, se for caso, impor a medida de segurança cabível.

Art. 628. Os regimentos internos dos Tribunais de Apelação♦ estabelecerão as normas complementares para o processo e julgamento das revisões criminais.

♦ Atual denominação: "Tribunais de Justiça", nos termos da CF/1946.

Art. 629. À vista da certidão do acórdão que cassar a sentença condenatória, o juiz mandará juntá-la imediatamente aos autos, para inteiro cumprimento da decisão.

Art. 630. O tribunal, se o interessado o requerer, poderá reconhecer o direito a uma justa indenização pelos prejuízos sofridos.

§ 1º. Por essa indenização, que será liquidada no juízo cível, responderá a União, se a condenação tiver sido proferida pela justiça do Distrito Federal ou de Território, ou o Estado, se o tiver sido pela respectiva justiça.

§ 2º. A indenização não será devida:

a) se o erro ou a injustiça da condenação proceder de ato ou falta imputável ao próprio impetrante, como a confissão ou a ocultação de prova em seu poder;

b) se a acusação houver sido meramente privada.

Art. 631. Quando, no curso da revisão, falecer a pessoa, cuja condenação tiver de ser revista, o presidente do tribunal nomeará curador para a defesa.

Capítulo VIII
DO RECURSO EXTRAORDINÁRIO

Arts. 632 a 636. (Revogados).

(*) Arts. 632 a 636 revogados pela Lei nº 3.396/1958.

Art. 637. O recurso extraordinário não tem efeito suspensivo, e uma vez arrazoados pelo recorrido os autos do traslado, os originais baixarão à primeira instância, para a execução da sentença.

(*) Vide Súmula 602 do STF.

(*) Vide Súmula 267 do STJ.

Art. 638. O recurso extraordinário e o recurso especial serão processados e julgados no Supremo Tribunal Federal e no Superior Tribunal de Justiça na forma estabelecida por leis especiais, pela lei processual civil e pelos respectivos regimentos internos.

(*) Art. 638 com redação dada pela Lei nº 13.964/2019.

Capítulo IX
DA CARTA TESTEMUNHÁVEL

Art. 639. Dar-se-á carta testemunhável:

I – da decisão que denegar o recurso;

II – da que, admitindo embora o recurso, obstar à sua expedição e seguimento para o juízo *ad quem*.

Art. 640. A carta testemunhável será requerida ao escrivão, ou ao secretário do tribunal, conforme o caso, nas 48 (quarenta e oito) horas seguintes ao despacho que denegar o recurso, indicando o requerente as peças do processo que deverão ser trasladadas.

Art. 641. O escrivão, ou o secretário do tribunal, dará recibo da petição à parte e, no prazo máximo de 5 (cinco) dias, no caso de recurso no sentido estrito, ou de 60 (sessenta) dias, no caso de recurso extraordinário, fará entrega da carta, devidamente conferida e concertada.

Art. 642. O escrivão, ou o secretário do tribunal, que se negar a dar o recibo, ou deixar de entregar, sob qualquer pretexto, o instrumento, será suspenso por 30 (trinta) dias. O juiz, ou o presidente do Tribunal de Apelação♦, em face de representação do testemunhante, imporá a pena e mandará que seja extraído o instrumento, sob a mesma sanção, pelo substituto do escrivão ou do secretário do tribunal. Se o testemunhante não for atendido, poderá reclamar ao presidente do tribunal *ad quem*, que avocará os autos, para o efeito do julgamento do recurso e imposição da pena.

♦ Atual denominação: "Tribunal de Justiça", nos termos da CF/1946.

Art. 643. Extraído e autuado o instrumento, observar-se-á o disposto nos arts. 588 a 592, no caso de recurso em sentido estrito, ou o processo estabelecido para o recurso extraordinário, se deste se tratar.

Art. 644. O tribunal, câmara ou turma a que competir o julgamento da carta, se desta tomar conhecimento, mandará processar o recurso, ou, se estiver suficientemente instruída, decidirá logo, *de meritis*.

Art. 645. O processo da carta testemunhável na instância superior seguirá o processo do recurso denegado.

Art. 646. A carta testemunhável não terá efeito suspensivo.

Capítulo X
DO *HABEAS CORPUS* E SEU PROCESSO

(*) Vide Tema 154 do STF.
(*) Vide Súmula 648 do STJ.

Art. 647. Dar-se-á *habeas corpus* sempre que alguém sofrer ou se achar na iminência de sofrer violência ou coação ilegal na sua liberdade de ir e vir, salvo nos casos de punição disciplinar.

(*) V. arts. 574, I; e 581, X, do CPP.

(*) Vide Súmulas 395, 431, 606, 693, 694 e 695 do STF.

Art. 648. A coação considerar-se-á ilegal:

I – quando não houver justa causa;

II – quando alguém estiver preso por mais tempo do que determina a lei;

(*) V. arts. 10 e 46 do CPP.

III – quando quem ordenar a coação não tiver competência para fazê-lo;

(*) V. arts. 69 a 87 do CPP.

IV – quando houver cessado o motivo que autorizou a coação;

V – quando não for alguém admitido a prestar fiança, nos casos em que a lei a autoriza;

(*) V. arts. 323 e 324 do CPP.

VI – quando o processo for manifestamente nulo;

(*) V. arts. 563 a 573 do CPP.

VII – quando extinta a punibilidade.

Art. 649. O juiz ou o tribunal, dentro dos limites da sua jurisdição, fará passar imediatamente a ordem impetrada, nos casos em que tenha cabimento, seja qual for a autoridade coatora.

Art. 650. Competirá conhecer, originariamente, do pedido de *habeas corpus*:

I – ao Supremo Tribunal Federal, nos casos previstos no art. 101, I, "g", da Constituição♦;

♦ Constituição dos Estados Unidos do Brasil/1937. Vide art. 102, I, "c" e "i", da CF/1988.

II – aos Tribunais de Apelação♦, sempre que os atos de violência ou coação forem atribuídos aos governadores ou interventores dos Estados ou Territórios e ao prefeito do Distrito Federal, ou a seus secretários, ou aos chefes de Polícia.

♦ Atual denominação: "Tribunais de Justiça", nos termos da CF/1946.

§ 1º. A competência do juiz cessará sempre que a violência ou coação provier de autoridade judiciária de igual ou superior jurisdição.

§ 2º. Não cabe o *habeas corpus* contra a prisão administrativa, atual ou iminente, dos responsáveis por dinheiro ou valor pertencente à Fazenda Pública, alcançados ou omissos em fazer o seu recolhimento nos prazos legais, salvo se o pedido for acompanhado de prova de quitação ou de depósito do alcance verificado, ou se a prisão exceder o prazo legal.

Art. 651. A concessão do *habeas corpus* não obstará, nem porá termo ao processo, desde que este não esteja em conflito com os fundamentos daquela.

Art. 652. Se o *habeas corpus* for concedido em virtude de nulidade do processo, este será renovado.

Art. 653. Ordenada a soltura do paciente em virtude de *habeas corpus*, será condenada nas custas a autoridade que, por má-fé ou evidente abuso de poder, tiver determinado a coação.

Parágrafo único. Neste caso, será remetida ao Ministério Público cópia das peças necessárias para ser promovida a responsabilidade da autoridade.

Art. 654. O *habeas corpus* poderá ser impetrado por qualquer pessoa, em seu favor ou de outrem, bem como pelo Ministério Público.

§ 1º. A petição de *habeas corpus* conterá:

(*) V. art. 662 do CPP.

a) o nome da pessoa que sofre ou está ameaçada de sofrer violência ou coação e o de quem exercer a violência, coação ou ameaça;

b) a declaração da espécie de constrangimento ou, em caso de simples ameaça de coação, as razões em que funda o seu temor;

c) a assinatura do impetrante, ou de alguém a seu rogo, quando não souber ou não puder escrever, e a designação das respectivas residências.

§ 2º. Os juízes e os tribunais têm competência para expedir de ofício ordem de *habeas corpus*, quando no curso de processo verificarem que alguém sofre ou está na iminência de sofrer coação ilegal.

Art. 655. O carcereiro ou o diretor da prisão, o escrivão, o oficial de justiça ou a autoridade judiciária ou policial que embaraçar ou procrastinar a expedição de ordem de *habeas corpus*, as informações sobre a causa da prisão, a condução e apresentação do paciente, ou a sua soltura, será multado na quantia de 200 (duzentos) mil-réis a 1 (um) conto de réis, sem prejuízo das penas em que incorrer. As multas serão impostas pelo juiz do tribunal que julgar o *habeas corpus*, salvo quando se tratar de autoridade judiciária, caso em que caberá ao Supremo Tribunal Federal ou ao Tribunal de Apelação♦ impor as multas.

♦ Atual denominação: "Tribunal de Justiça", nos termos da CF/1946.

Art. 656. Recebida a petição de *habeas corpus*, o juiz, se julgar necessário, e estiver preso o paciente, mandará que este lhe seja imediatamente apresentado em dia e hora que designar.

Parágrafo único. Em caso de desobediência, será expedido mandado de prisão contra o detentor, que será processado na forma da lei, e o juiz providenciará para que o paciente seja tirado da prisão e apresentado em juízo.

Art. 657. Se o paciente estiver preso, nenhum motivo escusará a sua apresentação, salvo:

I – grave enfermidade do paciente;

II – não estar ele sob a guarda da pessoa a quem se atribui a detenção;

III – se o comparecimento não tiver sido determinado pelo juiz ou pelo tribunal.

Parágrafo único. O juiz poderá ir ao local em que o paciente se encontrar, se este não puder ser apresentado por motivo de doença.

Art. 658. O detentor declarará à ordem de quem o paciente estiver preso.

Art. 659. Se o juiz ou o tribunal verificar que já cessou a violência ou coação ilegal, julgará prejudicado o pedido.

(*) Vide Súmula 695 do STF.

Art. 660. Efetuadas as diligências, e interrogado o paciente, o juiz decidirá, fundamentadamente, dentro de 24 (vinte e quatro) horas.

§ 1º. Se a decisão for favorável ao paciente, será logo posto em liberdade, salvo se por outro motivo dever ser mantido na prisão.

§ 2º. Se os documentos que instruírem a petição evidenciarem a ilegalidade da coação, o juiz ou o tribunal ordenará que cesse imediatamente o constrangimento.

(*) Vide Súmula 431 do STF.

§ 3º. Se a ilegalidade decorrer do fato de não ter sido o paciente admitido a prestar fiança, o juiz arbitrará o valor desta, que poderá ser prestada perante ele, remetendo, neste caso, à autoridade os respectivos autos, para serem anexados aos do inquérito policial ou aos do processo judicial.

§ 4º. Se a ordem de *habeas corpus* for concedida para evitar ameaça de violência ou coação ilegal, dar-se-á ao paciente salvo-conduto assinado pelo juiz.

§ 5º. Será incontinenti enviada cópia da decisão à autoridade que tiver ordenado a prisão ou tiver o paciente à sua disposição, a fim de juntar-se aos autos do processo.

§ 6º. Quando o paciente estiver preso em lugar que não seja o da sede do juízo ou do tribunal que conceder a ordem, o alvará de soltura será expedido pelo telégrafo, se houver, observadas as formalidades estabelecidas no art. 289, parágrafo único, *in fine*, ou por via postal.

Art. 661. Em caso de competência originária do Tribunal de Apelação♦, a petição de *habeas corpus* será apresentada ao secretário, que a enviará imediatamente ao presidente do tribunal, ou da câmara criminal, ou da turma, que estiver reunida, ou primeiro tiver de reunir-se.

♦ Atual denominação: "Tribunal de Justiça", nos termos da CF/1946.

Art. 662. Se a petição contiver os requisitos do art. 654, § 1º, o presidente, se necessário, requisitará da autoridade indicada como coatora informações por escrito. Faltando, porém, qualquer daqueles requisitos, o presidente mandará preenchê-lo, logo que lhe for apresentada a petição.

Art. 663. As diligências do artigo anterior não serão ordenadas, se o presidente entender que o *habeas corpus* deva ser indeferido *in limine*. Nesse caso, levará a petição ao tribunal, câmara ou turma, para que delibere a respeito.

Art. 664. Recebidas as informações, ou dispensadas, o *habeas corpus* será julgado na primeira sessão, podendo, entretanto, adiar-se o julgamento para a sessão seguinte.

(*) Vide Súmula 431 do STF.

Parágrafo único. A decisão será tomada por maioria de votos. Havendo empate, se o presidente não tiver tomado parte na votação, proferirá voto de desempate; no caso contrário, prevalecerá a decisão mais favorável ao paciente.

Art. 665. O secretário do tribunal lavrará a ordem que, assinada pelo presidente do tribunal, câmara ou turma, será dirigida, por ofício ou telegrama, ao detentor, ao carcereiro ou autoridade que exercer ou ameaçar exercer o constrangimento.

Parágrafo único. A ordem transmitida por telegrama obedecerá ao disposto no art. 289, parágrafo único, *in fine*♦.

♦ A Lei nº 12.403/2011 alterou a redação do art. 289, passando a presente referência para "§ 1º" do art. 289.

Art. 666. Os regimentos dos Tribunais de Apelação♦ estabelecerão as normas complementares para o processo e julgamento do pedido de *habeas corpus* de sua competência originária.

♦ Atual denominação: "Tribunais de Justiça", nos termos da CF/1946.

Art. 667. No processo e julgamento do *habeas corpus* de competência originária do Supremo Tribunal Federal, bem como nos de recurso das decisões de última ou única instância, denegatórias de *habeas corpus*, observar-se-á, no que lhes for aplicável, o disposto nos artigos anteriores, devendo o regimento interno do tribunal estabelecer as regras complementares.

LIVRO IV
DA EXECUÇÃO

TÍTULO I
DISPOSIÇÕES GERAIS

Art. 668. A execução, onde não houver juiz especial, incumbirá ao juiz da sentença, ou, se a decisão for do Tribunal do Júri, ao seu presidente.

(*) V. art. 65 da LEP.

Parágrafo único. Se a decisão for de tribunal superior, nos casos de sua competência originária, caberá ao respectivo presidente prover-lhe a execução.

Art. 669. Só depois de passar em julgado, será exequível a sentença, salvo:

I – quando condenatória, para o efeito de sujeitar o réu a prisão, ainda no caso de crime afiançável, enquanto não for prestada a fiança;

II – quando absolutória, para o fim de imediata soltura do réu, desde que não proferida em processo por crime a que a lei comine pena de reclusão, no máximo, por tempo igual ou superior a 8 (oito) anos.

(*) V. art. 105 da LEP.

Art. 670. No caso de decisão absolutória confirmada ou proferida em grau de apelação, incumbirá ao relator fazer expedir o alvará de soltura, de que dará imediatamente conhecimento ao juiz de primeira instância.

Art. 671. Os incidentes da execução serão resolvidos pelo respectivo juiz.

Art. 672. Computar-se-á na pena privativa da liberdade o tempo:

I – de prisão preventiva no Brasil ou no estrangeiro;

II – de prisão provisória no Brasil ou no estrangeiro;

III – de internação em hospital ou manicômio.

Art. 673. Verificado que o réu, pendente a apelação por ele interposta, já sofreu prisão por tempo igual ao da pena a que foi condenado, o relator do feito mandará pô-lo imediatamente em liberdade, sem prejuízo do julgamento do recurso, salvo se, no caso de crime a que a lei comine pena de reclusão, no máximo, por tempo igual ou superior a 8 (oito) anos, o querelante ou o Ministério Público também houver apelado da sentença condenatória.

(*) V. art. 12 da LICPP.

TÍTULO II
DA EXECUÇÃO DAS PENAS EM ESPÉCIE

Capítulo I
DAS PENAS PRIVATIVAS DE LIBERDADE

(*) V. arts. 105 a 146-D da LEP.

Art. 674. Transitando em julgado a sentença que impuser pena privativa de liberdade, se o réu já estiver preso, ou vier a ser preso, o juiz ordenará a expedição de carta de guia para o cumprimento da pena.

Parágrafo único. Na hipótese do art. 82, última parte, a expedição da carta de guia será ordenada pelo juiz competente para a soma ou unificação das penas.

Art. 675. No caso de ainda não ter sido expedido mandado de prisão, por tratar-se de infração penal em que o réu se livra solto ou por estar afiançado, o juiz, ou o presidente da câmara ou tribunal, se tiver havido recurso, fará expedir o mandado de prisão, logo que transite em julgado a sentença condenatória.

§ 1º. No caso de reformada pela superior instância, em grau de recurso, a sentença absolutória, estando o réu solto, o presidente da câmara ou do tribunal fará, logo após a sessão de julgamento, remeter ao chefe de Polícia o mandado de prisão do condenado.

§ 2º. Se o réu estiver em prisão especial, deverá, ressalvado o disposto na legislação relativa aos militares, ser expedida ordem para sua imediata remoção para prisão comum, até que se verifique a expedição de carta de guia para o cumprimento da pena.

Art. 676. A carta de guia, extraída pelo escrivão e assinada pelo juiz, que a rubricará em todas as folhas, será remetida ao diretor do estabelecimento em que tenha de ser cumprida a sentença condenatória, e conterá:

I – o nome do réu e a alcunha por que for conhecido;

II – a sua qualificação civil (naturalidade, filiação, idade, estado, profissão), instrução e, se constar, número do registro geral do Instituto de Identificação e Estatística ou de repartição congênere;

III – o teor integral da sentença condenatória e a data da terminação da pena.

Parágrafo único. Expedida carta de guia para cumprimento de uma pena, se o réu estiver cumprindo outra, só depois de terminada a execução desta será aquela executada. Retificar-se-á a carta de guia sempre que sobrevenha modificação quanto ao início da execução ou ao tempo de duração da pena.

Art. 677. Da carta de guia e seus aditamentos se remeterá cópia ao Conselho Penitenciário.

Art. 678. O diretor do estabelecimento, em que o réu tiver de cumprir a pena, passará recibo da carta de guia para juntar-se aos autos do processo.

Art. 679. As cartas de guia serão registradas em livro especial, segundo a ordem cronológica do recebimento, fazendo-se no curso da execução as anotações necessárias.

Art. 680. Computar-se-á no tempo da pena o período em que o condenado, por sentença irrecorrível, permanecer preso em estabelecimento diverso do destinado ao cumprimento dela.

Art. 681. Se impostas cumulativamente penas privativas da liberdade, será executada primeiro a de reclusão, depois a de detenção e por último a de prisão simples.

Art. 682. O sentenciado a que sobrevier doença mental, verificada por perícia médica, será internado em manicômio judiciário, ou, à falta, em outro estabelecimento adequado, onde lhe seja assegurada a custódia.

(*) V. art. 154 do CPP.

(*) V. arts. 99 a 101 e 183 da LEP.

§ 1º. Em caso de urgência, o diretor do estabelecimento penal poderá determinar a remoção do sentenciado, comunicando imediatamente a providência ao juiz, que, em face da perícia médica, ratificará ou revogará a medida.

§ 2º. Se a internação se prolongar até o término do prazo restante da pena e não houver sido imposta medida de segurança detentiva, o indivíduo terá o destino aconselhado pela sua enfermidade, feita a devida comunicação ao juiz de incapazes.

Art. 683. O diretor da prisão a que o réu tiver sido recolhido provisoriamente ou em cumprimento de pena comunicará imediatamente ao juiz o óbito, a fuga ou a soltura do detido ou sentenciado para que fique constando dos autos.

Parágrafo único. A certidão de óbito acompanhará a comunicação.

Art. 684. A recaptura do réu evadido não depende de prévia ordem judicial e poderá ser efetuada por qualquer pessoa.

Art. 685. Cumprida ou extinta a pena, o condenado será posto, imediatamente, em liberdade, mediante alvará do juiz, no qual se ressalvará a hipótese de dever o condenado continuar na prisão por outro motivo legal.

Parágrafo único. Se tiver sido imposta medida de segurança detentiva, o condenado será removido para estabelecimento adequado (art. 762).

Capítulo II
DAS PENAS PECUNIÁRIAS

(*) V. arts. 164 a 170 da LEP.

Art. 686. A pena de multa será paga dentro em 10 (dez) dias após haver transitado em julgado a sentença que a impuser.

Parágrafo único. Se interposto recurso da sentença, esse prazo será contado do dia em que o juiz ordenar o cumprimento da decisão da superior instância.

Art. 687. O juiz poderá, desde que o condenado o requeira:

I – prorrogar o prazo do pagamento da multa até 3 (três) meses, se as circunstâncias justificarem essa prorrogação;

II – permitir, nas mesmas circunstâncias, que o pagamento se faça em parcelas mensais, no prazo que fixar, mediante caução real ou fidejussória, quando necessário.

(*) Inciso II com redação dada pela Lei nº 6.416/1977.

§ 1º. O requerimento, tanto no caso do nº I, como no do nº II, será feito dentro do decêndio concedido para o pagamento da multa.

§ 2º. A permissão para o pagamento em parcelas será revogada, se o juiz verificar que o condenado dela se vale para fraudar a execução da pena. Nesse caso, a caução resolver-se-á em valor monetário, devolvendo-se ao condenado o que exceder à satisfação da multa e das custas processuais.

(*) § 2º com redação dada pela Lei nº 6.416/1977.

Art. 688. Findo o decêndio ou a prorrogação sem que o condenado efetue o pagamento, ou ocorrendo a hipótese prevista no § 2º do artigo anterior, observar-se-á o seguinte:

(*) V. art. 720 do CPP.

I – possuindo o condenado bens sobre os quais possa recair a execução, será extraída certidão da sentença condenatória, a fim de que o Ministério Público proceda à cobrança judicial;

II – sendo o condenado insolvente, far-se-á a cobrança:

a) mediante desconto de quarta parte de sua remuneração (arts. 29, § 1º, e 37 do Código Penal)♦, quando cumprir pena privativa da liberdade, cumulativamente imposta com a de multa;

♦ Refere-se à redação anterior às alterações promovidas pela Lei nº 7.209/1984. Vide atuais arts. 34, § 1º; e 50, do CP.

b) mediante desconto em seu vencimento ou salário, se, cumprida a pena privativa da liberdade, ou concedido o livramento condicional, a multa não houver sido resgatada;

c) mediante esse desconto, se a multa for a única pena imposta ou no caso de suspensão condicional da pena.

§ 1º. O desconto, nos casos das letras "b" e "c", será feito mediante ordem ao empregador, à repartição competente ou à administração da entidade paraestatal, e, antes de fixá-lo, o juiz requisitará informações e ordenará diligências, inclusive arbitramento, quando necessário, para observância do art. 37, § 3º, do Código Penal♦.

♦ Refere-se à redação anterior às alterações promovidas pela Lei nº 7.209/1984. Vide atual art. 50, § 2º, do CP.

§ 2º. Sob pena de desobediência e sem prejuízo da execução a que ficará sujeito, o empregador será intimado a recolher mensalmente, até o dia fixado pelo juiz, a importância correspondente ao desconto, em selo penitenciário, que será inutilizado nos autos pelo juiz.

§ 3º. Se o condenado for funcionário estadual ou municipal ou empregado de entidade paraestatal, a importância do desconto será, semestralmente, recolhida ao Tesouro Nacional, delegacia fiscal ou coletoria federal, como receita do selo penitenciário.

§ 4º. As quantias descontadas em folha de pagamento de funcionário federal constituirão renda do selo penitenciário.

Art. 689. A multa será convertida, à razão de 10 (dez) mil-réis por dia, em detenção ou prisão simples, no caso de crime ou de contravenção:

I – se o condenado solvente frustrar o pagamento da multa;

II – se não forem pagas pelo condenado solvente as parcelas mensais autorizadas sem garantia.

(*) Inciso II com redação dada pela Lei nº 6.416/1977.

§ 1º. Se o juiz reconhecer desde logo a existência de causa para a conversão, a ela procederá de ofício ou a requerimento do Ministério Público, independentemente de audiência do condenado; caso contrário, depois de ouvir o condenado, se encontrado no lugar da sede do juízo, poderá admitir a apresentação de prova pelas partes, inclusive testemunhal, no prazo de 3 (três) dias.

§ 2º. O juiz, desde que transite em julgado a decisão, ordenará a expedição de mandado de prisão ou aditamento à carta de guia, conforme esteja o condenado solto ou em cumprimento de pena privativa da liberdade.

§ 3º. Na hipótese do inciso II deste artigo, a conversão será feita pelo valor das parcelas não pagas.

(*) § 3º acrescido pela Lei nº 6.416/1977.

Art. 690. O juiz tornará sem efeito a conversão, expedindo alvará de soltura ou cassando a ordem de prisão, se o condenado, em qualquer tempo:

I – pagar a multa;

II – prestar caução real ou fidejussória que lhe assegure o pagamento.

Parágrafo único. No caso do nº II, antes de homologada a caução, será ouvido o Ministério Público dentro do prazo de 2 (dois) dias.

Capítulo III
DAS PENAS ACESSÓRIAS

(*) Com a reforma do Código Penal pela Lei nº 7.209/1984, o art. 32 daquele diploma distinguiu as penas em: privativas de liberdade, restritivas de direitos e multa. Verifica-se, no entanto, a distinção entre as penas comuns – privativas de liberdade (Reclusão e detenção) e multa, e as penas alternativas ou substitutivas (Restritivas de direitos). Assim, as antigas penas acessórias foram transformadas em penas alternativas de interdições temporárias de direitos: proibição do exercício de cargo, função ou atividades pública bem como de mandato eletivo (art. 47, I, do CP); proibição do exercício de profissão, atividade ou ofício que dependam de habilitação especial, de licença ou autorização do poder público (art. 47, II, do CP) e a suspensão de autorização ou habilitação para dirigir (art. 47, III, do CP).

Art. 691. O juiz dará à autoridade administrativa competente conhecimento da sentença transitada em julgado, que impuser ou de que resultar a perda da função pública ou a incapacidade temporária para investidura em função pública ou para exercício de profissão ou atividade.

Art. 692. No caso de incapacidade temporária ou permanente para o exercício do pátrio poder♦, da tutela ou da curatela, o juiz providenciará para que sejam acautelados, no juízo competente, a pessoa e os bens do menor ou do interdito.

♦ Atual denominação: "poder familiar", nos termos do Código Civil/2002.

Art. 693. A incapacidade permanente ou temporária para o exercício da autoridade marital ou do pátrio poder♦ será averbada no registro civil.

♦ Atual denominação: "poder familiar", nos termos do Código Civil/2002.

Art. 694. As penas acessórias consistentes em interdições de direitos serão comunicadas ao Instituto de Identificação e Estatística ou estabelecimento congênere, figurarão na folha de antecedentes do condenado e serão mencionadas no rol de culpados.

Art. 695. Iniciada a execução das interdições temporárias (art. 72, "a" e "b", do Código Penal)♦, o juiz, de ofício, a requerimento do Ministério Público ou do condenado, fixará o seu termo final, completando as providências determinadas nos artigos anteriores.

♦ Refere-se à redação anterior às alterações promovidas pela Lei nº 7.209/1984. Vide atual art. 47 do CP.

TÍTULO III
DOS INCIDENTES DA EXECUÇÃO

Capítulo I
DA SUSPENSÃO CONDICIONAL DA PENA

(*) V. arts. 156 a 163 da LEP.

Art. 696. O juiz poderá suspender, por tempo não inferior a 2 (dois) nem superior a 6 (seis) anos, a execução das penas de reclusão e de detenção que não excedam a 2 (dois) anos, ou, por tempo não inferior a 1 (um) nem superior a 3 (três) anos, a execução da pena de prisão simples, desde que o sentenciado:

(*) Art. 696, *caput*, com redação dada pela Lei nº 6.416/1977.

I – não haja sofrido, no País ou no estrangeiro, condenação irrecorrível por outro crime a pena privativa da liberdade, salvo o disposto no parágrafo único do art. 46 do Código Penal♦;

(*) Inciso I com redação dada pela Lei nº 6.416/1977.

♦ Refere-se à redação anterior às alterações promovidas pela Lei nº 7.209/1984. Vide atual art. 64, I, do CP.

II – os antecedentes e a personalidade do sentenciado, os motivos e as circunstâncias do crime autorizem a presunção de que não tornará a delinquir.

Parágrafo único. Processado o beneficiário por outro crime ou contravenção, considerar-se-á prorrogado o prazo da suspensão da pena até o julgamento definitivo.

Art. 697. O juiz ou tribunal, na decisão que aplicar pena privativa da liberdade não superior a 2 (dois) anos, deverá pronunciar-se, motivadamente, sobre a suspensão condicional, quer a conceda quer a denegue.

(*) Art. 697 com redação dada pela Lei nº 6.416/1977.

Art. 698. Concedida a suspensão, o juiz especificará as condições a que fica sujeito o condenado, pelo prazo previsto, começando este a correr da audiência em que se der conhecimento da sentença ao beneficiário e lhe for entregue documento similar ao descrito no art. 724.

(*) Art. 698, *caput*, com redação dada pela Lei nº 6.416/1977.

§ 1º. As condições serão adequadas ao delito e à personalidade do condenado.

(*) § 1º acrescido pela Lei nº 6.416/1977.

(*) V. art. 718 do CPP.

§ 2º. Poderão ser impostas, além das estabelecidas no art. 767, como normas de conduta e obrigações, as seguintes condições:

(*) V. art. 718 do CPP.

I – frequentar curso de habilitação profissional ou de instrução escolar;

II – prestar serviços em favor da comunidade;

III – atender aos encargos de família;

IV – submeter-se a tratamento de desintoxicação.

(*) § 2º acrescido pela Lei nº 6.416/1977.

§ 3º. O juiz poderá fixar, a qualquer tempo, de ofício ou a requerimento do Ministério Público, outras condições além das especificadas na sentença e das referidas no parágrafo anterior, desde que as circunstâncias o aconselhem.

(*) § 3º acrescido pela Lei nº 6.416/1977.

§ 4º. A fiscalização do cumprimento das condições deverá ser regulada, nos Estados, Territórios e Distrito Federal, por normas supletivas e atribuída a serviço social penitenciário, patronato, conselho de comunidade ou entidades similares, inspecionadas pelo Conselho Penitenciário, pelo Ministério Público ou ambos, devendo o juiz da execução na comarca suprir, por ato, a falta das normas supletivas.

(*) § 4º acrescido pela Lei nº 6.416/1977.

§ 5º. O beneficiário deverá comparecer periodicamente à entidade fiscalizadora, para comprovar a observância das condições a que está sujeito, comunicando, também, a sua ocupação, os salários ou proventos de que vive, as economias que conseguiu realizar e as dificuldades materiais ou sociais que enfrenta.

(*) § 5º acrescido pela Lei nº 6.416/1977.

(*) V. art. 718 do CPP.

§ 6º. A entidade fiscalizadora deverá comunicar imediatamente ao órgão de inspeção, para os fins legais (arts. 730 e 731), qualquer fato capaz de acarretar a revogação do benefício, a prorrogação do prazo ou a modificação das condições.

(*) § 6º acrescido pela Lei nº 6.416/1977.

§ 7º. Se for permitido ao beneficiário mudar-se, será feita comunicação ao juiz e à entidade fiscalizadora do local da nova residência, aos quais deverá apresentar-se imediatamente.

(*) § 7º acrescido pela Lei nº 6.416/1977.

Art. 699. No caso de condenação pelo Tribunal do Júri, a suspensão condicional da pena competirá ao seu presidente.

Art. 700. A suspensão não compreende a multa, as penas acessórias, os efeitos da condenação nem as custas.

Art. 701. O juiz, ao conceder a suspensão, fixará, tendo em conta as condições econômicas ou profissionais do réu, o prazo para o pagamento, integral ou em prestações, das custas do processo e taxa penitenciária.

Art. 702. Em caso de coautoria, a suspensão poderá ser concedida a uns e negada a outros réus.

Art. 703. O juiz que conceder a suspensão lerá ao réu, em audiência, a sentença respectiva, e o advertirá das consequências de nova infração penal e da transgressão das obrigações impostas.

(*) V. art. 705 do CPP.

Art. 704. Quando for concedida a suspensão pela superior instância, a esta caberá estabelecer-lhe as condições, podendo a audiência ser presidida por qualquer membro do tribunal ou câmara, pelo juiz do processo ou por outro designado pelo presidente do tribunal ou câmara.

Art. 705. Se, intimado pessoalmente ou por edital com prazo de 20 (vinte) dias, o réu não comparecer à audiência a que se refere o art. 703, a suspensão ficará sem efeito e será executada imediatamente a pena, salvo prova de justo impedimento, caso em que será marcada nova audiência.

Art. 706. A suspensão também ficará sem efeito se, em virtude de recurso, for aumentada a pena de modo que exclua a concessão do benefício.

(*) Art. 706 com redação dada pela Lei nº 6.416/1977.

Art. 707. A suspensão será revogada se o beneficiário:

I – é condenado, por sentença irrecorrível, a pena privativa da liberdade;

II – frustra, embora solvente, o pagamento da multa, ou não efetua, sem motivo justificado, a reparação do dano.

Parágrafo único. O juiz poderá revogar a suspensão, se o beneficiário deixa de cumprir qualquer das obrigações constantes da sentença, de observar proibições inerentes à pena acessória, ou é irrecorrivelmente condenado a pena que não seja privativa da liberdade; se não a revogar, deverá advertir o beneficiário, ou exacerbar as condições ou, ainda, prorrogar o período da suspensão até o máximo, se esse limite não foi o fixado.

(*) Art. 707 com redação dada pela Lei nº 6.416/1977.

Art. 708. Expirado o prazo de suspensão ou a prorrogação, sem que tenha ocorrido motivo de revogação, a pena privativa de liberdade será declarada extinta.

Parágrafo único. O juiz, quando julgar necessário, requisitará, antes do julgamento, nova folha de antecedentes do beneficiário.

Art. 709. A condenação será inscrita, com a nota de suspensão, em livros especiais do Instituto de Identificação e Estatística, ou repartição congênere, averbando-se, mediante comunicação do juiz ou do tribunal, a revogação da suspensão ou a extinção da pena. Em caso de revogação, será feita a averbação definitiva no registro geral.

§ 1º. Nos lugares onde não houver Instituto de Identificação e Estatística ou repartição congênere, o registro e a averbação serão feitos em livro próprio no juízo ou no tribunal.

§ 2º. O registro será secreto, salvo para efeito de informações requisitadas por autoridade judiciária, no caso de novo processo.

§ 3º. Não se aplicará o disposto no § 2º, quando houver sido imposta ou resultar de condenação pena acessória consistente em interdição de direitos.

Capítulo II
DO LIVRAMENTO CONDICIONAL

(*) V. arts. 131 a 146 da LEP.

Art. 710. O livramento condicional poderá ser concedido ao condenado a pena privativa da liberdade igual ou superior a 2 (dois) anos, desde que se verifiquem as condições seguintes:

(*) Art. 710, *caput*, com redação dada pela Lei nº 6.416/1977.

I – cumprimento de mais da metade da pena, ou mais de 3/4 (três quartos), se reincidente o sentenciado;

(*) Inciso I com redação dada pela Lei nº 6.416/1977.

(*) V. art. 717 do CPP.

II – ausência ou cessação de periculosidade;

III – bom comportamento durante a vida carcerária;

IV – aptidão para prover à própria subsistência mediante trabalho honesto;

V – reparação do dano causado pela infração, salvo impossibilidade de fazê-lo.

(*) Inciso V com redação dada pela Lei nº 6.416/1977.

Art. 711. As penas que correspondem a infrações diversas podem somar-se, para efeito do livramento.

(*) Art. 711 com redação dada pela Lei nº 6.416/1977.

Art. 712. O livramento condicional poderá ser concedido mediante requerimento do sentenciado, de seu cônjuge ou de parente em linha reta, ou por proposta do diretor do estabelecimento penal, ou por iniciativa do Conselho Penitenciário.

(*) Art. 712, *caput*, com redação dada pelo Decreto-Lei nº 6.109/1943.

Parágrafo único. No caso do artigo anterior, a concessão do livramento competirá ao juiz da execução da pena que o condenado estiver cumprindo.

Art. 713. As condições de admissibilidade, conveniência e oportunidade da concessão do livramento serão verificadas pelo Conselho Penitenciário, a cujo parecer não ficará, entretanto, adstrito o juiz.

Art. 714. O diretor do estabelecimento penal remeterá ao Conselho Penitenciário minucioso relatório sobre:

I – o caráter do sentenciado, revelado pelos seus antecedentes e conduta na prisão;

II – o procedimento do liberando na prisão, sua aplicação ao trabalho e seu trato com os companheiros e funcionários do estabelecimento;

III – suas relações, quer com a família, quer com estranhos;

IV – seu grau de instrução e aptidão profissional, com a indicação dos serviços em que haja sido empregado e da especialização anterior ou adquirida na prisão;

V – sua situação financeira, e seus propósitos quanto ao seu futuro meio de vida, juntando o diretor, quando dada por pessoa idônea, promessa escrita de colocação do liberando, com indicação do serviço e do salário.

Parágrafo único. O relatório será, dentro do prazo de 15 (quinze) dias, remetido ao Conselho, com o prontuário do sentenciado, e, na falta, o Conselho opinará livremente, comunicando à autoridade competente a omissão do diretor da prisão.

Art. 715. Se tiver sido imposta medida de segurança detentiva, o livramento não poderá ser concedido sem que se verifique, mediante exame das condições do sentenciado, a cessação da periculosidade.

Parágrafo único. Consistindo a medida de segurança em internação em casa de custódia e tratamento♦, proceder-se-á a exame mental do sentenciado.

♦ Atual denominação: "Hospital de Custódia e Tratamento Psiquiátrico", nos termos do art. 99 da LEP.

Art. 716. A petição ou a proposta de livramento será remetida ao juiz ou ao tribunal por ofício do presidente do Conselho Penitenciário, com a cópia do respectivo parecer e do relatório do diretor da prisão.

§ 1º. Para emitir parecer, o Conselho poderá determinar diligências e requisitar os autos do processo.

§ 2º. O juiz ou o tribunal mandará juntar a petição ou a proposta, com o ofício ou documento que a acompanhar, aos autos do processo, e proferirá sua decisão, previamente ouvido o Ministério Público.

Art. 717. Na ausência da condição prevista no art. 710, I, o requerimento será liminarmente indeferido.

(*) Art. 717 com redação dada pela Lei nº 6.416/1977.

Art. 718. Deferido o pedido, o juiz, ao especificar as condições a que ficará subordinado o livramento, atenderá ao disposto no art. 698, §§ 1º, 2º e 5º.

(*) V. art. 724, § 2º, do CPP.

§ 1º. Se for permitido ao liberado residir fora da jurisdição do juiz da execução, remeter-se-á cópia da sentença do livramento à autoridade judiciária do lugar para onde ele se houver transferido, e à entidade de observação cautelar e proteção.

§ 2º. O liberado será advertido da obrigação de apresentar-se imediatamente à autoridade judiciária e à entidade de observação cautelar e proteção.

(*) Art. 718 com redação dada pela Lei nº 6.416/1977.

Art. 719. O livramento ficará também subordinado à obrigação de pagamento das custas do processo e da taxa penitenciária, salvo caso de insolvência comprovada.

Parágrafo único. O juiz poderá fixar o prazo para o pagamento integral ou em prestações, tendo em consideração as condições econômicas ou profissionais do liberado.

Art. 720. A forma de pagamento da multa, ainda não paga pelo liberando, será determinada de acordo com o disposto no art. 688.

Art. 721. Reformada a sentença denegatória do livramento, os autos baixarão ao juiz da primeira instância, a fim de que determine as condições que devam ser impostas ao liberando.

Art. 722. Concedido o livramento, será expedida carta de guia, com a cópia integral da sentença em 2 (duas) vias, remetendo-se uma ao diretor do estabelecimento penal e outra ao presidente do Conselho Penitenciário.

Art. 723. A cerimônia do livramento condicional será realizada solenemente, em dia marcado pela autoridade que deva presidi-la, observando-se o seguinte:

I – a sentença será lida ao liberando, na presença dos demais presos, salvo motivo relevante, pelo presidente do Conselho Penitenciário, ou pelo seu representante junto ao estabelecimento penal, ou, na falta, pela autoridade judiciária local;

(*) V. art. 731 do CPP.

II – o diretor do estabelecimento penal chamará a atenção do liberando para as condições impostas na sentença de livramento;

(*) V. art. 731 do CPP.

III – o preso declarará se aceita as condições.

(*) V. art. 731 do CPP.

§ 1º. De tudo, em livro próprio, se lavrará termo, subscrito por quem presidir a cerimônia, e pelo liberando, ou alguém a seu rogo, se não souber ou não puder escrever.

(*) V. art. 731 do CPP.

§ 2º. Desse termo, se remeterá cópia ao juiz do processo.

(*) V. art. 731 do CPP.

Art. 724. Ao sair da prisão o liberado, ser-lhe-á entregue, além do saldo do seu pecúlio e do que lhe pertencer, uma caderneta que exibirá à autoridade judiciária ou administrativa sempre que lhe for exigido. Essa caderneta conterá:

(*) V. art. 698, *caput*, do CPP.

I – a reprodução da ficha de identidade, ou o retrato do liberado, sua qualificação e sinais característicos;

II – o texto impresso dos artigos do presente capítulo;

III – as condições impostas ao liberado;

IV – a pena acessória a que esteja sujeito.

(*) Inciso IV acrescido pela Lei nº 6.416/1977.

§ 1º. Na falta de caderneta, será entregue ao liberado um salvo-conduto, em que constem as condições do livramento e a pena acessória, podendo substituir-se a ficha de identidade ou o retrato do liberado pela descrição dos sinais que possam identificá-lo.

(*) § 1º acrescido pela Lei nº 6.416/1977.

§ 2º. Na caderneta e no salvo-conduto deve haver espaço para consignar o cumprimento das condições referidas no art. 718.

(*) § 2º acrescido pela Lei nº 6.416/1977.

Art. 725. A observação cautelar e proteção realizadas por serviço social penitenciário, patronato, conselho de comunidade ou entidades similares, terá a finalidade de:

I – fazer observar o cumprimento da pena acessória, bem como das condições especificadas na sentença concessiva do benefício;

II – proteger o beneficiário, orientando-o na execução de suas obrigações e auxiliando-o na obtenção de atividade laborativa.

Parágrafo único. As entidades encarregadas de observação cautelar e proteção do liberado apresentarão relatório ao Conselho Penitenciário, para efeito da representação prevista nos arts. 730 e 731.

(*) Art. 725 com redação dada pela Lei nº 6.416/1977.

Art. 726. Revogar-se-á o livramento condicional, se o liberado vier, por crime ou contravenção, a ser condenado por sentença irrecorrível a pena privativa de liberdade.

Art. 727. O juiz pode, também, revogar o livramento, se o liberado deixar de cumprir qualquer das obrigações constantes da sentença, de observar proibições inerentes à pena acessória ou for irrecorrivelmente condenado, por crime, à pena que não seja privativa da liberdade.

(*) Art. 727, *caput*, com redação dada pela Lei nº 6.416/1977.

Parágrafo único. Se o juiz não revogar o livramento, deverá advertir o liberado ou exacerbar as condições.

(*) Parágrafo único acrescido pela Lei nº 6.416/1977.

Art. 728. Se a revogação for motivada por infração penal anterior à vigência do livramento, computar-se-á no tempo da pena o período em que esteve solto o liberado, sendo permitida, para a concessão de novo livramento, a soma do tempo das 2 (duas) penas.

Art. 729. No caso de revogação por outro motivo, não se computará na pena o tempo em que esteve solto o liberado, e tampouco se concederá, em relação à mesma pena, novo livramento.

Art. 730. A revogação do livramento será decretada mediante representação do Conselho Penitenciário, ou a requerimento do Ministério Público, ou de ofício, pelo juiz, que, antes, ouvirá o liberado, podendo ordenar diligências e permitir a produção de prova, no prazo de 5 (cinco) dias.

(*) Art. 730 com redação dada pela Lei nº 6.416/1977.

(*) V. arts. 698, § 6º; e 725, parágrafo único, do CPP.

Art. 731. O juiz, de ofício, a requerimento do Ministério Público, ou mediante representação do Conselho Penitenciário, poderá modificar as condições ou normas de conduta especificadas na sentença, devendo a respectiva decisão ser lida ao liberado por uma das autoridades ou por um dos funcionários indicados no inciso I do art. 723, observado o disposto nos incisos II e III, e §§ 1º e 2º do mesmo artigo.

(*) Art. 731 com redação dada pela Lei nº 6.416/1977.

(*) V. arts. 698, § 6º; e 725, parágrafo único, do CPP.

Art. 732. Praticada pelo liberado nova infração, o juiz ou o tribunal poderá ordenar a sua prisão, ouvido o Conselho Penitenciário, suspendendo o curso do livramento condicional, cuja revogação ficará, entretanto, dependendo da decisão final no novo processo.

Art. 733. O juiz, de ofício, ou a requerimento do interessado, do Ministério Público, ou do Conselho Penitenciário, julgará extinta a pena privativa de liberdade, se expirar o prazo do livramento sem revogação, ou na hipótese do artigo anterior, for o liberado absolvido por sentença irrecorrível.

TÍTULO IV
DA GRAÇA, DO INDULTO, DA ANISTIA E DA REABILITAÇÃO

Capítulo I
DA GRAÇA, DO INDULTO E DA ANISTIA

(*) V. arts. 187 a 193 da LEP.

(*) Vide Tema 371 do STF.

Art. 734. A graça poderá ser provocada por petição do condenado, de qualquer pessoa do povo, do Conselho Penitenciário, ou do Ministério Público, ressalvada, entretanto, ao Presidente da República, a faculdade de concedê-la espontaneamente.

Art. 735. A petição de graça, acompanhada dos documentos com que o impetrante a instruir, será remetida ao Ministro da Justiça por intermédio do Conselho Penitenciário.

Art. 736. O Conselho Penitenciário, à vista dos autos do processo, e depois de ouvir o diretor do estabelecimento penal a que estiver recolhido o condenado, fará, em relatório, a narração do fato criminoso, examinará as provas, mencionará qualquer formalidade ou circunstância omitida na petição e exporá os antecedentes do condenado e seu procedimento depois de preso, opinando sobre o mérito do pedido.

(*) Vide Lei nº 7.417/1985, que concede anistia a mães de família condenadas até 5 (cinco) anos de prisão e prevê, em seu art. 4º, que caberá ao Conselho Penitenciário proceder na forma do art. 736 do CPP, para depois encaminhar o processo ao Juiz das Execuções Criminais.

Art. 737. Processada no Ministério da Justiça, com os documentos e o relatório do Conselho Penitenciário, a petição subirá a despacho do Presidente da República, a quem serão presentes os autos do processo ou a certidão de qualquer de suas peças, se ele o determinar.

Art. 738. Concedida a graça e junta aos autos cópia do decreto, o juiz declarará extinta a pena ou penas, ou ajustará a execução aos termos do decreto, no caso de redução ou comutação de pena.

(*) V. art. 741 do CPP.

Art. 739. O condenado poderá recusar a comutação da pena.

Art. 740. Os autos da petição de graça serão arquivados no Ministério da Justiça.

Art. 741. Se o réu for beneficiado por indulto, o juiz, de ofício ou a requerimento do interessado, do Ministério Público ou por iniciativa do Conselho Penitenciário, providenciará de acordo com o disposto no art. 738.

Art. 742. Concedida a anistia após transitar em julgado a sentença condenatória, o juiz, de ofício ou a requerimento do interessado, do Ministério Público ou por iniciativa do Conselho Penitenciário, declarará extinta a pena.

Capítulo II
DA REABILITAÇÃO

Art. 743. A reabilitação será requerida ao juiz da condenação, após o decurso de 4 (quatro) ou 8 (oito) anos, pelo menos, conforme se trate de condenado ou reincidente, contados do dia em que houver terminado a execução da pena principal ou da medida de segurança detentiva, devendo o requerente indicar as comarcas em que haja residido durante aquele tempo.

Art. 744. O requerimento será instruído com:

I – certidões comprobatórias de não ter o requerente respondido, nem estar respondendo a processo penal, em qualquer das comarcas em que houver residido durante o prazo a que se refere o artigo anterior;

II – atestados de autoridades policiais ou outros documentos que comprovem ter residido nas comarcas indicadas e mantido, efetivamente, bom comportamento;

III – atestados de bom comportamento fornecidos por pessoas a cujo serviço tenha estado;

IV – quaisquer outros documentos que sirvam como prova de sua regeneração;

V – prova de haver ressarcido o dano causado pelo crime ou persistir a impossibilidade de fazê-lo.

Art. 745. O juiz poderá ordenar as diligências necessárias para apreciação do pedido, cercando-as do sigilo possível e, antes da decisão final, ouvirá o Ministério Público.

Art. 746. Da decisão que conceder a reabilitação haverá recurso de ofício.

Art. 747. A reabilitação, depois de sentença irrecorrível, será comunicada ao Instituto de Identificação e Estatística ou repartição congênere.

Art. 748. A condenação ou condenações anteriores não serão mencionadas na folha de antecedentes do reabilitado, nem em certidão extraída dos livros do juízo, salvo quando requisitadas por juiz criminal.

Art. 749. Indeferida a reabilitação, o condenado não poderá renovar o pedido senão após o decurso de 2 (dois) anos, salvo se o indeferimento tiver resultado de falta ou insuficiência de documentos.

Art. 750. A revogação de reabilitação (Código Penal, art. 120)♦ será decretada pelo juiz, de ofício ou a requerimento do Ministério Público.

♦ Refere-se à redação anterior às alterações promovidas pela Lei nº 7.209/1984. Vide atual art. 95 do CP.

TÍTULO V
DA EXECUÇÃO DAS MEDIDAS DE SEGURANÇA

(*) V. arts. 171 a 179 da LEP.

Art. 751. Durante a execução da pena ou durante o tempo em que a ela se furtar o condenado, poderá ser imposta medida de segurança, se:

(*) V. arts. 754 e 755 do CPP.

I – o juiz ou o tribunal, na sentença:

a) omitir sua decretação, nos casos de periculosidade presumida;

(*) V. art. 756 do CPP.

b) deixar de aplicá-la ou de excluí-la expressamente;

(*) V. art. 756 do CPP.

c) declarar os elementos constantes do processo insuficientes para a imposição ou exclusão da medida e ordenar indagações para a verificação da periculosidade do condenado;

(*) V. art. 757 do CPP.

II – tendo sido, expressamente, excluída na sentença a periculosidade do condenado, novos fatos demonstrarem ser ele perigoso.

(*) V. art. 757 do CPP.

Art. 752. Poderá ser imposta medida de segurança, depois de transitar em julgado a sentença, ainda quando não iniciada a execução da pena, por motivo diverso de fuga ou ocultação do condenado:

(*) V. arts. 754 e 755 do CPP.

I – no caso da letra "a" do nº I do artigo anterior, bem como no da letra "b", se tiver sido alegada a periculosidade;

(*) V. art. 756 do CPP.

II – no caso da letra "c" do nº I do mesmo artigo.

(*) V. art. 757 do CPP.

Art. 753. Ainda depois de transitar em julgado a sentença absolutória, poderá ser imposta a medida de segurança, enquanto não decorrido tempo equivalente ao da sua duração mínima, a indivíduo que a lei presuma perigoso.

(*) V. arts. 754, 755 e 759 do CPP.

Art. 754. A aplicação da medida de segurança, nos casos previstos nos arts. 751 e 752, competirá ao juiz da execução da pena, e, no caso do art. 753, ao juiz da sentença.

Art. 755. A imposição da medida de segurança, nos casos dos arts. 751 a 753, poderá ser decretada de ofício ou a requerimento do Ministério Público.

Parágrafo único. O diretor do estabelecimento penal, que tiver conhecimento de fatos indicativos da periculosidade do condenado a quem não tenha sido imposta medida de segurança, deverá logo comunicá-los ao juiz.

Art. 756. Nos casos do nº I, "a" e "b", do art. 751, e nº I do art. 752, poderá ser dispensada nova audiência do condenado.

Art. 757. Nos casos do nº I, "c", e nº II do art. 751 e nº II do art. 752, o juiz, depois de proceder às diligências que julgar convenientes, ouvirá o Ministério Público e concederá ao condenado o prazo de 3 (três) dias para alegações, devendo a prova requerida ou reputada necessária pelo juiz ser produzida dentro em 10 (dez) dias.

§ 1º. O juiz nomeará defensor ao condenado que o requerer.

§ 2º. Se o réu estiver foragido, o juiz procederá às diligências que julgar convenientes, concedendo o prazo de provas, quando requerido pelo Ministério Público.

§ 3º. Findo o prazo de provas, o juiz proferirá a sentença dentro de 3 (três) dias.

Art. 758. A execução da medida de segurança incumbirá ao juiz da execução da sentença.

Art. 759. No caso do art. 753, o juiz ouvirá o curador já nomeado ou que então nomear, podendo mandar submeter o condenado a exame mental, internando-o, desde logo, em estabelecimento adequado.

Art. 760. Para a verificação da periculosidade, no caso do § 3º do art. 78 do Código Penal•, observar-se-á o disposto no art. 757, no que for aplicável.

♦ Refere-se à redação anterior às alterações promovidas pela Lei nº 7.209/1984. Sem correspondência no Código Penal em vigor.

Art. 761. Para a providência determinada no art. 84, § 2º, do Código Penal,• se as sentenças forem proferidas por juízes diferentes, será competente o juiz que tiver sentenciado por último ou a autoridade de jurisdição prevalente no caso do art. 82.

♦ Refere-se à redação anterior às alterações promovidas pela Lei nº 7.209/1984. Sem correspondência no Código Penal em vigor.

(*) V. arts. 171 a 179 da LEP, sobre execução das Medidas de Segurança.

(*) Vide arts. 96 a 99 do CP (medida de segurança).

Art. 762. A ordem de internação, expedida para executar-se medida de segurança detentiva, conterá:

I – a qualificação do internando;

II – o teor da decisão que tiver imposto a medida de segurança;

III – a data em que terminará o prazo mínimo da internação.

Art. 763. Se estiver solto o internando, expedir-se-á mandado de captura, que será cumprido por oficial de justiça ou por autoridade policial.

Art. 764. O trabalho nos estabelecimentos referidos no art. 88, § 1º, III, do Código Penal•, será educativo e remunerado, de modo que assegure ao internado meios de subsistência, quando cessar a internação.

♦ Refere-se à redação anterior às alterações promovidas pela Lei nº 7.209/1984. Sem correspondência no Código Penal em vigor.

(*) V. arts. 171 a 179 LEP, sobre execução das Medidas de Segurança.

(*) Vide arts. 96 a 99 do CP (medida de segurança).

§ 1º. O trabalho poderá ser praticado ao ar livre.

§ 2º. Nos outros estabelecimentos, o trabalho dependerá das condições pessoais do internado.

Art. 765. A quarta parte do salário caberá ao Estado ou, no Distrito Federal e nos Territórios, à União, e o restante será depositado em nome do internado ou, se este preferir, entregue à sua família.

Art. 766. A internação das mulheres será feita em estabelecimento próprio ou em seção especial.

Art. 767. O juiz fixará as normas de conduta que serão observadas durante a liberdade vigiada.

(*) V. art. 698, § 2º, do CPP.

§ 1º. Serão normas obrigatórias, impostas ao indivíduo sujeito à liberdade vigiada:

a) tomar ocupação, dentro de prazo razoável, se for apto para o trabalho;

b) não mudar do território da jurisdição do juiz, sem prévia autorização deste.

§ 2º. Poderão ser impostas ao indivíduo sujeito à liberdade vigiada, entre outras obrigações, as seguintes:

a) não mudar de habitação sem aviso prévio ao juiz, ou à autoridade incumbida da vigilância;

b) recolher-se cedo à habitação;

c) não trazer consigo armas ofensivas ou instrumentos capazes de ofender;

d) não frequentar casas de bebidas ou de tavolagem, nem certas reuniões, espetáculos ou diversões públicas.

§ 3º. Será entregue ao indivíduo sujeito à liberdade vigiada uma caderneta, de que constarão as obrigações impostas.

Art. 768. As obrigações estabelecidas na sentença serão comunicadas à autoridade policial.

(*) V. art. 771, § 2º, do CPP.

Art. 769. A vigilância será exercida discretamente, de modo que não prejudique o indivíduo a ela sujeito.

Art. 770. Mediante representação da autoridade incumbida da vigilância, a requerimento do Ministério Público ou de ofício, poderá o juiz modificar as normas fixadas ou estabelecer outras.

Art. 771. Para execução do exílio local, o juiz comunicará sua decisão à autoridade policial do lugar ou dos lugares onde o exilado está proibido de permanecer ou de residir.

§ 1º. O infrator da medida será conduzido à presença do juiz que poderá mantê-lo detido até proferir decisão.

§ 2º. Se for reconhecida a transgressão e imposta, consequentemente, a liberdade vigiada, determinará o juiz que a autoridade policial providencie a fim de que o infrator siga imediatamente para o lugar de residência por ele escolhido, e oficiará à autoridade policial desse lugar, observando-se o disposto no art. 768.

Art. 772. A proibição de frequentar determinados lugares será comunicada pelo juiz à autoridade policial, que lhe dará conhecimento de qualquer transgressão.

Art. 773. A medida de fechamento de estabelecimento ou de interdição de associação será comunicada pelo juiz à autoridade policial, para que a execute.

Art. 774. Nos casos do parágrafo único do art. 83 do Código Penal♦, ou quando a transgressão de uma medida de segurança importar a imposição de outra, observar-se-á o disposto no art. 757, no que for aplicável.

♦ Refere-se à redação anterior às alterações promovidas pela Lei nº 7.209/1984. Sem correspondência no Código Penal em vigor.

(*) V. arts. 171 a 179 da LEP, sobre execução das Medidas de Segurança.

(*) Vide arts. 96 a 99 do CP (medida de segurança).

Art. 775. A cessação ou não da periculosidade se verificará ao fim do prazo mínimo de duração da medida de segurança pelo exame das condições da pessoa a que tiver sido imposta, observando-se o seguinte:

I – o diretor do estabelecimento de internação ou a autoridade policial incumbida da vigilância, até 1 (um) mês antes de expirado o prazo de duração mínima da medida, se não for inferior a 1 (um) ano, ou até 15 (quinze) dias nos outros casos, remeterá ao juiz da execução minucioso relatório, que o habilite a resolver sobre a cessação ou permanência da medida;

(*) V. art. 777, § 2º, do CPP.

II – se o indivíduo estiver internado em manicômio judiciário ou em casa de custódia e tratamento♦, o relatório será acompanhado do laudo de exame pericial feito por 2 (dois) médicos designados pelo diretor do estabelecimento;

♦ Atual denominação: "Hospital de Custódia e Tratamento Psiquiátrico", nos termos do art. 99 da LEP.

(*) V. art. 777, § 2º, do CPP.

III – o diretor do estabelecimento de internação ou a autoridade policial deverá, no relatório, concluir pela conveniência da revogação, ou não, da medida de segurança;

IV – se a medida de segurança for o exílio local ou a proibição de frequentar determinados lugares, o juiz, até 1 (um) mês ou 15 (quinze) dias antes de expirado o prazo mínimo de duração, ordenará as diligências necessárias, para verificar se desapareceram as causas da aplicação da medida;

(*) V. art. 777, § 2º, do CPP.

V – junto aos autos o relatório, ou realizadas as diligências, serão ouvidos sucessivamente o Ministério Público e o curador ou o defensor, no prazo de 3 (três) dias para cada um;

VI – o juiz nomeará curador ou defensor ao interessado que o não tiver;

VII – o juiz, de ofício, ou a requerimento de qualquer das partes, poderá determinar novas diligências, ainda que já expirado o prazo de duração mínima da medida de segurança;

VIII – ouvidas as partes ou realizadas as diligências a que se refere o número anterior o juiz proferirá a sua decisão, no prazo de 3 (três) dias.

Art. 776. Nos exames sucessivos a que se referem o § 1º, II, e § 2º do art. 81 do Código Penal•, observar-se-á, no que lhes for aplicável, o disposto no artigo anterior.

♦ Refere-se à redação anterior às alterações promovidas pela Lei nº 7.209/1984. Sem correspondência no Código Penal em vigor.

(*) V. arts. 171 a 179 da LEP, sobre execução das Medidas de Segurança.

(*) Vide art. 97, § 2º, do CP.

Art. 777. Em qualquer tempo, ainda durante o prazo mínimo de duração da medida de segurança, poderá o tribunal, câmara ou turma, a requerimento do Ministério Público ou do interessado, seu defensor ou curador, ordenar o exame, para a verificação da cessação da periculosidade.

(*) Vide Súmula 520 do STF.

§ 1º. Designado o relator e ouvido o procurador-geral, se a medida não tiver sido por ele requerida, o pedido será julgado na primeira sessão.

§ 2º. Deferido o pedido, a decisão será imediatamente comunicada ao juiz, que requisitará, marcando prazo, o relatório e o exame a que se referem os nºs I e II do art. 775 ou ordenará as diligências mencionadas no nº IV do mesmo artigo, prosseguindo de acordo com o disposto nos outros incisos do citado artigo.

Art. 778. Transitando em julgado a sentença de revogação, o juiz expedirá ordem para a desinternação, quando se tratar de medida detentiva, ou para que cesse a vigilância ou a proibição, nos outros casos.

Art. 779. O confisco dos instrumentos e produtos do crime, no caso previsto no art. 100 do Código Penal•, será decretado no despacho de arquivamento do inquérito, na sentença de impronúncia ou na sentença absolutória.

♦ Refere-se à redação anterior às alterações promovidas pela Lei nº 7.209/1984. Sem correspondência no Código Penal em vigor.

(*) V. arts. 171 a 179 da LEP, sobre execução das Medidas de Segurança.

(*) Vide arts. 96 a 99 do CP (medida de segurança).

LIVRO V
DAS RELAÇÕES JURISDICIONAIS COM AUTORIDADE ESTRANGEIRA

TÍTULO ÚNICO

Capítulo I
DISPOSIÇÕES GERAIS

Art. 780. Sem prejuízo de convenções ou tratados, aplicar-se-á o disposto neste Título à homologação de sentenças penais estrangeiras e à expedição e ao cumprimento de cartas rogatórias para citações, inquirições e outras diligências necessárias à instrução de processo penal.

Art. 781. As sentenças estrangeiras não serão homologadas, nem as cartas rogatórias cumpridas, se contrárias à ordem pública e aos bons costumes.

(*) V. art. 789, § 4º, do CPP.

Art. 782. O trânsito, por via diplomática, dos documentos apresentados constituirá prova bastante de sua autenticidade.

Capítulo II
DAS CARTAS ROGATÓRIAS

Art. 783. As cartas rogatórias serão, pelo respectivo juiz, remetidas ao Ministro da Justiça, a fim de ser pedido o seu cumprimento, por via diplomática, às autoridades estrangeiras competentes.

Art. 784. As cartas rogatórias emanadas de autoridades estrangeiras competentes não dependem de homologação e serão atendidas se encaminhadas por via diplomática e desde que o crime, segundo a lei brasileira, não exclua a extradição.

§ 1º. As rogatórias, acompanhadas de tradução em língua nacional, feita por tradutor oficial ou juramentado, serão, após *exequatur* do presidente do Supremo Tribunal Federal, cumpridas pelo juiz criminal do lugar onde as diligências tenham de efetuar-se, observadas as formalidades prescritas neste Código.

§ 2º. A carta rogatória será pelo presidente do Supremo Tribunal Federal remetida ao presidente do Tribunal de Apelação♦ do Estado, do Distrito Federal, ou do Território, a fim de ser encaminhada ao juiz competente.

♦ Atual denominação: "Tribunal de Justiça", nos termos da CF/1946.

§ 3º. Versando sobre crime de ação privada, segundo a lei brasileira, o andamento, após o *exequatur*, dependerá do interessado, a quem incumbirá o pagamento das despesas.

§ 4º. Ficará sempre na secretaria do Supremo Tribunal Federal cópia da carta rogatória.

Art. 785. Concluídas as diligências, a carta rogatória será devolvida ao presidente do Supremo Tribunal Federal, por intermédio do presidente do Tribunal de Apelação♦, o qual, antes de devolvê-la, mandará completar qualquer diligência ou sanar qualquer nulidade.

♦ Atual denominação: "Tribunal de Justiça", nos termos da CF/1946.

Art. 786. O despacho que conceder o *exequatur* marcará, para o cumprimento da diligência, prazo razoável, que poderá ser excedido, havendo justa causa, ficando esta consignada em ofício dirigido ao presidente do Supremo Tribunal Federal, juntamente com a carta rogatória.

Capítulo III
DA HOMOLOGAÇÃO DAS SENTENÇAS ESTRANGEIRAS

Art. 787. As sentenças estrangeiras deverão ser previamente homologadas pelo Supremo Tribunal Federal♦ para que produzam os efeitos do art. 7º do Código Penal♦♦.

♦ Com o advento da Emenda Constitucional nº 45, de 8.12.2004, que acresceu ao art. 105, I, a alínea "i", da CF, a competência para homologar sentenças estrangeiras passou a ser do STJ.

♦♦ Refere-se à redação anterior às alterações promovidas pela Lei nº 7.209/1984. Vide atual art. 9º do CP.

Art. 788. A sentença penal estrangeira será homologada, quando a aplicação da lei brasileira produzir na espécie as mesmas consequências e concorrem os seguintes requisitos:

(*) V. art. 789, § 4º, do CPP.

I – estar revestida das formalidades externas necessárias, segundo a legislação do país de origem;

II – haver sido proferida por juiz competente, mediante citação regular, segundo a mesma legislação;

III – ter passado em julgado;

IV – estar devidamente autenticada por cônsul brasileiro;

V – estar acompanhada de tradução, feita por tradutor público.

Art. 789. O procurador-geral da República, sempre que tiver conhecimento da existência de sentença penal estrangeira, emanada de Estado que tenha com o Brasil tratado de extradição e que haja imposto medida de segurança pessoal ou pena acessória que deva ser cumprida no Brasil, pedirá ao Ministro da Justiça providências para obtenção de elementos que o habilitem a requerer a homologação da sentença.

§ 1º. A homologação de sentença emanada de autoridade judiciária de Estado, que não tiver tratado de extradição com o Brasil, dependerá de requisição do Ministro da Justiça.

§ 2º. Distribuído o requerimento de homologação, o relator mandará citar o interessado para deduzir embargos, dentro de 10 (dez) dias, se residir no Distrito Federal, de 30 (trinta) dias, no caso contrário.

§ 3º. Se nesse prazo o interessado não deduzir os embargos, ser-lhe-á pelo relator nomeado defensor, o qual dentro de 10 (dez) dias produzirá a defesa.

§ 4º. Os embargos somente poderão fundar-se em dúvida sobre a autenticidade do documento, sobre a inteligência da sentença, ou sobre a falta de qualquer dos requisitos enumerados nos arts. 781 e 788.

§ 5º. Contestados os embargos dentro de 10 (dez) dias, pelo procurador-geral, irá o processo ao relator e ao revisor, observando-se no seu julgamento o Regimento Interno do Supremo Tribunal Federal.

§ 6º. Homologada a sentença, a respectiva carta será remetida ao presidente do Tribunal de Apelação♦ do Distrito Federal, do Estado, ou do Território.

♦ Atual denominação: "Tribunal de Justiça", nos termos da CF/1946.

§ 7º. Recebida a carta de sentença, o presidente do Tribunal de Apelação♦ a remeterá ao juiz do lugar de residência do condenado, para a aplicação da medida de segurança ou da pena acessória, observadas as disposições do Título II, Capítulo III, e Título V do Livro IV deste Código.

♦ Atual denominação: "Tribunal de Justiça", nos termos da CF/1946.

(*) V. arts. 691 a 695 e 751 a 779 do CPP.

Art. 790. O interessado na execução de sentença penal estrangeira, para a reparação do dano, restituição e outros efeitos civis, poderá requerer ao Supremo Tribunal Federal a sua homologação, observando-se o que a respeito prescreve o Código de Processo Civil.

LIVRO VI
DISPOSIÇÕES GERAIS

Art. 791. Em todos os juízos e tribunais do crime, além das audiências e sessões ordinárias, haverá as extraordinárias, de acordo com as necessidades do rápido andamento dos feitos.

Art. 792. As audiências, sessões e os atos processuais serão, em regra, públicos e se realizarão nas sedes dos juízos e tribunais, com assistência dos escrivães, do secretário, do oficial de justiça que servir de porteiro, em dia e hora certos, ou previamente designados.

§ 1º. Se da publicidade da audiência, da sessão ou do ato processual, puder resultar escândalo, inconveniente grave ou perigo de perturbação da ordem, o juiz, ou o tribunal, câmara, ou turma, poderá, de ofício ou a requerimento da parte ou do Ministério Público, determinar que o ato seja realizado a portas fechadas, limitando o número de pessoas que possam estar presentes.

§ 2º. As audiências, as sessões e os atos processuais, em caso de necessidade, poderão realizar-se na residência do juiz, ou em outra casa por ele especialmente designada.

Art. 793. Nas audiências e nas sessões, os advogados, as partes, os escrivães e os espectadores poderão estar sentados. Todos, porém, se levantarão quando se dirigirem aos juízes ou quando estes se levantarem para qualquer ato do processo.

Parágrafo único. Nos atos da instrução criminal, perante os juízes singulares, os advogados poderão requerer sentados.

Art. 794. A polícia das audiências e das sessões compete aos respectivos juízes ou ao presidente do tribunal, câmara, ou turma, que poderão determinar o que for conveniente à manutenção da ordem. Para tal fim, requisitarão força pública, que ficará exclusivamente à sua disposição.

Art. 795. Os espectadores das audiências ou das sessões não poderão manifestar-se.

Parágrafo único. O juiz ou o presidente fará retirar da sala os desobedientes, que, em caso de resistência, serão presos e autuados.

Art. 796. Os atos de instrução ou julgamento prosseguirão com a assistência do defensor, se o réu se portar inconvenientemente.

(*) Vide Súmula 523 do STF.

Art. 797. Excetuadas as sessões de julgamento, que não serão marcadas para domingo ou dia feriado, os demais atos do processo poderão ser praticados em período de férias, em domingos e dias feriados. Todavia, os julgamentos iniciados em dia útil não se interromperão pela superveniência de feriado ou domingo.

Art. 798. Todos os prazos correrão em cartório e serão contínuos e peremptórios, não se interrompendo por férias, domingo ou dia feriado.

§ 1º. Não se computará no prazo o dia do começo, incluindo-se, porém, o do vencimento.

(*) Vide Súmula 310 do STF.

§ 2º. A terminação dos prazos será certificada nos autos pelo escrivão; será, porém, considerado findo o prazo, ainda que omitida aquela formalidade, se feita a prova do dia em que começou a correr.

(*) Vide Súmula 710 do STF.

§ 3º. O prazo que terminar em domingo ou dia feriado considerar-se-á prorrogado até o dia útil imediato.

§ 4º. Não correrão os prazos, se houver impedimento do juiz, força maior, ou obstáculo judicial oposto pela parte contrária.

§ 5º. Salvo os casos expressos, os prazos correrão:

(*) V. art. 800, § 2º, do CPP.

a) da intimação;

b) da audiência ou sessão em que for proferida a decisão, se a ela estiver presente a parte;

c) do dia em que a parte manifestar nos autos ciência inequívoca da sentença ou despacho.

Art. 798-A. Suspende-se o curso do prazo processual nos dias compreendidos entre 20 de dezembro e 20 de janeiro, inclusive, salvo nos seguintes casos:

I – que envolvam réus presos, nos processos vinculados a essas prisões;

II – nos procedimentos regidos pela Lei nº 11.340, de 7 de agosto de 2006 (Lei Maria da Penha);

III – nas medidas consideradas urgentes, mediante despacho fundamentado do juízo competente.

Parágrafo único. Durante o período a que se refere o *caput* deste artigo, fica vedada a realização de audiências e de sessões de julgamento, salvo nas hipóteses dos incisos I, II e III do *caput* deste artigo.

(*) Art. 798-A acrescido pela Lei nº 14.365/2022.

Art. 799. O escrivão, sob pena de multa de 50 (cinquenta) a 500 (quinhentos) mil-réis e, na reincidência, suspensão até 30 (trinta) dias, executará dentro do prazo de 2 (dois) dias os atos determinados em lei ou ordenados pelo juiz.

(*) V. art. 800, § 4º, do CPP.

Art. 800. Os juízes singulares darão seus despachos e decisões dentro dos prazos seguintes, quando outros não estiverem estabelecidos:

I – de 10 (dez) dias, se a decisão for definitiva, ou interlocutória mista;

II – de 5 (cinco) dias, se for interlocutória simples;

III – de 1 (um) dia, se se tratar de despacho de expediente.

§ 1º. Os prazos para o juiz contar-se-ão do termo de conclusão.

§ 2º. Os prazos do Ministério Público contar-se-ão do termo de vista, salvo para a interposição do recurso (art. 798, § 5º).

§ 3º. Em qualquer instância, declarando motivo justo, poderá o juiz exceder por igual tempo os prazos a ele fixados neste Código.

§ 4º. O escrivão que não enviar os autos ao juiz ou ao órgão do Ministério Público no dia em que assinar termo de conclusão ou de vista estará sujeito à sanção estabelecida no art. 799.

Art. 801. Findos os respectivos prazos, os juízes e os órgãos do Ministério Público, responsáveis pelo retardamento, perderão tantos dias de vencimentos quantos forem os excedidos. Na contagem do tempo de serviço, para o efeito de promoção e aposentadoria, a perda será do dobro dos dias excedidos.

Art. 802. O desconto referido no artigo antecedente far-se-á à vista da certidão do escrivão do processo ou do secretário do tribunal, que deverão, de ofício, ou a requerimento de qualquer interessado, remetê-la às repartições encarregadas do pagamento e da contagem do tempo de serviço, sob pena de incorrerem, de pleno direito, na multa de 500 (quinhentos) mil-réis, imposta por autoridade fiscal.

Art. 803. Salvo nos casos expressos em lei, é proibida a retirada de autos do cartório, ainda que em confiança, sob pena de responsabilidade do escrivão.

(*) V. arts. 150, § 2º; e 716, § 1º, do CPP.

Art. 804. A sentença ou o acórdão, que julgar a ação, qualquer incidente ou recurso, condenará nas custas o vencido.

Art. 805. As custas serão contadas e cobradas de acordo com os regulamentos expedidos pela União e pelos Estados.

Art. 806. Salvo o caso do art. 32, nas ações intentadas mediante queixa, nenhum ato ou diligência se realizará, sem que seja depositada em cartório a importância das custas.

§ 1º. Igualmente, nenhum ato requerido no interesse da defesa será realizado, sem o prévio pagamento das custas, salvo se o acusado for pobre.

§ 2º. A falta do pagamento das custas, nos prazos fixados em lei, ou marcados pelo juiz, importará renúncia à diligência requerida ou deserção do recurso interposto.

§ 3º. A falta de qualquer prova ou diligência que deixe de realizar-se em virtude do não pagamento de custas não implicará a nulidade do processo, se a prova de pobreza do acusado só posteriormente foi feita.

Art. 807. O disposto no artigo anterior não obstará à faculdade atribuída ao juiz de determinar de ofício inquirição de testemunhas ou outras diligências.

Art. 808. Na falta ou impedimento do escrivão e seu substituto, servirá pessoa idônea, nomeada pela autoridade, perante quem prestará compromisso, lavrando o respectivo termo.

Art. 809. A estatística judiciária criminal, a cargo do Instituto de Identificação e Estatística ou repartições congêneres, terá por base o *boletim individual*, que é parte integrante dos processos e versará sobre:

I – os crimes e as contravenções praticados durante o trimestre, com especificação da natureza de cada um, meios utilizados e circunstâncias de tempo e lugar;

II – as armas proibidas que tenham sido apreendidas;

III – o número de delinquentes, mencionadas as infrações que praticaram, sua nacionalidade, sexo, idade, filiação, estado civil, prole, residência, meios de vida e condições econômicas, grau de instrução, religião, e condições de saúde física e psíquica;

IV – o número dos casos de codelinquência;

V – a reincidência e os antecedentes judiciários;

VI – as sentenças condenatórias ou absolutórias, bem como as de pronúncia ou de impronúncia;

VII – a natureza das penas impostas;

VIII – a natureza das medidas de segurança aplicadas;

IX – a suspensão condicional da execução da pena, quando concedida;

X – as concessões ou denegações de *habeas corpus*.

§ 1º. Os dados acima enumerados constituem o mínimo exigível, podendo ser acrescidos de outros elementos úteis ao serviço da estatística criminal.

§ 2º. Esses dados serão lançados semestralmente em mapa e remetidos ao Serviço de Estatística Demográfica Moral e Política do Ministério da Justiça.

(*) § 2º com redação dada pela Lei nº 9.061/1995.

§ 3º. O *boletim individual* a que se refere este artigo é dividido em 3 (três) partes destacáveis, conforme modelo anexo a este Código, e será adotado nos Estados, no Distrito Federal e nos Territórios. A primeira parte ficará arquivada no cartório policial; a segunda será remetida ao Instituto de Identificação e Estatística, ou repartição congênere; e a terceira acompanhará o processo, e, depois de passar em julgado a sentença definitiva, lançados os dados finais, será enviada ao referido Instituto ou repartição congênere.

Art. 810. Este Código entrará em vigor no dia 1º de janeiro de 1942.

Art. 811. Revogam-se as disposições em contrário.

Rio de Janeiro, em 3 de outubro de 1941; 120º da Independência e 53º da República.

Getúlio Vargas

DOU de 13.10.1941

Retificado em 24.10.1941

LEI DE EXECUÇÃO PENAL

LEI Nº 7.210, DE 11 DE JULHO DE 1984

Atualizada até a Lei nº 14.344, de 24.5.2022.

Institui a Lei de Execução Penal.

(*) Vide Regulamento Penitenciário Geral – anexo da Lei nº 6.049/2007.

O Presidente da República,

Faço saber que o Congresso Nacional decreta e eu sanciono a seguinte Lei:

TÍTULO I
DO OBJETO E DA APLICAÇÃO DA LEI DE EXECUÇÃO PENAL

Art. 1º. A execução penal tem por objetivo efetivar as disposições de sentença ou decisão criminal e proporcionar condições para a harmônica integração social do condenado e do internado.

(*) Vide Resolução CNJ nº 287/2019, que estabelece procedimentos ao tratamento das pessoas indígenas acusadas, rés, condenadas ou privadas de liberdade, e dá diretrizes para assegurar os direitos dessa população no âmbito criminal do Poder Judiciário.

(*) Vide Resolução CNJ nº 307/2019, que institui a Política de atenção a pessoas egressas do sistema prisional no âmbito do Poder Judiciário, prevendo os procedimentos, as diretrizes, o modelo institucional e a metodologia de trabalho para sua implementação.

(*) Vide Resolução CNJ nº 348/2020, que estabelece diretrizes e procedimentos a serem observados pelo Poder Judiciário, no âmbito criminal, com relação ao tratamento da população lésbica, *gay*, bissexual, transexual, travesti ou intersexo que seja custodiada, acusada, ré, condenada, privada de liberdade, em cumprimento de alternativas penais ou monitorada eletronicamente.

(*) Vide Resolução CNJ nº 405/2021, que estabelece procedimentos para o tratamento das pessoas migrantes custodiadas, acusadas, rés, condenadas ou privadas de liberdade, inclusive em prisão domiciliar e em outras formas de cumprimento de pena em meio aberto, em cumprimento de alternativas penais ou monitoração eletrônica e confere diretrizes para assegurar os direitos dessa população no âmbito do Poder Judiciário.

(*) Vide Súmula 643 do STJ.

Art. 2º. A jurisdição penal dos Juízes ou Tribunais da Justiça ordinária, em todo o Território Nacional, será exercida, no processo de execução, na conformidade desta Lei e do Código de Processo Penal.

(*) V. arts. 668 a 779 do CPP.

(*) Vide Súmula 192 do STJ.

Parágrafo único. Esta Lei aplicar-se-á igualmente ao preso provisório e ao condenado pela Justiça Eleitoral ou

Militar, quando recolhido a estabelecimento sujeito à jurisdição ordinária.

Art. 3º. Ao condenado e ao internado serão assegurados todos os direitos não atingidos pela sentença ou pela lei.

Parágrafo único. Não haverá qualquer distinção de natureza racial, social, religiosa ou política.

Art. 4º. O Estado deverá recorrer à cooperação da comunidade nas atividades de execução da pena e da medida de segurança.

(*) V. arts. 78 a 81 do CPP.

TÍTULO II
DO CONDENADO E DO INTERNADO

Capítulo I
DA CLASSIFICAÇÃO

Art. 5º. Os condenados serão classificados, segundo os seus antecedentes e personalidade, para orientar a individualização da execução penal.

Art. 6º. A classificação será feita por Comissão Técnica de Classificação que elaborará o programa individualizador da pena privativa de liberdade adequada ao condenado ou preso provisório.

(*) Art. 6º com redação dada pela Lei nº 10.792/2003.

Art. 7º. A Comissão Técnica de Classificação, existente em cada estabelecimento, será presidida pelo diretor e composta, no mínimo, por 2 (dois) chefes de serviço, 1 (um) psiquiatra, 1 (um) psicólogo e 1 (um) assistente social, quando se tratar de condenado à pena privativa de liberdade.

Parágrafo único. Nos demais casos a Comissão atuará junto ao Juízo da Execução e será integrada por fiscais do serviço social.

Art. 8º. O condenado ao cumprimento de pena privativa de liberdade, em regime fechado, será submetido a exame criminológico para a obtenção dos elementos necessários a uma adequada classificação e com vistas à individualização da execução.

(*) V. art. 174 da LEP.

(*) Vide Súmula Vinculante 26 do STF.

(*) Vide Súmula 439 do STJ.

Parágrafo único. Ao exame de que trata este artigo poderá ser submetido o condenado ao cumprimento da pena privativa de liberdade em regime semiaberto.

Art. 9º. A Comissão, no exame para a obtenção de dados reveladores da personalidade, observando a ética profissional e tendo sempre presentes peças ou informações do processo, poderá:

(*) V. art. 174 da LEP.

I – entrevistar pessoas;

II – requisitar, de repartições ou estabelecimentos privados, dados e informações a respeito do condenado;

III – realizar outras diligências e exames necessários.

Art. 9º-A. O condenado por crime doloso praticado com violência grave contra a pessoa, bem como por crime contra a vida, contra a liberdade sexual ou por crime sexual contra vulnerável, será submetido, obrigatoriamente, à identificação do perfil genético, mediante extração de DNA (ácido desoxirribonucleico), por técnica adequada e indolor, por ocasião do ingresso no estabelecimento prisional.

(*) Art. 9º-A, *caput*, acrescido pela Lei nº 12.654/2012, com nova redação proposta pela Lei nº 13.964/2019, vetada pelo Presidente da República, mantida pelo Congresso Nacional e publicada no *DOU* de 30.4.2021.

§ 1º. A identificação do perfil genético será armazenada em banco de dados sigiloso, conforme regulamento a ser expedido pelo Poder Executivo.

(*) § 1º acrescido pela Lei nº 12.654/2012.

§ 1º-A. A regulamentação deverá fazer constar garantias mínimas de proteção de dados genéticos, observando as melhores práticas da genética forense.

(*) § 1º-A acrescido pela Lei nº 13.964/2019.

§ 2º. A autoridade policial, federal ou estadual, poderá requerer ao juiz competente, no caso de inquérito instaurado, o acesso ao banco de dados de identificação de perfil genético.

(*) § 2º acrescido pela Lei nº 12.654/2012.

§ 3º. Deve ser viabilizado ao titular de dados genéticos o acesso aos seus dados constantes nos bancos de perfis genéticos, bem como a todos os documentos da cadeia de custódia que gerou esse dado, de maneira que possa ser contraditado pela defesa.

(*) § 3º acrescido pela Lei nº 13.964/2019.

§ 4º. O condenado pelos crimes previstos no *caput* deste artigo que não tiver sido submetido à identificação do perfil genético por ocasião do ingresso no estabelecimento prisional deverá ser submetido ao procedimento durante o cumprimento da pena.

(*) § 4º acrescido pela Lei nº 13.964/2019.

§ 5º. A amostra biológica coletada só poderá ser utilizada para o único e exclusivo fim de permitir a identificação pelo perfil genético, não estando autorizadas as práticas de fenotipagem genética ou de busca familiar.

(*) § 5º acrescido pela Lei nº 13.964/2019, vetado pelo Presidente da República, mantido pelo Congresso Nacional e publicado no *DOU* de 30.4.2021.

§ 6º. Uma vez identificado o perfil genético, a amostra biológica recolhida nos termos do *caput* deste artigo deverá ser correta e imediatamente descartada, de maneira a impedir a sua utilização para qualquer outro fim.

(*) § 6º acrescido pela Lei nº 13.964/2019, vetado pelo Presidente da República, mantido pelo Congresso Nacional e publicado no *DOU* de 30.4.2021.

§ 7º. A coleta da amostra biológica e a elaboração do respectivo laudo serão realizadas por perito oficial.

(*) § 7º acrescido pela Lei nº 13.964/2019, vetado pelo Presidente da República, mantido pelo Congresso Nacional e publicado no *DOU* de 30.4.2021.

§ 8º. Constitui falta grave a recusa do condenado em submeter-se ao procedimento de identificação do perfil genético.

(*) § 8º acrescido pela Lei nº 13.964/2019.

Capítulo II
DA ASSISTÊNCIA

(*) Vide Capítulo IV "Dos Deveres, dos Direitos e da Disciplina", do Título II. A Seção II elenca os direitos do condenado (arts. 40 a 43) que este Capítulo disciplina.

Seção I
Disposições Gerais

Art. 10. A assistência ao preso e ao internado é dever do Estado, objetivando prevenir o crime e orientar o retorno à convivência em sociedade.

Parágrafo único. A assistência estende-se ao egresso.

(*) V. art. 26 da LEP.

Art. 11. A assistência será:

I – material;

II – à saúde;

III – jurídica;

IV – educacional;

V – social;

VI – religiosa.

Seção II
Da Assistência Material

Art. 12. A assistência material ao preso e ao internado consistirá no fornecimento de alimentação, vestuário e instalações higiênicas.

Art. 13. O estabelecimento disporá de instalações e serviços que atendam aos presos nas suas necessidades pessoais, além de locais destinados à venda de produtos e objetos permitidos e não fornecidos pela Administração.

Seção III
Da Assistência à Saúde

Art. 14. A assistência à saúde do preso e do internado de caráter preventivo e curativo, compreenderá atendimento médico, farmacêutico e odontológico.

§ 1º. (Vetado).

§ 2º. Quando o estabelecimento penal não estiver aparelhado para prover a assistência médica necessária, esta será prestada em outro local, mediante autorização da direção do estabelecimento.

(*) V. art. 120, II, da LEP.

(*) Vide Resolução CNPCP nº 3, de 1º.6.2012, que recomenda que não sejam utilizadas algemas em presos conduzidos ou em permanência em unidades hospitalares.

§ 3º. Será assegurado acompanhamento médico à mulher, principalmente no pré-natal e no pós-parto, extensivo ao recém-nascido.

(*) § 3º acrescido pela Lei nº 11.942/2009.

(*) Vide Resolução CNJ nº 252/2018.

§ 4º. Será assegurado tratamento humanitário à mulher grávida durante os atos médico-hospitalares preparatórios para a realização do parto e durante o trabalho de parto, bem como à mulher no período de puerpério, cabendo ao poder público promover a assistência integral à sua saúde e à do recém-nascido.

(*) § 4º acrescido pela Lei nº 14.326/2022.

Seção IV
Da Assistência Jurídica

Art. 15. A assistência jurídica é destinada aos presos e aos internados sem recursos financeiros para constituir advogado.

(*) Vide Súmula 533 do STJ.

Art. 16. As Unidades da Federação deverão ter serviços de assistência jurídica, integral e gratuita, pela Defensoria Pública, dentro e fora dos estabelecimentos penais.

(*) Art. 16, *caput*, com redação dada pela Lei nº 12.313/2010.

§ 1º. As Unidades da Federação deverão prestar auxílio estrutural, pessoal e material à Defensoria Pública, no exercício de suas funções, dentro e fora dos estabelecimentos penais.

(*) § 1º acrescido pela Lei nº 12.313/2010.

§ 2º. Em todos os estabelecimentos penais, haverá local apropriado destinado ao atendimento pelo Defensor Público.

(*) § 2º acrescido pela Lei nº 12.313/2010.

§ 3º. Fora dos estabelecimentos penais, serão implementados Núcleos Especializados da Defensoria Pública para a prestação de assistência jurídica integral e gratuita aos réus, sentenciados em liberdade, egressos e seus familiares, sem recursos financeiros para constituir advogado.

(*) § 3º acrescido pela Lei nº 12.313/2010.

Seção V
Da Assistência Educacional

Art. 17. A assistência educacional compreenderá a instrução escolar e a formação profissional do preso e do internado.

Art. 18. O ensino de 1º grau será obrigatório, integrando-se no sistema escolar da Unidade Federativa.

Art. 18-A. O ensino médio, regular ou supletivo, com formação geral ou educação profissional de nível médio, será implantado nos presídios, em obediência ao preceito constitucional de sua universalização.

§ 1º. O ensino ministrado aos presos e presas integrar-se-á ao sistema estadual e municipal de ensino e será mantido, administrativa e financeiramente, com o apoio da União, não só com os recursos destinados à educação, mas pelo sistema estadual de justiça ou administração penitenciária.

§ 2º. Os sistemas de ensino oferecerão aos presos e às presas cursos supletivos de educação de jovens e adultos.

§ 3º. A União, os Estados, os Municípios e o Distrito Federal incluirão em seus programas de educação à distância e de utilização de novas tecnologias de ensino, o atendimento aos presos e às presas.

(*) Art. 18-A acrescido pela Lei nº 13.163/2015.

Art. 19. O ensino profissional será ministrado em nível de iniciação ou de aperfeiçoamento técnico.

Parágrafo único. A mulher condenada terá ensino profissional adequado à sua condição.

Art. 20. As atividades educacionais podem ser objeto de convênio com entidades públicas ou particulares, que instalem escolas ou ofereçam cursos especializados.

Art. 21. Em atendimento às condições locais, dotar-se-á cada estabelecimento de uma biblioteca, para uso de todas as categorias de reclusos, provida de livros instrutivos, recreativos e didáticos.

Art. 21-A. O censo penitenciário deverá apurar:

I – o nível de escolaridade dos presos e das presas;

II – a existência de cursos nos níveis fundamental e médio e o número de presos e presas atendidos;

III – a implementação de cursos profissionais em nível de iniciação ou aperfeiçoamento técnico e o número de presos e presas atendidos;

IV – a existência de bibliotecas e as condições de seu acervo;

V – outros dados relevantes para o aprimoramento educacional de presos e presas.

(*) Art. 21-A acrescido pela Lei nº 13.163/2015.

Seção VI
Da Assistência Social

Art. 22. A assistência social tem por finalidade amparar o preso e o internado e prepará-los para o retorno à liberdade.

Art. 23. Incumbe ao serviço de assistência social:

I – conhecer os resultados dos diagnósticos ou exames;

II – relatar, por escrito, ao Diretor do estabelecimento, os problemas e as dificuldades enfrentadas pelo assistido;

III – acompanhar o resultado das permissões de saídas e das saídas temporárias;

IV – promover, no estabelecimento, pelos meios disponíveis, a recreação;

V – promover a orientação do assistido, na fase final do cumprimento da pena, e do liberando, de modo a facilitar o seu retorno à liberdade;

VI – providenciar a obtenção de documentos, dos benefícios da Previdência Social e do seguro por acidente no trabalho;

VII – orientar e amparar, quando necessário, a família do preso, do internado e da vítima.

Seção VII
Da Assistência Religiosa

(*) Vide Resolução CNPCP nº 8, de 9.11.2011, que fixa diretrizes para a assistência religiosa nos estabelecimentos prisionais.

Art. 24. A assistência religiosa, com liberdade de culto, será prestada aos presos e aos internados, permitindo-se-lhes a participação nos serviços organizados no estabelecimento penal, bem como a posse de livros de instrução religiosa.

§ 1º. No estabelecimento haverá local apropriado para os cultos religiosos.

§ 2º. Nenhum preso ou internado poderá ser obrigado a participar de atividade religiosa.

Seção VIII
Da Assistência ao Egresso

Art. 25. A assistência ao egresso consiste:

I – na orientação e apoio para reintegrá-lo à vida em liberdade;

II – na concessão, se necessário, de alojamento e alimentação, em estabelecimento adequado, pelo prazo de 2 (dois) meses.

Parágrafo único. O prazo estabelecido no inciso II poderá ser prorrogado uma única vez, comprovado, por declaração do assistente social, o empenho na obtenção de emprego.

Art. 26. Considera-se egresso para os efeitos desta Lei:

(*) V. art. 78 da LEP.

I – o liberado definitivo, pelo prazo de 1 (um) ano a contar da saída do estabelecimento;

II – o liberado condicional, durante o período de prova.

(*) Vide Resolução CNJ nº 307/2019, que institui a Política de atenção a pessoas egressas do sistema prisional no âmbito do Poder Judiciário, prevendo os procedimentos, as diretrizes, o modelo institucional e a metodologia de trabalho para sua implementação.

Art. 27. O serviço de assistência social colaborará com o egresso para a obtenção de trabalho.

(*) Vide Resolução CNJ nº 307/2019, que institui a Política de atenção a pessoas egressas do sistema prisional no âmbito do Poder Judiciário, prevendo os procedimentos, as diretrizes, o modelo institucional e a metodologia de trabalho para sua implementação.

Capítulo III
DO TRABALHO

Seção I
Disposições Gerais

Art. 28. O trabalho do condenado, como dever social e condição de dignidade humana, terá finalidade educativa e produtiva.

(*) V. arts. 31 e 200 da LEP.

§ 1º. Aplicam-se à organização e aos métodos de trabalho as precauções relativas à segurança e à higiene.

§ 2º. O trabalho do preso não está sujeito ao regime da Consolidação das Leis do Trabalho.

Art. 29. O trabalho do preso será remunerado, mediante prévia tabela, não podendo ser inferior a 3/4 (três quartos) do salário-mínimo.

§ 1º. O produto da remuneração pelo trabalho deverá atender:

a) à indenização dos danos causados pelo crime, desde que determinados judicialmente e não reparados por outros meios;

b) à assistência à família;

c) a pequenas despesas pessoais;

d) ao ressarcimento ao Estado das despesas realizadas com a manutenção do condenado, em proporção a ser fixada e sem prejuízo da destinação prevista nas letras anteriores.

§ 2º. Ressalvadas outras aplicações legais, será depositada a parte restante para constituição do pecúlio, em Caderneta de Poupança, que será entregue ao condenado quando posto em liberdade.

Art. 30. As tarefas executadas como prestação de serviço à comunidade não serão remuneradas.

Seção II
Do Trabalho Interno

Art. 31. O condenado à pena privativa de liberdade está obrigado ao trabalho na medida de suas aptidões e capacidade.

Parágrafo único. Para o preso provisório, o trabalho não é obrigatório e só poderá ser executado no interior do estabelecimento.

Art. 32. Na atribuição do trabalho deverão ser levadas em conta a habilitação, a condição pessoal e as necessidades futuras do preso, bem como as oportunidades oferecidas pelo mercado.

§ 1º. Deverá ser limitado, tanto quanto possível, o artesanato sem expressão econômica, salvo nas regiões de turismo.

§ 2º. Os maiores de 60 (sessenta) anos poderão solicitar ocupação adequada à sua idade.

§ 3º. Os doentes ou deficientes físicos somente exercerão atividades apropriadas ao seu estado.

Art. 33. A jornada normal de trabalho não será inferior a 6 (seis) nem superior a 8 (oito) horas, com descanso nos domingos e feriados.

Parágrafo único. Poderá ser atribuído horário especial de trabalho aos presos designados para os serviços de conservação e manutenção do estabelecimento penal.

Art. 34. O trabalho poderá ser gerenciado por fundação, ou empresa pública, com autonomia administrativa, e terá por objetivo a formação profissional do condenado.

§ 1º. Nessa hipótese, incumbirá à entidade gerenciadora promover e supervisionar a produção, com critérios e métodos empresariais, encarregar-se de sua comercialização, bem como suportar despesas, inclusive pagamento de remuneração adequada.

(*) § 1º, primitivo parágrafo único, renumerado pela Lei nº 10.792/2003.

§ 2º. Os governos federal, estadual e municipal poderão celebrar convênio com a iniciativa privada, para implantação de oficinas de trabalho referentes a setores de apoio dos presídios.

(*) § 2º acrescido pela Lei nº 10.792/2003.

Art. 35. Os órgãos da Administração Direta ou Indireta da União, Estados, Territórios, Distrito Federal e dos Municípios adquirirão, com dispensa de concorrência pública, os bens ou produtos do trabalho prisional, sempre que não for possível ou recomendável realizar-se a venda a particulares.

Parágrafo único. Todas as importâncias arrecadadas com as vendas reverterão em favor da fundação ou empresa pública a que alude o artigo anterior ou, na sua falta, do estabelecimento penal.

Seção III
Do Trabalho Externo

(*) Vide Súmula 40 do STJ.

Art. 36. O trabalho externo será admissível para os presos em regime fechado somente em serviço ou obras públicas realizadas por órgãos da Administração Direta ou Indireta, ou entidades privadas, desde que tomadas as cautelas contra a fuga e em favor da disciplina.

§ 1º. O limite máximo do número de presos será de 10% (dez por cento) do total de empregados na obra.

§ 2º. Caberá ao órgão da administração, à entidade ou à empresa empreiteira a remuneração desse trabalho.

§ 3º. A prestação de trabalho à entidade privada depende do consentimento expresso do preso.

Art. 37. A prestação de trabalho externo, a ser autorizada pela direção do estabelecimento, dependerá de aptidão, disciplina e responsabilidade, além do cumprimento mínimo de 1/6 (um sexto) da pena.

Parágrafo único. Revogar-se-á a autorização de trabalho externo ao preso que vier a praticar fato definido como crime, for punido por falta grave, ou tiver comportamento contrário aos requisitos estabelecidos neste artigo.

Capítulo IV
DOS DEVERES, DOS DIREITOS E DA DISCIPLINA

Seção I
Dos Deveres

Art. 38. Cumpre ao condenado, além das obrigações legais inerentes ao seu estado, submeter-se às normas de execução da pena.

Art. 39. Constituem deveres do condenado:

I – comportamento disciplinado e cumprimento fiel da sentença;

II – obediência ao servidor e respeito a qualquer pessoa com quem deva relacionar-se;

(*) V. arts. 50, VI; e 51, III, da LEP.

III – urbanidade e respeito no trato com os demais condenados;

IV – conduta oposta aos movimentos individuais ou coletivos de fuga ou de subversão à ordem ou à disciplina;

V – execução do trabalho, das tarefas e das ordens recebidas;

(*) V. arts. 50, VI; e 51, III, da LEP.

VI – submissão à sanção disciplinar imposta;

VII – indenização à vitima ou aos seus sucessores;

VIII – indenização ao Estado, quando possível, das despesas realizadas com a sua manutenção, mediante desconto proporcional da remuneração do trabalho;

IX – higiene pessoal e asseio da cela ou alojamento;

X – conservação dos objetos de uso pessoal.

Parágrafo único. Aplica-se ao preso provisório, no que couber, o disposto neste artigo.

(*) V. art. 31, parágrafo único, da LEP.

Seção II
Dos Direitos

Art. 40. Impõe-se a todas as autoridades o respeito à integridade física e moral dos condenados e dos presos provisórios.

(*) Vide Resolução CNJ nº 348/2020, que estabelece diretrizes e procedimentos a serem observados pelo Poder Judiciário, no âmbito criminal, com relação ao tratamento da população lésbica, *gay*, bissexual, transexual, travesti ou intersexo que seja custodiada, acusada, ré, condenada, privada de liberdade, em cumprimento de alternativas penais ou monitorada eletronicamente.

Art. 41. Constituem direitos do preso:

I – alimentação suficiente e vestuário;

II – atribuição de trabalho e sua remuneração;

III – Previdência Social;

IV – constituição de pecúlio;

V – proporcionalidade na distribuição do tempo para o trabalho, o descanso e a recreação;

VI – exercício das atividades profissionais, intelectuais, artísticas e desportivas anteriores, desde que compatíveis com a execução da pena;

VII – assistência material, à saúde, jurídica, educacional, social e religiosa;

(*) V. arts. 10 a 24 da LEP.

VIII – proteção contra qualquer forma de sensacionalismo;

IX – entrevista pessoal e reservada com o advogado;

X – visita do cônjuge, da companheira, de parentes e amigos em dias determinados;

(*) Vide Resolução CNPCP nº 4, de 29.6.2011, que recomenda que seja garantido o direito à visita íntima a pessoa presa, recolhida nos estabelecimentos prisionais, em ambiente reservado, com privacidade e inviolabilidade asseguradas às relações heteroafetivas e homoafetivas.

XI – chamamento nominal;

XII – igualdade de tratamento salvo quanto às exigências da individualização da pena;

XIII – audiência especial com o diretor do estabelecimento;

XIV – representação e petição a qualquer autoridade, em defesa de direito;

XV – contato com o mundo exterior por meio de correspondência escrita, da leitura e de outros meios de informação que não comprometam a moral e os bons costumes;

XVI – atestado de pena a cumprir, emitido anualmente, sob pena da responsabilidade da autoridade judiciária competente.

(*) Inciso XVI acrescido pela Lei nº 10.713/2003.

Parágrafo único. Os direitos previstos nos incisos V, X e XV poderão ser suspensos ou restringidos mediante ato motivado do diretor do estabelecimento.

(*) V. art. 53 da LEP.

(*) Vide Resolução CNJ nº 348/2020, que estabelece diretrizes e procedimentos a serem observados pelo Poder Judiciário, no âmbito criminal, com relação ao tratamento da população lésbica, *gay*, bissexual, transexual, travesti ou intersexo que seja custodiada, acusada, ré, condenada, privada de liberdade, em cumprimento de alternativas penais ou monitorada eletronicamente.

Art. 42. Aplica-se ao preso provisório e ao submetido à medida de segurança, no que couber, o disposto nesta Seção.

Art. 43. É garantida a liberdade de contratar médico de confiança pessoal do internado ou do submetido a tratamento ambulatorial, por seus familiares ou dependentes, a fim de orientar e acompanhar o tratamento.

Parágrafo único. As divergências entre o médico oficial e o particular serão resolvidas pelo Juiz da execução.

Seção III
Da Disciplina

Subseção I
Disposições Gerais

Art. 44. A disciplina consiste na colaboração com a ordem, na obediência às determinações das autoridades e seus agentes e no desempenho do trabalho.

Parágrafo único. Estão sujeitos à disciplina o condenado à pena privativa de liberdade ou restritiva de direitos e o preso provisório.

Art. 45. Não haverá falta nem sanção disciplinar sem expressa e anterior previsão legal ou regulamentar.

§ 1º. As sanções não poderão colocar em perigo a integridade física e moral do condenado.

(*) V. art. 57 da LEP.

§ 2º. É vedado o emprego de cela escura.

§ 3º. São vedadas as sanções coletivas.

Art. 46. O condenado ou denunciado, no início da execução da pena ou da prisão, será cientificado das normas disciplinares.

Art. 47. O poder disciplinar, na execução da pena privativa de liberdade, será exercido pela autoridade administrativa conforme as disposições regulamentares.

Art. 48. Na execução das penas restritivas de direitos, o poder disciplinar será exercido pela autoridade administrativa a que estiver sujeito o condenado.

Parágrafo único. Nas faltas graves, a autoridade representará ao Juiz da execução para os fins dos arts. 118, inciso I, 125, 127, 181, §§ 1º, letra "d", e 2º desta Lei.

Subseção II
Das Faltas Disciplinares

Art. 49. As faltas disciplinares classificam-se em leves, médias e graves. A legislação local especificará as leves e médias, bem assim as respectivas sanções.

Parágrafo único. Pune-se a tentativa com a sanção correspondente à falta consumada.

Art. 50. Comete falta grave o condenado à pena privativa de liberdade que:

I – incitar ou participar de movimento para subverter a ordem ou a disciplina;

II – fugir;

III – possuir, indevidamente, instrumento capaz de ofender a integridade física de outrem;

IV – provocar acidente de trabalho;

V – descumprir, no regime aberto, as condições impostas;

(*) V. arts. 113, 115 e 116 da LEP.

VI – inobservar os deveres previstos nos incisos II e V, do art. 39, desta Lei;

VII – tiver em sua posse, utilizar ou fornecer aparelho telefônico, de rádio ou similar, que permita a comunicação com outros presos ou com o ambiente externo;

(*) Inciso VII acrescido pela Lei nº 11.466/2007.

VIII – recusar submeter-se ao procedimento de identificação do perfil genético.

(*) Inciso VIII acrescido pela Lei nº 13.964/2019.

Parágrafo único. O disposto neste artigo aplica-se, no que couber, ao preso provisório.

Art. 51. Comete falta grave o condenado à pena restritiva de direitos que:

I – descumprir, injustificadamente, a restrição imposta;

II – retardar, injustificadamente, o cumprimento da obrigação imposta;

III – inobservar os deveres previstos nos incisos II e V, do art. 39, desta Lei.

Art. 52. A prática de fato previsto como crime doloso constitui falta grave e, quando ocasionar subversão da ordem ou disciplina internas, sujeitará o preso provisório, ou condenado, nacional ou estrangeiro, sem prejuízo da sanção penal, ao regime disciplinar diferenciado, com as seguintes características:

(*) Art. 52, *caput*, alterado pela Lei nº 10.792/2003 e com redação dada pela Lei nº 13.964/2019.

(*) Vide Tema 758 do STF.

(*) Vide Súmula 526 do STJ.

I – duração máxima de até 2 (dois) anos, sem prejuízo de repetição da sanção por nova falta grave de mesma espécie;

(*) Inciso I acrescido pela Lei nº 10.792/2003 e com redação dada pela Lei nº 13.964/2019.

II – recolhimento em cela individual;

(*) Inciso II acrescido pela Lei nº 10.792/2003 e com redação dada pela Lei nº 13.964/2019.

III – visitas quinzenais, de 2 (duas) pessoas por vez, a serem realizadas em instalações equipadas para impedir o contato físico e a passagem de objetos, por pessoa da família ou, no caso de terceiro, autorizado judicialmente, com duração de 2 (duas) horas;

(*) Inciso III acrescido pela Lei nº 10.792/2003 e com redação dada pela Lei nº 13.964/2019.

IV – direito do preso à saída da cela por 2 (duas) horas diárias para banho de sol, em grupos de até 4 (quatro) presos, desde que não haja contato com presos do mesmo grupo criminoso;

(*) Inciso IV acrescido pela Lei nº 10.792/2003 e com redação dada pela Lei nº 13.964/2019.

V – entrevistas sempre monitoradas, exceto aquelas com seu defensor, em instalações equipadas para impedir o contato físico e a passagem de objetos, salvo expressa autorização judicial em contrário;

(*) Inciso V acrescido pela Lei nº 13.964/2019.

VI – fiscalização do conteúdo da correspondência;

(*) Inciso VI acrescido pela Lei nº 13.964/2019.

VII – participação em audiências judiciais preferencialmente por videoconferência, garantindo-se a participação do defensor no mesmo ambiente do preso.

(*) Inciso VII acrescido pela Lei nº 13.964/2019.

§ 1º. O regime disciplinar diferenciado também será aplicado aos presos provisórios ou condenados, nacionais ou estrangeiros:

I – que apresentem alto risco para a ordem e a segurança do estabelecimento penal ou da sociedade;

II – sob os quais recaiam fundadas suspeitas de envolvimento ou participação, a qualquer título, em organização criminosa, associação criminosa ou milícia privada, independentemente da prática de falta grave.

(*) § 1º acrescido pela Lei nº 10.792/2003 e com redação dada pela Lei nº 13.964/2019.

§ 2º. (Revogado).

(*) § 2º acrescido pela Lei nº 10.792/2003 e revogado pela Lei nº 13.964/2019.

§ 3º. Existindo indícios de que o preso exerce liderança em organização criminosa, associação criminosa ou milícia privada, ou que tenha atuação criminosa em 2 (dois) ou mais Estados da Federação, o regime disciplinar diferenciado será obrigatoriamente cumprido em estabelecimento prisional federal.

(*) § 3º acrescido pela Lei nº 13.964/2019.

§ 4º. Na hipótese dos parágrafos anteriores, o regime disciplinar diferenciado poderá ser prorrogado sucessivamente, por períodos de 1 (um) ano, existindo indícios de que o preso:

I – continua apresentando alto risco para a ordem e a segurança do estabelecimento penal de origem ou da sociedade;

II – mantém os vínculos com organização criminosa, associação criminosa ou milícia privada, considerados também o perfil criminal e a função desempenhada por ele no grupo criminoso, a operação duradoura do grupo, a superveniência de novos processos criminais e os resultados do tratamento penitenciário.

(*) § 4º acrescido pela Lei nº 13.964/2019.

§ 5º. Na hipótese prevista no § 3º deste artigo, o regime disciplinar diferenciado deverá contar com alta segurança interna e externa, principalmente no que diz respeito à necessidade de se evitar contato do preso com membros de sua organização criminosa, associação criminosa ou milícia privada, ou de grupos rivais.

(*) § 5º acrescido pela Lei nº 13.964/2019.

§ 6º. A visita de que trata o inciso III do *caput* deste artigo será gravada em sistema de áudio ou de áudio e vídeo e, com autorização judicial, fiscalizada por agente penitenciário.

(*) § 6º acrescido pela Lei nº 13.964/2019.

§ 7º. Após os primeiros 6 (seis) meses de regime disciplinar diferenciado, o preso que não receber a visita de que trata o inciso III do *caput* deste artigo poderá, após prévio agendamento, ter contato telefônico, que será gravado, com uma pessoa da família, 2 (duas) vezes por mês e por 10 (dez) minutos.

(*) § 7º acrescido pela Lei nº 13.964/2019.

Subseção III
Das Sanções e das Recompensas

Art. 53. Constituem sanções disciplinares:

I – advertência verbal;

II – repreensão;

III – suspensão ou restrição de direitos (art. 41, parágrafo único);

(*) V. art. 57, parágrafo único, da LEP.

IV – isolamento na própria cela, ou em local adequado, nos estabelecimentos que possuam alojamento coletivo, observado o disposto no art. 88 desta Lei;

(*) V. art. 57, parágrafo único, da LEP.

V – inclusão no regime disciplinar diferenciado.

(*) Inciso V acrescido pela Lei nº 10.792/2003.

(*) V. art. 57, parágrafo único, da LEP.

Art. 54. As sanções dos incisos I a IV do art. 53 serão aplicadas por ato motivado do diretor do estabelecimento e a do inciso V, por prévio e fundamentado despacho do juiz competente.

(*) Art. 54, *caput*, com redação dada pela Lei nº 10.792/2003.

§ 1º. A autorização para a inclusão do preso em regime disciplinar dependerá de requerimento circunstanciado elaborado pelo diretor do estabelecimento ou outra autoridade administrativa.

(*) § 1º acrescido pela Lei nº 10.792/2003.

§ 2º. A decisão judicial sobre inclusão de preso em regime disciplinar será precedida de manifestação do Ministério Público e da defesa e prolatada no prazo máximo de 15 (quinze) dias.

(*) § 2º acrescido pela Lei nº 10.792/2003.

Art. 55. As recompensas têm em vista o bom comportamento reconhecido em favor do condenado, de sua colaboração com a disciplina e de sua dedicação ao trabalho.

Art. 56. São recompensas:

I – o elogio;

II – a concessão de regalias.

Parágrafo único. A legislação local e os regulamentos estabelecerão a natureza e a forma de concessão de regalias.

Subseção IV
Da Aplicação das Sanções

Art. 57. Na aplicação das sanções disciplinares, levar-se-ão em conta a natureza, os motivos, as circunstâncias e as consequências do fato, bem como a pessoa do faltoso e seu tempo de prisão.

(*) V. art. 127 da LEP.

Parágrafo único. Nas faltas graves, aplicam-se as sanções previstas nos incisos III a V do art. 53 desta Lei.

(*) Art. 57 com redação dada pela Lei nº 10.792/2003.

Art. 58. O isolamento, a suspensão e a restrição de direitos não poderão exceder a 30 (trinta) dias, ressalvada a hipótese do regime disciplinar diferenciado.

(*) Art. 58, *caput*, com redação dada pela Lei nº 10.792/2003.

(*) Vide Súmula Vinculante 9 do STF.

Parágrafo único. O isolamento será sempre comunicado ao Juiz da execução.

Subseção V
Do Procedimento Disciplinar

Art. 59. Praticada a falta disciplinar, deverá ser instaurado o procedimento para sua apuração, conforme regulamento, assegurado o direito de defesa.

(*) Vide Súmula Vinculante 5 do STF.

(*) Vide Súmula 533 do STJ.

Parágrafo único. A decisão será motivada.

Art. 60. A autoridade administrativa poderá decretar o isolamento preventivo do faltoso pelo prazo de até dez dias. A inclusão do preso no regime disciplinar diferenciado, no interesse da disciplina e da averiguação do fato, dependerá de despacho do juiz competente.

Parágrafo único. O tempo de isolamento ou inclusão preventiva no regime disciplinar diferenciado será computado no período de cumprimento da sanção disciplinar.

(*) Art. 60 com redação dada pela Lei nº 10.792/2003.

TÍTULO III
DOS ÓRGÃOS DA EXECUÇÃO PENAL

Capítulo I
DISPOSIÇÕES GERAIS

Art. 61. São órgãos da execução penal:

I – o Conselho Nacional de Política Criminal e Penitenciária;

II – o Juízo da Execução;

III – o Ministério Público;

IV – o Conselho Penitenciário;

V – os Departamentos Penitenciários;

VI – o Patronato;

VII – o Conselho da Comunidade;

VIII – a Defensoria Pública.

(*) Inciso VIII acrescido pela Lei nº 12.313/2010.

(*) Vide Resolução CNJ nº 96/2009, que institui o projeto "Começar de Novo" no âmbito do Poder Judiciário.

Capítulo II
DO CONSELHO NACIONAL DE POLÍTICA CRIMINAL E PENITENCIÁRIA

(*) O CNPCP tem suas Resoluções disponibilizadas no site: https://www.gov.br/depen/pt-br/composicao/cnpcp/resolucoes. Acesso em: 23.2.2023.

Art. 62. O Conselho Nacional de Política Criminal e Penitenciária, com sede na Capital da República, é subordinado ao Ministério da Justiça.

Art. 63. O Conselho Nacional de Política Criminal e Penitenciária será integrado por 13 (treze) membros designados através de ato do Ministério da Justiça, dentre professores e profissionais da área do Direito Penal, Processual Penal, Penitenciário e ciências correlatas, bem como por representantes da comunidade e dos Ministérios da área social.

Parágrafo único. O mandato dos membros do Conselho terá duração de 2 (dois) anos, renovado 1/3 (um terço) em cada ano.

Art. 64. Ao Conselho Nacional de Política Criminal e Penitenciária, no exercício de suas atividades, em âmbito federal ou estadual, incumbe:

I – propor diretrizes da política criminal quanto à prevenção do delito, administração da Justiça Criminal e execução das penas e das medidas de segurança;

II – contribuir na elaboração de planos nacionais de desenvolvimento, sugerindo as metas e prioridades da política criminal e penitenciária;

III – promover a avaliação periódica do sistema criminal para a sua adequação às necessidades do País;

IV – estimular e promover a pesquisa criminológica;

V – elaborar programa nacional penitenciário de formação e aperfeiçoamento do servidor;

VI – estabelecer regras sobre a arquitetura e construção de estabelecimentos penais e casas de albergados;

VII – estabelecer os critérios para a elaboração da estatística criminal;

VIII – inspecionar e fiscalizar os estabelecimentos penais, bem assim informar-se, mediante relatórios do Conselho Penitenciário, requisições, visitas ou outros meios, acerca do desenvolvimento da execução penal nos Estados, Territórios e Distrito Federal, propondo às autoridades dela incumbida as medidas necessárias ao seu aprimoramento;

IX – representar ao Juiz da execução ou à autoridade administrativa para instauração de sindicância ou procedimento administrativo, em caso de violação das normas referentes à execução penal;

X – representar à autoridade competente para a interdição, no todo ou em parte, de estabelecimento penal.

Capítulo III
DO JUÍZO DA EXECUÇÃO

Art. 65. A execução penal competirá ao Juiz indicado na lei local de organização judiciária e, na sua ausência, ao da sentença.

(*) V. art. 194 da LEP.

(*) V. art. 668 do CPP.

(*) Vide Súmula 192 do STJ.

Art. 66. Compete ao Juiz da execução:

(*) Vide Resolução CNJ nº 208/2019, que estabelece diretrizes e parâmetros para o processamento da execução penal por meio do Sistema Eletrônica de Execução Unificado - SEEU.

I – aplicar aos casos julgados lei posterior que de qualquer modo favorecer o condenado;

(*) Vide Súmula 611 do STF.

II – declarar extinta a punibilidade;

III – decidir sobre:

a) soma ou unificação de penas;

b) progressão ou regressão nos regimes;

(*) Vide Súmula 698 do STF.

(*) Vide Súmula Vinculante 26 do STF.

(*) Vide Súmulas 265 e 491 do STJ.

c) detração e remição da pena;

(*) V. art. 126 da LEP.

d) suspensão condicional da pena;

(*) V. art. 156 da LEP.

e) livramento condicional;

(*) V. art. 131 da LEP.

f) incidentes da execução.

IV – autorizar saídas temporárias;

(*) V. arts. 120 a 125 da LEP.

(*) Vide Súmula 520 do STJ.

V – determinar:

a) a forma de cumprimento da pena restritiva de direitos e fiscalizar sua execução;

(*) V. art. 148 da LEP.

b) a conversão da pena restritiva de direitos e de multa em privativa de liberdade;

c) a conversão da pena privativa de liberdade em restritiva de direitos;

d) a aplicação da medida de segurança, bem como a substituição da pena por medida de segurança;

e) a revogação da medida de segurança;

(*) V. arts. 175 a 179 da LEP.

f) a desinternação e o restabelecimento da situação anterior;

g) o cumprimento de pena ou medida de segurança em outra comarca;

h) a remoção do condenado na hipótese prevista no § 1º, do art. 86, desta Lei.

i) (vetado);

(*) Alínea "i" acrescida pela Lei nº 12.258/2010.

VI – zelar pelo correto cumprimento da pena e da medida de segurança;

VII – inspecionar, mensalmente, os estabelecimentos penais, tomando providências para o adequado funcionamento e promovendo, quando for o caso, a apuração de responsabilidade;

VIII – interditar, no todo ou em parte, estabelecimento penal que estiver funcionando em condições inadequadas ou com infringência aos dispositivos desta Lei;

IX – compor e instalar o Conselho da Comunidade;

X – emitir anualmente atestado de pena a cumprir.

(*) Inciso X acrescido pela Lei nº 10.713/2003.

Capítulo IV
DO MINISTÉRIO PÚBLICO

Art. 67. O Ministério Público fiscalizará a execução da pena e da medida de segurança, oficiando no processo executivo e nos incidentes da execução.

(*) V. art. 196 da LEP.

Art. 68. Incumbe, ainda, ao Ministério Público:

I – fiscalizar a regularidade formal das guias de recolhimento e de internamento;

II – requerer:

a) todas as providências necessárias ao desenvolvimento do processo executivo;

b) a instauração dos incidentes de excesso ou desvio de execução;

c) a aplicação de medida de segurança, bem como a substituição da pena por medida de segurança;

d) a revogação da medida de segurança;

e) a conversão de penas, a progressão ou regressão nos regimes e a revogação da suspensão condicional da pena e do livramento condicional;

f) a internação, a desinternação e o restabelecimento da situação anterior.

III – interpor recursos de decisões proferidas pela autoridade judiciária, durante a execução.

(*) V. art. 197 da LEP.

Parágrafo único. O órgão do Ministério Público visitará mensalmente os estabelecimentos penais, registrando a sua presença em livro próprio.

Capítulo V
DO CONSELHO PENITENCIÁRIO

Art. 69. O Conselho Penitenciário é órgão consultivo e fiscalizador da execução da pena.

§ 1º. O Conselho será integrado por membros nomeados pelo Governador do Estado, do Distrito Federal e dos Territórios, dentre professores e profissionais da área do Direito Penal, Processual Penal, Penitenciário e ciências correlatas, bem como por representantes da comunidade. A legislação federal e estadual regulará o seu funcionamento.

§ 2º. O mandato dos membros do Conselho Penitenciário terá a duração de 4 (quatro) anos.

Art. 70. Incumbe ao Conselho Penitenciário:

I – emitir parecer sobre indulto e comutação de pena, excetuada a hipótese de pedido de indulto com base no estado de saúde do preso;

(*) Inciso I com redação dada pela Lei nº 10.792/2003.

II – inspecionar os estabelecimentos e serviços penais;

III – apresentar, no primeiro trimestre de cada ano, ao Conselho Nacional de Política Criminal e Penitenciária, relatório dos trabalhos efetuados no exercício anterior;

IV – supervisionar os patronatos, bem como a assistência aos egressos.

(*) Vide Resolução CNJ nº 307/2019, que institui a Política de atenção a pessoas egressas do sistema prisional no âmbito do Poder Judiciário, prevendo os procedimentos, as diretrizes, o modelo institucional e a metodologia de trabalho para sua implementação.

Capítulo VI
DOS DEPARTAMENTOS PENITENCIÁRIOS

Seção I
Do Departamento Penitenciário Nacional♦

(*) O Regimento Interno do Departamento Penitenciário Nacional♦ foi aprovado pela Portaria nº 674/2008, do Ministério da Justiça.

♦ Atual denominação: "Secretaria Nacional de Políticas Penais", nos termos da Medida Provisória nº 1.154/2022.

Art. 71. O Departamento Penitenciário Nacional♦, subordinado ao Ministério da Justiça, é órgão executivo da Política Penitenciária Nacional e de apoio administrativo e financeiro do Conselho Nacional de Política Criminal e Penitenciária.

♦ Atual denominação: "Secretaria Nacional de Políticas Penais", nos termos da Medida Provisória nº 1.154/2022.

Art. 72. São atribuições do Departamento Penitenciário Nacional♦:

♦ Atual denominação: "Secretaria Nacional de Políticas Penais", nos termos da Medida Provisória nº 1.154/2022.

I – acompanhar a fiel aplicação das normas de execução penal em todo o Território Nacional;

II – inspecionar e fiscalizar periodicamente os estabelecimentos e serviços penais;

III – assistir tecnicamente as Unidades Federativas na implementação dos princípios e regras estabelecidos nesta Lei;

IV – colaborar com as Unidades Federativas mediante convênios, na implantação de estabelecimentos e serviços penais;

V – colaborar com as Unidades Federativas para a realização de cursos de formação de pessoal penitenciário e de ensino profissionalizante do condenado e do internado;

VI – estabelecer, mediante convênios com as unidades federativas, o cadastro nacional das vagas existentes em estabelecimentos locais destinadas ao cumprimento de penas privativas de liberdade aplicadas pela justiça de outra unidade federativa, em especial para presos sujeitos a regime disciplinar.

(*) Inciso VI acrescido pela Lei nº 10.792/2003.

VII – acompanhar a execução da pena das mulheres beneficiadas pela progressão especial de que trata o § 3º do art. 112 desta Lei, monitorando sua integração social e a ocorrência de reincidência, específica ou não, mediante a realização de avaliações periódicas e de estatísticas criminais.

(*) Inciso VII acrescido pela Lei nº 13.769/2018.

§ 1º. Incumbem também ao Departamento a coordenação e supervisão dos estabelecimentos penais e de internamento federais.

(*) § 1º, primitivo parágrafo único, renumerado pela Lei nº 13.769/2018.

§ 2º. Os resultados obtidos por meio do monitoramento e das avaliações periódicas previstas no inciso VII do *caput* deste artigo serão utilizados para, em função da efetividade da progressão especial para a ressocialização das mulheres de que trata o § 3º do art. 112 desta Lei, avaliar eventual desnecessidade do regime fechado de cumprimento de pena para essas mulheres nos casos de crimes cometidos sem violência ou grave ameaça.

(*) § 2º acrescido pela Lei nº 13.769/2018.

Seção II
Do Departamento Penitenciário Local

Art. 73. A legislação local poderá criar Departamento Penitenciário ou órgão similar, com as atribuições que estabelecer.

Art. 74. O Departamento Penitenciário local, ou órgão similar, tem por finalidade supervisionar e coordenar os estabelecimentos penais da Unidade da Federação a que pertencer.

Parágrafo único. Os órgãos referidos no *caput* deste artigo realizarão o acompanhamento de que trata o inciso VII do *caput* do art. 72 desta Lei e encaminharão ao Departamento Penitenciário Nacional♦ os resultados obtidos.

(*) Parágrafo único acrescido pela Lei nº 13.769/2018.

♦ Atual denominação: "Secretaria Nacional de Políticas Penais", nos termos da Medida Provisória nº 1.154/2022.

Seção III
Da Direção e do Pessoal dos Estabelecimentos Penais

Art. 75. O ocupante do cargo de diretor de estabelecimento deverá satisfazer os seguintes requisitos:

I – ser portador de diploma de nível superior de Direito, ou Psicologia, ou Ciências Sociais, ou Pedagogia, ou Serviços Sociais;

II – possuir experiência administrativa na área;

III – ter idoneidade moral e reconhecida aptidão para o desempenho da função.

Parágrafo único. O diretor deverá residir no estabelecimento, ou nas proximidades, e dedicará tempo integral à sua função.

Art. 76. O Quadro do Pessoal Penitenciário será organizado em diferentes categorias funcionais, segundo as necessidades do serviço, com especificação de atribuições relativas às funções de direção, chefia e assessoramento do estabelecimento e às demais funções.

Art. 77. A escolha do pessoal administrativo, especializado, de instrução técnica e de vigilância atenderá a vocação, preparação profissional e antecedentes pessoais do candidato.

§ 1º. O ingresso do pessoal penitenciário, bem como a progressão ou a ascensão funcional dependerão de cursos específicos de formação, procedendo-se à reciclagem periódica dos servidores em exercício.

§ 2º. No estabelecimento para mulheres somente se permitirá o trabalho de pessoal do sexo feminino, salvo quando se tratar de pessoal técnico especializado.

Capítulo VII
DO PATRONATO

Art. 78. O Patronato público ou particular destina-se a prestar assistência aos albergados e aos egressos (art. 26).

(*) V. arts. 70, IV; e 139 da LEP.

(*) Vide Resolução CNJ nº 307/2019, que institui a Política de atenção a pessoas egressas do sistema prisional no âmbito do Poder Judiciário, prevendo os procedimentos, as diretrizes, o modelo institucional e a metodologia de trabalho para sua implementação.

Art. 79. Incumbe também ao Patronato:

I – orientar os condenados à pena restritiva de direitos;

II – fiscalizar o cumprimento das penas de prestação de serviço à comunidade e de limitação de fim de semana;

III – colaborar na fiscalização do cumprimento das condições da suspensão e do livramento condicional.

(*) Vide Resolução CNJ nº 307/2019, que institui a Política de atenção a pessoas egressas do sistema prisional no âmbito do Poder Judiciário, prevendo os procedimentos, as diretrizes, o modelo institucional e a metodologia de trabalho para sua implementação.

Capítulo VIII
DO CONSELHO DA COMUNIDADE

(*) Vide Resolução CNJ nº 96/2009, que institui o Projeto Começar.

Art. 80. Haverá, em cada comarca, um Conselho da Comunidade composto, no mínimo, por 1 (um) representante de associação comercial ou industrial, 1 (um) advogado indicado pela Seção da Ordem dos Advogados do Brasil, 1 (um) Defensor Público indicado pelo Defensor Público Geral e 1 (um) assistente social escolhido pela Delegacia Seccional do Conselho Nacional de Assistentes Sociais.

(*) Art. 80, *caput*, com redação dada pela Lei nº 12.313/2010.

(*) V. art. 139 da LEP.

Parágrafo único. Na falta da representação prevista neste artigo, ficará a critério do Juiz da execução a escolha dos integrantes do Conselho.

Art. 81. Incumbe ao Conselho da Comunidade:

I – visitar, pelo menos mensalmente, os estabelecimentos penais existentes na comarca;

II – entrevistar presos;

III – apresentar relatórios mensais ao Juiz da execução e ao Conselho Penitenciário;

IV – diligenciar a obtenção de recursos materiais e humanos para melhor assistência ao preso ou internado, em harmonia com a direção do estabelecimento.

Capítulo IX
DA DEFENSORIA PÚBLICA

(*) Capítulo IX acrescido pela Lei nº 12.313/2010.

Art. 81-A. A Defensoria Pública velará pela regular execução da pena e da medida de segurança, oficiando, no processo executivo e nos incidentes da execução, para a defesa dos necessitados em todos os graus e instâncias, de forma individual e coletiva.

(*) Art. 81-A acrescido pela Lei nº 12.313/2010.

Art. 81-B. Incumbe, ainda, à Defensoria Pública:

I – requerer:

a) todas as providências necessárias ao desenvolvimento do processo executivo;

b) a aplicação aos casos julgados de lei posterior que de qualquer modo favorecer o condenado;

c) a declaração de extinção da punibilidade;

d) a unificação de penas;

e) a detração e remição da pena;

f) a instauração dos incidentes de excesso ou desvio de execução;

g) a aplicação de medida de segurança e sua revogação, bem como a substituição da pena por medida de segurança;

h) a conversão de penas, a progressão nos regimes, a suspensão condicional da pena, o livramento condicional, a comutação de pena e o indulto;

i) a autorização de saídas temporárias;

j) a internação, a desinternação e o restabelecimento da situação anterior;

k) o cumprimento de pena ou medida de segurança em outra comarca;

l) a remoção do condenado na hipótese prevista no § 1º do art. 86 desta Lei;

II – requerer a emissão anual do atestado de pena a cumprir;

III – interpor recursos de decisões proferidas pela autoridade judiciária ou administrativa durante a execução;

IV – representar ao Juiz da execução ou à autoridade administrativa para instauração de sindicância ou procedimento administrativo em caso de violação das normas referentes à execução penal;

V – visitar os estabelecimentos penais, tomando providências para o adequado funcionamento, e requerer, quando for o caso, a apuração de responsabilidade;

VI – requerer à autoridade competente a interdição, no todo ou em parte, de estabelecimento penal.

Parágrafo único. O órgão da Defensoria Pública visitará periodicamente os estabelecimentos penais, registrando a sua presença em livro próprio.

(*) Art. 81-B acrescido pela Lei nº 12.313/2010.

TÍTULO IV
DOS ESTABELECIMENTOS PENAIS

Capítulo I
DISPOSIÇÕES GERAIS

Art. 82. Os estabelecimentos penais destinam-se ao condenado, ao submetido à medida de segurança, ao preso provisório e ao egresso.

§ 1º. A mulher e o maior de 60 (sessenta) anos, separadamente, serão recolhidos a estabelecimento próprio e adequado à sua condição pessoal.

(*) § 1º com redação dada pela Lei nº 9.460/1997.

§ 2º. O mesmo conjunto arquitetônico poderá abrigar estabelecimentos de destinação diversa desde que devidamente isolados.

Art. 83. O estabelecimento penal, conforme a sua natureza, deverá contar em suas dependências com áreas e serviços destinados a dar assistência, educação, trabalho, recreação e prática esportiva.

§ 1º. Haverá instalação destinada a estágio de estudantes universitários.

(*) § 1º, primitivo parágrafo único, renumerado pela Lei nº 9.046/1995.

§ 2º. Os estabelecimentos penais destinados a mulheres serão dotados de berçário, onde as condenadas possam cuidar de seus filhos, inclusive amamentá-los, no mínimo, até 6 (seis) meses de idade.

(*) § 2º acrescido pela Lei nº 9.046/1995, e com redação dada pela Lei nº 11.942/2009.

(*) Vide Resolução CNJ nº 252/2018.

§ 3º. Os estabelecimentos de que trata o § 2º deste artigo deverão possuir, exclusivamente, agentes do sexo feminino na segurança de suas dependências internas.

(*) § 3º acrescido pela Lei nº 12.121/2009.

§ 4º. Serão instaladas salas de aulas destinadas a cursos do ensino básico e profissionalizante.

(*) § 4º acrescido pela Lei nº 12.245/2010.

(*) O Conselho Nacional de Educação, em sua Resolução nº 2, de 19.5.2010, dispõe sobre as Diretrizes Nacionais para atendimento a este parágrafo.

§ 5º. Haverá instalação destinada à Defensoria Pública.

(*) § 5º acrescido pela Lei nº 12.313/2010.

Art. 83-A. Poderão ser objeto de execução indireta as atividades materiais acessórias, instrumentais ou complementares desenvolvidas em estabelecimentos penais, e notadamente:

I – serviços de conservação, limpeza, informática, copeiragem, portaria, recepção, reprografia, telecomunicações, lavanderia e manutenção de prédios, instalações e equipamentos internos e externos;

II – serviços relacionados à execução de trabalho pelo preso.

§ 1º. A execução indireta será realizada sob supervisão e fiscalização do poder público.

§ 2º. Os serviços relacionados neste artigo poderão compreender o fornecimento de materiais, equipamentos, máquinas e profissionais.

(*) Art. 83-A acrescido pela Lei nº 13.190/2015.

Art. 83-B. São indelegáveis as funções de direção, chefia e coordenação no âmbito do sistema penal, bem como todas as atividades que exijam o exercício do poder de polícia, e notadamente:

I – classificação de condenados;

II – aplicação de sanções disciplinares;

III – controle de rebeliões;

IV – transporte de presos para órgãos do Poder Judiciário, hospitais e outros locais externos aos estabelecimentos penais.

(*) Art. 83-B acrescido pela Lei nº 13.190/2015.

Art. 84. O preso provisório ficará separado do condenado por sentença transitada em julgado.

§ 1º. Os presos provisórios ficarão separados de acordo com os seguintes critérios:

I – acusados pela prática de crimes hediondos ou equiparados;

II – acusados pela prática de crimes cometidos com violência ou grave ameaça à pessoa;

III – acusados pela prática de outros crimes ou contravenções diversos dos apontados nos incisos I e II.

(*) § 1º com redação dada pela Lei nº 13.167/2015.

§ 2º. O preso que, ao tempo do fato, era funcionário da Administração da Justiça Criminal ficará em dependência separada.

(*) V. art. 106, § 3º, da LEP.

(*) V. arts. 295 e 296 do CPP.

§ 3º. Os presos condenados ficarão separados de acordo com os seguintes critérios:

I – condenados pela prática de crimes hediondos ou equiparados;

II – reincidentes condenados pela prática de crimes cometidos com violência ou grave ameaça à pessoa;

III – primários condenados pela prática de crimes cometidos com violência ou grave ameaça à pessoa;

IV – demais condenados pela prática de outros crimes ou contravenções em situação diversa das previstas nos incisos I, II e III.

(*) § 3º acrescido pela Lei nº 13.167/2015.

§ 4º. O preso que tiver sua integridade física, moral ou psicológica ameaçada pela convivência com os demais presos ficará segregado em local próprio.

(*) § 4º acrescido pela Lei nº 13.167/2015.

Art. 85. O estabelecimento penal deverá ter lotação compatível com a sua estrutura e finalidade.

Parágrafo único. O Conselho Nacional de Política Criminal e Penitenciária determinará o limite máximo de capacidade do estabelecimento, atendendo a sua natureza e peculiaridades.

Art. 86. As penas privativas de liberdade aplicadas pela Justiça de uma Unidade Federativa podem ser executadas em outra unidade, em estabelecimento local ou da União.

§ 1º. A União Federal poderá construir estabelecimento penal em local distante da condenação para recolher os condenados, quando a medida se justifique no interesse da segurança pública ou do próprio condenado.

(*) § 1º com redação dada pela Lei nº 10.792/2003.

(*) V. art. 66, V, "h", da LEP.

§ 2º. Conforme a natureza do estabelecimento, nele poderão trabalhar os liberados ou egressos que se dediquem a obras públicas ou ao aproveitamento de terras ociosas.

§ 3º. Caberá ao juiz competente, a requerimento da autoridade administrativa definir o estabelecimento prisional adequado para abrigar o preso provisório ou condenado, em atenção ao regime e aos requisitos estabelecidos.

(*) § 3º acrescido pela Lei nº 10.792/2003.

Capítulo II
DA PENITENCIÁRIA

Art. 87. A penitenciária destina-se ao condenado à pena de reclusão, em regime fechado.

Parágrafo único. A União Federal, os Estados, o Distrito Federal e os Territórios poderão construir Penitenciárias destinadas, exclusivamente, aos presos provisórios e condenados que estejam em regime fechado, sujeitos ao regime disciplinar diferenciado, nos termos do art. 52 desta Lei.

(*) Parágrafo único acrescido pela Lei nº 10.792/2003.

Art. 88. O condenado será alojado em cela individual que conterá dormitório, aparelho sanitário e lavatório.

Parágrafo único. São requisitos básicos da unidade celular:

a) salubridade do ambiente pela concorrência dos fatores de aeração, insolação e condicionamento térmico adequado à existência humana;

(*) V. art. 92, *caput*, da LEP.

b) área mínima de 6,00 m^2 (seis metros quadrados).

(*) V. arts. 53, IV; 99, parágrafo único; e 104 da LEP.

Art. 89. Além dos requisitos referidos no art. 88, a penitenciária de mulheres será dotada de seção para gestante e parturiente e de creche para abrigar crianças maiores de 6 (seis) meses e menores de 7 (sete) anos, com a finalidade de assistir a criança desamparada cuja responsável estiver presa.

(*) Art. 89, *caput*, com redação dada pela Lei nº 11.942/2009.

(*) Vide Resolução CNJ nº 252/2018.

Parágrafo único. São requisitos básicos da seção e da creche referidas neste artigo:

I – atendimento por pessoal qualificado, de acordo com as diretrizes adotadas pela legislação educacional e em unidades autônomas; e

II – horário de funcionamento que garanta a melhor assistência à criança e à sua responsável.

(*) Parágrafo único acrescido pela Lei nº 11.942/2009.

Art. 90. A penitenciária de homens será construída, em local afastado do centro urbano, à distância que não restrinja a visitação.

Capítulo III
DA COLÔNIA AGRÍCOLA, INDUSTRIAL OU SIMILAR

Art. 91. A Colônia Agrícola, Industrial ou Similar destina-se ao cumprimento da pena em regime semiaberto.

Art. 92. O condenado poderá ser alojado em compartimento coletivo, observados os requisitos da letra "a", do parágrafo único, do art. 88, desta Lei.

Parágrafo único. São também requisitos básicos das dependências coletivas:

a) a seleção adequada dos presos;

b) o limite de capacidade máxima que atenda os objetivos de individualização da pena.

Capítulo IV
DA CASA DO ALBERGADO

Art. 93. A Casa do Albergado destina-se ao cumprimento de pena privativa de liberdade, em regime aberto, e da pena de limitação de fim de semana.

(*) V. art. 117 da LEP.

(*) Vide Resolução CNJ nº 307/2019, que institui a Política de atenção a pessoas egressas do sistema prisional no âmbito do Poder Judiciário, prevendo os procedimentos, as diretrizes, o modelo institucional e a metodologia de trabalho para sua implementação.

Art. 94. O prédio deverá situar-se em centro urbano, separado dos demais estabelecimentos, e caracterizar-se pela ausência de obstáculos físicos contra a fuga.

(*) Vide Resolução CNJ nº 307/2019, que institui a Política de atenção a pessoas egressas do sistema prisional no âmbito do Poder Judiciário, prevendo os procedimentos, as diretrizes, o modelo institucional e a metodologia de trabalho para sua implementação.

Art. 95. Em cada região haverá, pelo menos, uma Casa do Albergado, a qual deverá conter, além dos aposentos para acomodar os presos, local adequado para cursos e palestras.

Parágrafo único. O estabelecimento terá instalações para os serviços de fiscalização e orientação dos condenados.

Capítulo V
DO CENTRO DE OBSERVAÇÃO

Art. 96. No Centro de Observação realizar-se-ão os exames gerais e o criminológico, cujos resultados serão encaminhados à Comissão Técnica de Classificação.

Parágrafo único. No Centro poderão ser realizadas pesquisas criminológicas.

Art. 97. O Centro de Observação será instalado em unidade autônoma ou em anexo a estabelecimento penal.

Art. 98. Os exames poderão ser realizados pela Comissão Técnica de Classificação, na falta do Centro de Observação.

Capítulo VI
DO HOSPITAL DE CUSTÓDIA E TRATAMENTO PSIQUIÁTRICO

Art. 99. O Hospital de Custódia e Tratamento Psiquiátrico destina-se aos inimputáveis e semi-imputáveis referidos no art. 26 e seu parágrafo único do Código Penal.

Parágrafo único. Aplica-se ao hospital, no que couber, o disposto no parágrafo único, do art. 88, desta Lei.

(*) V. arts. 154 e 682 do CPP.

Art. 100. O exame psiquiátrico e os demais exames necessários ao tratamento são obrigatórios para todos os internados.

Art. 101. O tratamento ambulatorial, previsto no art. 97, segunda parte, do Código Penal, será realizado no Hospital de Custódia e Tratamento Psiquiátrico ou em outro local com dependência médica adequada.

Capítulo VII
DA CADEIA PÚBLICA

Art. 102. A cadeia pública destina-se ao recolhimento de presos provisórios.

Art. 103. Cada comarca terá, pelo menos 1 (uma) cadeia pública a fim de resguardar o interesse da Administração da Justiça Criminal e a permanência do preso em local próximo ao seu meio social e familiar.

Art. 104. O estabelecimento de que trata este Capítulo será instalado próximo de centro urbano, observando-se na construção as exigências mínimas referidas no art. 88 e seu parágrafo único desta Lei.

TÍTULO V
DA EXECUÇÃO DAS PENAS EM ESPÉCIE

Capítulo I
DAS PENAS PRIVATIVAS DE LIBERDADE

(*) Vide Resolução CNJ nº 113/2010.

Seção I
Disposições Gerais

Art. 105. Transitando em julgado a sentença que aplicar pena privativa de liberdade, se o réu estiver ou vier a ser preso, o Juiz ordenará a expedição de guia de recolhimento para a execução.

(*) V. arts. 674 a 685 do CPP.

Art. 106. A guia de recolhimento, extraída pelo escrivão, que a rubricará em todas as folhas e a assinará com o Juiz, será remetida à autoridade administrativa incumbida da execução e conterá:

(*) V. art. 799 do CPP.

I – o nome do condenado;

II – a sua qualificação civil e o número do registro geral no órgão oficial de identificação;

III – o inteiro teor da denúncia e da sentença condenatória, bem como certidão do trânsito em julgado;

IV – a informação sobre os antecedentes e o grau de instrução;

V – a data da terminação da pena;

VI – outras peças do processo reputadas indispensáveis ao adequado tratamento penitenciário.

§ 1º. Ao Ministério Público se dará ciência da guia de recolhimento.

(*) V. art. 68, I, da LEP.

(*) V. art. 677 do CPP.

§ 2º. A guia de recolhimento será retificada sempre que sobrevier modificação quanto ao início da execução ou ao tempo de duração da pena.

§ 3º. Se o condenado, ao tempo do fato, era funcionário da Administração da Justiça Criminal, far-se-á, na guia, menção dessa circunstância, para fins do disposto no § 2º, do art. 84, desta Lei.

Art. 107. Ninguém será recolhido, para cumprimento de pena privativa de liberdade, sem a guia expedida pela autoridade judiciária.

§ 1º. A autoridade administrativa incumbida da execução passará recibo da guia de recolhimento para juntá-la aos autos do processo, e dará ciência dos seus termos ao condenado.

§ 2º. As guias de recolhimento serão registradas em livro especial, segundo a ordem cronológica do recebimento, e anexadas ao prontuário do condenado, aditando-se, no curso da execução, o cálculo das remições e de outras retificações posteriores.

Art. 108. O condenado a quem sobrevier doença mental será internado em Hospital de Custódia e Tratamento Psiquiátrico.

Art. 109. Cumprida ou extinta a pena, o condenado será posto em liberdade, mediante alvará do Juiz, se por outro motivo não estiver preso.

Seção II
Dos Regimes

(*) Vide Tema 423 do STF.

Art. 110. O Juiz, na sentença, estabelecerá o regime no qual o condenado iniciará o cumprimento da pena privativa de liberdade, observado o disposto no art. 33 e seus parágrafos do Código Penal.

(*) Vide Súmulas 718 e 719 do STF.

(*) Vide Súmulas 269 e 440 do STJ.

Art. 111. Quando houver condenação por mais de um crime, no mesmo processo ou em processos distintos, a determinação do regime de cumprimento será feita pelo resultado da soma ou unificação das penas, observada, quando for o caso, a detração ou remição.

(*) Vide Súmula 717 do STF.

Parágrafo único. Sobrevindo condenação no curso da execução, somar-se-á a pena ao restante da que está sendo cumprida, para determinação do regime.

(*) V. art. 118, II, da LEP.

Art. 112. A pena privativa de liberdade será executada em forma progressiva com a transferência para regime menos rigoroso, a ser determinada pelo juiz, quando o preso tiver cumprido ao menos:

(*) Art. 112, *caput*, alterado pela Lei nº 10.792/2003 e com redação dada pela Lei nº 13.964/2019.

(*) Vide Súmula Vinculante 26 do STF.

(*) Vide Súmulas 471 e 491 do STJ.

I – 16% (dezesseis por cento) da pena, se o apenado for primário e o crime tiver sido cometido sem violência à pessoa ou grave ameaça;

(*) Inciso I acrescido pela Lei nº 13.964/2019.

II – 20% (vinte por cento) da pena, se o apenado for reincidente em crime cometido sem violência à pessoa ou grave ameaça;

(*) Inciso II acrescido pela Lei nº 13.964/2019.

III – 25% (vinte e cinco por cento) da pena, se o apenado for primário e o crime tiver sido cometido com violência à pessoa ou grave ameaça;

(*) Inciso III acrescido pela Lei nº 13.964/2019.

IV – 30% (trinta por cento) da pena, se o apenado for reincidente em crime cometido com violência à pessoa ou grave ameaça;

(*) Inciso IV acrescido pela Lei nº 13.964/2019.

V – 40% (quarenta por cento) da pena, se o apenado for condenado pela prática de crime hediondo ou equiparado, se for primário;

(*) Inciso V acrescido pela Lei nº 13.964/2019.

VI – 50% (cinquenta por cento) da pena, se o apenado for:

(*) Inciso VI acrescido pela Lei nº 13.964/2019.

a) condenado pela prática de crime hediondo ou equiparado, com resultado morte, se for primário, vedado o livramento condicional;

(*) Alínea "a" acrescida pela Lei nº 13.964/2019.

b) condenado por exercer o comando, individual ou coletivo, de organização criminosa estruturada para a prática de crime hediondo ou equiparado; ou

(*) Alínea "b" acrescida pela Lei nº 13.964/2019.

c) condenado pela prática do crime de constituição de milícia privada;

(*) Alínea "c" acrescida pela Lei nº 13.964/2019.

VII – 60% (sessenta por cento) da pena, se o apenado for reincidente na prática de crime hediondo ou equiparado;

(*) Inciso VII acrescido pela Lei nº 13.964/2019.

VIII – 70% (setenta por cento) da pena, se o apenado for reincidente em crime hediondo ou equiparado com resultado morte, vedado o livramento condicional.

(*) Inciso VIII acrescido pela Lei nº 13.964/2019.

§ 1º. Em todos os casos, o apenado só terá direito à progressão de regime se ostentar boa conduta carcerária, comprovada pelo diretor do estabelecimento, respeitadas as normas que vedam a progressão.

(*) § 1º, primitivo parágrafo único, renumerado e alterado pela Lei nº 10.792/2003, e com redação dada pela Lei nº 13.964/2019.

§ 2º. A decisão do juiz que determinar a progressão de regime será sempre motivada e precedida de manifestação do Ministério Público e do defensor, procedimento que também será adotado na concessão de livramento condicional, indulto e comutação de penas, respeitados os prazos previstos nas normas vigentes.

(*) § 2º acrescido pela Lei nº 10.792/2003 e com redação dada pela Lei nº 13.964/2019.

§ 3º. No caso de mulher gestante ou que for mãe ou responsável por crianças ou pessoas com deficiência, os requisitos para progressão de regime são, cumulativamente:

I – não ter cometido crime com violência ou grave ameaça a pessoa;

II – não ter cometido o crime contra seu filho ou dependente;

III – ter cumprido ao menos 1/8 (um oitavo) da pena no regime anterior;

IV – ser primária e ter bom comportamento carcerário, comprovado pelo diretor do estabelecimento;

V – não ter integrado organização criminosa.

(*) § 3º acrescido pela Lei nº 13.769/2018.

§ 4º. O cometimento de novo crime doloso ou falta grave implicará a revogação do benefício previsto no § 3º deste artigo.

(*) § 4º acrescido pela Lei nº 13.769/2018.

§ 5º. Não se considera hediondo ou equiparado, para os fins deste artigo, o crime de tráfico de drogas previsto no § 4º do art. 33 da Lei nº 11.343, de 23 de agosto de 2006.

(*) § 5º acrescido pela Lei nº 13.964/2019.

§ 6º. O cometimento de falta grave durante a execução da pena privativa de liberdade interrompe o prazo para a obtenção da progressão no regime de cumprimento da pena, caso em que o reinício da contagem do requisito objetivo terá como base a pena remanescente.

(*) § 6º acrescido pela Lei nº 13.964/2019.

§ 7º. O bom comportamento é readquirido após 1 (um) ano da ocorrência do fato, ou antes, após o cumprimento do requisito temporal exigível para a obtenção do direito.

(*) § 7º acrescido pela Lei nº 13.964/2019, vetado pelo Presidente da República, mantido pelo Congresso Nacional e publicado no *DOU* de 30.4.2021.

Art. 113. O ingresso do condenado em regime aberto supõe a aceitação de seu programa e das condições impostas pelo Juiz.

Art. 114. Somente poderá ingressar no regime aberto o condenado que:

I – estiver trabalhando ou comprovar a possibilidade de fazê-lo imediatamente;

II – apresentar, pelos seus antecedentes ou pelo resultado dos exames a que foi submetido, fundados indícios de que irá ajustar-se, com autodisciplina e senso de responsabilidade, ao novo regime.

Parágrafo único. Poderão ser dispensadas do trabalho as pessoas referidas no art. 117 desta Lei.

Art. 115. O Juiz poderá estabelecer condições especiais para a concessão de regime aberto, sem prejuízo das seguintes condições gerais e obrigatórias:

I – permanecer no local que for designado, durante o repouso e nos dias de folga;

II – sair para o trabalho e retornar, nos horários fixados;

III – não se ausentar da cidade onde reside, sem autorização judicial;

IV – comparecer a Juízo, para informar e justificar as suas atividades, quando for determinado.

Art. 116. O Juiz poderá modificar as condições estabelecidas, de ofício, a requerimento do Ministério Público, da autoridade administrativa ou do condenado, desde que as circunstâncias assim o recomendem.

Art. 117. Somente se admitirá o recolhimento do beneficiário de regime aberto em residência particular quando se tratar de:

(*) V. art. 114, parágrafo único, da LEP.

(*) V. arts. 317 e 318 do CPP.

I – condenado maior de 70 (setenta) anos;

II – condenado acometido de doença grave;

III – condenada com filho menor ou deficiente físico ou mental;

IV – condenada gestante.

Art. 118. A execução da pena privativa de liberdade ficará sujeita à forma regressiva, com a transferência para qualquer dos regimes mais rigorosos, quando o condenado:

I – praticar fato definido como crime doloso ou falta grave;

(*) V. art. 48, parágrafo único, da LEP.

(*) Vide Súmulas 441, 526, 534 e 535 do STJ.

II – sofrer condenação, por crime anterior, cuja pena, somada ao restante da pena em execução, torne incabível o regime (art. 111).

§ 1º. O condenado será transferido do regime aberto se, além das hipóteses referidas nos incisos anteriores, frustrar os fins da execução ou não pagar, podendo, a multa cumulativamente imposta.

§ 2º. Nas hipóteses do inciso I e do parágrafo anterior, deverá ser ouvido previamente o condenado.

Art. 119. A legislação local poderá estabelecer normas complementares para o cumprimento da pena privativa de liberdade em regime aberto (art. 36, § 1º, do Código Penal).

Seção III
Das Autorizações de Saída

Subseção I
Da Permissão de Saída

(*) V. art. 66, IV, da LEP.

Art. 120. Os condenados que cumprem pena em regime fechado ou semiaberto e os presos provisórios poderão obter permissão para sair do estabelecimento, mediante escolta, quando ocorrer um dos seguintes fatos:

I – falecimento ou doença grave do cônjuge, companheira, ascendente, descendente ou irmão;

II – necessidade de tratamento médico (parágrafo único do art. 14)♦.

♦ Publicação oficial: "parágrafo único do art. 14". Entendemos que seria: "§ 2º do art. 14". (N.E.)

Parágrafo único. A permissão de saída será concedida pelo diretor do estabelecimento onde se encontra o preso.

Art. 121. A permanência do preso fora do estabelecimento terá a duração necessária à finalidade da saída.

Subseção II
Da Saída Temporária

Art. 122. Os condenados que cumprem pena em regime semiaberto poderão obter autorização para saída temporária do estabelecimento, sem vigilância direta, nos seguintes casos:

I – visita à família;

II – frequência a curso supletivo profissionalizante, bem como de instrução do 2º grau ou superior, na Comarca do Juízo da Execução;

III – participação em atividades que concorram para o retorno ao convívio social.

§ 1º. A ausência de vigilância direta não impede a utilização de equipamento de monitoração eletrônica pelo condenado, quando assim determinar o juiz da execução.

(*) § 1º, primitivo parágrafo único, acrescido pela Lei nº 12.258/2010 e renumerado pela Lei nº 13.964/2019.

§ 2º. Não terá direito à saída temporária a que se refere o *caput* deste artigo o condenado que cumpre pena por praticar crime hediondo com resultado morte.

(*) § 2º acrescido pela Lei nº 13.964/2019.

Art. 123. A autorização será concedida por ato motivado do Juiz da execução, ouvidos o Ministério Público e a administração penitenciária e dependerá da satisfação dos seguintes requisitos:

I – comportamento adequado;

II – cumprimento mínimo de 1/6 (um sexto) da pena, se o condenado for primário, e 1/4 (um quarto), se reincidente;

(*) Vide Súmula 40 do STJ.

III – compatibilidade do benefício com os objetivos da pena.

Art. 124. A autorização será concedida por prazo não superior a 7 (sete) dias, podendo ser renovada por mais 4 (quatro) vezes durante o ano.

§ 1º. Ao conceder a saída temporária, o juiz imporá ao beneficiário as seguintes condições, entre outras que entender compatíveis com as circunstâncias do caso e a situação pessoal do condenado:

I – fornecimento do endereço onde reside a família a ser visitada ou onde poderá ser encontrado durante o gozo do benefício;

II – recolhimento à residência visitada, no período noturno;

III – proibição de frequentar bares, casas noturnas e estabelecimentos congêneres.

(*) § 1º acrescido pela Lei nº 12.258/2010.

§ 2º. Quando se tratar de frequência a curso profissionalizante, de instrução de ensino médio ou superior, o tempo de saída será o necessário para o cumprimento das atividades discentes.

(*) § 2º, primitivo parágrafo único, renumerado pela Lei nº 12.258/2010.

§ 3º. Nos demais casos, as autorizações de saída somente poderão ser concedidas com prazo mínimo de 45 (quarenta e cinco) dias de intervalo entre uma e outra.

(*) § 3º acrescido pela Lei nº 12.258/2010.

Art. 125. O benefício será automaticamente revogado quando o condenado praticar fato definido como crime doloso, for punido por falta grave, desatender as condições impostas na autorização ou revelar baixo grau de aproveitamento do curso.

(*) V. arts. 48, parágrafo único, e 115 da LEP.

Parágrafo único. A recuperação do direito à saída temporária dependerá da absolvição no processo penal, do cancelamento da punição disciplinar ou da demonstração do merecimento do condenado.

Seção IV
Da Remição

Art. 126. O condenado que cumpre a pena em regime fechado ou semiaberto poderá remir, por trabalho ou por estudo, parte do tempo de execução da pena.

(*) Art. 126, *caput*, com redação dada pela Lei nº 12.433/2011.

(*) Vide Súmulas 341 e 562 do STJ.

§ 1º. A contagem de tempo referida no *caput* será feita à razão de:

I – 1 (um) dia de pena a cada 12 (doze) horas de frequência escolar – atividade de ensino fundamental, médio, inclusive profissionalizante, ou superior, ou ainda de requalificação profissional – divididas, no mínimo, em 3 (três) dias;

II – 1 (um) dia de pena a cada 3 (três) dias de trabalho.

(*) § 1º com redação dada pela Lei nº 12.433/2011.

§ 2º. As atividades de estudo a que se refere o § 1º deste artigo poderão ser desenvolvidas de forma presencial ou por metodologia de ensino a distância e deverão ser certificadas pelas autoridades educacionais competentes dos cursos frequentados.

(*) § 2º com redação dada pela Lei nº 12.433/2011.

§ 3º. Para fins de cumulação dos casos de remição, as horas diárias de trabalho e de estudo serão definidas de forma a se compatibilizarem.

(*) § 3º com redação dada pela Lei nº 12.433/2011.

§ 4º. O preso impossibilitado, por acidente, de prosseguir no trabalho ou nos estudos continuará a beneficiar-se com a remição.

(*) § 4º acrescido pela Lei nº 12.433/2011.

§ 5º. O tempo a remir em função das horas de estudo será acrescido de 1/3 (um terço) no caso de conclusão do ensino fundamental, médio ou superior durante o cumprimento da pena, desde que certificada pelo órgão competente do sistema de educação.

(*) § 5º acrescido pela Lei nº 12.433/2011.

§ 6º. O condenado que cumpre pena em regime aberto ou semiaberto e o que usufrui liberdade condicional poderão remir, pela frequência a curso de ensino regular ou de educação profissional, parte do tempo de execução da pena ou do período de prova, observado o disposto no inciso I do § 1º deste artigo.

(*) § 6º acrescido pela Lei nº 12.433/2011.

§ 7º. O disposto neste artigo aplica-se às hipóteses de prisão cautelar.

(*) § 7º acrescido pela Lei nº 12.433/2011.

§ 8º. A remição será declarada pelo juiz da execução, ouvidos o Ministério Público e a defesa.

(*) § 8º acrescido pela Lei nº 12.433/2011.

Art. 127. Em caso de falta grave, o juiz poderá revogar até 1/3 (um terço) do tempo remido, observado o disposto no art. 57, recomeçando a contagem a partir da data da infração disciplinar.

(*) Art. 127 com redação dada pela Lei nº 12.433/2011.

(*) V. art. 48, parágrafo único, da LEP.

(*) Vide Súmula Vinculante 9 do STF.

(*) Vide Súmula 535 do STJ.

Art. 128. O tempo remido será computado como pena cumprida, para todos os efeitos.

(*) Art. 128 com redação dada pela Lei nº 12.433/2011.

Art. 129. A autoridade administrativa encaminhará mensalmente ao juízo da execução cópia do registro de todos os condenados que estejam trabalhando ou estudando, com informação dos dias de trabalho ou das horas de frequência escolar ou de atividades de ensino de cada um deles.

(*) Art. 129, *caput*, com redação dada pela Lei nº 12.433/2011.

§ 1º. O condenado autorizado a estudar fora do estabelecimento penal deverá comprovar mensalmente, por meio de declaração da respectiva unidade de ensino, a frequência e o aproveitamento escolar.

(*) § 1º acrescido pela Lei nº 12.433/2011.

§ 2º. Ao condenado dar-se-á a relação de seus dias remidos.

(*) § 2º acrescido pela Lei nº 12.433/2011.

Art. 130. Constitui o crime do art. 299 do Código Penal declarar ou atestar falsamente prestação de serviço para fim de instruir pedido de remição.

Seção V
Do Livramento Condicional

Art. 131. O livramento condicional poderá ser concedido pelo Juiz da execução, presentes os requisitos do art. 83, incisos e parágrafo único, do Código Penal, ouvidos o Ministério Público e Conselho Penitenciário.

(*) V. arts. 710 a 733 do CPP.

(*) Vide Súmula 715 do STF.

(*) Vide Súmula 441 do STJ.

Art. 132. Deferido o pedido, o Juiz especificará as condições a que fica subordinado o livramento.

(*) V. arts. 138, § 3º; e 178 da LEP.

§ 1º. Serão sempre impostas ao liberado condicional as obrigações seguintes:

a) obter ocupação lícita, dentro de prazo razoável se for apto para o trabalho;

b) comunicar periodicamente ao Juiz sua ocupação;

c) não mudar do território da comarca do Juízo da execução, sem prévia autorização deste.

§ 2º. Poderão ainda ser impostas ao liberado condicional, entre outras obrigações, as seguintes:

a) não mudar de residência sem comunicação ao Juiz e à autoridade incumbida da observação cautelar e de proteção;

b) recolher-se à habitação em hora fixada;

c) não frequentar determinados lugares;

d) (vetado).

(*) Alínea "d" acrescida pela Lei nº 12.258/2010.

Art. 133. Se for permitido ao liberado residir fora da comarca do Juízo da execução, remeter-se-á cópia da sentença do livramento ao Juízo do lugar para onde ele se houver transferido e à autoridade incumbida da observação cautelar e de proteção.

(*) V. art. 178 da LEP.

Art. 134. O liberado será advertido da obrigação de apresentar-se imediatamente às autoridades referidas no artigo anterior.

Art. 135. Reformada a sentença denegatória do livramento, os autos baixarão ao Juízo da execução, para as providências cabíveis.

Art. 136. Concedido o benefício, será expedida a carta de livramento com a cópia integral da sentença em 2 (duas) vias, remetendo-se uma à autoridade administrativa incumbida da execução e outra ao Conselho Penitenciário.

Art. 137. A cerimônia do livramento condicional será realizada solenemente no dia marcado pelo Presidente do Conselho Penitenciário, no estabelecimento onde está sendo cumprida a pena, observando-se o seguinte:

(*) V. art. 144 da LEP.

I – a sentença será lida ao liberando, na presença dos demais condenados, pelo Presidente do Conselho Penitenciário ou membro por ele designado, ou, na falta, pelo Juiz;

II – a autoridade administrativa chamará a atenção do liberando para as condições impostas na sentença de livramento;

III – o liberando declarará se aceita as condições.

§ 1º. De tudo em livro próprio, será lavrado termo subscrito por quem presidir a cerimônia e pelo liberando, ou alguém a seu rogo, se não souber ou não puder escrever.

§ 2º. Cópia desse termo deverá ser remetida ao Juiz da execução.

Art. 138. Ao sair o liberado do estabelecimento penal, ser-lhe-á entregue, além do saldo de seu pecúlio e do que lhe pertencer, uma caderneta, que exibirá à autoridade judiciária ou administrativa, sempre que lhe for exigida.

§ 1º. A caderneta conterá:

a) a identificação do liberado;

b) o texto impresso do presente Capítulo;

c) as condições impostas.

§ 2º. Na falta de caderneta, será entregue ao liberado um salvo-conduto, em que constem as condições do livramento, podendo substituir-se a ficha de identificação ou o seu retrato pela descrição dos sinais que possam identificá-lo.

§ 3º. Na caderneta e no salvo-conduto deverá haver espaço para consignar-se o cumprimento das condições referidas no art. 132 desta Lei.

Art. 139. A observação cautelar e a proteção realizadas por serviço social penitenciário, Patronato ou Conselho da Comunidade terão a finalidade de:

I – fazer observar o cumprimento das condições especificadas na sentença concessiva do benefício;

II – proteger o beneficiário, orientando-o na execução de suas obrigações e auxiliando-o na obtenção de atividade laborativa.

Parágrafo único. A entidade encarregada da observação cautelar e da proteção do liberado apresentará relatório ao Conselho Penitenciário, para efeito da representação prevista nos arts. 143 e 144 desta Lei.

Art. 140. A revogação do livramento condicional dar-se-á nas hipóteses previstas nos arts. 86 e 87 do Código Penal.

Parágrafo único. Mantido o livramento condicional, na hipótese da revogação facultativa, o Juiz deverá advertir o liberado ou agravar as condições.

Art. 141. Se a revogação for motivada por infração penal anterior à vigência do livramento, computar-se-á como tempo de cumprimento da pena o período de prova, sendo permitida, para a concessão de novo livramento, a soma do tempo das 2 (duas) penas.

Art. 142. No caso de revogação por outro motivo, não se computará na pena o tempo em que esteve solto o liberado, e tampouco se concederá, em relação à mesma pena, novo livramento.

(*) Vide Súmula 535 do STJ.

Art. 143. A revogação será decretada a requerimento do Ministério Público, mediante representação do Conselho Penitenciário, ou, de ofício, pelo Juiz, ouvido o liberado.

(*) V. arts. 139, parágrafo único; e 197 da LEP.

Art. 144. O Juiz, de ofício, a requerimento do Ministério Público, da Defensoria Pública ou mediante representação do Conselho Penitenciário, e ouvido o liberado, poderá modificar as condições especificadas na sentença, devendo o respectivo ato decisório ser lido ao liberado por uma das autoridades ou funcionários indicados no inciso I do *caput* do art. 137 desta Lei, observado o disposto nos incisos II e III e §§ 1º e 2º do mesmo artigo.

(*) Art. 144 com redação dada pela Lei nº 12.313/2010.

(*) V. art. 139, parágrafo único, da LEP.

Art. 145. Praticada pelo liberado outra infração penal, o Juiz poderá ordenar a sua prisão, ouvidos o Conselho Penitenciário e o Ministério Público, suspendendo o curso do livramento condicional, cuja revogação, entretanto, ficará dependendo da decisão final.

(*) Vide Súmula 617 do STJ.

Art. 146. O Juiz, de ofício, a requerimento do interessado, do Ministério Público ou mediante representação do Conselho Penitenciário, julgará extinta a pena privativa de liberdade, se expirar o prazo do livramento sem revogação.

(*) Vide Súmula 617 do STJ.

Seção VI
Da Monitoração Eletrônica

(*) Seção VI acrescida pela Lei nº 12.258/2010.

(*) Vide Decreto nº 7.627, de 24.11.2011, que regulamenta a monitoração eletrônica de pessoas.

(*) V. art. 319, IX, do CPP.

Art. 146-A. (Vetado).

(*) Art. 146-A acrescido pela Lei nº 12.258/2010.

Art. 146-B. O juiz poderá definir a fiscalização por meio da monitoração eletrônica quando:

I – (vetado);

II – autorizar a saída temporária no regime semiaberto;

III – (vetado);

IV – determinar a prisão domiciliar;

V – (vetado);

Parágrafo único. (Vetado).

(*) Art. 146-B acrescido pela Lei nº 12.258/2010.

Art. 146-C. O condenado será instruído acerca dos cuidados que deverá adotar com o equipamento eletrônico e dos seguintes deveres:

I – receber visitas do servidor responsável pela monitoração eletrônica, responder aos seus contatos e cumprir suas orientações;

II – abster-se de remover, de violar, de modificar, de danificar de qualquer forma o dispositivo de monitoração eletrônica ou de permitir que outrem o faça;

III – (vetado);

Parágrafo único. A violação comprovada dos deveres previstos neste artigo poderá acarretar, a critério do juiz da execução, ouvidos o Ministério Público e a defesa:

I – a regressão do regime;

II – a revogação da autorização de saída temporária;

III – (vetado);

IV – (vetado);

V – (vetado);

VI – a revogação da prisão domiciliar;

VII – advertência, por escrito, para todos os casos em que o juiz da execução decida não aplicar alguma das medidas previstas nos incisos de I a VI deste parágrafo.

(*) Art. 146-C acrescido pela Lei nº 12.258/2010.

Art. 146-D. A monitoração eletrônica poderá ser revogada:

I – quando se tornar desnecessária ou inadequada;

II – se o acusado ou condenado violar os deveres a que estiver sujeito durante a sua vigência ou cometer falta grave.

(*) Art. 146-D acrescido pela Lei nº 12.258/2010.

Capítulo II
DAS PENAS RESTRITIVAS DE DIREITOS

Seção I
Disposições Gerais

Art. 147. Transitada em julgado a sentença que aplicou a pena restritiva de direitos, o Juiz da execução, de ofício ou a requerimento do Ministério Público, promoverá a execução, podendo, para tanto, requisitar, quando necessário, a colaboração de entidades públicas ou solicitá-la a particulares.

Art. 148. Em qualquer fase da execução, poderá o Juiz, motivadamente, alterar, a forma de cumprimento das penas de prestação de serviços à comunidade e de limitação de fim de semana, ajustando-as às condições pessoais do condenado e às características do estabelecimento, da entidade ou do programa comunitário ou estatal.

Seção II
Da Prestação de Serviços à Comunidade

Art. 149. Caberá ao Juiz da execução:

I – designar a entidade ou programa comunitário ou estatal, devidamente credenciado ou convencionado, junto ao qual o condenado deverá trabalhar gratuitamente, de acordo com as suas aptidões;

II – determinar a intimação do condenado, cientificando-o da entidade, dias e horário em que deverá cumprir a pena;

III – alterar a forma de execução, a fim de ajustá-la às modificações ocorridas na jornada de trabalho.

§ 1º. O trabalho terá a duração de 8 (oito) horas semanais e será realizado aos sábados, domingos e feriados, ou em dias úteis, de modo a não prejudicar a jornada normal de trabalho, nos horários estabelecidos pelo Juiz.

§ 2º. A execução terá início a partir da data do primeiro comparecimento.

Art. 150. A entidade beneficiada com a prestação de serviços encaminhará mensalmente, ao Juiz da execução, relatório circunstanciado das atividades do condenado, bem como, a qualquer tempo, comunicação sobre ausência ou falta disciplinar.

(*) V. art. 181, § 1º, "b", da LEP.

Seção III
Da Limitação de Fim de Semana

Art. 151. Caberá ao Juiz da execução determinar a intimação do condenado, cientificando-o do local, dias e horário em que deverá cumprir a pena.

(*) V. art. 181, § 2º, da LEP.

Parágrafo único. A execução terá início a partir da data do primeiro comparecimento.

Art. 152. Poderão ser ministrados ao condenado, durante o tempo de permanência, cursos e palestras, ou atribuídas atividades educativas.

Parágrafo único. Nos casos de violência doméstica e familiar contra a criança, o adolescente e a mulher e de tratamento cruel ou degradante, ou de uso de formas violentas de educação, correção ou disciplina contra a criança e o adolescente, o juiz poderá determinar o comparecimento obrigatório do agressor a programas de recuperação e reeducação.

(*) Parágrafo único acrescido pela Lei nº 11.340/2006 e com redação dada pela Lei nº 14.344/2022.

Art. 153. O estabelecimento designado encaminhará, mensalmente, ao Juiz da execução, relatório, bem assim comunicará, a qualquer tempo, a ausência ou falta disciplinar do condenado.

Seção IV
Da Interdição Temporária de Direitos

Art. 154. Caberá ao Juiz da execução comunicar à autoridade competente a pena aplicada, determinada a intimação do condenado.

§ 1º. Na hipótese de pena de interdição do art. 47, inciso I, do Código Penal, a autoridade deverá, em 24 (vinte e quatro) horas, contadas do recebimento do ofício, baixar ato, a partir do qual a execução terá seu início.

§ 2º. Nas hipóteses do art. 47, incisos II e III, do Código Penal, o Juízo da execução determinará a apreensão dos documentos, que autorizam o exercício do direito interditado.

Art. 155. A autoridade deverá comunicar imediatamente ao Juiz da execução o descumprimento da pena.

(*) V. art. 181, § 3º, da LEP.

Parágrafo único. A comunicação prevista neste artigo poderá ser feita por qualquer prejudicado.

Capítulo III
DA SUSPENSÃO CONDICIONAL

Art. 156. O Juiz poderá suspender, pelo período de 2 (dois) a 4 (quatro) anos, a execução da pena privativa de liberdade, não superior a 2 (dois) anos, na forma prevista nos arts. 77 a 82 do Código Penal.

(*) V. arts. 696 a 709 do CPP.

Art. 157. O Juiz ou Tribunal, na sentença que aplicar pena privativa de liberdade, na situação determinada no artigo anterior, deverá pronunciar-se, motivadamente, sobre a suspensão condicional, quer a conceda, quer a denegue.

(*) V. art. 197 da LEP.

Art. 158. Concedida a suspensão, o Juiz especificará as condições a que fica sujeito o condenado, pelo prazo fixado, começando este a correr da audiência prevista no art. 160 desta Lei.

§ 1º. As condições serão adequadas ao fato e à situação pessoal do condenado, devendo ser incluída entre as mesmas a de prestar serviços à comunidade, ou limitação de fim de semana, salvo hipótese do art. 78, § 2º, do Código Penal.

§ 2º. O Juiz poderá, a qualquer tempo, de ofício, a requerimento do Ministério Público ou mediante proposta do Conselho Penitenciário, modificar as condições e regras estabelecidas na sentença, ouvido o condenado.

§ 3º. A fiscalização do cumprimento das condições, reguladas nos Estados, Territórios e Distrito Federal por normas supletivas, será atribuída a serviço social penitenciário, Patronato, Conselho da Comunidade ou instituição beneficiada com a prestação de serviços, inspecionados pelo Conselho Penitenciário, pelo Ministério Público, ou ambos, devendo o Juiz da execução suprir, por ato, a falta das normas supletivas.

§ 4º. O beneficiário, ao comparecer periodicamente à entidade fiscalizadora, para comprovar a observância das condições a que está sujeito, comunicará, também, a sua ocupação e os salários ou proventos de que vive.

§ 5º. A entidade fiscalizadora deverá comunicar imediatamente ao órgão de inspeção, para os fins legais, qualquer fato capaz de acarretar a revogação do benefício, a prorrogação do prazo ou a modificação das condições.

§ 6º. Se for permitido ao beneficiário mudar-se, será feita comunicação ao Juiz e à entidade fiscalizadora do local da nova residência, aos quais o primeiro deverá apresentar-se imediatamente.

Art. 159. Quando a suspensão condicional da pena for concedida por Tribunal, a este caberá estabelecer as condições do benefício.

§ 1º. De igual modo proceder-se-á quando o Tribunal modificar as condições estabelecidas na sentença recorrida.

§ 2º. O Tribunal, ao conceder a suspensão condicional da pena, poderá, todavia, conferir ao Juízo da execução a incumbência de estabelecer as condições do benefício, e, em qualquer caso, a de realizar a audiência admonitória.

Art. 160. Transitada em julgado a sentença condenatória, o Juiz a lerá ao condenado, em audiência, advertindo-o das consequências de nova infração penal e do descumprimento das condições impostas.

(*) V. art. 158 da LEP.

Art. 161. Se, intimado pessoalmente ou por edital com prazo de 20 (vinte) dias, o réu não comparecer injustificadamente à audiência admonitória, a suspensão ficará sem efeito e será executada imediatamente a pena.

Art. 162. A revogação da suspensão condicional da pena e a prorrogação do período de prova dar-se-ão na forma do art. 81 e respectivos parágrafos do Código Penal.

Art. 163. A sentença condenatória será registrada, com a nota de suspensão em livro especial do Juízo a que couber a execução da pena.

§ 1º. Revogada a suspensão ou extinta a pena, será o fato averbado à margem do registro.

§ 2º. O registro e a averbação serão sigilosos, salvo para efeito de informações requisitadas por órgão judiciário ou pelo Ministério Público, para instruir processo penal.

Capítulo IV
DA PENA DE MULTA

Art. 164. Extraída certidão da sentença condenatória com trânsito em julgado, que valerá como título executivo judicial, o Ministério Público requererá, em autos apartados, a citação do condenado para, no prazo de 10 (dez) dias, pagar o valor da multa ou nomear bens à penhora.

(*) V. arts. 686 a 690 do CPP.

§ 1º. Decorrido o prazo sem o pagamento da multa, ou o depósito da respectiva importância, proceder-se-á à penhora de tantos bens quantos bastem para garantir a execução.

§ 2º. A nomeação de bens à penhora e a posterior execução seguirão o que dispuser a lei processual civil.

(*) V. art. 166 da LEP.

Art. 165. Se a penhora recair em bem imóvel, os autos apartados serão remetidos ao Juízo Cível para prosseguimento.

Art. 166. Recaindo a penhora em outros bens, dar-se-á prosseguimento nos termos do § 2º do art. 164, desta Lei.

Art. 167. A execução da pena de multa será suspensa quando sobrevier ao condenado doença mental (art. 52 do Código Penal).

Art. 168. O Juiz poderá determinar que a cobrança da multa se efetue mediante desconto no vencimento ou salário do condenado, nas hipóteses do art. 50, § 1º, do Código Penal, observando-se o seguinte:

I – o limite máximo do desconto mensal será o da quarta parte da remuneração e o mínimo o de um décimo;

II – o desconto será feito mediante ordem do Juiz a quem de direito;

III – o responsável pelo desconto será intimado a recolher mensalmente, até o dia fixado pelo Juiz, a importância determinada.

(*) V. art. 170, *caput*, da LEP.

Art. 169. Até o término do prazo a que se refere o art. 164 desta Lei, poderá o condenado requerer ao Juiz o pagamento da multa em prestações mensais, iguais e sucessivas.

§ 1º. O Juiz, antes de decidir, poderá determinar diligências para verificar a real situação econômica do condenado e, ouvido o Ministério Público, fixará o número de prestações.

§ 2º. Se o condenado for impontual ou se melhorar de situação econômica, o Juiz, de ofício ou a requerimento do Ministério Público, revogará o benefício executando-se a multa, na forma prevista neste Capítulo, ou prosseguindo-se na execução já iniciada.

Art. 170. Quando a pena de multa for aplicada cumulativamente com pena privativa da liberdade, enquanto esta estiver sendo executada, poderá aquela ser cobrada mediante desconto na remuneração do condenado (art. 168).

(*) V. art. 29 da LEP.

§ 1º. Se o condenado cumprir a pena privativa de liberdade ou obtiver livramento condicional, sem haver resgatado a multa, far-se-á a cobrança nos termos deste Capítulo.

§ 2º. Aplicar-se-á o disposto no parágrafo anterior aos casos em que for concedida a suspensão condicional da pena.

TÍTULO VI
DA EXECUÇÃO DAS MEDIDAS DE SEGURANÇA

(*) Vide Resolução CNJ nº 113/2010.

(*) Vide Resolução CNPCP nº 4, de 30.7.2010, que dispõe sobre as diretrizes nacionais de atenção aos pacientes judiciários e execução da medida de segurança.

Capítulo I
DISPOSIÇÕES GERAIS

Art. 171. Transitada em julgado a sentença que aplicar medida de segurança, será ordenada a expedição de guia para a execução.

(*) Vide Súmula 527 do STJ.

Art. 172. Ninguém será internado em Hospital de Custódia e Tratamento Psiquiátrico, ou submetido a tratamento ambulatorial, para cumprimento de medida de segurança, sem a guia expedida pela autoridade judiciária.

Art. 173. A guia de internamento ou de tratamento ambulatorial, extraída pelo escrivão, que a rubricará em todas as folhas e a subscreverá com o Juiz, será remetida à autoridade administrativa incumbida da execução e conterá:

I – a qualificação do agente e o número do registro geral do órgão oficial de identificação

II – o inteiro teor da denúncia e da sentença que tiver aplicado a medida de segurança, bem como a certidão do trânsito em julgado;

III – a data em que terminará o prazo mínimo de internação, ou do tratamento ambulatorial;

IV – outras peças do processo reputadas indispensáveis ao adequado tratamento ou internamento.

§ 1º. Ao Ministério Público será dada ciência da guia de recolhimento e de sujeição a tratamento.

(*) V. art. 68, I, da LEP.

§ 2º. A guia será retificada sempre que sobrevier modificações quanto ao prazo de execução.

Art. 174. Aplicar-se-á, na execução da medida de segurança, naquilo que couber, o disposto nos arts. 8º e 9º desta Lei.

Capítulo II
DA CESSAÇÃO DA PERICULOSIDADE

Art. 175. A cessação da periculosidade será averiguada no fim do prazo mínimo de duração da medida de segurança, pelo exame das condições pessoais do agente, observando-se o seguinte:

I – a autoridade administrativa, até 1 (um) mês antes de expirar o prazo de duração mínima da medida, remeterá ao Juiz minucioso relatório que o habilite a resolver sobre a revogação ou permanência da medida;

II – o relatório será instruído com o laudo psiquiátrico;

III – juntado aos autos o relatório ou realizadas as diligências, serão ouvidos, sucessivamente, o Ministério Público e o curador ou defensor, no prazo de 3 (três) dias para cada um;

IV – o Juiz nomeará curador ou defensor para o agente que não o tiver;

V – o Juiz, de ofício ou a requerimento de qualquer das partes, poderá determinar novas diligências, ainda que expirado o prazo de duração mínima da medida de segurança;

VI – ouvidas as partes ou realizadas as diligências a que se refere o inciso anterior, o Juiz proferirá a sua decisão, no prazo de 5 (cinco) dias.

Art. 176. Em qualquer tempo, ainda no decorrer do prazo mínimo de duração da medida de segurança, poderá o Juiz da execução, diante de requerimento fundamentado do Ministério Público ou do interessado, seu procurador ou defensor, ordenar o exame para que se verifique a cessação da periculosidade, procedendo-se nos termos do artigo anterior.

(*) Vide Súmula 520 do STF.

Art. 177. Nos exames sucessivos para verificar-se a cessação da periculosidade, observar-se-á, no que lhes for aplicável, o disposto no artigo anterior.

Art. 178. Nas hipóteses de desinternação ou de liberação (art. 97, § 3º, do Código Penal), aplicar-se-á o disposto nos arts. 132 e 133 desta Lei.

Art. 179. Transitada em julgado a sentença, o Juiz expedirá ordem para a desinternação ou a liberação.

TÍTULO VII
DOS INCIDENTES DE EXECUÇÃO

Capítulo I
DAS CONVERSÕES

Art. 180. A pena privativa de liberdade, não superior a 2 (dois) anos, poderá ser convertida em restritiva de direitos, desde que:

I – o condenado a esteja cumprindo em regime aberto;

II – tenha sido cumprido pelo menos 1/4 (um quarto) da pena;

III – os antecedentes e a personalidade do condenado indiquem ser a conversão recomendável.

Art. 181. A pena restritiva de direitos será convertida em privativa de liberdade nas hipóteses e na forma do art. 45 e seus incisos do Código Penal♦.

♦ Refere-se à redação anterior às alterações promovidas pela Lei nº 9.714/1998. Vide atual art. 44, § 4º, do CP.

§ 1º. A pena de prestação de serviços à comunidade será convertida quando o condenado:

a) não for encontrado por estar em lugar incerto e não sabido, ou desatender a intimação por edital;

b) não comparecer, injustificadamente, à entidade ou programa em que deva prestar serviço;

c) recusar-se, injustificadamente, a prestar o serviço que lhe foi imposto;

d) praticar falta grave;

(*) V. art. 48, parágrafo único, da LEP.

e) sofrer condenação por outro crime à pena privativa de liberdade, cuja execução não tenha sido suspensa.

§ 2º. A pena de limitação de fim de semana será convertida quando o condenado não comparecer ao estabelecimento designado para o cumprimento da pena, recusar-se a exercer a atividade determinada pelo Juiz ou se ocorrer qualquer das hipóteses das letras "a", "d" e "e" do parágrafo anterior.

(*) V. art. 48, parágrafo único, da LEP.

§ 3º. A pena de interdição temporária de direitos será convertida quando o condenado exercer, injustificadamente, o direito interditado ou se ocorrer qualquer das hipóteses das letras "a" e "e", do § 1º, deste artigo.

Art. 182. (Revogado).

(*) Art. 182 revogado pela Lei nº 9.268/1996.

Art. 183. Quando, no curso da execução da pena privativa de liberdade, sobrevier doença mental ou perturbação da saúde mental, o Juiz, de ofício, a requerimento do Ministério Público, da Defensoria Pública ou da autoridade administrativa, poderá determinar a substituição da pena por medida de segurança.

(*) Art. 183 com redação dada pela Lei nº 12.313/2010.

Art. 184. O tratamento ambulatorial poderá ser convertido em internação se o agente revelar incompatibilidade com a medida.

Parágrafo único. Nesta hipótese, o prazo mínimo de internação será de 1 (um) ano.

Capítulo II
DO EXCESSO OU DESVIO

Art. 185. Haverá excesso ou desvio de execução sempre que algum ato for praticado além dos limites fixados na sentença, em normas legais ou regulamentares.

Art. 186. Podem suscitar o incidente de excesso ou desvio de execução:

I – o Ministério Público;

II – o Conselho Penitenciário;

III – o sentenciado;

IV – qualquer dos demais órgãos da execução penal.

Capítulo III
DA ANISTIA E DO INDULTO

Art. 187. Concedida a anistia, o Juiz, de ofício, a requerimento do interessado ou do Ministério Público, por proposta da autoridade administrativa ou do Conselho Penitenciário, declarará extinta a punibilidade.

(*) V. arts. 734 a 742 do CPP.

Art. 188. O indulto individual poderá ser provocado por petição do condenado, por iniciativa do Ministério Público, do Conselho Penitenciário, ou da autoridade administrativa.

Art. 189. A petição do indulto, acompanhada dos documentos que a instruírem, será entregue ao Conselho Penitenciário, para a elaboração de parecer e posterior encaminhamento ao Ministério da Justiça.

Art. 190. O Conselho Penitenciário, à vista dos autos do processo e do prontuário, promoverá as diligências que entender necessárias e fará, em relatório, a narração do ilícito penal e dos fundamentos da sentença condenatória, a exposição dos antecedentes do condenado e do procedimento deste depois da prisão, emitindo seu parecer sobre o mérito do pedido e esclarecendo qualquer formalidade ou circunstâncias omitidas na petição.

Art. 191. Processada no Ministério da Justiça com documentos e o relatório do Conselho Penitenciário, a petição será submetida a despacho do Presidente da República, a quem serão presentes os autos do processo ou a certidão de qualquer de suas peças, se ele o determinar.

(*) V. art. 70, I, da LEP.

Art. 192. Concedido o indulto e anexada aos autos cópia do decreto, o Juiz declarará extinta a pena ou ajustará a execução aos termos do decreto, no caso de comutação.

(*) Vide Súmula 631 do STJ.

Art. 193. Se o sentenciado for beneficiado por indulto coletivo, o Juiz, de ofício, a requerimento do interessado, do Ministério Público, ou por iniciativa do Conselho Penitenciário ou da autoridade administrativa, providenciará de acordo com o disposto no artigo anterior.

TÍTULO VIII
DO PROCEDIMENTO JUDICIAL

Art. 194. O procedimento correspondente às situações previstas nesta Lei será judicial, desenvolvendo-se perante o Juízo da execução.

(*) Vide Súmula 192 do STJ.

Art. 195. O procedimento judicial iniciar-se-á de ofício, a requerimento do Ministério Público, do interessado, de quem o represente, de seu cônjuge, parente ou descendente, mediante proposta do Conselho Penitenciário, ou, ainda, da autoridade administrativa.

Art. 196. A portaria ou petição será autuada ouvindo-se, em 3 (três) dias, o condenado e o Ministério Público, quando não figurem como requerentes da medida.

§ 1º. Sendo desnecessária a produção de prova, o Juiz decidirá de plano, em igual prazo.

§ 2º. Entendendo indispensável a realização de prova pericial ou oral, o Juiz a ordenará, decidindo após a produção daquela ou na audiência designada.

Art. 197. Das decisões proferidas pelo Juiz caberá recurso de agravo, sem efeito suspensivo.

(*) Vide Súmula 700 do STF.

(*) Vide Súmula 604 do STJ.

TÍTULO IX
DAS DISPOSIÇÕES FINAIS E TRANSITÓRIAS

Art. 198. É defesa ao integrante dos órgãos da execução penal, e ao servidor, a divulgação de ocorrência que perturbe a segurança e a disciplina dos estabelecimentos, bem como exponha o preso à inconveniente notoriedade, durante o cumprimento da pena.

Art. 199. O emprego de algemas será disciplinado por decreto federal.

(*) Vide Súmula Vinculante 11 do STF.

(*) O Decreto nº 8.858, de 26.9.2016, regulamenta a utilização de algemas: "***Art. 2º.*** *É permitido o emprego de algemas apenas em casos de resistência e de fundado receio de fuga ou de perigo à integridade física própria ou alheia, causado pelo preso ou por terceiros, justificada a sua excepcionalidade por escrito.* ***Art. 3º.*** *É vedado emprego de algemas em mulheres presas em qualquer unidade do sistema penitenciário nacional durante o trabalho de parto, no trajeto da parturiente entre a unidade prisional e a unidade hospitalar e após o parto, durante o período em que se encontrar hospitalizada.*"

Art. 200. O condenado por crime político não está obrigado ao trabalho.

Art. 201. Na falta de estabelecimento adequado, o cumprimento da prisão civil e da prisão administrativa se efetivará em seção especial da Cadeia Pública.

Art. 202. Cumprida ou extinta a pena, não constarão da folha corrida, atestados ou certidões fornecidas por autoridade policial ou por auxiliares da Justiça, qualquer notícia ou referência à condenação, salvo para instruir processo pela prática de nova infração penal ou outros casos expressos em lei.

Art. 203. No prazo de 6 (seis) meses, a contar da publicação desta Lei, serão editadas as normas complementares ou regulamentares, necessárias à eficácia dos dispositivos não autoaplicáveis.

§ 1º. Dentro do mesmo prazo deverão as Unidades Federativas, em convênio com o Ministério da Justiça, projetar a adaptação, construção e equipamento de estabelecimentos e serviços penais previstos nesta Lei.

§ 2º. Também, no mesmo prazo, deverá ser providenciada a aquisição ou desapropriação de prédios para instalação de casas de albergados.

§ 3º. O prazo a que se refere o *caput* deste artigo poderá ser ampliado, por ato do Conselho Nacional de Política Criminal e Penitenciária, mediante justificada solicitação, instruída com os projetos de reforma ou de construção de estabelecimentos.

§ 4º. O descumprimento injustificado dos deveres estabelecidos para as Unidades Federativas implicará na suspensão de qualquer ajuda financeira a elas destinada pela União, para atender às despesas de execução das penas e medidas de segurança.

Art. 204. Esta Lei entra em vigor concomitantemente com a lei de reforma da Parte Geral do Código Penal, revogadas as disposições em contrário, especialmente a Lei nº 3.274, de 2 de outubro de 1957.

Brasília, 11 de julho de 1984; 163º da Independência e 96º da República.

João Figueiredo

DOU de 13.7.1984

ANEXOS

(*) Os dispositivos citados entre colchetes remetem à base legal da jurisprudência.

LEI Nº 8.038, DE 28 DE MAIO DE 1990

[Título III, Capítulo I, do CPP]

(*) Atualizada até as alterações promovidas pela Lei nº 13.964, de 24.12.2019.

Institui normas procedimentais para os processos que especifica, perante o Superior Tribunal de Justiça e o Supremo Tribunal Federal.

O Presidente da República,

Faço saber que o Congresso Nacional decreta e eu sanciono a seguinte lei:

TÍTULO I
PROCESSOS DE COMPETÊNCIA ORIGINÁRIA

Capítulo I
AÇÃO PENAL ORIGINÁRIA

(*) Vide art. 1º da Lei nº 8.658/1993.

Art. 1º. Nos crimes de ação penal pública, o Ministério Público terá o prazo de 15 (quinze) dias para oferecer denúncia ou pedir arquivamento do inquérito ou das peças informativas.

§ 1º. Diligências complementares poderão ser deferidas pelo relator, com interrupção do prazo deste artigo.

§ 2º. Se o indiciado estiver preso:

a) o prazo para oferecimento da denúncia será de 5 (cinco) dias;

b) as diligências complementares não interromperão o prazo, salvo se o relator, ao deferi-las, determinar o relaxamento da prisão.

§ 3º. Não sendo o caso de arquivamento e tendo o investigado confessado formal e circunstanciadamente a prática de infração penal sem violência ou grave ameaça e com pena mínima inferior a 4 (quatro) anos, o Ministério Público poderá propor acordo de não persecução penal, desde que necessário e suficiente para a reprovação e prevenção do crime, nos termos do art. 28-A do Decreto-Lei nº 3.689, de 3 de outubro de 1941 (Código de Processo Penal).

(*) § 3º acrescido pela Lei nº 13.964/2019.

Art. 2º. O relator, escolhido na forma regimental, será o juiz da instrução, que se realizará segundo o disposto neste capítulo, no Código de

Processo Penal, no que for aplicável, e no Regimento Interno do Tribunal.

Parágrafo único. O relator terá as atribuições que a legislação processual confere aos juízes singulares.

Art. 3º. Compete ao relator:

I – determinar o arquivamento do inquérito ou de peças informativas, quando o requerer o Ministério Público, ou submeter o requerimento à decisão competente do Tribunal;

II – decretar a extinção da punibilidade, nos casos previstos em lei;

III – convocar desembargadores de Turmas Criminais dos Tribunais de Justiça ou dos Tribunais Regionais Federais, bem como juízes de varas criminais da Justiça dos Estados e da Justiça Federal, pelo prazo de 6 (seis) meses, prorrogável por igual período, até o máximo de 2 (dois) anos, para a realização do interrogatório e de outros atos da instrução, na sede do tribunal ou no local onde se deva produzir o ato.

(*) Inciso III acrescido pela Lei nº 12.019/2009.

Art. 4º. Apresentada a denúncia ou a queixa ao Tribunal, far-se-á a notificação do acusado para oferecer resposta no prazo de 15 (quinze) dias.

§ 1º. Com a notificação, serão entregues ao acusado cópia da denúncia ou da queixa, do despacho do relator e dos documentos por este indicados.

§ 2º. Se desconhecido o paradeiro do acusado, ou se este criar dificuldades para que o oficial cumpra a diligência, proceder-se-á a sua notificação por edital, contendo o teor resumido da acusação, para que compareça ao Tribunal, em 5 (cinco) dias, onde terá vista dos autos pelo prazo de 15 (quinze) dias, a fim de apresentar a resposta prevista neste artigo.

Art. 5º. Se, com a resposta, forem apresentados novos documentos, será intimada a parte contrária para sobre eles se manifestar, no prazo de 5 (cinco) dias.

Parágrafo único. Na ação penal de iniciativa privada, será ouvido, em igual prazo, o Ministério Público.

Art. 6º. A seguir, o relator pedirá dia para que o Tribunal delibere sobre o recebimento, a rejeição da denúncia ou da queixa, ou a improcedência da acusação, se a decisão não depender de outras provas.

§ 1º. No julgamento de que trata este artigo, será facultada sustentação oral pelo prazo de 15 (quinze) minutos, primeiro à acusação, depois à defesa.

§ 2º. Encerrados os debates, o Tribunal passará a deliberar, determinando o Presidente as pessoas que poderão permanecer no recinto, observado o disposto no inciso II do art. 12 desta Lei.

Art. 7º. Recebida a denúncia ou a queixa, o relator designará dia e hora para o interrogatório, mandando citar o acusado ou querelado e intimar o órgão do Ministério Público, bem como o querelante ou o assistente, se for o caso.

Art. 8º. O prazo para defesa prévia será de 5 (cinco) dias, contado do interrogatório ou da intimação do defensor dativo.

Art. 9º. A instrução obedecerá, no que couber, ao procedimento comum do Código de Processo Penal.

§ 1º. O relator poderá delegar a realização do interrogatório ou de outro ato da instrução ao juiz ou membro de tribunal com competência territorial no local de cumprimento da carta de ordem.

§ 2º. Por expressa determinação do relator, as intimações poderão ser feitas por carta registrada com aviso de recebimento.

Art. 10. Concluída a inquirição de testemunhas, serão intimadas a acusação e a defesa, para requerimento de diligências no prazo de 5 (cinco) dias.

Art. 11. Realizadas as diligências, ou não sendo estas requeridas nem determinadas pelo relator, serão intimadas a acusação e a defesa para, sucessivamente, apresentarem, no prazo de 15 (quinze) dias, alegações escritas.

§ 1º. Será comum o prazo do acusador e do assistente, bem como o dos corréus.

§ 2º. Na ação penal de iniciativa privada, o Ministério Público terá vista, por igual prazo, após as alegações das partes.

§ 3º. O relator poderá, após as alegações escritas, determinar de ofício a realização de provas reputadas imprescindíveis para o julgamento da causa.

Art. 12. Finda a instrução, o Tribunal procederá ao julgamento, na forma determinada pelo regimento interno, observando-se o seguinte:

I – a acusação e a defesa terão, sucessivamente, nessa ordem, prazo de uma hora para sustentação oral, assegurado ao assistente 1/4 (um quarto) do tempo da acusação;

II – encerrados os debates, o Tribunal passará a proferir o julgamento, podendo o Presidente limitar a presença no recinto às partes e seus advogados, ou somente a estes, se o interesse público exigir.

Capítulo II
RECLAMAÇÃO

Arts. 13 a 18. (Revogados).

(*) Arts. 13 a 18 revogados pela Lei nº 13.105/2015 – novo CPC.

Capítulo III
INTERVENÇÃO FEDERAL

Art. 19. A requisição de intervenção federal prevista nos incisos II e IV♦ do art. 36 da Constituição Federal será promovida:

♦ O inciso IV do art. 36 da CF/1988 foi revogado pela EC nº 45/2004.

I – de ofício, ou mediante pedido de Presidente de Tribunal de Justiça do Estado, ou de Presidente de Tribunal Federal, quando se tratar de prover a execução de ordem ou decisão judicial, com ressalva, conforme a matéria, da competência do Supremo Tribunal Federal ou do Tribunal Superior Eleitoral;

II – de ofício, ou mediante pedido da parte interessada, quando se tratar de prover a execução de ordem ou decisão do Superior Tribunal de Justiça;

III – mediante representação do Procurador-Geral da República, quando se tratar de prover a execução de lei federal.

Art. 20. O Presidente, ao receber o pedido:

I – tomará as providências que lhe parecerem adequadas para remover, administrativamente, a causa do pedido;

II – mandará arquivá-lo, se for manifestamente infundado, cabendo do seu despacho agravo regimental.

Art. 21. Realizada a gestão prevista no inciso I do artigo anterior, solicitadas informações à autoridade estadual e ouvido o Procurador-Geral, o pedido será distribuído a um relator.

Parágrafo único. Tendo em vista o interesse público, poderá ser permitida a presença no recinto às partes e seus advogados, ou somente a estes.

Art. 22. Julgado procedente o pedido, o Presidente do Superior Tribunal de Justiça comunicará, imediatamente, a decisão aos órgãos do poder público interessados e requisitará a intervenção ao Presidente da República.

Capítulo IV
HABEAS CORPUS

Art. 23. Aplicam-se ao *habeas corpus* perante o Superior Tribunal de Justiça as normas do Livro III, Título II, Capítulo X do Código de Processo Penal.

Capítulo V
OUTROS PROCEDIMENTOS

Art. 24. Na ação rescisória, nos conflitos de competência, de jurisdição e de atribuições, na revisão criminal e no mandado de segurança, será aplicada a legislação processual em vigor.

Parágrafo único. No mandado de injunção e no *habeas data*, serão observadas, no que couber, as normas do mandado de segurança, enquanto não editada legislação específica.

Art. 25. Salvo quando a causa tiver por fundamento matéria constitucional, compete ao Presidente do Superior Tribunal de Justiça, a requerimento do Procurador-Geral da República ou da pessoa jurídica de direito público interessada, e para evitar grave lesão à ordem, à saúde, à segurança e à economia pública, suspender, em despacho fundamentado, a execução de liminar ou de decisão concessiva de mandado de segurança, proferida, em única ou última instância, pelos Tribunais Regionais Federais ou pelos Tribunais dos Estados e do Distrito Federal.

§ 1º. O Presidente pode ouvir o impetrante, em 5 (cinco) dias, e o Procurador-Geral quando não for o requerente, em igual prazo.

§ 2º. Do despacho que conceder a suspensão caberá agravo regimental.

§ 3º. A suspensão de segurança vigorará enquanto pender o recurso, ficando sem efeito, se a decisão concessiva for mantida pelo Superior Tribunal de Justiça ou transitar em julgado.

TÍTULO II
RECURSOS

Capítulo I
RECURSO EXTRAORDINÁRIO E RECURSO ESPECIAL

Arts. 26 a 29. (Revogados).

(*) Arts. 26 a 29 revogados pela Lei nº 13.105/2015 – novo CPC.

Capítulo II
RECURSO ORDINÁRIO EM *HABEAS CORPUS*

Art. 30. O recurso ordinário para o Superior Tribunal de Justiça, das decisões denegatórias de *habeas corpus*, proferidas pelos Tribunais Regionais Federais ou pelos Tribunais dos Estados e do Distrito Federal, será interposto no prazo de 5 (cinco) dias, com as razões do pedido de reforma.

(*) Vide Lei nº 13.105/2015 – novo CPC.

Art. 31. Distribuído o recurso, a Secretaria, imediatamente, fará os autos com vista ao Ministério Público, pelo prazo de 2 (dois) dias.

Parágrafo único. Conclusos os autos ao relator, este submeterá o feito a julgamento independentemente de pauta.

Art. 32. Será aplicado, no que couber, ao processo e julgamento do recurso, o disposto com relação ao pedido originário de *habeas corpus*.

Capítulo III
RECURSO ORDINÁRIO EM MANDADO DE SEGURANÇA

Art. 33. O recurso ordinário para o Superior Tribunal de Justiça, das decisões denegatórias de mandado de segurança, proferidas em única instância pelos Tribunais Regionais Federais ou pelos Tribunais de Estados e do Distrito Federal, será interposto no prazo de 15 (quinze) dias, com as razões do pedido de reforma.

Art. 34. Serão aplicadas, quanto aos requisitos de admissibilidade e ao procedimento no Tribunal recorrido, as regras do Código de Processo Civil relativas à apelação.

Art. 35. Distribuído o recurso, a Secretaria, imediatamente, fará os autos com vista ao Ministério Público, pelo prazo de 5 (cinco) dias.

Parágrafo único. Conclusos os autos ao relator, este pedirá dia para julgamento.

Capítulo IV
APELAÇÃO CÍVEL E AGRAVO DE INSTRUMENTO

Art. 36. Nas causas em que forem partes, de um lado, Estado estrangeiro ou organismo internacional e, de outro, município ou pessoa domiciliada ou residente no País, caberá:

I – apelação da sentença;

II – agravo de instrumento, das decisões interlocutórias.

Art. 37. Os recursos mencionados no artigo anterior serão interpostos para o Superior Tribunal de Justiça, aplicando-se-lhes, quanto aos requisitos de admissibilidade e ao procedimento, o disposto no Código de Processo Civil.

TÍTULO III
DISPOSIÇÕES GERAIS

Arts. 38. (Revogado).

(*) Art. 38 revogado pela Lei nº 13.105/2015 – novo CPC.

Art. 39. Da decisão do Presidente do Tribunal, de Seção, de Turma ou de Relator que causar gravame à parte, caberá agravo para o órgão especial, Seção ou Turma, conforme o caso, no prazo de 5 (cinco) dias.

Art. 40. Haverá revisão, no Superior Tribunal de Justiça, nos seguintes processos:

I – ação rescisória;

II – ação penal originária;

III – revisão criminal.

Art. 41. Em caso de vaga ou afastamento de Ministro do Superior Tribunal de Justiça, por prazo superior a 30 (trinta) dias, poderá ser convocado Juiz de Tribunal Regional Federal ou Desembargador, para substituição, pelo voto da maioria absoluta dos seus membros.

Art. 41-A. A decisão de Turma, no Superior Tribunal de Justiça, será tomada pelo voto da maioria absoluta de seus membros.

Parágrafo único. Em *habeas corpus* originário ou recursal, havendo empate, prevalecerá a decisão mais favorável ao paciente.

(*) Art. 41-A acrescido pela Lei nº 9.756/1998.

Art. 41-B. As despesas do porte de remessa e retorno dos autos serão recolhidas mediante documento de arrecadação, de conformidade com instruções e tabela expedidas pelo Supremo Tribunal Federal e pelo Superior Tribunal de Justiça.

Parágrafo único. A secretaria do tribunal local zelará pelo recolhimento das despesas postais.

(*) Art. 41-B acrescido pela Lei nº 9.756/1998.

Art. 42. Os arts. 496, 497, 498, inciso II do art. 500, e 508 da Lei nº 5.869, de 11 de janeiro de 1973 – Código de Processo Civil, passam a vigorar com a seguinte redação:

(*) Sem efeito ante a promulgação da Lei nº 13.105/2015 – novo CPC.

Art. 43. Esta Lei entra em vigor na data de sua publicação.

Art. 44. Revogam-se as disposições em contrário, especialmente os arts. 541 a 546 do Código de Processo Civil e a Lei nº 3.396, de 2 de junho de 1958.

Brasília, 28 de maio de 1990; 169º da Independência e 102º da República.

Fernando Collor

DOU de 29.5.1990

LEI Nº 9.807, DE 13 DE JULHO DE 1999

(*) Atualizada até as alterações promovidas pela Lei nº 12.483, de 8.9.2011.

(*) Vide Decreto Regulamentador nº 3.518/2000.

(*) Vide Resolução CNJ nº 253/2018.

Estabelece normas para a organização e a manutenção de programas especiais de proteção a vítimas e a testemunhas ameaçadas, institui o Programa Federal de Assistência a Vítimas e a Testemunhas Ameaçadas e dispõe sobre a proteção de acusados ou condenados que tenham voluntariamente prestado efetiva colaboração à investigação policial e ao processo criminal.

O Presidente da República

Faço saber que o Congresso Nacional decreta e eu sanciono a seguinte Lei:

Capítulo I
DA PROTEÇÃO ESPECIAL A VÍTIMAS E A TESTEMUNHAS

Art. 1º. As medidas de proteção requeridas por vítimas ou por testemunhas de crimes que estejam coagidas ou expostas a grave ameaça em razão de colaborarem com a investigação ou processo criminal serão prestadas pela União, pelos Estados e pelo Distrito Federal, no âmbito das respectivas competências, na forma de programas especiais organizados com base nas disposições desta Lei.

§ 1º. A União, os Estados e o Distrito Federal poderão celebrar convênios, acordos, ajustes ou termos de parceria entre si ou com entidades não governamentais objetivando a realização dos programas.

§ 2º. A supervisão e a fiscalização dos convênios, acordos, ajustes e termos de parceria de interesse da União ficarão a cargo do órgão do Ministério da Justiça com atribuições para a execução da política de direitos humanos.

Art. 2º. A proteção concedida pelos programas e as medidas dela decorrentes levarão em conta a gravidade da coação ou da ameaça à integridade física ou psicológica, a dificuldade de preveni-las ou reprimi-las pelos meios convencionais e a sua importância para a produção da prova.

§ 1º. A proteção poderá ser dirigida ou estendida ao cônjuge ou companheiro, ascendentes, descendentes e dependentes que tenham convivência habitual com a vítima ou testemunha, conforme o especificamente necessário em cada caso.

§ 2º. Estão excluídos da proteção os indivíduos cuja personalidade ou conduta seja incompatível com as restrições de comportamento exigidas pelo programa, os condenados que estejam cumprindo pena e os indiciados ou acusados sob prisão cautelar em qualquer de suas modalidades. Tal exclusão não trará prejuízo a eventual prestação de medidas de preservação da integridade física desses indivíduos por parte dos órgãos de segurança pública.

§ 3º. O ingresso no programa, as restrições de segurança e demais medidas por ele adotadas terão sempre a anuência da pessoa protegida, ou de seu representante legal.

§ 4º. Após ingressar no programa, o protegido ficará obrigado ao cumprimento das normas por ele prescritas.

§ 5º. As medidas e providências relacionadas com os programas serão adotadas, executadas e mantidas em sigilo pelos protegidos e pelos agentes envolvidos em sua execução.

Art. 3º. Toda admissão no programa ou exclusão dele será precedida de consulta ao Ministério Público sobre o disposto no art. 2º e deverá ser subsequentemente comunicada à autoridade policial ou ao juiz competente.

Art. 4º. Cada programa será dirigido por um conselho deliberativo em cuja composição haverá representantes do Ministério Público, do Poder Judiciário e de órgãos públicos e privados relacionados com a segurança pública e a defesa dos direitos humanos.

§ 1º. A execução das atividades necessárias ao programa ficará a cargo de um dos órgãos representados no conselho deliberativo, devendo os agentes dela incumbidos ter formação e capacitação profissional compatíveis com suas tarefas.

§ 2º. Os órgãos policiais prestarão a colaboração e o apoio necessários à execução de cada programa.

Art. 5º. A solicitação objetivando ingresso no programa poderá ser encaminhada ao órgão executor:

I – pelo interessado;

II – por representante do Ministério Público;

III – pela autoridade policial que conduz a investigação criminal;

IV – pelo juiz competente para a instrução do processo criminal;

V – por órgãos públicos e entidades com atribuições de defesa dos direitos humanos.

§ 1º. A solicitação será instruída com a qualificação da pessoa a ser protegida e com informações sobre a sua vida pregressa, o fato delituoso e a coação ou ameaça que a motiva.

§ 2º. Para fins de instrução do pedido, o órgão executor poderá solicitar, com a aquiescência do interessado:

I – documentos ou informações comprobatórios de sua identidade, estado civil, situação profissional, patrimônio e grau de instrução, e da pendência de obrigações civis, administrativas, fiscais, financeiras ou penais;

II – exames ou pareceres técnicos sobre a sua personalidade, estado físico ou psicológico.

§ 3º. Em caso de urgência e levando em consideração a procedência, gravidade e a iminência da coação ou ameaça, a vítima ou testemunha poderá ser colocada provisoriamente sob a custódia de órgão policial, pelo órgão executor, no aguardo de decisão do conselho deliberativo, com comunicação imediata a seus membros e ao Ministério Público.

Art. 6º. O conselho deliberativo decidirá sobre:

I – o ingresso do protegido no programa ou a sua exclusão;

II – as providências necessárias ao cumprimento do programa.

Parágrafo único. As deliberações do conselho serão tomadas por maioria absoluta de seus membros e sua execução ficará sujeita à disponibilidade orçamentária.

Art. 7º. Os programas compreendem, dentre outras, as seguintes medidas, aplicáveis isolada ou cumulativamente em benefício da pessoa protegida, segundo a gravidade e as circunstâncias de cada caso:

I – segurança na residência, incluindo o controle de telecomunicações;

II – escolta e segurança nos deslocamentos da residência, inclusive para fins de trabalho ou para a prestação de depoimentos;

III – transferência de residência ou acomodação provisória em local compatível com a proteção;

IV – preservação da identidade, imagem e dados pessoais;

V – ajuda financeira mensal para prover as despesas necessárias à subsistência individual ou familiar, no caso de a pessoa protegida estar impossibilitada de desenvolver trabalho regular ou de inexistência de qualquer fonte de renda;

VI – suspensão temporária das atividades funcionais, sem prejuízo dos respectivos vencimentos ou vantagens, quando servidor público ou militar;

VII – apoio e assistência social, médica e psicológica;

VIII – sigilo em relação aos atos praticados em virtude da proteção concedida;

IX – apoio do órgão executor do programa para o cumprimento de obrigações civis e administrativas que exijam o comparecimento pessoal.

Parágrafo único. A ajuda financeira mensal terá um teto fixado pelo conselho deliberativo no início de cada exercício financeiro.

Art. 8º. Quando entender necessário, poderá o conselho deliberativo solicitar ao Ministério Público que requeira ao juiz a concessão de medidas cautelares direta ou indiretamente relacionadas com a eficácia da proteção.

Art. 9º. Em casos excepcionais e considerando as características e gravidade da coação ou ameaça, poderá o conselho deliberativo encaminhar requerimento da pessoa protegida ao juiz competente para registros públicos objetivando a alteração de nome completo.

§ 1º. A alteração de nome completo poderá estender-se às pessoas mencionadas no § 1º do art. 2º desta Lei, inclusive aos filhos menores, e será precedida das providências necessárias ao resguardo de direitos de terceiros.

§ 2º. O requerimento será sempre fundamentado e o juiz ouvirá previamente o Ministério Público, determinando, em seguida, que o procedimento tenha rito sumaríssimo e corra em segredo de justiça.

§ 3º. Concedida a alteração pretendida, o juiz determinará na sentença, observando o sigilo indispensável à proteção do interessado:

I – a averbação no registro original de nascimento da menção de que houve alteração de nome completo em conformidade com o estabelecido nesta Lei, com expressa referência à sentença autorizatória e ao juiz que a exarou e sem a aposição do nome alterado;

II – a determinação aos órgãos competentes para o fornecimento dos documentos decorrentes da alteração;

III – a remessa da sentença ao órgão nacional competente para o registro único de identificação civil, cujo procedimento obedecerá às necessárias restrições de sigilo.

§ 4º. O conselho deliberativo, resguardado o sigilo das informações, manterá controle sobre a localização do protegido cujo nome tenha sido alterado.

§ 5º. Cessada a coação ou ameaça que deu causa à alteração, ficará facultado ao protegido solicitar ao juiz competente o retorno à situação anterior, com a alteração para o nome original, em petição que será encaminhada pelo conselho deliberativo e terá manifestação prévia do Ministério Público.

Art. 10. A exclusão da pessoa protegida de programa de proteção a vítimas e a testemunhas poderá ocorrer a qualquer tempo:

I – por solicitação do próprio interessado;

II – por decisão do conselho deliberativo, em consequência de:

a) cessação dos motivos que ensejaram a proteção;

b) conduta incompatível do protegido.

Art. 11. A proteção oferecida pelo programa terá a duração máxima de dois anos.

Parágrafo único. Em circunstâncias excepcionais, perdurando os motivos que autorizam a admissão, a permanência poderá ser prorrogada.

Art. 12. Fica instituído, no âmbito do órgão do Ministério da Justiça com atribuições para a execução da política de direitos humanos, o Programa Federal de Assistência a Vítimas e a Testemunhas Ameaçadas, a ser regulamentado por decreto do Poder Executivo.

(*) Vide Decreto nº 3.518/2000, que regulamenta o Programa Federal de Assistência a Vítimas e a Testemunhas Ameaçadas.

Capítulo II
DA PROTEÇÃO AOS RÉUS COLABORADORES

Art. 13. Poderá o juiz, de ofício ou a requerimento das partes, conceder o perdão judicial e a consequente extinção da punibilidade ao acusado que, sendo primário, tenha colaborado efetiva e voluntariamente com a investigação e o processo criminal, desde que dessa colaboração tenha resultado:

I – a identificação dos demais co-autores ou partícipes da ação criminosa;

II – a localização da vítima com a sua integridade física preservada;

III – a recuperação total ou parcial do produto do crime.

Parágrafo único. A concessão do perdão judicial levará em conta a personalidade do beneficiado e a natureza, circunstâncias, gravidade e repercussão social do fato criminoso.

Art. 14. O indiciado ou acusado que colaborar voluntariamente com a investigação policial e o processo criminal na identificação dos demais co-autores ou partícipes do crime, na localização da vítima com vida e na recuperação total ou parcial do produto do crime, no caso de condenação, terá pena reduzida de um a dois terços.

Art. 15. Serão aplicadas em benefício do colaborador, na prisão ou fora dela, medidas especiais de segurança e proteção a sua integridade física, considerando ameaça ou coação eventual ou efetiva.

§ 1º. Estando sob prisão temporária, preventiva ou em decorrência de flagrante delito, o colaborador será custodiado em dependência separada dos demais presos.

§ 2º. Durante a instrução criminal, poderá o juiz competente determinar em favor do colaborador qualquer das medidas previstas no art. 8º desta Lei.

§ 3º. No caso de cumprimento da pena em regime fechado, poderá o juiz criminal determinar medidas especiais que proporcionem a segurança do colaborador em relação aos demais apenados.

DISPOSIÇÕES GERAIS

Art. 16. O art. 57 da Lei nº 6.015, de 31 de dezembro de 1973, fica acrescido do seguinte § 7º:

"§ 7º. Quando a alteração de nome for concedida em razão de fundada coação ou ameaça decorrente de colaboração com a apuração de crime, o juiz competente determinará que haja a averbação no registro de origem de menção da existência de sentença concessiva da alteração, sem a averbação do nome alterado, que somente poderá ser procedida mediante determinação posterior, que levará em consideração a cessação da coação ou ameaça que deu causa à alteração."

Art. 17. O parágrafo único do art. 58 da Lei nº 6.015, de 31 de dezembro de 1973, com a redação dada pela Lei nº 9.708, de 18 de novembro de 1998, passa a ter a seguinte redação:

"Parágrafo único. A substituição do prenome será ainda admitida em razão de fundada coação ou ameaça decorrente da colaboração com a apuração de crime, por determinação, em sentença, de juiz competente, ouvido o Ministério Público."

Art. 18. O art. 18 da Lei nº 6.015, de 31 de dezembro de 1973, passa a ter a seguinte redação:

*"**Art. 18.** Ressalvado o disposto nos arts. 45, 57, § 7º, e 95,*

parágrafo único, a certidão será lavrada independentemente de despacho judicial, devendo mencionar o livro de registro ou o documento arquivado no cartório."

Art. 19. A União poderá utilizar estabelecimentos especialmente destinados ao cumprimento de pena de condenados que tenham prévia e voluntariamente prestado a colaboração de que trata esta Lei.

Parágrafo único. Para fins de utilização desses estabelecimentos, poderá a União celebrar convênios com os Estados e o Distrito Federal.

Art. 19-A. Terão prioridade na tramitação o inquérito e o processo criminal em que figure indiciado, acusado, vítima ou réu colaboradores, vítima ou testemunha protegidas pelos programas de que trata esta Lei.

Parágrafo único. Qualquer que seja o rito processual criminal, o juiz, após a citação, tomará antecipadamente o depoimento das pessoas incluídas nos programas de proteção previstos nesta Lei, devendo justificar a eventual impossibilidade de fazê-lo no caso concreto ou o possível prejuízo que a oitiva antecipada traria para a instrução criminal.

(*) Art. 19-A acrescido pela Lei nº 12.483/2011.

Art. 20. As despesas decorrentes da aplicação desta Lei, pela União, correrão à conta de dotação consignada no orçamento.

Art. 21. Esta Lei entra em vigor na data de sua publicação.

Brasília, 13 de julho de 1999; 178º da Independência e 111º da República.

Fernando Henrique Cardoso

DOU de 14.7.1999

DECRETO Nº 3.518, DE 20 DE JUNHO DE 2000

Regulamenta o Programa Federal de Assistência a Vítimas e a Testemunhas Ameaçadas, instituído pelo art. 12 da Lei nº 9.807, de 13 de julho de 1999, e dispõe sobre a atuação da Polícia Federal nas hipóteses previstas nos arts. 2º, § 2º, 4º, § 2º, 5º, § 3º, e 15 da referida Lei.

O Presidente da República, no uso da atribuição que lhe confere o art. 84, inciso IV, da Constituição, e tendo em vista o disposto na Lei nº 9.807, de 13 de julho de 1999, em especial seu art. 12,

Decreta:

Capítulo I
DO PROGRAMA FEDERAL DE ASSISTÊNCIA A VÍTIMAS E A TESTEMUNHAS AMEAÇADAS

Art. 1º. O Programa Federal de Assistência a Vítimas e a Testemunhas Ameaçadas, instituído pelo art. 12 da Lei nº 9.807, de 13 de julho de 1999, no âmbito da Secretaria de Estado dos Direitos Humanos do Ministério da Justiça, consiste no conjunto de medidas adotadas pela União com o fim de proporcionar proteção e assistência a pessoas ameaçadas ou coagidas em virtude de colaborarem com a investigação ou o processo criminal.

Parágrafo único. As medidas do Programa, aplicadas isolada ou cumulativamente, objetivam garantir a integridade física e psicológica das pessoas a que se refere o *caput* deste artigo e a cooperação com o sistema de justiça, valorizando a segurança e o bem-estar dos beneficiários, e consistem, dentre outras, em:

I – segurança nos deslocamentos;

II – transferência de residência ou acomodação provisória cm local sigiloso, compatível com a proteção;

III – preservação da identidade, imagens e dados pessoais;

IV – ajuda financeira mensal;

V – suspensão temporária das atividades funcionais;

VI – assistência social, médica e psicológica;

VII – apoio para o cumprimento de obrigações civis e idministrativas que exijam comparecimento pessoal; e

VIII – alteração de nome completo, em casos excepcionais.

Art. 2º. Integram o Programa:

I – o Conselho Deliberativo Federal;

II – o órgão Executor Federal; e

III – a Rede Voluntária de Proteção.

Art. 3º. Podem ser admitidas no Programa as pessoas que, sendo vítimas ou testemunhas de crime, sofram ameaça ou coação, em virtude de colaborarem com a produção da prova, desde que aceitem e cumpram as normas de conduta estabelecidas em termo de compromisso firmado no momento de sua inclusão.

§ 1º. O cônjuge, companheiro ou companheira, ascendentes, descendentes e dependentes que tenham convivência habitual com a vítima ou testemunha podem, conforme a gravidade do caso, ser admitidos no Programa, sujeitando-se às mesmas condições estabelecidas no *caput* deste artigo

§ 2º. A admissão no Programa será precedida de avaliação da gravidade da coação ou ameaça à integridade física ou psicológica da pessoa, a dificuldade de preveni-las ou reprimi-las pelos meios convencionais e a sua importância para a produção da prova.

§ 3º. O descumprimento das normas estabelecidas no termo de compromisso constitui conduta incompatível do protegido, acarretando sua exclusão do Programa.

Art. 4º. Não podem ser admitidas no Programa as pessoas cuja personalidade ou conduta sejam incompatíveis com as restrições de comportamento necessárias à proteção, os condenados que estejam cumprindo pena e os indiciados ou acusados sob prisão cautelar em qualquer de suas modalidades.

Parágrafo único. O cônjuge, companheiro ou companheira, ascendentes, descendentes e dependentes que tenham convivência habitual com as pessoas a que se refere o *caput* deste artigo, que estejam coagidos ou expostos a ameaça, podem ser admitidos no Programa, sujeitando-se às mesmas condições estabelecidas no *caput* do artigo anterior.

Art. 5º. Poderão solicitar a admissão no Programa:

I – o próprio interessado ou seu representante legal;

II – o representante do Ministério Público;

III – a autoridade policial que conduz a investigação criminal;

IV – o juiz competente para a instrução do processo criminal; e

V – os órgãos públicos e as entidades com atribuições de defesa dos direitos humanos.

Parágrafo único. Os pedidos de admissão no Programa devem ser encaminhados ao Órgão Executor, devidamente instruídos com:

I – qualificação da pessoa cuja proteção se pleiteia;

II – breve relato da situação motivadora da ameaça ou coação;

III – descrição da ameaça ou coação sofridas;

IV – informações sobre antecedentes criminais e vida pregressa da pessoa cuja proteção se pleiteia; e

V – informação sobre eventuais inquéritos ou processos judiciais em curso, em que figure a pessoa cuja proteção se pleiteia.

§ 1º. O Ministério Público manifestar-se-á sobre todos os pedidos de admissão, antes de serem submetidos à apreciação do Conselho.

§ 2º. O Conselho poderá solicitar informações adicionais dos órgãos de segurança pública.

§ 3º. Se a decisão do Conselho for favorável à admissão, o Órgão Executor providenciará a inclusão do beneficiário na Rede Voluntária de Proteção.

Seção I
Do Conselho Deliberativo Federal

Art. 6º. Ao Conselho Deliberativo Federal, instância de direção superior, compete:

I – decidir sobre os pedidos de admissão e exclusão do Programa;

II – solicitar às autoridades competentes medidas de proteção;

III – solicitar ao Ministério Público as providências necessárias à obtenção de medidas judiciais acautelatórias;

IV – encaminhar as pessoas que devem ser atendidas pelo Serviço de Proteção ao Depoente Especial, de que trata o Capítulo I deste Decreto;

V – adotar as providências necessárias para a obtenção judicial de alteração da identidade civil;

VI – fixar o valor máximo da ajuda financeira mensal aos beneficiários da proteção; e

VII – deliberar sobre questões relativas ao funcionamento e aprimoramento do Programa.

§ 1º. As decisões do Conselho são tomadas pela maioria dos votos de seus membros.

§ 2°. O Presidente do Conselho, designado pelo Ministro de Estado da Justiça dentre seus membros, pode decidir, em caráter provisório, diante de situações emergenciais e na impossibilidade de imediata convocação de reunião do Colegiado, sobre a admissão e a adoção de medidas assecuratórias da integridade física e psicológica da pessoa ameaçada.

Art 7º. O Conselho é composto pelos seguintes membros, designados pelo Ministro de Estado da Justiça:

I – um representante da Secretaria de Estado dos Direitos Humanos;

II – um representante da Secretaria Nacional de Segurança Pública;

III – um representante da Secretaria Nacional de Justiça;

IV – um representante do Departamento de Polícia Federal;

V – um representante do Ministério Público Federal;

VI – um representante do Poder Judiciário Federal, indicado pelo Superior Tribunal de Justiça; e

VII – um representante de entidade não governamental com atuação na proteção de vítimas e testemunhas ameaçadas, indicado pelo Secretário de Estado dos Direitos Humanos.

Parágrafo único. Os membros do Conselho têm mandato de dois anos, sendo permitida a recondução.

Seção II
Do Órgão Executor Federal

Art. 8º. Compete ao órgão Executor Federal adotar as providências necessárias à aplicação das medidas do Programa, com vistas a garantir a integridade física e psicológica das pessoas ameaçadas, fornecer subsídios ao Conselho e possibilitar o cumprimento de suas decisões, cabendo-lhe, para tanto:

I – elaborar relatório sobre o fato que originou o pedido de admissão no Programa e a situação das pessoas que buscam proteção, propiciando elementos para a análise e deliberação do Conselho;

II – promover acompanhamento jurídico e assistência social e psicológica às pessoas protegidas;

III – providenciar apoio para o cumprimento de obrigações civis e administrativas que exijam o comparecimento pessoal dos indivíduos admitidos no Programa;

IV – formar e capacitar equipe técnica para a realização das tarefas desenvolvidas no Programa;

V – requerer ao Serviço de Proteção ao Depoente Especial a custódia policial, provisória, das pessoas ameaçadas, até a deliberação do Conselho sobre a admissão no Programa, ou enquanto persistir o risco pessoal e o interesse na produção da prova, nos casos de exclusão do Programa;

VI – promover o traslado dos admitidos no Programa;

VII – formar a Rede Voluntária de Proteção;

VIII – confeccionar o Manual de Procedimentos do Programa;

IX – adotar procedimentos para a preservação da identidade, imagem e dados pessoais dos protegidos e dos protetores;

X – garantir a manutenção de arquivos e bancos de dados com informações sigilosas;

XI – notificar as autoridades competentes sobre a admissão e a exclusão de pessoas do Programa; e

XII – promover intercâmbio com os Estados e o Distrito Federal acerca de programas de proteção a vítimas e a testemunhas ameaçadas.

Parágrafo único. As atribuições de órgão Executor serão exercidas pela Secretaria de Estado dos Direitos Humanos.

Seção III
Da Rede Voluntária de Proteção

Art. 9º. A Rede Voluntária de Proteção é o conjunto de associações civis, entidades e demais organizações não-govenlamentais que se dispõem a receber, sem auferir lucros ou benefícios, os admitidos no Programa, proporcionando-lhes moradia e oportunidades de inserção social em local diverso de sua residência.

Parágrafo único. Integram a Rede Voluntária de Proteção as organizações sem fins lucrativos que gozem de reconhecida atuação na área de assistência e desenvolvimento social, na defesa de direitos humanos ou na promoção da segurança pública e que tenham firmado com o órgão Executor ou com entidade com ele conveniada termo de compromisso para o cumprimento dos procedimentos e das normas estabelecidos no Programa.

Capítulo II
DO SERVIÇO DE PROTEÇÃO AO DEPOENTE ESPECIAL

Art. 10. Entende-se por depoente especial:

I – o réu detido ou preso, aguardando julgamento, indiciado ou acusado sob prisão cautelar em qualquer de suas modalidades, que testemunhe em inquérito ou processo judicial, se dispondo a colaborar efetiva e voluntariamente com a investigação e o processo criminal, desde que dessa colaboração possa resultar a identificação de autores, co-autores ou participes da ação criminosa, a localização da vítima com sua integridade física preservada ou a recuperação do produto do crime; e

II – a pessoa que, não admitida ou excluída do Programa, corra risco pessoal e colabore na produção da prova.

Art. 11. O Serviço de Proteção ao Depoente Especial consiste na prestação de medidas de proteção assecuratórias da integridade física e psicológica do depoente especial, aplicadas isoladas ou cumulativamente, consoante as especificidades de cada situação, compreendendo, dentre outras:

I – segurança na residência, incluindo o controle de telecomunicações;

II – escolta e segurança ostensiva nos deslocamentos da residência, inclusive para fins de trabalho ou para a prestação de depoimentos;

III – transferência de residência ou acomodação provisória em local compatível com a proteção;

IV – sigilo em relação aos atos praticados em virtude da proteção concedida; e

V – medidas especiais de segurança e proteção da integridade física, inclusive dependência separada dos demais presos, na hipótese de o depoente especial encontrar-se sob prisão temporária, preventiva ou decorrente de flagrante delito.

§ 1º. A escolta de beneficiários do Programa, sempre que houver necessidade de seu deslocamento para prestar depoimento ou participar de ato relacionado a investigação, inquérito ou processo criminal, será efetuada pelo Serviço de Proteção.

§ 2º. Cabe ao Departamento de Policia Federal, do Ministério da Justiça, o planejamento e a execução do Serviço de Proteção, para tanto podendo celebrar convênios, acordos, ajustes e termos de parceria com órgãos da Administração Pública e entidades não-governamentais.

Art. 12. O encaminhamento das pessoas que devem ser atendidas pelo Serviço de Proteção será efetuado pelo Conselho e pelo Ministro de Estado da Justiça.

Parágrafo único. O atendimento pode ser dirigido ou estendido ao cônjuge ou companheiro, descendente ou ascendente e dependentes que tenham convivência habitual com o depoente especial, conforme o especificamente necessário em cada caso.

Art. 13. A exclusão da pessoa atendida pelo Serviço de Proteção poderá ocorrer a qualquer tempo:

I – mediante sua solicitação expressa ou de seu representante legal;

II – por decisão da autoridade policial responsável pelo Serviço de Proteção; ou

III – por deliberação do Conselho.

Parágrafo único. Será lavrado termo de exclusão, nele constando a ciência do excluído e os motivos do ato.

Art. 14. Compete ao Serviço de Proteção acompanhar a investigação, o inquérito ou processo criminal, receber intimações endereçadas ao depoente especial ou a quem se encontre sob sua proteção, bem como providenciar seu comparecimento, adotando as medidas necessárias à sua segurança.

Capítulo III
DO SIGILO E DA SEGURANÇA DA PROTEÇÃO

Art. 15. O Conselho, o órgão Executor, o Serviço de Proteção e demais órgãos e entidades envolvidos nas atividades de assistência e proteção aos admitidos no Programa devem agir de modo a preservar a segurança e a privacidade dos indivíduos protegidos.

Parágrafo único. Serão utilizados mecanismos que garantam a segurança e o sigilo das comunicações decorrentes das atividades de assistência e proteção.

Art. 16. Os deslocamentos de pessoas protegidas para o cumprimento de atos decorrentes da investigação ou do processo criminal, assim como para compromissos que impliquem exposição pública, são precedidos das providências necessárias à proteção, incluindo, conforme o caso, escolta policial, uso de colete à prova de balas, disfarces e outros artifícios capazes de dificultar sua identificação.

Art. 17. A gestão de dados pessoais sigilosos deve observar, no que couber, as medidas de salvaguarda estabelecidas pelo Decreto nº 2.910, de 29 de dezembro de 1998.

§ 1º. O tratamento dos dados a que se refere este artigo deve ser processado por funcionários previamente cadastrados e seu uso, autorizado pela autoridade competente, no objetivo de assegurar os direitos e as garantias fundamentais do protegido.

§ 2º. Os responsáveis pelo tratamento dos dados pessoais dos indivíduos protegidos, assim como as pessoas que, no exercício de suas funções, tenham conhecimento dos referidos dados, estão obrigados a manter sigilo profissional sobre eles, inclusive após o seu desligamento dessas funções.

§ 3º. Os responsáveis por tratamento de dados a que se refere este artigo devem aplicar as medidas técnicas e de organização adequadas para a proteção desses dados contra a destruição, acidental ou ilícita, perda, alteração, divulgação ou acesso não autorizado.

Capítulo IV
DAS DISPOSIÇÕES GERAIS

Art. 18. Os servidores públicos, profissionais contratados e voluntários que, de algum modo, desempenhem funções relacionadas ao Programa ou ao Serviço de Proteção devem ser periodicamente capacitados e informados acerca das suas normas e dos seus procedimentos.

Art. 19. Os beneficiários do Programa devem ter prioridade no acesso a programas governamentais, considerando a especificidade de sua situação.

Art. 20. As despesas decorrentes da aplicação da Lei nº 9.807, de 1999, obedecem a regime especial de execução e são consideradas de natureza sigilosa, sujeitando-se ao exame dos órgãos de controle interno e externo, na forma estabelecida pela legislação que rege a matéria.

Art. 21. Para a aplicação deste Decreto, a Secretaria de Estado dos Direitos Humanos poderá celebrar convênios, acordos, ajustes e termos de parceria com Estados, Distrito Federal, Municípios, órgãos da Administração Pública e entidades não governamentais, cabendo-lhe a supervisão e fiscalização desses instrumentos.

Art. 22. O Ministro de Estado da Justiça poderá baixar instruções para a execução deste Decreto.

Art. 23. Este Decreto entra em vigor na data de sua publicação.

Brasília, 20 de junho de 2000; 179º da Independência e 112º da República.

Fernando Henrique Cardoso

DOU de 21.6.2000

DECRETO Nº 6.049, DE 27 DE FEVEREIRO DE 2007

Aprova o Regulamento Penitenciário Federal.

O Presidente da República, no uso da atribuição que lhe confere o art. 84, incisos IV e VI, alínea "a", da Constituição, e tendo em vista o disposto nas Leis nºs 7.210, de 11 de julho de 1984, e 10.693, de 25 de junho de 2003,

Decreta:

Art. 1º. Fica aprovado o Regulamento Penitenciário Federal, na forma do Anexo a este Decreto.

Art. 2º. Este Decreto entra em vigor na data de sua publicação.

Brasília, 27 de fevereiro de 2007; 186º da Independência e 119º da República.

Luiz Inácio Lula da Silva

DOU de 28.2.2007

Anexo
REGULAMENTO PENITENCIÁRIO FEDERAL

TÍTULO I
DA ORGANIZAÇÃO, DA FINALIDADE, DAS CARACTERÍSTICAS E DA ESTRUTURA DOS ESTABELECIMENTOS PENAIS FEDERAIS

Capítulo I
DA ORGANIZAÇÃO

Art. 1º. O Sistema Penitenciário Federal é constituído pelos estabelecimentos penais federais, subordinados ao Departamento Penitenciário Nacional♦ do Ministério da Justiça.

♦ Atual denominação: "Secretaria Nacional de Políticas Penais", nos termos da Medida Provisória nº 1.154/2022.

Art. 2º. Compete ao Departamento Penitenciário Nacional♦, no exercício da atribuição que lhe confere o parágrafo único♦♦ do art. 72 da Lei nº 7.210, de 11 de julho de 1984 – Lei de Execução Penal, a supervisão, coordenação e administração dos estabelecimentos penais federais.

♦ Atual denominação: "Secretaria Nacional de Políticas Penais", nos termos da Medida Provisória nº 1.154/2022.

♦♦ Atual § 1º, ante a alteração promovida pela Lei nº 13.769/2018.

Capítulo II
DA FINALIDADE

Art. 3º. Os estabelecimentos penais federais têm por finalidade promover a execução administrativa das medidas restritivas de liberdade dos presos, provisórios ou condenados, cuja inclusão se justifique no interesse da segurança pública ou do próprio preso.

Art. 4º. Os estabelecimentos penais federais também abrigarão presos, provisórios ou condenados, sujeitos ao regime disciplinar diferenciado, previsto no art. 1º da Lei nº 10.792, de 1º de dezembro de 2003♦.

♦ Lei nº 10.792/2003, que altera o CPP, a LEP e dá outras providências.

Art. 5º. Os presos condenados não manterão contato com os presos provisórios e serão alojados em alas separadas.

Capítulo III
DAS CARACTERÍSTICAS

Art. 6º. O estabelecimento penal federal tem as seguintes características:

I – destinação a presos provisórios e condenados em regime fechado;

II – capacidade para até 208 (duzentos e oito) presos;

III – segurança externa e guaritas de responsabilidade dos Agentes Penitenciários Federais;

IV – segurança interna que preserve os direitos do preso, a ordem e a disciplina;

V – acomodação do preso em cela individual; e

VI – existência de locais de trabalho, de atividades socioeducativas e culturais, de esporte, de prática religiosa e de visitas, dentro das possibilidades do estabelecimento penal.

Capítulo IV
DA ESTRUTURA

Art. 7º. A estrutura organizacional e a competência das unidades que compõem os estabelecimentos penais federais serão disciplinadas no regimento interno do Departamento Penitenciário Nacional♦.

♦ Atual denominação: "Secretaria Nacional de Políticas Penais", nos termos da Medida Provisória nº 1.154/2022.

Art. 8º. Os estabelecimentos penais federais terão a seguinte estrutura básica:

I – Diretoria do Estabelecimento Penal;

II – Divisão de Segurança e Disciplina;

III – Divisão de Reabilitação;

IV – Serviço de Saúde; e

V – Serviço de Administração.

TÍTULO II
DOS AGENTES PENITENCIÁRIOS FEDERAIS

Art. 9º. A carreira de Agente Penitenciário Federal é disciplinada pela Lei nº 10.693, de 25 de junho de 2003, que define as atribuições gerais dos ocupantes do cargo.

Art. 10. Os direitos e deveres dos agentes penitenciários federais são definidos no Regime Jurídico dos Servidores Públicos Civis da União, Lei nº 8.112, de 11 de dezembro de 1990, sem prejuízo da observância de outras disposições legais e regulamentares aplicáveis.

Art. 11. O Departamento Penitenciário Nacional♦ editará normas complementares dos procedimentos e das rotinas carcerários, da forma de atuação, das obrigações e dos encargos dos Agentes Penitenciários nos estabelecimentos penais federais.

♦ Atual denominação: "Secretaria Nacional de Políticas Penais", nos termos da Medida Provisória nº 1.154/2022.

Parágrafo único. A diretoria do Sistema Penitenciário Federal adotará as providências para elaboração de manual de procedimentos operacionais das rotinas carcerárias, para cumprimento do disposto neste Regulamento.

TÍTULO III
DOS ÓRGÃOS AUXILIARES E DE FISCALIZAÇÃO DOS ESTABELECIMENTOS PENAIS FEDERAIS

Art. 12. São órgãos auxiliares do Sistema Penitenciário Federal:

I – Coordenação-Geral de Inclusão, Classificação e Remoção;

II – Coordenação-Geral de Informação e Inteligência Penitenciária;

III – Corregedoria-Geral do Sistema Penitenciário Federal;

IV – Ouvidoria; e

V – Coordenação-Geral de Tratamento Penitenciário e Saúde.

Parágrafo único. As competências dos órgãos auxiliares serão disciplinadas no regimento interno do Departamento Penitenciário Nacional♦.

♦ Atual denominação: "Secretaria Nacional de Políticas Penais", nos termos da Medida Provisória nº 1.154/2022.

Capítulo I
DA CORREGEDORIA-GERAL

Art. 13. A Corregedoria-Geral é unidade de fiscalização e correição do Sistema Penitenciário Federal, com a incumbência de preservar os padrões de legalidade e moralidade dos atos de gestão dos administradores das unidades subordinadas ao Departamento Penitenciário Nacional♦, com vistas à proteção e defesa dos interesses da sociedade, valendo-se de inspeções e investigações em decorrência de representação de agentes públicos, entidades representativas da comunidade ou de particulares, ou de ofício, sempre que tomar conhecimento de irregularidades.

♦ Atual denominação: "Secretaria Nacional de Políticas Penais", nos termos da Medida Provisória nº 1.154/2022.

Capítulo II
DA OUVIDORIA

Art. 14. A Ouvidoria do Sistema Penitenciário Nacional é órgão com o encargo de receber, avaliar, sugerir e encaminhar propostas, reclamações e denúncias recebidas no Departamento Penitenciário Nacional♦, buscando a compreensão e o respeito a necessidades, direitos e valores inerentes à pessoa humana, no âmbito dos estabelecimentos penais federais.

♦ Atual denominação: "Secretaria Nacional de Políticas Penais", nos termos da Medida Provisória nº 1.154/2022.

TÍTULO IV
DAS FASES EVOLUTIVAS INTERNAS, DA CLASSIFICAÇÃO E DA INDIVIDUALIZAÇÃO DA EXECUÇÃO DA PENA

Art. 15. A execução administrativa da pena, respeitados os requisitos legais, obedecerá às seguintes fases:

I – procedimentos de inclusão; e

II – avaliação pela Comissão Técnica de Classificação para o desenvolvimento do processo da execução da pena.

Art. 16. Para orientar a individualização da execução penal, os condenados serão classificados segundo os seus antecedentes e personalidade.

§ 1º. A classificação e a individualização da execução da pena de que trata o *caput* será feita pela Comissão Técnica de Classificação.

§ 2º. O Ministério da Justiça definirá os procedimentos da Comissão Técnica de Classificação.

Art. 17. A inclusão do preso em estabelecimento penal federal dar-se-á por ordem judicial, ressalvadas as exceções previstas em lei.

§ 1º. A efetiva inclusão do preso em estabelecimento penal federal concretizar-se-á somente após a conferência dos seus dados de identificação com o ofício de apresentação.

§ 2º. No ato de inclusão, o preso ficará sujeito às regras de identificação e de funcionamento do estabelecimento penal federal previstas pelo Ministério da Justiça.

§ 3º. Na inclusão do preso em estabelecimento penal federal, serão observados os seguintes procedimentos:

I – comunicação à família do preso ou pessoa por ele indicada, efetuada pelo setor de assistência social do estabelecimento penal federal, acerca da localização onde se encontra;

II – prestação de informações escritas ao preso, e verbais aos analfabetos ou com dificuldades de comunicação, sobre as normas que orientarão o seu tratamento, as imposições de caráter disciplinar, bem como sobre os seus direitos e deveres; e

III – certificação das condições físicas e mentais do preso pelo estabelecimento penal federal.

Art. 18. Quando o preso for oriundo dos sistemas penitenciários dos Estados ou do Distrito Federal, deverão acompanhá-lo no ato da inclusão no Sistema Penitenciário Federal a cópia do prontuário penitenciário, os seus pertences e informações acerca do pecúlio disponível.

Art. 19. Quando no ato de inclusão forem detectados indícios de violação da integridade física ou moral do preso, ou verificado quadro de debilidade do seu estado de saúde, tal fato deverá ser imediatamente comunicado ao diretor do estabelecimento penal federal.

Parágrafo único. Recebida a comunicação, o diretor do estabelecimento penal federal deverá adotar as providências cabíveis, sob pena de responsabilidade.

TÍTULO V
DA ASSISTÊNCIA AO PRESO E AO EGRESSO

Art. 20. A assistência material, à saúde, jurídica, educacional, social, psicológica e religiosa prestada ao preso e ao egresso obedecerá aos procedimentos consagrados pela legislação vigente, observadas as disposições complementares deste Regulamento.

Art. 21. A assistência material será prestada pelo estabelecimento penal federal por meio de programa de atendimento às necessidades básicas do preso.

Art. 22. A assistência à saúde consiste no desenvolvimento de ações visando garantir a correta aplicação de normas e diretrizes da área de saúde, será de caráter preventivo e curativo e compreenderá os atendimentos médico, farmacêutico, odontológico, ambulatorial e hospitalar, dentro do estabelecimento penal federal ou instituição do sistema de saúde pública, nos termos de orientação do Departamento Penitenciário Nacional♦.

♦ Atual denominação: "Secretaria Nacional de Políticas Penais", nos termos da Medida Provisória nº 1.154/2022.

Art. 23. A assistência psiquiátrica e psicológica será prestada por profissionais da área, por intermédio de programas envolvendo o preso e seus familiares e a instituição, no âmbito dos processos de ressocialização e reintegração social.

Art. 24. Aos presos submetidos ao regime disciplinar diferenciado serão assegurados atendimento psiquiátrico e psicológico, com a finalidade de:

I – determinar o grau de responsabilidade pela conduta faltosa anterior, ensejadora da aplicação do regime diferenciado; e

II – acompanhar, durante o período da sanção, os eventuais efeitos psíquicos de uma reclusão severa, cientificando as autoridades superiores das eventuais ocorrências advindas do referido regime.

Art. 25. A assistência educacional compreenderá a instrução escolar, ensino básico e fundamental, profissionalização e desenvolvimento sociocultural.

§ 1º. O ensino básico e fundamental será obrigatório, integrando-se ao sistema escolar da unidade federativa, em consonância com o regime de trabalho do estabelecimento penal federal e às demais atividades socioeducativas e culturais.

§ 2º. O ensino profissionalizante poderá ser ministrado em nível de iniciação ou de aperfeiçoamento técnico, atendendo-se às características da população urbana e rural, segundo aptidões individuais e demanda do mercado.

§ 3º. O ensino deverá se estender aos presos em regime disciplinar diferenciado, preservando sua condição carcerária e de isolamento em relação aos demais presos por intermédio de programa específico de ensino voltado para presos nesse regime.

§ 4º. O estabelecimento penal federal disporá de biblioteca para uso geral dos presos, provida de livros de literatura nacional e estrangeira, técnicos, inclusive jurídicos, didáticos e recreativos.

§ 5º. O estabelecimento penal federal poderá, por meio dos órgãos competentes, promover convênios com órgãos ou entidades, públicos ou particulares, visando à doação por estes entes de livros ou programas de bibliotecas volantes para ampliação de sua biblioteca.

Art. 26. É assegurada a liberdade de culto e de crença, garantindo a participação de todas as religiões interessadas, atendidas as normas de segurança e os programas instituídos pelo Departamento Penitenciário Federal.

Art. 27. A assistência ao egresso consiste na orientação e apoio para reintegrá-lo à vida em liberdade.

Art. 28. A assistência ao egresso poderá ser providenciada pelos sistemas penitenciários estaduais ou distrital, onde resida sua família, mediante convênio estabelecido entre a União e os Estados ou o Distrital Federal, a fim de facilitar o acompanhamento e a implantação de programas de apoio ao egresso.

Art. 29. Após entrevista e encaminhamento realizados pela Comissão Técnica de Classificação e ratificados pelo diretor do estabelecimento penal federal, poderá o preso se apresentar à autoridade administrativa prisional no Estado ou no Distrito Federal onde residam seus familiares para a obtenção da assistência.

§ 1º. O egresso somente obterá a prestação assistencial no Estado ou no Distrito Federal onde residam, comprovadamente, seus familiares.

§ 2º. O Estado ou o Distrito Federal, onde residam os familiares do preso, deve estar conveniado com a União para a prestação de assistência descentralizada ao egresso.

Art. 30. Consideram-se egressos para os efeitos deste Regulamento:

I – o liberado definitivo, pelo prazo de um ano a contar da saída do estabelecimento penal; e

II – o liberado condicional, durante o período de prova.

TÍTULO VI
DO REGIME DISCIPLINAR ORDINÁRIO

Capítulo I
DAS RECOMPENSAS E REGALIAS, DOS DIREITOS E DOS DEVERES DOS PRESOS

Seção I
Das Recompensas e Regalias

Art. 31. As recompensas têm como pressuposto o bom comportamento reconhecido do condenado ou do preso provisório, de sua colaboração com a disciplina e de sua dedicação ao trabalho.

Parágrafo único. As recompensas objetivam motivar a boa conduta, desenvolver os sentidos de responsabilidade e promover o interesse e a cooperação do preso definitivo ou provisório.

Art. 32. São recompensas:

I – o elogio; e

II – a concessão de regalias.

Art. 33. Será considerado para efeito de elogio a prática de ato de excepcional relevância humanitária ou do interesse do bem comum.

Parágrafo único. O elogio será formalizado em portaria do diretor do estabelecimento penal federal.

Art. 34. Constituem regalias, concedidas aos presos pelo diretor do estabelecimento penal federal:

I – assistir a sessões de cinema, teatro, shows e outras atividades socioculturais, em épocas especiais, fora do horário normal;

II – assistir a sessões de jogos esportivos em épocas especiais, fora do horário normal;

III – praticar esportes em áreas específicas; e

IV – receber visitas extraordinárias, devidamente autorizadas.

Parágrafo único. Poderão ser acrescidas, pelo diretor do estabelecimento penal federal, outras regalias de forma progressiva, acompanhando as diversas fases de cumprimento da pena.

Art. 35. As regalias poderão ser suspensas ou restringidas, isolada ou cumulativamente, por cometimento de conduta incompatível com este Regulamento, mediante ato motivado da diretoria do estabelecimento penal federal.

§ 1º. Os critérios para controlar e garantir ao preso a concessão e o gozo da regalia de que trata o *caput* serão estabelecidos pela administração do estabelecimento penal federal.

§ 2º. A suspensão ou a restrição de regalias deverá ter estrita observância na reabilitação da conduta faltosa do preso, sendo retomada ulteriormente à reabilitação a critério do diretor do estabelecimento penal federal.

Seção II
Dos Direitos dos Presos

Art. 36. Ao preso condenado ou provisório incluso no Sistema Penitenciário Federal serão assegurados todos os direitos não atingidos pela sentença ou pela lei.

Art. 37. Constituem direitos básicos e comuns dos presos condenados ou provisórios:

I – alimentação suficiente e vestuário;

II – atribuição de trabalho e sua remuneração;

III – Previdência Social;

IV – constituição de pecúlio;

V – proporcionalidade na distribuição do tempo para o trabalho, o descanso e a recreação;

VI – exercício das atividades profissionais, intelectuais, artísticas e desportivas anteriores, desde que compatíveis com a execução da pena;

VII – assistências material, à saúde, jurídica, educacional, social, psicológica e religiosa;

VIII – proteção contra qualquer forma de sensacionalismo;

IX – entrevista pessoal e reservada com o advogado;

X – visita do cônjuge, da companheira, de parentes e amigos em dias determinados;

XI – chamamento nominal;

XII – igualdade de tratamento, salvo quanto às exigências da individualização da pena;

XIII – audiência especial com o diretor do estabelecimento penal federal;

XIV – representação e petição a qualquer autoridade, em defesa de direito; e

XV – contato com o mundo exterior por meio de correspondência escrita, da leitura e de outros meios de informação que não comprometam a moral e os bons costumes.

Parágrafo único. Diante da dificuldade de comunicação, deverá ser identificado entre os agentes, os técnicos, os médicos e outros presos quem possa acompanhar e assistir o preso com proveito, no sentido de compreender melhor suas carências, para traduzi-las com fidelidade à pessoa que irá entrevistá-lo ou tratá-lo.

Seção III
Dos Deveres dos Presos

Art. 38. Constituem deveres dos presos condenados ou provisórios:

I – respeitar as autoridades constituídas, servidores públicos, funcionários e demais presos;

II – cumprir as normas de funcionamento do estabelecimento penal federal;

III – manter comportamento adequado em todo o decurso da execução da pena federal;

IV – submeter-se à sanção disciplinar imposta;

V – manter conduta oposta aos movimentos individuais ou coletivos de fuga ou de subversão à ordem ou à disciplina;

VI – não realizar manifestações coletivas que tenham o objetivo de reivindicação ou reclamação;

VII – indenizar ao Estado e a terceiros pelos danos materiais a que der causa, de forma culposa ou dolosa;

VIII – zelar pela higiene pessoal e asseio da cela ou de qualquer outra parte do estabelecimento penal federal;

IX – devolver ao setor competente, quando de sua soltura, os objetos fornecidos pelo estabelecimento penal federal e destinados ao uso próprio;

X – submeter-se à requisição das autoridades judiciais, policiais e administrativas, bem como dos profissionais de qualquer área técnica para exames ou entrevistas;

XI – trabalhar no decorrer de sua pena; e

XII – não portar ou não utilizar aparelho de telefonia móvel celular ou qualquer outro aparelho de comunicação com o meio exterior, bem como seus componentes ou acessórios.

Capítulo II
DA DISCIPLINA

Art. 39. Os presos estão sujeitos à disciplina, que consiste na obediência às normas e determinações estabelecidas por autoridade competente e no respeito às autoridades e seus agentes no desempenho de suas atividades funcionais.

Art. 40. A ordem e a disciplina serão mantidas pelos servidores e funcionários do estabelecimento penal federal por intermédio dos meios legais e regulamentares adequados.

Art. 41. Não haverá falta nem sanção disciplinar sem expressa e anterior previsão legal ou regulamentar.

Capítulo III
DAS FALTAS DISCIPLINARES

Art. 42. As faltas disciplinares, segundo sua natureza, classificam-se em:

I – leves;

II – médias; e

III – graves.

Parágrafo único. As disposições deste Regulamento serão igualmente aplicadas quando a falta disciplinar ocorrer fora do estabelecimento penal federal, durante a movimentação do preso.

Seção I
Das Faltas Disciplinares de Natureza Leve

Art. 43. Considera-se falta disciplinar de natureza leve:

I – comunicar-se com visitantes sem a devida autorização;

II – manusear equipamento de trabalho sem autorização ou sem conhecimento do encarregado, mesmo a pretexto de reparos ou limpeza;

III – utilizar-se de bens de propriedade do Estado, de forma diversa para a qual recebeu;

IV – estar indevidamente trajado;

V – usar material de serviço para finalidade diversa da qual foi prevista, se o fato não estiver previsto como falta grave;

VI – remeter correspondência, sem registro regular pelo setor competente;

VII – provocar perturbações com ruídos e vozerios ou vaias; e

VIII – desrespeito às demais normas de funcionamento do estabelecimento penal federal, quando não configurar outra classe de falta.

Seção II
Das Faltas Disciplinares de Natureza Média

Art. 44. Considera-se falta disciplinar de natureza média:

I – atuar de maneira inconveniente, faltando com os deveres de urbanidade frente às autoridades, aos funcionários, a outros sentenciados ou aos particulares no âmbito do estabelecimento penal federal;

II – fabricar, fornecer ou ter consigo objeto ou material cuja posse seja proibida em ato normativo do Departamento Penitenciário Nacional♦;

♦ Atual denominação: "Secretaria Nacional de Políticas Penais", nos termos da Medida Provisória nº 1.154/2022.

III – desviar ou ocultar objetos cuja guarda lhe tenha sido confiada;

IV – simular doença para eximir-se de dever legal ou regulamentar;

V – divulgar notícia que possa perturbar a ordem ou a disciplina;

VI – dificultar a vigilância em qualquer dependência do estabelecimento penal federal;

VII – perturbar a jornada de trabalho, a realização de tarefas, o repouso noturno ou a recreação;

VIII – inobservar os princípios de higiene pessoal, da cela e das demais dependências do estabelecimento penal federal;

IX – portar ou ter, em qualquer lugar do estabelecimento penal federal, dinheiro ou título de crédito;

X – praticar fato previsto como crime culposo ou contravenção, sem prejuízo da sanção penal;

XI – comunicar-se com presos em cela disciplinar ou regime disciplinar diferenciado ou entregar-lhes qualquer objeto, sem autorização;

XII – opor-se à ordem de contagem da população carcerária, não respondendo ao sinal convencional da autoridade competente;

XIII – recusar-se a deixar a cela, quando determinado, mantendo-se em atitude de rebeldia;

XIV – praticar atos de comércio de qualquer natureza;

XV – faltar com a verdade para obter qualquer vantagem;

XVI – transitar ou permanecer em locais não autorizados;

XVII – não se submeter às requisições administrativas, judiciais e policiais;

XVIII – descumprir as datas e horários das rotinas estipuladas pela administração para quaisquer atividades no estabelecimento penal federal; e

XIX – ofender os incisos I, III, IV e VI a X do art. 39 da Lei nº 7.210, de 1984.

Seção III
Das Faltas Disciplinares de Natureza Grave

Art. 45. Considera-se falta disciplinar de natureza grave, consoante disposto na Lei nº 7.210, de 1984, e legislação complementar:

I – incitar ou participar de movimento para subverter a ordem ou a disciplina;

II – fugir;

III – possuir indevidamente instrumento capaz de ofender a integridade física de outrem;

IV – provocar acidente de trabalho;

V – deixar de prestar obediência ao servidor e respeito a qualquer pessoa com quem deva relacionar-se;

VI – deixar de executar o trabalho, as tarefas e as ordens recebidas; e

VII – praticar fato previsto como crime doloso.

Capítulo IV
DA SANÇÃO DISCIPLINAR

Art. 46. Os atos de indisciplina serão passíveis das seguintes penalidades:

I – advertência verbal;

II – repreensão;

III – suspensão ou restrição de direitos, observadas as condições previstas no art. 41, parágrafo único, da Lei nº 7.210, de 1984;

IV – isolamento na própria cela ou em local adequado; e

V – inclusão no regime disciplinar diferenciado.

§ 1º. A advertência verbal é punição de caráter educativo, aplicável às infrações de natureza leve.

§ 2º. A repreensão é sanção disciplinar revestida de maior rigor no aspecto educativo, aplicável em casos de infração de natureza média, bem como aos reincidentes de infração de natureza leve.

Art. 47. Às faltas graves correspondem as sanções de suspensão ou restrição de direitos, ou isolamento.

(*) Vide Tema 941 do STF.

Art. 48. A prática de fato previsto como crime doloso e que ocasione subversão da ordem ou da disciplina internas sujeita o preso, sem prejuízo da sanção penal, ao regime disciplinar diferenciado.

Art. 49. Compete ao diretor do estabelecimento penal federal a aplicação das sanções disciplinares referentes às faltas médias e leves, ouvido o Conselho Disciplinar, e à autoridade judicial, as referentes às faltas graves.

Art. 50. A suspensão ou restrição de direitos e o isolamento na própria cela ou em local adequado não poderão exceder a 30 (trinta) dias, mesmo nos casos de concurso de infrações disciplinares, sem prejuízo da aplicação do regime disciplinar diferenciado.

§ 1º. O preso, antes e depois da aplicação da sanção disciplinar consistente no isolamento, será submetido a exame médico que ateste suas condições de saúde.

§ 2º. O relatório médico resultante do exame de que trata o § 1º será anexado no prontuário do preso.

Art. 51. Pune-se a tentativa com a sanção correspondente à falta consumada.

Parágrafo único. O preso que concorrer para o cometimento da falta disciplinar incidirá nas sanções cominadas à sua culpabilidade.

Capítulo V
DAS MEDIDAS CAUTELARES ADMINISTRATIVAS

Art. 52. O diretor do estabelecimento penal federal poderá determinar em ato motivado, como medida cautelar administrativa, o isolamento preventivo do preso, por período não superior a dez dias.

Art. 53. Ocorrendo rebelião, para garantia da segurança das pessoas e coisas, poderá o diretor do estabelecimento penal federal, em ato devidamente motivado, suspender as visitas aos presos por até 15 (quinze) dias, prorrogável uma única vez por até igual período.

TÍTULO VII
DAS NORMAS DE APLICAÇÃO DO REGIME DISCIPLINAR DIFERENCIADO

Art. 54. Sem prejuízo das normas do regime disciplinar ordinário, a sujeição do preso, provisório ou condenado, ao regime disciplinar diferenciado será feita em estrita observância às disposições legais.

Art. 55. O diretor do estabelecimento penal federal, na solicitação de inclusão de preso no regime disciplinar diferenciado, instruirá o expediente com o termo de declarações da pessoa visada e de sua defesa técnica, se possível.

Art. 56. O diretor do estabelecimento penal federal em que se cumpre o regime disciplinar diferenciado poderá recomendar ao diretor do Sistema Penitenciário Federal que requeira à autoridade judiciária a reconsideração da decisão de incluir o preso no citado regime ou tenha por desnecessário ou inconveniente o prosseguimento da sanção.

Art. 57. O cumprimento do regime disciplinar diferenciado exaure a sanção e nunca poderá ser invocado para fundamentar novo pedido de inclusão ou desprestigiar o mérito do sentenciado, salvo, neste último caso, quando motivado pela má conduta denotada no curso do regime e sua persistência no sistema comum.

Art. 58. O cumprimento do regime disciplinar diferenciado em estabelecimento penal federal, além das características elencadas nos incisos I a VI do art. 6º, observará o que segue:

I – duração máxima de trezentos e 60 (sessenta) dias, sem prejuízo de repetição da sanção, nos termos da lei;

II – banho de sol de duas horas diárias;

III – uso de algemas nas movimentações internas e externas, dispensadas apenas nas áreas de visita, banho de sol, atendimento assistencial e, quando houver, nas áreas de trabalho e estudo;

IV – sujeição do preso aos procedimentos de revista pessoal, de sua cela e seus pertences, sempre que for necessária sua movimentação interna e externa, sem prejuízo das inspeções periódicas; e

V – visita semanal de duas pessoas, sem contar as crianças, com duração de duas horas.

TÍTULO VIII
DO PROCEDIMENTO DE APURAÇÃO DE FALTAS DISCIPLINARES, DA CLASSIFICAÇÃO DA CONDUTA E DA REABILITAÇÃO

Capítulo I
DO PROCEDIMENTO DE APURAÇÃO DE FALTAS DISCIPLINARES

Art. 59. Para os fins deste Regulamento, entende-se como procedimento de apuração de faltas disciplinares a sequência de atos adotados para apurar determinado fato.

Parágrafo único. Não poderá atuar como encarregado ou secretário, em qualquer ato do procedimento, amigo íntimo ou desafeto, parente consanguíneo ou afim, em linha reta ou colateral, até o terceiro grau inclusive, cônjuge, companheiro ou qualquer integrante do núcleo familiar do denunciante ou do acusado.

Art. 60. Ao preso é garantido o direito de defesa, com os recursos a ele inerentes.

Seção I
Da Instauração do Procedimento

Art. 61. O servidor que presenciar ou tomar conhecimento de falta de qualquer natureza praticada por preso redigirá comunicado do evento com a descrição minuciosa das circunstâncias do fato e dos dados dos envolvidos e o encaminhará ao diretor do estabelecimento penal federal para a adoção das medidas cautelares necessárias e demais providências cabíveis.

§ 1º. O comunicado do evento deverá ser redigido no ato do conhecimento da falta, constando o fato no livro de ocorrências do plantão.

§ 2º. Nos casos em que a falta disciplinar do preso estiver relacionada com a má conduta de servidor público, será providenciada a apuração do fato envolvendo o servidor em procedimento separado, observadas as disposições pertinentes da Lei nº 8.112, de 1990.

Art. 62. Quando a falta disciplinar constituir também ilícito penal, deverá ser comunicada às autoridades competentes.

Art. 63. O procedimento disciplinar será instaurado por meio de portaria do diretor do estabelecimento penal federal.

Parágrafo único. A portaria inaugural deverá conter a descrição sucinta dos fatos, constando o tempo, modo, lugar, indicação da falta e demais informações pertinentes, bem como, sempre que possível, a identificação dos seus autores com o nome completo e a respectiva matrícula.

Art. 64. O procedimento deverá ser concluído em até 30 (trinta) dias.

Art. 65. A investigação preliminar será adotada quando não for possível a individualização imediata da conduta faltosa do preso ou na hipótese de não restar comprovada a autoria do fato, designando, se necessário, servidor para apurar preliminarmente os fatos.

§ 1º. Na investigação preliminar, deverá ser observada a pertinência dos fatos e a materialidade da conduta faltosa, inquirindo os presos, servidores e funcionários, bem como apresentada toda a documentação pertinente.

§ 2º. Findos os trabalhos preliminares, será elaborado relatório.

Seção II
Da Instrução do Procedimento

Art. 66. Caberá à autoridade que presidir o procedimento elaborar o termo de instalação dos trabalhos e, quando houver designação de secretário, o termo de compromisso deste em separado, providenciando o que segue:

I – designação de data, hora e local da audiência;

II – citação do preso e intimação de seu defensor, cientificando-os sobre o comparecimento em audiência na data e hora designadas; e

III – intimação das testemunhas.

§ 1º. Na impossibilidade de citação do preso definitivo ou provisório, decorrente de fuga, ocorrerá o sobrestamento do procedimento até a recaptura, devendo ser informado o juízo competente.

§ 2º. No caso de o preso não possuir defensor constituído, será providenciada a imediata comunicação à área de assistência jurídica do estabelecimento penal federal para designação de defensor público.

Seção III
Da Audiência

Art. 67. Na data previamente designada, será realizada audiência, facultada a apresentação de defesa preliminar, prosseguindo-se com o interrogatório do preso e a oitiva das testemunhas, seguida da defesa final oral ou por escrito.

§ 1º. A autoridade responsável pelo procedimento informará o acusado do seu direito de permanecer calado e de não responder às perguntas que lhe forem formuladas, dando-se continuidade à audiência.

§ 2º. O silêncio, que não importará em confissão, não poderá ser interpretado em prejuízo da defesa.

§ 3º. Nos casos em que o preso não estiver em isolamento preventivo e diante da complexidade do caso, a defesa final poderá ser substituída pela apresentação de contestação escrita, caso em que a autoridade concederá prazo hábil, improrrogável, para o seu oferecimento, observados os prazos para conclusão do procedimento.

§ 4º. Na ata de audiência, serão registrados resumidamente os atos essenciais, as afirmações fundamentais e as informações úteis à apuração dos fatos.

§ 5º. Serão decididos, de plano, todos os incidentes e exceções que possam interferir no prosseguimento da audiência e do procedimento, e as demais questões serão decididas no relatório da autoridade disciplinar.

Art. 68. Se o preso comparecer na audiência desacompanhado de advogado, ser-lhe-á designado pela autoridade defensor para a promoção de sua defesa.

Art. 69. A testemunha não poderá eximir-se da obrigação de depor, salvo no caso de proibição legal e de impedimento.

§ 1º. O servidor que, sem justa causa, se recusar a depor, ficará sujeito às sanções cabíveis.

§ 2º. As testemunhas arroladas serão intimadas pelo correio, salvo quando a parte interessada se comprometer em providenciar o comparecimento destas.

Seção IV
Do Relatório

Art. 70. Encerradas as fases de instrução e defesa, a autoridade designada para presidir o procedimento apresentará relatório final, no prazo de 3 (três) dias, contados a partir da data da realização da audiência, opinando fundamentalmente sobre a aplicação da sanção disciplinar ou a absolvição do preso, e encaminhará os autos para apreciação do diretor do estabelecimento penal federal.

Parágrafo único. Nos casos em que reste comprovada autoria de danos, capazes de ensejar responsabilidade penal ou civil, deverá a autoridade, em seu relatório, manifestar-se, conclusivamente, propondo o encaminhamento às autoridades competentes.

Seção V
Da Decisão

Art. 71. O diretor do estabelecimento penal federal, após avaliar o procedimento, proferirá decisão final no prazo de 2 (dois) dias contados da data do recebimento dos autos.

Parágrafo único. O diretor do estabelecimento penal federal ordenará, antes de proferir decisão final, diligências imprescindíveis ao esclarecimento do fato.

Art. 72. Na decisão do diretor do estabelecimento penal federal a respeito de qualquer infração disciplinar, deverão constar as seguintes providências:

I – ciência por escrito ao preso e seu defensor;

II – registro em ficha disciplinar;

III – juntada de cópia do procedimento disciplinar no prontuário do preso;

IV – remessa do procedimento ao juízo competente, nos casos de isolamento preventivo e falta grave; e

V – comunicação à autoridade policial competente, quando a conduta faltosa constituir ilícito penal.

Parágrafo único. Sobre possível responsabilidade civil por danos causados ao patrimônio do Estado, serão remetidas cópias do procedimento ao Departamento Penitenciário Nacional♦ para a adoção das medidas cabíveis, visando a eventual reparação do dano.

♦ Atual denominação: "Secretaria Nacional de Políticas Penais", nos termos da Medida Provisória nº 1.154/2022.

Seção VI
Do Recurso

Art. 73. No prazo de 5 (cinco) dias, caberá recurso da decisão de aplicação de sanção disciplinar consistente em isolamento celular, suspensão ou restrição de direitos, ou de repreensão.

§ 1º. A este recurso não se atribuirá efeito suspensivo, devendo ser julgado pela diretoria do Sistema Penitenciário Federal em 5 (cinco) dias.

§ 2º. Da decisão que aplicar a penalidade de advertência verbal, caberá pedido de reconsideração no prazo de 48 (quarenta e oito) horas.

Seção VII
Das Disposições Gerais

Art. 74. Os prazos do procedimento disciplinar, nos casos em que não for necessária a adoção do isolamento preventivo do preso, poderão ser prorrogados uma única vez por até igual período.

Parágrafo único. A prorrogação de prazo de que trata o *caput* não se aplica ao prazo estipulado para a conclusão dos trabalhos sindicantes.

Art. 75. O não comparecimento do defensor constituído do preso, independentemente do motivo, a qualquer ato do procedimento, não acarretará a suspensão dos trabalhos ou prorrogação dos prazos, devendo ser nomeado outro defensor para acompanhar aquele ato específico.

Capítulo II
DA CLASSIFICAÇÃO DA CONDUTA E DA REABILITAÇÃO

Art. 76. A conduta do preso recolhido em estabelecimento penal federal será classificada como:

I – ótima;

II – boa;

III – regular; ou

IV – má.

Art. 77. Ótimo comportamento carcerário é aquele decorrente de prontuário sem anotações de falta disciplinar, desde o ingresso do preso no estabelecimento penal federal até o momento da requisição do atestado de conduta, somado à anotação de uma ou mais recompensas.

Art. 78. Bom comportamento carcerário é aquele decorrente de prontuário sem anotações de falta disciplinar, desde o ingresso do preso no estabelecimento penal federal até o momento da requisição do atestado de conduta.

Parágrafo único. Equipara-se ao bom comportamento carcerário o do preso cujo prontuário registra a prática de faltas, com reabilitação posterior de conduta.

Art. 79. Comportamento regular é o do preso cujo prontuário registra a prática de faltas médias ou leves, sem reabilitação de conduta.

Art. 80. Mau comportamento carcerário é o do preso cujo prontuário registra a prática de falta grave, sem reabilitação de conduta.

Art. 81. O preso terá os seguintes prazos para reabilitação da conduta, a partir do término do cumprimento da sanção disciplinar:

I – 3 (três) meses, para as faltas de natureza leve;

II – 6 (seis) meses, para as faltas de natureza média;

III – 12 (doze) meses, para as faltas de natureza grave; e

IV – 24 (vinte e quatro) meses, para as faltas de natureza grave que forem cometidas com grave violência à pessoa ou com a finalidade de incitamento à participação em movimento para subverter a ordem e a disciplina que ensejarem a aplicação de regime disciplinar diferenciado.

Art. 82. O cometimento da falta disciplinar de qualquer natureza durante o período de reabilitação acarretará a imediata anulação do tempo de reabilitação até então cumprido.

§ 1º. Com a prática de nova falta disciplinar, exigir-se-á novo tempo para reabilitação, que deverá ser somado ao tempo estabelecido para a falta anterior.

§ 2º. O diretor do estabelecimento penal federal não expedirá o atestado de conduta enquanto tramitar procedimento disciplinar para apuração de falta.

Art. 83. Caberá recurso, sem efeito suspensivo, no prazo de 5 (cinco) dias, dirigido à diretoria do Sistema Penitenciário Federal, contra decisão que atestar conduta.

TÍTULO IX
DOS MEIOS DE COERÇÃO

Art. 84. Os meios de coerção só serão permitidos quando forem inevitáveis para proteger a vida humana e para o controle da ordem e da disciplina do estabelecimento penal federal, desde que tenham sido esgotadas todas as medidas menos extremas para se alcançar este objetivo.

Parágrafo único. Os servidores e funcionários que recorrerem ao uso da força, limitar-se-ão a utilizar a mínima necessária, devendo informar imediatamente ao diretor do estabelecimento penal federal sobre o incidente.

Art. 85. A sujeição a instrumentos tais como algemas, correntes, ferros e coletes de força nunca deve ser aplicada como punição.

Parágrafo único. A utilização destes instrumentos será disciplinada pelo Ministério da Justiça.

Art. 86. As armas de fogo letais não serão usadas, salvo quando estritamente necessárias.

§ 1º. É proibido o porte de arma de fogo letal nas áreas internas do estabelecimento penal federal.

§ 2º. As armas de fogo letais serão portadas pelos agentes penitenciários federais exclusivamente em movimentações externas e nas ações de guarda e vigilância do estabelecimento penal federal, das muralhas, dos alambrados e das guaritas que compõem as suas edificações.

Art. 87. Somente será permitido ao estabelecimento penal federal utilizar cães para auxiliar na vigilância e no controle da ordem e da disciplina após cumprirem todos os requisitos exigidos em ato do Ministério da Justiça que tratar da matéria.

Art. 88. Outros meios de coerção poderão ser adotados, desde que disciplinada sua finalidade e uso pelo Ministério da Justiça.

Art. 89. Poderá ser criado grupo de intervenção, composto por agentes penitenciários, para desempenhar ação preventiva e resposta rápida diante de atos de insubordinação dos presos, que possam conduzir a uma situação de maior proporção ou com efeito prejudicial sobre a disciplina e ordem do estabelecimento penal federal.

Art. 90. O diretor do estabelecimento penal federal, nos casos de denúncia de tortura, lesão corporal, maus-tratos ou outras ocorrências de natureza similar, deve, tão logo tome conhecimento do fato, providenciar, sem prejuízo da tramitação do adequado procedimento para apuração dos fatos:

I – instauração imediata de adequado procedimento apuratório;

II – comunicação do fato à autoridade policial para as providências cabíveis, nos termos do art. 6º do Código de Processo Penal;

III – comunicação do fato ao juízo competente, solicitando a realização de exame de corpo de delito, se for o caso;

IV – comunicação do fato à Corregedoria-Geral do Sistema Penitenciário Federal, para que proceda, quando for o caso, ao acompanhamento do respectivo procedimento administrativo; e

V – comunicação à família da vítima ou pessoa por ela indicada.

TÍTULO X
DAS VISITAS E DA ENTREVISTA COM ADVOGADO

Capítulo I
DAS VISITAS

Art. 91. As visitas têm a finalidade de preservar e estreitar as relações do preso com a sociedade, principalmente com sua família, parentes e companheiros.

Parágrafo único. O Departamento Penitenciário Nacional• disporá sobre o procedimento de visitação.

♦ Atual denominação: "Secretaria Nacional de Políticas Penais", nos termos da Medida Provisória nº 1.154/2022.

Art. 92. O preso poderá receber visitas de parentes, do cônjuge ou do companheiro de comprovado vínculo afetivo, desde que devidamente autorizados.

§ 1º. As visitas comuns poderão ser realizadas uma vez por semana, exceto em caso de proximidade de datas festivas, quando o número poderá ser maior, a critério do diretor do estabelecimento penal federal.

§ 2º. O período de visitas é de 3 (três) horas.

Art. 93. O preso recolhido ao pavilhão hospitalar ou enfermaria e impossibilitado de se locomover, ou em tratamento psiquiátrico, poderá receber visita no próprio local, a critério da autoridade médica.

Art. 94. As visitas comuns não poderão ser suspensas, excetuados os casos previstos em lei ou neste Regulamento.

Art. 95. A visita íntima tem por finalidade fortalecer as relações familiares do preso e será regulamentada pelo Ministério da Justiça.

Parágrafo único. É proibida a visita íntima nas celas de convivência dos presos.

Capítulo II
DA ENTREVISTA COM ADVOGADO

Art. 96. As entrevistas com advogado deverão ser previamente agendadas, mediante requerimento, escrito ou oral, à direção do estabelecimento penal federal, que designará imediatamente data e horário para o atendimento reservado, dentro dos dez dias subsequentes.

§ 1º. Para a designação da data, a direção observará a fundamentação do pedido, a conveniência do estabelecimento penal federal, especialmente a segurança deste, do advogado, dos servidores, dos funcionários e dos presos.

§ 2º. Comprovada a urgência, a direção deverá, de imediato, autorizar a entrevista.

TÍTULO XI
DAS REVISTAS

Art. 97. A revista consiste no exame de pessoas e bens que venham a ter acesso ao estabelecimento penal federal, com a finalidade de detectar objetos, produtos ou substâncias não permitidos pela administração.

Parágrafo único. O Departamento Penitenciário Nacional♦ disporá sobre o procedimento de revista.

♦ Atual denominação: "Secretaria Nacional de Políticas Penais", nos termos da Medida Provisória nº 1.154/2022.

TÍTULO XII
DO TRABALHO E DO CONTATO EXTERNO

Art. 98. Todo preso, salvo as exceções legais, deverá submeter-se ao trabalho, respeitadas suas condições individuais, habilidades e restrições de ordem de segurança e disciplina.

§ 1º. Será obrigatória a implantação de rotinas de trabalho aos presos em regime disciplinar diferenciado, desde que não comprometa a ordem e a disciplina do estabelecimento penal federal.

§ 2º. O trabalho aos presos em regime disciplinar diferenciado terá caráter remuneratório e laborterápico, sendo desenvolvido na própria cela ou em local adequado, desde que não haja contato com outros presos.

§ 3º. O desenvolvimento do trabalho não poderá comprometer os procedimentos de revista e vigilância, nem prejudicar o quadro funcional com escolta ou vigilância adicional.

Art. 99. O contato externo é requisito primordial no processo de reinserção social do preso, que não deve ser privado da comunicação com o mundo exterior na forma adequada e por intermédio de recurso permitido pela administração, preservada a ordem e a disciplina do estabelecimento penal federal.

Art. 100. A correspondência escrita entre o preso e seus familiares e afins será efetuada pelas vias regulamentares.

§ 1º. É livre a correspondência, condicionada a sua expedição e recepção às normas de segurança e disciplina do estabelecimento penal federal.

§ 2º. A troca de correspondência não poderá ser restringida ou suspensa a título de sanção disciplinar.

TÍTULO XIII
DAS DISPOSIÇÕES FINAIS E TRANSITÓRIAS

Art. 101. Serão disponibilizados ao estabelecimento penal federal meios para utilização de tecnologia da informação e comunicação, no que concerne à:

I – prontuários informatizados dos presos;

II – videoconferência para entrevista com presos, servidores e funcionários;

III – sistema de pecúlio informatizado;

IV – sistema de movimentação dos presos; e

V – sistema de procedimentos disciplinares dos presos e processo administrativo disciplinar do servidor.

Art. 102. O Departamento Penitenciário Nacional♦ criará Grupo Permanente de Melhorias na Qualidade da Prestação do Serviço Penitenciário, que contará com a participação de um representante da Ouvidoria do Sistema Penitenciário, da Corregedoria-Geral do Sistema Penitenciário, da área de Reintegração Social, Trabalho e Ensino, da área de Informação e Inteligência, e da área de Saúde para estudar e implementar ações e metodologias de melhorias na prestação do serviço público no que concerne à administração do estabelecimento penal federal.

♦ Atual denominação: "Secretaria Nacional de Políticas Penais", nos termos da Medida Provisória nº 1.154/2022.

Parágrafo único. Poderão ser convidados a participar do grupo outros membros da estrutura do Departamento Penitenciário Nacional♦, da sociedade civil organizada envolvida com direitos humanos e com assuntos penitenciários ou de outros órgãos da União, dos Estados e do Distrito Federal♦.

♦ Atual denominação: "Secretaria Nacional de Políticas Penais", nos termos da Medida Provisória nº 1.154/2022.

Art. 103. O estabelecimento penal federal disciplinado por este Regulamento deverá dispor de Serviço de Atendimento ao Cidadão – SAC, a fim de auxiliar na obtenção de informações e orientações sobre os serviços prestados, inclusive aqueles atribuídos ao Sistema Penitenciário Federal.

Art. 104. As pessoas idosas, gestantes e portadores de necessidades especiais, tanto presos e familiares quanto visitantes, terão prioridade em todos os procedimentos adotados por este Regulamento.

Art. 105. O Ministério da Justiça editará atos normativos complementares para cumprimento deste Regulamento.

LEI Nº 11.671, DE 8 DE MAIO DE 2008

(*) Atualizada até as alterações promovidas pela Lei nº 13.964, de 24.12.2019.

(*) Vide Decreto Regulamentador nº 6.877/2009.

(*) Vide Súmula 639 do STJ.

Dispõe sobre a transferência e inclusão de presos em estabelecimentos penais federais de segurança máxima e dá outras providências.

O Presidente da República

Faço saber que o Congresso Nacional decreta e eu sanciono a seguinte Lei:

Art. 1º. A inclusão de presos em estabelecimentos penais federais de segurança máxima e a transferência de presos de outros estabelecimentos para aqueles obedecerão ao disposto nesta Lei.

Art. 2º. A atividade jurisdicional de execução penal nos estabelecimentos penais federais será desenvolvida pelo juízo federal da seção ou subseção judiciária em que estiver localizado o estabelecimento penal federal de segurança máxima ao qual for recolhido o preso.

Parágrafo único. O juízo federal de execução penal será competente para as ações de natureza penal que tenham por objeto fatos ou incidentes relacionados à execução da pena ou infrações penais ocorridas no estabelecimento penal federal.

(*) Parágrafo único acrescido pela Lei nº 13.964/2019.

Art. 3º. Serão incluídos em estabelecimentos penais federais de segurança máxima aqueles para quem a medida se justifique no interesse da segurança pública ou do próprio preso, condenado ou provisório.

(*) Art. 3º, *caput*, com redação dada pela Lei nº 13.964/2019.

§ 1º. A inclusão em estabelecimento penal federal de segurança máxima, no atendimento do interesse da segurança pública, será em regime fechado de segurança máxima, com as seguintes características:

I – recolhimento em cela individual;

II – visita do cônjuge, do companheiro, de parentes e de amigos somente em dias determinados, por meio virtual ou no parlatório, com o máximo de 2 (duas) pessoas por vez, além de eventuais crianças, separados por vidro e comunicação por meio de interfone, com filmagem e gravações;

III – banho de sol de até 2 (duas) horas diárias; e

IV – monitoramento de todos os meios de comunicação, inclusive de correspondência escrita.

(*) § 1º acrescido pela Lei nº 13.964/2019.

§ 2º. Os estabelecimentos penais federais de segurança máxima deverão dispor de monitoramento de áudio e vídeo no parlatório e nas áreas comuns, para fins de preservação da ordem interna e da segurança pública, vedado seu uso nas celas e no atendimento advocatício, salvo expressa autorização judicial em contrário.

(*) § 2º acrescido pela Lei nº 13.964/2019.

§ 3º. As gravações das visitas não poderão ser utilizadas como meio de prova de infrações penais pretéritas ao ingresso do preso no estabelecimento.

(*) § 3º acrescido pela Lei nº 13.964/2019.

§ 4º. Os diretores dos estabelecimentos penais federais de segurança máxima ou o Diretor do Sistema Penitenciário Federal poderão suspender e restringir o direito de visitas previsto no inciso II do § 1º deste artigo por meio de ato fundamentado.

(*) § 4º acrescido pela Lei nº 13.964/2019.

§ 5º. Configura o crime do art. 325 do Decreto-Lei nº 2.848, de 7 de dezembro de 1940 (Código Penal), a violação ao disposto no § 2º deste artigo.

(*) § 5º acrescido pela Lei nº 13.964/2019.

Art. 4º. A admissão do preso, condenado ou provisório, dependerá de decisão prévia e fundamentada do juízo federal competente, após receber os autos de transferência enviados pelo juízo responsável pela execução penal ou pela prisão provisória.

§ 1º. A execução penal da pena privativa de liberdade, no período em que durar a transferência, ficará a cargo do juízo federal competente.

§ 2º. Apenas a fiscalização da prisão provisória será deprecada, mediante carta precatória, pelo juízo de origem ao juízo federal competente, mantendo aquele juízo a competência para o processo e para os respectivos incidentes.

Art. 5º. São legitimados para requerer o processo de transferência, cujo início se dá com a admissibilidade pelo juiz da origem da necessidade da transferência do preso para estabelecimento penal federal de segurança máxima, a autoridade administrativa, o Ministério Público e o próprio preso.

§ 1º. Caberá à Defensoria Pública da União a assistência jurídica ao preso que estiver nos estabelecimentos penais federais de segurança máxima.

§ 2º. Instruídos os autos do processo de transferência, serão ouvidos, no prazo de 5 (cinco) dias cada, quando não requerentes, a autoridade administrativa, o Ministério Público e a defesa, bem como o Departamento Penitenciário Nacional – DEPEN♦, a quem é facultado indicar o estabelecimento penal federal mais adequado.

♦ Atual denominação: "Secretaria Nacional de Políticas Penais", nos termos da Medida Provisória nº 1.154/2022.

§ 3º. A instrução dos autos do processo de transferência será disciplinada no regulamento para fiel execução desta Lei.

§ 4º. Na hipótese de imprescindibilidade de diligências complementares, o juiz federal ouvirá, no prazo de 5 (cinco) dias, o Ministério Público Federal e a defesa e, em seguida, decidirá acerca da transferência no mesmo prazo.

§ 5º. A decisão que admitir o preso no estabelecimento penal federal de segurança máxima indicará o período de permanência.

§ 6º. Havendo extrema necessidade, o juiz federal poderá autorizar a imediata transferência do preso e, após a instrução dos autos, na forma do § 2º deste artigo, decidir pela manutenção ou revogação da medida adotada.

§ 7º. A autoridade policial será comunicada sobre a transferência do preso provisório quando a autorização da transferência ocorrer antes da conclusão do inquérito policial que presidir.

Art. 6º. Admitida a transferência do preso condenado, o juízo de origem deverá encaminhar ao juízo federal os autos da execução penal.

Art. 7º. Admitida a transferência do preso provisório, será suficiente a carta precatória remetida pelo juízo de origem, devidamente instruída, para que o juízo federal competente dê início à fiscalização da prisão no estabelecimento penal federal de segurança máxima.

Art. 8º. As visitas feitas pelo juiz responsável ou por membro do Ministério Público, às quais se referem os arts. 66 e 68 da Lei nº 7.210, de 11 de julho de 1984, serão registradas em livro próprio, mantido no respectivo estabelecimento.

Art. 9º. Rejeitada a transferência, o juízo de origem poderá suscitar o conflito de competência perante o tribunal competente, que o apreciará em caráter prioritário.

Art. 10. A inclusão de preso em estabelecimento penal federal de segurança máxima será excepcional e por prazo determinado.

§ 1º. O período de permanência será de até 3 (três) anos, renovável por iguais períodos, quando solicitado motivadamente pelo juízo de origem, observados os requisitos da transferência, e se persistirem os motivos que a determinaram.

(*) § 1º com redação dada pela Lei nº 13.964/2019.

§ 2º. Decorrido o prazo, sem que seja feito, imediatamente após seu decurso, pedido de renovação da permanência do preso em estabelecimento penal federal de segurança máxima, ficará o juízo de origem obrigado a receber o preso no estabelecimento penal sob sua jurisdição.

§ 3º. Tendo havido pedido de renovação, o preso, recolhido no estabelecimento federal em que estiver, aguardará que o juízo federal profira decisão.

§ 4º. Aceita a renovação, o preso permanecerá no estabelecimento federal de segurança máxima em que estiver, retroagindo o termo inicial do prazo ao dia seguinte ao término do prazo anterior.

§ 5º. Rejeitada a renovação, o juízo de origem poderá suscitar o conflito de competência, que o tribunal apreciará em caráter prioritário.

§ 6º. Enquanto não decidido o conflito de competência em caso de renovação, o preso permanecerá no estabelecimento penal federal.

Art. 11. A lotação máxima do estabelecimento penal federal de segurança máxima não será ultrapassada.

§ 1º. O número de presos, sempre que possível, será mantido aquém do limite de vagas, para que delas o juízo federal competente possa dispor em casos emergenciais.

§ 2º. No julgamento dos conflitos de competência, o tribunal competente observará a vedação estabelecida no *caput* deste artigo.

Art. 11-A. As decisões relativas à transferência ou à prorrogação da permanência do preso em estabelecimento penal federal de segurança máxima, à concessão ou à denegação de benefícios prisionais ou à imposição de sanções ao preso federal poderão ser tomadas por órgão colegiado de juízes, na forma das normas de organização interna dos tribunais.

(*) Art. 11-A acrescido pela Lei nº 13.964/2019.

Art. 11-B. Os Estados e o Distrito Federal poderão construir estabelecimentos penais de segurança máxima, ou adaptar os já existentes, aos quais será aplicável, no que couber, o disposto nesta Lei.

(*) Art. 11-B acrescido pela Lei nº 13.964/2019.

Art. 12. Esta Lei entra em vigor na data de sua publicação.

Brasília, 8 de maio de 2008; 187º da Independência e 120º da República.

Luiz Inácio Lula da Silva

DOU de 9.5.2008

DECRETO Nº 6.877, DE 18 DE JUNHO DE 2009

Regulamenta a Lei nº 11.671, de 8 de maio de 2008, que dispõe sobre a inclusão de presos em estabelecimentos penais federais de segurança máxima ou a sua transferência para aqueles estabelecimentos, e dá outras providências.

O Presidente da República, no uso da atribuição que lhe confere o art. 84, inciso IV, da Constituição, e tendo em vista o disposto no § 3º do art. 5º da Lei nº 11.671, de 8 de maio de 2008,

Decreta:

Art. 1º. Este Decreto regulamenta o processo de inclusão e transferência de presos para estabelecimentos penais federais de segurança máxima, nos termos da Lei nº 11.671, de 8 de maio de 2008.

Art. 2º. O processo de inclusão e de transferência, de caráter excepcional e temporário, terá início mediante requerimento da autoridade administrativa, do Ministério Público ou do próprio preso.

§ 1º. O requerimento deverá conter os motivos que justifiquem a necessidade da medida e estar acompanhado da documentação pertinente.

§ 2º. O processo de inclusão ou de transferência será autuado em apartado.

Art. 3º. Para a inclusão ou transferência, o preso deverá possuir, ao menos, uma das seguintes características:

I – ter desempenhado função de liderança ou participado de forma relevante em organização criminosa;

II – ter praticado crime que coloque em risco a sua integridade física no ambiente prisional de origem;

III – estar submetido ao Regime Disciplinar Diferenciado – RDD;

IV – ser membro de quadrilha ou bando, envolvido na prática reiterada de crimes com violência ou grave ameaça;

V – ser réu colaborador ou delator premiado, desde que essa condição represente risco à sua integridade física no ambiente prisional de origem; ou

VI – estar envolvido em incidentes de fuga, de violência ou de grave indisciplina no sistema prisional de origem.

Art. 4º. Constarão dos autos do processo de inclusão ou de transferência, além da decisão do juízo de origem sobre as razões da excepcional necessidade da medida, os seguintes documentos:

I – tratando-se de preso condenado:

a) cópia das decisões nos incidentes do processo de execução que impliquem alteração da pena e regime a cumprir;

b) prontuário, contendo, pelo menos, cópia da sentença ou do acórdão, da guia de recolhimento, do atestado de pena a cumprir, do documento de identificação pessoal e do comprovante de inscrição no Cadastro de Pessoas Físicas – CPF, ou, no caso desses dois últimos, seus respectivos números; e

c) prontuário médico; e

II – tratando-se de preso provisório:

a) cópia do auto de prisão em flagrante ou do mandado de prisão e da decisão que motivou a prisão cautelar;

b) cópia da denúncia, se houver;

c) certidão do tempo cumprido em custódia cautelar;

d) cópia da guia de recolhimento; e

e) cópia do documento de identificação pessoal e do comprovante de inscrição no CPF, ou seus respectivos números.

Art. 5º. Ao ser ouvido, o Departamento Penitenciário Nacional♦ do Ministério da Justiça opinará sobre a pertinência da inclusão ou da transferência e indicará o estabelecimento penal federal adequado à custódia, podendo solicitar diligências complementares, inclusive sobre o histórico criminal do preso.

♦ Atual denominação: "Secretaria Nacional de Políticas Penais", nos termos da Medida Provisória nº 1.154/2022.

Art. 6º. Ao final da instrução do procedimento e após a manifestação prevista no art. 5º, o juiz de origem, admitindo a necessidade da inclusão ou da transferência do preso, remeterá os autos ao juízo federal competente.

Art. 7º. Recebidos os autos, o juiz federal decidirá sobre a inclusão ou a transferência, podendo determinar diligências complementares necessárias à formação do seu convencimento.

Art. 8º. Admitida a inclusão ou a transferência, o juízo de origem deverá encaminhar ao juízo federal competente:

I – os autos da execução penal, no caso de preso condenado; e

II – carta precatória instruída com os documentos previstos no inciso II do art. 4º, no caso de preso provisório.

Art. 9º. A inclusão e a transferência do preso poderão ser realizadas sem a prévia instrução dos autos, desde que justificada a situação de extrema necessidade.

§ 1º. A inclusão ou a transferência deverá ser requerida diretamente ao juízo de origem, instruída com elementos que demonstrem a extrema necessidade da medida.

§ 2º. Concordando com a inclusão ou a transferência, o juízo de origem remeterá, imediatamente, o requerimento ao juízo federal competente.

§ 3º. Admitida a inclusão ou a transferência emergencial pelo juízo federal competente, caberá ao juízo de origem remeter àquele, imediatamente, os documentos previstos nos incisos I e II do art. 4º.

Art. 10. Restando sessenta dias para o encerramento do prazo de permanência do preso no estabelecimento penal federal, o Departamento Penitenciário Nacional♦ comunicará tal circunstância ao requerente da inclusão ou da transferência, solicitando manifestação acerca da necessidade de renovação.

♦ Atual denominação: "Secretaria Nacional de Políticas Penais", nos termos da Medida Provisória nº 1.154/2022.

Parágrafo único. Decorrido o prazo estabelecido no § 1º. do art. 10 da Lei nº 11.671, de 2008, e não havendo manifestação acerca da renovação da permanência, o preso retornará ao sistema prisional ou penitenciário de origem.

Art. 11. Na hipótese de obtenção de liberdade ou progressão de regime de preso custodiado em estabelecimento penal federal, caberá ao Departamento Penitenciário Nacional♦ providenciar o seu retorno ao local de origem ou a sua transferência ao estabelecimento penal indicado para cumprimento do novo regime.

♦ Atual denominação: "Secretaria Nacional de Políticas Penais", nos termos da Medida Provisória nº 1.154/2022.

Parágrafo único. Se o egresso optar em não retornar ao local de origem, deverá formalizar perante o diretor do estabelecimento penal federal sua manifestação de vontade, ficando o Departamento Penitenciário Nacional♦ dispensado da providência referida no *caput*.

♦ Atual denominação: "Secretaria Nacional de Políticas Penais", nos termos da Medida Provisória nº 1.154/2022.

Art. 12. Mediante requerimento da autoridade administrativa, do Ministério Público ou do próprio preso, poderão ocorrer transferências de presos entre estabelecimentos penais federais.

§ 1º. O requerimento de transferência, instruído com os fatos motivadores, será dirigido ao juiz federal corregedor do estabelecimento penal federal onde o preso se encontrar, que ouvirá o juiz federal corregedor do estabelecimento penal federal de destino.

§ 2º. Autorizada e efetivada a transferência, o juiz federal corregedor do estabelecimento penal federal em que o preso se encontrava comunicará da decisão ao juízo de execução penal de origem, se preso condenado, ou ao juízo do processo, se preso provisório, e à autoridade policial, se for o caso.

Art. 13. Este Decreto entra em vigor na data de sua publicação.

Brasília, 18 de junho de 2009; 188º da Independência e 121º da República.

Luiz Inácio Lula da Silva

DOU de 19.6.2009

DECRETO Nº 7.627, DE 24 DE NOVEMBRO DE 2011

Regulamenta a monitoração eletrônica de pessoas prevista no Decreto-Lei nº 3.689, de 3 de outubro de 1941 – Código de Processo Penal, e na Lei nº 7.210, de 11 de julho de 1984 – Lei de Execução Penal.

A Presidenta da República, no uso da atribuição que lhe confere o art. 84, inciso IV, da Constituição, e tendo em vista o disposto no inciso IX do art. 319 no Decreto-Lei nº 3.689, de 3 de outubro de 1941 – Código de Processo Penal, e nos arts. 146-B, 146-C e 146-D da Lei nº 7.210, de 11 de julho de 1984 – Lei de Execução Penal,

Decreta:

Art. 1º. Este Decreto regulamenta a monitoração eletrônica de pessoas prevista no inciso IX do art. 319 do Decreto-Lei nº 3.689, de 3 de outubro de 1941 – Código de Processo Penal, e nos arts. 146-B, 146-C e 146-D da Lei nº 7.210, de 11 de julho de 1984 – Lei de Execução Penal.

Art. 2º. Considera-se monitoração eletrônica a vigilância telemática posicional à distância de pessoas presas sob medida cautelar ou condenadas por sentença transitada em julgado, executada por meios técnicos que permitam indicar a sua localização.

Art. 3º. A pessoa monitorada deverá receber documento no qual constem, de forma clara e expressa, seus direitos e os deveres a que estará sujeita, o período de vigilância e os procedimentos a serem observados durante a monitoração.

Art. 4º. A responsabilidade pela administração, execução e controle da monitoração eletrônica caberá aos órgãos de gestão penitenciária, cabendo-lhes ainda:

I – verificar o cumprimento dos deveres legais e das condições especificadas na decisão judicial que autorizar a monitoração eletrônica;

II – encaminhar relatório circunstanciado sobre a pessoa monitorada ao juiz competente na periodicidade estabelecida ou, a qualquer momento, quando por este determinado ou quando as circunstâncias assim o exigirem;

III – adequar e manter programas e equipes multiprofissionais de acompanhamento e apoio à pessoa monitorada condenada;

IV – orientar a pessoa monitorada no cumprimento de suas obrigações e auxiliá-la na reintegração social, se for o caso; e

V – comunicar, imediatamente, ao juiz competente sobre fato que possa dar causa à revogação da medida ou modificação de suas condições.

Parágrafo único. A elaboração e o envio de relatório circunstanciado poderão ser feitos por meio eletrônico certificado digitalmente pelo órgão competente.

Art. 5º. O equipamento de monitoração eletrônica deverá ser utilizado de modo a respeitar a integridade física, moral e social da pessoa monitorada.

Art. 6º. O sistema de monitoramento será estruturado de modo a preservar o sigilo dos dados e das informações da pessoa monitorada.

Art. 7º. O acesso aos dados e informações da pessoa monitorada ficará restrito aos servidores expressamente autorizados que tenham necessidade de conhecê-los em virtude de suas atribuições.

Art. 8º. Este Decreto entra em vigor na data de sua publicação.

Brasília, 24 de novembro de 2011; 190º da Independência e 123º da República.

Dilma Rousseff

DOU de 25.11.2011

ANEXO II
RESOLUÇÕES DO CONSELHO NACIONAL DE JUSTIÇA*

RESOLUÇÃO CNJ Nº 96, DE 27 DE OUTUBRO DE 2009

[arts. 61 e 80 da LEP]

(*) Atualizada até as alterações promovidas pela Resolução CNJ nº 390, de 6.5.2021.

Dispõe sobre o Projeto Começar de Novo no âmbito do Poder Judiciário, institui o Portal de Oportunidades e dá outras providências.

O Presidente do Conselho Nacional de Justiça, no uso de suas atribuições constitucionais e regimentais, e;

Considerando que a promoção da cidadania é um dos objetivos estratégicos a serem perseguidos pelo Poder Judiciário, a teor da Resolução nº 70, de 18 de março de 2009, do Conselho Nacional de Justiça;

Considerando a realidade constatada nos mutirões carcerários, em relação às prisões irregulares e às condições dos estabelecimentos penais;

Considerando a necessidade de sistematização das ações que visam à reinserção social de presos, egressos do sistema carcerário, e de cumpridores de medidas e penas alternativas;

Considerando a necessidade de dar efetividade à Lei de Execuções Penais, no que concerne à instalação e ao funcionamento dos Conselhos da Comunidade de que trata o art. 80, da Lei nº 7.210, de 11 de julho de 1984;

Considerando que compete aos órgãos da execução penal, dentre os quais o juízo da execução, a implementação de medidas que propiciem a reinserção social do apenado, com base no art. 1º, da Lei nº 7.210, de 11 de julho de 1984;

Considerando o deliberado pelo Plenário do Conselho Nacional de Justiça na sua 93ª Sessão Ordinária, realizada em 27 de outubro de 2009, nos autos do procedimento.

Resolve:

(*) Disponíveis em: https://www.cnj.jus.br/atos_normativos/. Acesso em: 23.2.2023. (Total de 485 resoluções.)

Capítulo I
DO PROJETO COMEÇAR DE NOVO

DISPOSIÇÕES GERAIS

Art. 1º. Fica instituído o Projeto Começar de Novo no âmbito do Poder Judiciário, com o objetivo de promover ações de reinserção social de presos, egressos do sistema carcerário e de cumpridores de medidas e penas alternativas.

Art. 2º. O Projeto Começar de Novo compõe-se de um conjunto de ações educativas, de capacitação profissional e de reinserção no mercado de trabalho, a ser norteado pelo Plano do Projeto anexo a esta Resolução.

§ 1º. O Projeto será implementado com a participação da Rede de Reinserção Social, constituída por todos os órgãos do Poder Judiciário e pelas entidades públicas e privadas, inclusive Patronatos, Conselhos da Comunidade, universidades e instituições de ensino fundamental, médio e técnico-profissionalizantes.

(*) § 1º com redação dada pela Resolução CNJ nº 326/2020.

§ 2º. Os Tribunais de Justiça deverão celebrar parcerias com as instituições referidas no parágrafo anterior para implantação do Projeto no âmbito da sua jurisdição, com encaminhamento de cópia do instrumento ao Conselho Nacional de Justiça.

§ 3º. Os demais tribunais que detenham competência criminal, deverão promover ações de reinserção compatíveis com as penas que executa.

§ 4º. Todos os demais tribunais, ainda que não detenham competência criminal, poderão também promover ações de reinserção, sobretudo no tocante à contratação de presos, egressos e cumpridores de medidas e penas alternativas com base na Recomendação nº 21, do Conselho Nacional de Justiça.

Art. 3º. O Conselho Nacional de Justiça poderá reconhecer as boas práticas e a participação dos integrantes da Rede de Reinserção Social, por meio de certificação a ser definida por ato da Presidência do Conselho Nacional de Justiça.

Capítulo II
DO PORTAL DE OPORTUNIDADES

Art. 4º. (Revogado).

(*) Art. 4º revogado pela Resolução CNJ nº 390/2021.

Capítulo III
DO MONITORAMENTO NOS ESTADOS

Art. 5º. Os Tribunais de Justiça deverão instalar, no prazo de trinta dias, e por em funcionamento, no prazo de até noventa dias, Grupo de Monitoramento e Fiscalização dos Sistemas Carcerário e Socioeducativo, presidido por um magistrado, com as seguintes atribuições:

(*) Art. 5º, *caput*, com redação dada pela Resolução CNJ nº 368/2021.

I – implantar, manter e cumprir as metas do Projeto Começar de Novo;

II – fomentar, coordenar e fiscalizar a implementação de projetos de capacitação profissional e de reinserção social de presos, egressos do sistema carcerário, e de cumpridores de medidas e penas alternativas;

(*) Inciso II com redação dada pela Resolução CNJ nº 326/2020.

III – acompanhar a instalação e o funcionamento, em todos os Estados,

dos Patronatos e dos Conselhos da Comunidade de que tratam os arts. 78, 79 e 80 da Lei nº 7.210, de 11 de julho de 1984, em conjunto com o juiz da execução penal, relatando à Corregedoria-Geral de Justiça, a cada três meses, no mínimo, suas atividades e carências, e propondo medidas necessárias ao seu aprimoramento;

(*) Inciso III com redação dada pela Resolução CNJ nº 326/2020.

IV – planejar e coordenar os mutirões carcerários para verificação das prisões provisórias e processos de execução penal;

V – acompanhar e propor soluções em face das irregularidades verificadas nos mutirões carcerários e nas inspeções em estabelecimentos penais, inclusive Hospitais de Custódia e Tratamento Psiquiátrico e Delegacias Públicas;

VI – acompanhar projetos relativos à construção e ampliação de estabelecimentos penais, inclusive em fase de execução, e propor soluções para o problema da superpopulação carcerária;

VII – acompanhar a implantação de sistema de gestão eletrônica da execução penal e mecanismo de acompanhamento eletrônico das prisões provisórias;

VIII – acompanhar o cumprimento das recomendações, resoluções e dos compromissos assumidos nos seminários promovidos pelo Conselho Nacional de Justiça, em relação ao Sistema Carcerário;

IX – implementar a integração das ações promovidas pelos órgãos públicos e entidades com atribuições relativas ao sistema carcerário;

X – estimular a instalação de unidades de assistência jurídica voluntária aos internos e egressos do Sistema Carcerário;

XI – propor a uniformização de procedimentos relativos ao sistema carcerário, bem como estudos para aperfeiçoamento da legislação sobre a matéria;

XII – coordenar seminários em matéria relativa ao Sistema Carcerário.

§ 1º. Os tribunais deverão, ainda, com base no relatório do grupo, diligenciar para que os Conselhos da Comunidade sejam efetivamente instalados e para que tenham funcionamento regular, sobretudo no que pertine à implementação de projetos de reinserção social, em cumprimento à Lei nº 7.210, de 11 de julho de 1984 e à legislação local.

§ 2º. Os tribunais que já criaram grupos de trabalho com atribuições similares às previstas no art. 5º deverão editar ato adaptando-os aos termos da presente resolução.

Art. 6º. Caberá ao juiz responsável pelo Conselho da Comunidade, em cada comarca, atuar na implementação do Projeto Começar de Novo, sobretudo em relação às propostas disponibilizadas no Portal, e em sintonia com o grupo a que se refere o art. 5º.

Parágrafo único. Para cumprimento do disposto no *caput*, os representantes dos Conselhos da Comunidade terão acesso ao Portal, inclusive aos relatórios gerenciais.

Art. 7º. A criação do grupo de que trata a presente resolução será informada ao Conselho Nacional de Justiça, no prazo de 30 dias.

Capítulo IV
DISPOSIÇÕES FINAIS

Art. 8º. Compete à Presidência do Conselho Nacional de Justiça, em conjunto com a Comissão de Acesso ao Sistema de Justiça e Responsabilidade Social, coordenar as atividades do Projeto Começar de Novo.

Parágrafo único. Para auxiliar na coordenação de que trata o *caput*, a Presidência do Conselho Nacional de Justiça poderá instituir e regulamentar comitê gestor do Projeto Começar de Novo.

Art. 9º. O disposto na presente Resolução não prejudica a continuidade dos programas de reinserção social em funcionamento nos tribunais.

Art. 10. Esta Resolução entra em vigor na data de sua publicação.

Ministro Gilmar Mendes

RESOLUÇÃO CNJ Nº 105, DE 6 DE ABRIL DE 2010

[art. 405 do CPP]

(*) Atualizada até as alterações promovidas pela Resolução CNJ nº 326, de 26.6.2020.

Dispõe sobre a documentação dos depoimentos por meio do sistema audiovisual e realização de interrogatório e inquirição de testemunhas por videoconferência.

O Presidente do Conselho Nacional de Justiça, no uso de suas atribuições conferidas pela Constituição da República, especialmente o disposto no inciso I, § 4º, art. 103-B;

Considerando que, nos termos do art. 405, § 1º, do Código de Processo Penal, sempre que possível, com a finalidade de obter maior fidelidade das informações, dentre as formas possíveis de documentação dos depoimentos, deve-se dar preferência ao sistema audiovisual;

Considerando que, embora o art. 405, § 2º, do Código de Processo Penal, quando documentados os depoimentos pelo sistema audiovisual, dispense a transcrição, há registro de casos em que se determina a devolução dos autos aos juízes para fins de degravação;

Considerando que para cada minuto de gravação leva-se, no mínimo, 10 (dez) minutos para a sua degravação, o que inviabiliza a adoção dessa moderna técnica de documentação dos depoimentos como instrumento de agilização dos processos;

Considerando que caracteriza ofensa à independência funcional do juiz de primeiro grau a determinação, por magistrado integrante de tribunal, da transcrição de depoimentos tomados pelo sistema audiovisual;

Resolve:

Art. 1º. O Conselho Nacional de Justiça desenvolverá e disponibilizará a todos os tribunais sistemas eletrônicos de gravação dos depoimentos, dos interrogatórios e de inquirição de testemunhas por videoconferência.

(*) Art. 1º, *caput*, com redação dada pela Resolução CNJ nº 222/2016.

§ 1º. Os tribunais e o CNJ poderão desenvolver repositórios de mídias para armazenamento de documentos de som e imagem, inclusive os decorrentes da instrução do processo.

(*) § 1º acrescido pela Resolução CNJ nº 222/2016.

§ 2º. Os documentos digitais inseridos no Repositório Nacional de Mídias para o Sistema PJe serão considerados, para todos os efeitos, peças integrantes dos autos eletrônicos do processo judicial correspondente e observarão:

I – o número único do processo judicial, nos termos da Resolução CNJ nº 65/2008;

II – o localizador padrão permanente de acesso ao conteúdo da informação (URL), na rede mundial de computadores;

III – os requisitos dispostos no art. 195 do Código de Processo Civil, de autenticidade, integridade, temporalidade, não repúdio, conservação e, nos casos dos que tramitem em segredo de justiça, confidencialidade, observada a infraestrutura de chaves públicas unificada nacionalmente, nos termos da lei.

(*) § 2º acrescido pela Resolução CNJ nº 222/2016.

§ 3º. As audiências, oitivas de testemunhas e outros atos de instrução a que se refere a Portaria nº 58, de 23 de setembro de 2014, da Corregedoria Nacional de Justiça deverão ser gravadas e armazenadas de acordo com os critérios previstos nesta Resolução.

(*) § 3º acrescido pela Resolução CNJ nº 222/2016 e com redação dada pela Resolução CNJ nº 326/2020.

Art. 2º. Os depoimentos documentados por meio audiovisual não precisam de transcrição.

Parágrafo único. O magistrado, quando for de sua preferência pessoal, poderá determinar que os servidores que estão afetos a seu gabinete ou secretaria procedam à degravação, observando, nesse caso, as recomendações médicas quanto à prestação desse serviço.

Art. 3º. Quando a testemunha arrolada não residir na sede do juízo em que tramita o processo, deve-se dar preferência, em decorrência do princípio da identidade física do juiz, à expedição da carta precatória para a inquirição pelo sistema de videoconferência.

§ 1º. O testemunho por videoconferência deve ser prestado na audiência una realizada no juízo deprecante, observada a ordem estabelecida no art. 400, *caput*, do Código de Processo Penal.

§ 2º. A direção da inquirição de testemunha realizada por sistema de videoconferência será do juiz deprecante.

§ 3º. A carta precatória deverá conter:

I – A data, hora e local de realização da audiência una no juízo deprecante;

II – A solicitação para que a testemunha seja ouvida durante a audiência una realizada no juízo deprecante;

III – A ressalva de que, não sendo possível o cumprimento da carta precatória pelo sistema de videoconferência, o juiz deprecado proceda à inquirição da testemunha em data anterior à designada para a realização, no juízo deprecante, da audiência una.

(*) Inciso III com redação dada pela Resolução CNJ nº 326/2020.

Art. 4º. No fórum, deverá ser organizada sala estruturada com equipamento de informática conectado à rede mundial de computadores, destinada para o cumprimento de carta precatória pelo sistema de videoconferência, assim como para ouvir a testemunha presente à audiência una, na hipótese do art. 217 do Código de Processo Penal.

(*) Art. 4º com redação dada pela Resolução CNJ nº 326/2020.

Art. 5º. De regra, o interrogatório, ainda que de réu preso, deverá ser feito pela forma presencial, salvo decisão devidamente fundamentada, nas hipóteses do art. 185, § 2º, incisos I, II, III e IV, do Código de Processo Penal.

Art. 6º. Na hipótese em que o acusado, estando solto, quiser prestar o interrogatório, mas haja relevante dificuldade para seu comparecimento em juízo, por enfermidade ou outra circunstância pessoal, o ato deverá, se possível, para fins de preservação da identidade física do juiz, ser realizado pelo sistema de videoconferência, mediante a expedição de carta precatória.

Parágrafo único. Não deve ser expedida carta precatória para o interrogatório do acusado pelo juízo deprecado, salvo no caso do *caput*.

Art. 7º. O interrogatório por videoconferência deverá ser prestado na audiência una realizada no juízo deprecante, adotado, no que couber, o disposto nesta Resolução para a inquirição de testemunha, asseguradas ao acusado as seguintes garantias:

I – direito de assistir, pelo sistema de videoconferência, a audiência una realizada no juízo deprecante;

II – direito de presença de seu advogado ou de defensor na sala onde for prestado o seu interrogatório;

III – direito de presença de seu advogado ou de defensor na sala onde for realizada a audiência una de instrução e julgamento;

IV – direito de entrevista prévia e reservada com o seu defensor, o que compreende o acesso a canais telefônicos reservados para comunicação entre o defensor ou advogado que esteja no presídio ou no local do interrogatório e o defensor ou advogado presente na sala de audiência do fórum, e entre este e o preso.

Art. 8º. Esta Resolução entrará em vigor na data de sua publicação.

Ministro Gilmar Mendes

RESOLUÇÃO CNJ Nº 113, DE 20 DE ABRIL DE 2010

[art. 387 do CPP; e arts. 105 ss. e 171 ss. da LEP]

(*) Atualizada até as alterações promovidas pela Resolução CNJ nº 237, de 23.8.2016.

Dispõe sobre o procedimento relativo à execução de pena privativa de liberdade e de medida de segurança, e dá outras providências.

O Presidente do Conselho Nacional de Justiça, no uso de suas atribuições constitucionais e regimentais,

Considerando a necessidade de uniformizar procedimentos relativos à execução de pena privativa de liberdade e de medida de segurança, no âmbito dos Tribunais;

Considerando que o CNJ integra o Sistema de Informações Penitenciárias – INFOPEN, do Ministério da Justiça, o que dispensa a manutenção de sistema próprio de controle da população carcerária;

Considerando que compete ao juiz da execução penal emitir anualmente atestado de pena a cumprir, conforme o disposto no inciso X do art. 66 da Lei nº 7.210/1984, com as modificações introduzidas pela Lei nº 10.713/2003;

Considerando a necessidade de consolidar normas do CNJ em relação à execução de pena privativa de liberdade e de medida de segurança;

Considerando o deliberado pelo Plenário do Conselho Nacional de Justiça na 103ª Sessão Ordinária, realizada em 20 de abril de 2010, nos autos do ATO 0002698-57.2010.2.00.0000;

Considerando o deliberado pelo Plenário do Conselho Nacional de Justiça na 103ª Sessão Ordinária, realizada em 20 de abril de 2010, nos autos do ATO 0002698-57.2010.2.00.0000;

Resolve:

DA EXECUÇÃO PENAL

Art. 1º. A sentença penal condenatória será executada nos termos da Lei n º 7.210, de 11 de julho de 1984, da lei de organização judiciária local e da presente Resolução, devendo compor o processo de execução, além da guia, no que couber, as seguintes peças e informações:

I – qualificação completa do executado;

II – interrogatório do executado na polícia e em juízo;

III – cópias da denúncia;

IV – cópia da sentença, voto(s) e acórdão(s) e respectivos termos de publicação, inclusive contendo, se for o caso, a menção expressa ao deferimento de detração que importe determinação do regime de cumprimento de pena mais benéfico do que seria não fosse a detração, pelo próprio juízo do processo de conhecimento, nos termos do art. 387, § 2º, do Código de Processo Penal, acrescentado pela Lei nº 12.736/2012;

(*) Inciso IV com redação dada pela Resolução CNJ nº 180/2013.

V – informação sobre os endereços em que possa ser localizado, antecedentes criminais e grau de instrução;

VI – instrumentos de mandato, substabelecimentos, despachos de nomeação de defensores dativos ou de intimação da Defensoria Pública;

VII – certidões de trânsito em julgado da condenação para a acusação e para a defesa;

VIII – cópia do mandado de prisão temporária e/ou preventiva, com a respectiva certidão da data do cumprimento, bem como com a cópia de eventual alvará de soltura, também com a certidão da data do cumprimento da ordem de soltura, para cômputo da detração, caso, nesta última hipótese, esta já não tenha sido apreciada pelo juízo do processo de conhecimento para determinação do regime de cumprimento de pena, nos termos do art. 387, § 2º, do Código de Processo Penal, acrescentado pela Lei nº 12.736/2012;

(*) Inciso VIII com redação dada pela Resolução CNJ nº 180/2013.

IX – nome e endereço do curador, se houver;

X – informações acerca do estabelecimento prisional em que o condenado encontra-se recolhido e para o qual deve ser removido, na hipótese de deferimento de detração que importe determinação do regime de cumprimento de pena mais benéfico do que haveria não fosse a detração, pelo próprio juízo do processo de conhecimento, nos termos do art. 387, § 2º, do Código de Processo Penal, acrescentado pela Lei nº 12.736/2012;

(*) Inciso X com redação dada pela Resolução CNJ nº 180/2013.

XI – cópias da decisão de pronúncia e da certidão de preclusão em se tratando de condenação em crime doloso contra a vida;

XII – certidão carcerária;

XIII – cópias de outras peças do processo reputadas indispensáveis à adequada execução da pena.

Parágrafo único. A decisão do Tribunal que modificar o julgamento deverá ser comunicada imediatamente ao juízo da execução penal.

(*) Parágrafo único acrescido pela Resolução CNJ nº 237/2016.

Art. 2º. A guia de recolhimento para cumprimento da pena privativa de liberdade e a guia de internação para cumprimento de medida de segurança obedecerão aos modelos dos anexos e serão expedidas em duas vias, remetendo-se uma à autoridade administrativa que custodia o executado e a outra ao juízo da execução penal competente.

(*) Vide Resolução CNJ nº 417/2021, que institui o Banco Nacional de Medidas Penais e Prisões (BNMP 3.0).

§ 1º. Estando preso o executado, a guia de recolhimento definitiva ou de internação será expedida ao juízo competente no prazo máximo de 5 (cinco) dias, a contar do trânsito em julgado da sentença ou acórdão, ou do cumprimento do mandado de prisão ou de internação.

§ 2º. (Revogado).

(*) § 2º revogado pela Resolução CNJ nº 116/2010.

§ 3º. Recebida a guia de recolhimento, que deverá conter, além do regime inicial fixado na sentença, informação sobre eventual detração modificativa do regime de cumprimento da pena, deferida pelo juízo do processo de conhecimento, nos lindes do art. 387, § 2º, do Código de Processo Penal, acrescentado pela Lei nº 12.736/2012, o estabelecimento penal onde está preso o executado promoverá a sua imediata transferência à unidade penal adequada, salvo se por outro motivo ele estiver preso, assegurado o controle judicial posterior.

(*) § 3º com redação dada pela Resolução CNJ nº 180/2013.

§ 4º. Expedida a guia de recolhimento definitiva, os autos da ação penal serão remetidos à distribuição para alteração da situação de parte para "arquivado" e baixa na autuação para posterior arquivamento.

Art. 3º. O Juiz competente para a execução da pena ordenará a formação do Processo de Execução Penal (PEP), a partir das peças referidas no art. 1º.

§ 1º. Para cada réu condenado, formar-se-á um Processo de Execução Penal, individual e indivisível, reunindo todas as condenações que lhe forem impostas, inclusive aquelas que vierem a ocorrer no curso da execução.

§ 2º. Caso sobrevenha condenação após o cumprimento da pena e extinção do processo de execução anterior, será formado novo processo de execução penal.

§ 3º. Sobrevindo nova condenação no curso da execução, após o registro da respectiva guia de recolhimento, o juiz determinará a soma ou unificação da pena ao restante da que está sendo cumprida e fixará o novo regime de cumprimento, observada, quando for o caso, a detração ou remição.

Art. 4º. Os incidentes de execução de que trata a Lei de Execução Penal, o apenso do Roteiro de Pena, bem como os pedidos de progressão de regime, livramento condicional, remição e quaisquer outros iniciados de ofício, por intermédio de algum órgão da execução ou a requerimento da parte interessada poderão ser autuados separadamente e apensos aos autos do processo de execução.

Parágrafo único. No caso de se optar pela tramitação em separado, o primeiro apenso constituirá o Roteiro de Penas, no qual devem ser elaborados e atualizados os cálculos de liquidação da pena, juntadas certidões de feitos em curso, folhas de antecedentes e outros documentos que permitam o direcionamento dos atos a serem praticados, tais como requisição de atestado de conduta carcerária, comunicação de fuga e recaptura.

(*) Art. 4º com redação dada pela Resolução CNJ nº 116/2010.

Art. 5º. Autuada a guia de recolhimento no juízo de execução, imediatamente deverá ser providenciado o cálculo de liquidação de pena com informações quanto ao término e provável data de benefício, tais como progressão de regime e livramento condicional.

§ 1º. Os cálculos serão homologados por decisão judicial, após manifestação da defesa e do Ministério Público.

§ 2º. Homologado o cálculo de liquidação, a secretaria deverá providenciar o agendamento da data do término do cumprimento da pena e das datas de implementação dos lapsos temporais para postulação dos benefícios previstos em lei, bem como o encaminhamento de duas cópias do cálculo ou seu extrato ao diretor do estabelecimento prisional, a primeira para ser entregue ao executado, servindo como atestado de pena a cumprir e a segunda para ser arquivada no prontuário do executado.

Art. 6º. Em cumprimento ao art. 1º da Lei nº 7.210/1984, o juízo da execução deverá, dentre as ações voltadas à integração social do condenado e do internado, e para que tenham acesso aos serviços sociais disponíveis, diligenciar para que sejam expedidos seus documentos pessoais, dentre os quais o CPF, que pode ser expedido de ofício, com base no art. 11, V, da Instrução Normativa RFB nº 864, de 25 de julho de 2008♦.

♦ A IN RFB nº 864/2008 foi revogada pela IN RFB nº 1.042/2010, que, por sua vez, foi revogada pela IN RBF nº 1.548/2015. Esta, atualmente em vigor, prevê em seu art. 7º, IV, a expedição de ofício por determinação judicial.

Art. 7º. Modificada a competência do juízo da execução, os autos serão remetidos ao juízo competente, excetuada a hipótese de agravo interposto e em processamento, caso em que a remessa dar-se-á após eventual juízo de retratação.

DA GUIA DE RECOLHIMENTO PROVISÓRIA

Art. 8º. Tratando-se de réu preso por sentença condenatória recorrível, será expedida guia de recolhimento provisória da pena privativa de liberdade, ainda que pendente recurso sem efeito suspensivo, devendo, nesse caso, o juízo da execução definir o agendamento dos benefícios cabíveis.

Art. 9º. A guia de recolhimento provisória será expedida ao Juízo da Execução Penal após o recebimento do recurso, independentemente de quem o interpôs, acompanhada, no que couber, das peças e informações previstas no art. 1º.

§ 1º. A expedição da guia de recolhimento provisória será certificada nos autos do processo criminal.

§ 2º. Estando o processo em grau de recurso, sem expedição da guia de recolhimento provisória, às Secretarias desses órgãos caberão expedi-la e remetê-la ao juízo competente.

Art. 10. Sobrevindo decisão absolutória, o respectivo órgão prolator comunicará imediatamente o fato ao juízo competente para a execução, para anotação do cancelamento da guia.

Art. 11. Sobrevindo condenação transitada em julgado, o juízo de conhecimento encaminhará as peças complementares, nos termos do art. 1º, ao juízo competente para a execução, que se incumbirá das providências cabíveis, também informando as alterações verificadas à autoridade administrativa.

DO ATESTADO DE PENA A CUMPRIR

Art. 12. A emissão de atestado de pena a cumprir e a respectiva entrega ao apenado, mediante recibo, deverão ocorrer:

I – no prazo de 60 (sessenta) dias, a contar da data do início da execução da pena privativa de liberdade;

II – no prazo de 60 (sessenta) dias, a contar da data do reinício do cumprimento da pena privativa de liberdade; e

III – para o apenado que já esteja cumprindo pena privativa de liberdade, até o último dia útil do mês de janeiro de cada ano.

Art. 13. Deverão constar do atestado anual de cumprimento de pena, dentre outras informações consideradas relevantes, as seguintes:

I – o montante da pena privativa de liberdade;

II – o regime prisional de cumprimento da pena;

III – a data do início do cumprimento da pena e a data, em tese, do término do cumprimento integral da pena; e

IV – a data a partir da qual o apenado, em tese, poderá postular a progressão do regime prisional e o livramento condicional.

DA EXECUÇÃO DE MEDIDA DE SEGURANÇA

Art. 14. A sentença penal absolutória que aplicar medida de segurança será executada nos termos da Lei nº 7.210, de 11 de julho de 1984, da Lei nº 10.216, de 6 de abril de 2001,♦ da lei de organização judiciária local e da presente resolução, devendo compor o processo de execução, além da guia de internação ou de tratamento ambulatorial, as peças indicadas no art. 1º dessa Resolução, no que couber.

♦ Lei nº 10.216/2001, que dispõe sobre a proteção e os direitos das pessoas portadoras de transtornos mentais e redirecionada a modelo assistencial em saúde mental.

Art. 15. Transitada em julgado a sentença que aplicou medida de segurança, expedir-se-á guia de internação ou de tratamento ambulatorial em duas vias, remetendo-se uma delas à unidade hospitalar incumbida da execução e outra ao juízo da execução penal.

Art. 16. O juiz competente para a execução da medida de segurança ordenará a formação do processo de execução a partir das peças referidas no art. 1º dessa Resolução, no que couber.

Art. 17. O juiz competente para a execução da medida de segurança, sempre que possível buscará implementar políticas antimanicomiais, conforme sistemática da Lei nº 10.216, de 6 de abril de 2001♦.

♦ Lei nº 10.216/2001, que dispõe sobre a proteção e os direitos das pessoas portadoras de transtornos mentais e redirecionada a modelo assistencial em saúde mental.

DISPOSIÇÕES GERAIS

Art. 18. O juiz do processo de conhecimento expedirá ofícios ao Tribunal Regional Eleitoral com jurisdição sobre o domicílio eleitoral do apenado para os fins do art. 15, inciso III, da Constituição Federal.

Art. 19. A extinção da punibilidade e o cumprimento da pena deverão ser registrados no rol de culpados e comunicados ao Tribunal Regional Eleitoral para as providências do art. 15, III, da Constituição Federal. Após, os autos do Processo de Execução Penal serão arquivados, com baixa na distribuição e anotações quanto à situação da parte.

Art. 20. Todos os Juízos que receberem distribuição de comunicação de prisão em flagrante, de pedido de liberdade provisória, de inquérito com indiciado e de ação penal, depois de recebida a denúncia, deverão consultar o banco de dados de Processos de Execução Penal, e informar ao Juízo da Execução, quando constar Processo de Execução Penal (PEP) contra o preso, indiciado ou denunciado.

Art. 21. Os Juízos com processos em andamento que receberem a comunicação de novos antecedentes deverão comunicá-los imediatamente ao Juízo da Execução competente, para as providências cabíveis.

Art. 22. O Juízo que vier a exarar nova condenação contra o apenado, uma vez reconhecida a reincidência do réu, deverá comunicar esse fato ao Juízo da Condenação e da Execução para os fins dos arts. 95 e 117, inciso VI, do Código Penal.

Art. 23. Aplica-se a presente resolução, no que couber, aos sistemas eletrônicos de execução penal.

Art. 24. Os Tribunais e os juízos deverão adaptar sua legislação e práticas aos termos da presente resolução no prazo de até 60 dias.

Art. 25. Esta Resolução entra em vigor na data de sua publicação.

Art. 26. Ficam revogadas a Resolução CNJ nº 19, de 29 de agosto de 2006, a Resolução CNJ nº 29, de 27 de fevereiro de 2007, a Resolução CNJ nº 33, de 10 de abril de 2007, e a Resolução CNJ nº 57, de 24 de junho de 2008.

Ministro Gilmar Mendes

RESOLUÇÃO CNJ Nº 213, DE 15 DE DEZEMBRO DE 2015

[art. 306, § 1º, do CPP]

(*) Atualizada até as alterações promovidas pela Resolução CNJ nº 417, de 20.9.2021.

Dispõe sobre a apresentação de toda pessoa presa à autoridade judicial no prazo de 24 horas.

O Presidente do Conselho Nacional de Justiça (CNJ), no uso de suas atribuições legais e regimentais;

Considerando o art. 9º, item 3, do Pacto Internacional de Direitos Civis e Políticos das Nações Unidas, bem como o art. 7º, item 5, da Convenção Americana sobre Direitos Humanos (Pacto de São José da Costa Rica);

Considerando a decisão nos autos da Arguição de Descumprimento de Preceito Fundamental 347 do Supremo Tribunal Federal, consignando a obrigatoriedade da apresentação da pessoa presa à autoridade judicial competente;

Considerando o que dispõe a letra "a" do inciso I do art. 96 da Constituição Federal, que defere aos tribunais a possibilidade de tratarem da competência e do funcionamento dos seus serviços e órgãos jurisdicionais e administrativos;

Considerando a decisão prolatada na Ação Direta de Inconstitucionalidade 5240 do Supremo Tribunal Federal, declarando a constitucionalidade da disciplina pelos Tribunais da apresentação da pessoa presa à autoridade judicial competente;

Considerando o relatório produzido pelo Subcomitê de Prevenção à Tortura da ONU (CAT/OP/BRA/R.1, 2011), pelo Grupo de Trabalho sobre Detenção Arbitrária da ONU (A/HRC/27/48/Add.3, 2014) e o relatório sobre o uso da prisão provisória nas Américas da Organização dos Estados Americanos;

Considerando o diagnóstico de pessoas presas apresentado pelo CNJ e o INFOPEN do Departamento Penitenciário Nacional♦ do Ministério da Justiça (DEPEN/MJ), publicados, respectivamente, nos anos de 2014 e 2015, revelando o contingente desproporcional de pessoas presas provisoriamente;

♦ Atual denominação: "Secretaria Nacional de Políticas Penais", nos termos da Medida Provisória nº 1.154/2022.

Considerando que a prisão, conforme previsão constitucional (CF, art. 5º, LXV, LXVI), é medida extrema que se aplica somente nos casos expressos em lei e quando a hipótese não comportar nenhuma das medidas cautelares alternativas;

Considerando que as inovações introduzidas no Código de Processo Penal pela Lei nº 12.403, de 4 de maio de 2011, impuseram ao juiz a obrigação de converter em prisão preventiva a prisão em flagrante delito, somente quando apurada a impossibilidade de relaxamento ou concessão de liberdade provisória, com ou sem medida cautelar diversa da prisão;

Considerando que a condução imediata da pessoa presa à autoridade judicial é o meio mais eficaz para prevenir e reprimir a prática de tortura no momento da prisão, assegurando, portanto, o direito à integridade física e psicológica das pessoas submetidas à custódia estatal, previsto no art. 5.2 da Convenção Americana de Direitos Humanos e no art. 2.1 da Convenção Contra a Tortura e Outros Tratamentos ou Penas Cruéis, Desumanos ou Degradantes;

Considerando o disposto na Recomendação CNJ 49, de 1º de abril de 2014;

Considerando a decisão plenária tomada no julgamento do Ato Normativo 0005913-65.2015.2.00.0000, na 223ª Sessão Ordinária, realizada em 15 de dezembro de 2015;

Resolve:

Art. 1º. Determinar que toda pessoa presa em flagrante delito, independentemente da motivação ou natureza do ato, seja obrigatoriamente apresentada, em até 24 horas da comunicação do flagrante, à autoridade judicial competente, e ouvida sobre as circunstâncias em que se realizou sua prisão ou apreensão.

§ 1º. A comunicação da prisão em flagrante à autoridade judicial, que se dará por meio do encaminhamento do auto de prisão em flagrante, de acordo com as rotinas previstas em cada Estado da Federação, não supre a apresentação pessoal determinada no *caput*.

§ 2º. Entende-se por autoridade judicial competente aquela assim disposta pelas leis de organização judiciária locais, ou, salvo omissão, definida por ato normativo do Tribunal de Justiça, Tribunal de Justiça Militar, Tribunal Regional Federal, Tribunal Regional Eleitoral ou do Superior Tribunal Militar que instituir as audiências de apresentação, incluído o juiz plantonista.

(*) § 2º com redação dada pela Resolução CNJ nº 268/2018.

§ 3º. No caso de prisão em flagrante delito da competência originária de Tribunal, a apresentação do preso poderá ser feita ao juiz que o Presidente do Tribunal ou Relator designar para esse fim.

§ 4º. Estando a pessoa presa acometida de grave enfermidade, ou havendo circunstância comprovadamente excepcional que a impossibilite de ser apresentada ao juiz no prazo do *caput*, deverá ser assegurada a realização da audiência no local em que ela se encontre e, nos casos em que o deslocamento se mostre inviável, deverá ser providenciada a condução para a audiência de custódia imediatamente após restabelecida sua condição de saúde ou de apresentação.

§ 5º. O CNJ, ouvidos os órgãos jurisdicionais locais, editará ato complementar a esta Resolução, regulamentando, em caráter excepcional, os prazos para apresentação à autoridade judicial da pessoa presa em Municípios ou sedes regionais a serem especificados, em que o juiz competente ou plantonista esteja impossibilitado de cumprir o prazo estabelecido no *caput*.

Art. 2º. O deslocamento da pessoa presa em flagrante delito ao local da audiência e desse, eventualmente, para alguma unidade prisional específica, no caso de aplicação da prisão preventiva, será de responsabilidade da Secretaria de Administração Penitenciária ou da Secretaria de Segurança Pública, conforme os regramentos locais.

Parágrafo único. Os tribunais poderão celebrar convênios de modo a viabilizar a realização da audiência de custódia fora da unidade judiciária correspondente.

Art. 3º. Se, por qualquer motivo, não houver juiz na comarca até o final do prazo do art. 1º, a pessoa presa será levada imediatamente ao substituto legal, observado, no que couber, o § 5º do art. 1º.

Art. 4º. A audiência de custódia será realizada na presença do Ministério Público e da Defensoria Pública, caso a pessoa detida não possua defensor constituído no momento da lavratura do flagrante.

Parágrafo único. É vedada a presença dos agentes policiais responsáveis pela prisão ou pela investigação durante a audiência de custódia.

Art. 5º. Se a pessoa presa em flagrante delito constituir advogado até o término da lavratura do auto de prisão em flagrante, o Delegado de polícia deverá notificá-lo, pelos meios mais comuns, tais como correio eletrônico, telefone ou mensagem de texto, para que compareça à audiência de custódia, consignando nos autos.

Parágrafo único. Não havendo defensor constituído, a pessoa presa será atendida pela Defensoria Pública.

Art. 6º. Antes da apresentação da pessoa presa ao juiz, será assegurado seu atendimento prévio e reservado por advogado por ela constituído ou defensor público, sem a presença de agentes policiais, sendo esclarecidos por funcionário credenciado os motivos, fundamentos e ritos que versam a audiência de custódia.

Parágrafo único. Será reservado local apropriado visando a garantia da confidencialidade do atendimento prévio com advogado ou defensor público.

Art. 7º. A pessoa presa devidamente qualificada e identificada, o auto de prisão em flagrante e o resultado da audiência de custódia serão obrigatoriamente cadastrados no BNMP 3.0.

(*) Art. 7º, *caput*, com redação dada pela Resolução CNJ nº 417/2021.

(*) Vide art. 46 da Resolução CNJ nº 417/2021.

§ 1º. (Revogado).

I – (revogado);

II – (revogado);

III – (revogado);

IV – (revogado);

V – (revogado);

VI – (revogado);

VII – (revogado);

VIII – (revogado).

(*) § 1º revogado pela Resolução CNJ nº 417/2021.

§ 2º. A apresentação da pessoa presa em flagrante delito em juízo acontecerá após o protocolo e distribuição do auto de prisão em flagrante e respectiva nota de culpa perante a unidade judiciária correspondente, dela constando o motivo da prisão, o nome do condutor e das testemunhas do flagrante, perante a unidade responsável para operacionalizar o ato, de acordo com regramentos locais.

§ 3º. O auto de prisão em flagrante subsidiará as informações a serem registradas no BNMP 3.0, conjuntamente com aquelas obtidas a partir do relato da própria pessoa autuada.

(*) § 3º com redação dada pela Resolução CNJ nº 417/2021.

§ 4º. (Revogado).

(*) § 4º revogado pela Resolução CNJ nº 417/2021.

Art. 8º. Na audiência de custódia, a autoridade judicial entrevistará a pessoa presa em flagrante, devendo:

I – esclarecer o que é a audiência de custódia, ressaltando as questões a serem analisadas pela autoridade judicial;

II – assegurar que a pessoa presa não esteja algemada, salvo em casos de resistência e de fundado receio de fuga ou de perigo à integridade física própria ou alheia, devendo a excepcionalidade ser justificada por escrito;

III – dar ciência sobre seu direito de permanecer em silêncio;

IV – questionar se lhe foi dada ciência e efetiva oportunidade de exercício dos direitos constitucionais inerentes à sua condição, particularmente o direito de consultar-se com advogado ou defensor público, o de ser atendido por médico e o de comunicar-se com seus familiares;

V – indagar sobre as circunstâncias de sua prisão ou apreensão;

VI – perguntar sobre o tratamento recebido em todos os locais por onde passou antes da apresentação à audiência, questionando sobre a ocorrência de tortura e maus-tratos e adotando as providências cabíveis;

VII – verificar se houve a realização de exame de corpo de delito, determinando sua realização nos casos em que:

a) não tiver sido realizado;

b) os registros se mostrarem insuficientes;

c) a alegação de tortura e maus-tratos referir-se a momento posterior ao exame realizado;

d) o exame tiver sido realizado na presença de agente policial, observando-se a Resolução CNJ nº 414/2021 quanto à formulação de quesitos ao(à) perito(a);

(*) Alínea "d" com redação dada pela Resolução CNJ nº 414/2021.

VIII – abster-se de formular perguntas com finalidade de produzir prova para a investigação ou ação penal relativas aos fatos objeto do auto de prisão em flagrante;

IX – adotar as providências a seu cargo para sanar possíveis irregularidades;

X – averiguar, por perguntas e visualmente, hipóteses de gravidez, existência de filhos ou dependentes sob cuidados da pessoa presa em flagrante delito, histórico de doença grave, incluídos os transtornos mentais e a dependência química, para analisar o cabimento de encaminhamento assistencial e da concessão da liberdade provisória, sem ou com a imposição de medida cautelar.

§ 1º. Após a oitiva da pessoa presa em flagrante delito, o juiz deferirá ao Ministério Público e à defesa técnica, nesta ordem, reperguntas compatíveis com a natureza do ato, devendo indeferir as perguntas relativas ao mérito dos fatos que possam constituir eventual imputação, permitindo-lhes, em seguida, requerer:

I – o relaxamento da prisão em flagrante;

II – a concessão da liberdade provisória sem ou com aplicação de medida cautelar diversa da prisão;

III – a decretação de prisão preventiva;

IV – a adoção de outras medidas necessárias à preservação de direitos da pessoa presa.

§ 2º. A oitiva da pessoa presa será registrada, preferencialmente, em mídia, dispensando-se a formalização de termo de manifestação da pessoa presa ou do conteúdo das postulações das partes, e ficará arquivada na unidade responsável pela audiência de custódia.

§ 3º. A ata da audiência conterá, apenas e resumidamente, a deliberação fundamentada do magistrado quanto à legalidade e manutenção da prisão, cabimento de liberdade provisória sem ou com a imposição de medidas cautelares diversas da prisão, considerando-se o pedido de cada parte, como também as providências tomadas, em caso da constatação de indícios de tortura e maus-tratos.

§ 4º. Concluída a audiência de custódia, cópia da sua ata será entregue à pessoa presa em flagrante delito, ao Defensor e ao Ministério Público, tomando-se a ciência de todos, e apenas o auto de prisão em flagrante, com antecedentes e cópia da ata, seguirá para livre distribuição.

§ 5º. Proferida a decisão que resultar no relaxamento da prisão em flagrante, na concessão da liberdade provisória sem ou com a imposição de medida cautelar alternativa à prisão, ou quando determinado o imediato arquivamento do inquérito, a pessoa presa em flagrante delito será prontamente colocada em liberdade, mediante a expedição de alvará de soltura, e será informada sobre seus direitos e obrigações, salvo se por outro motivo tenha que continuar presa.

§ 6º. Na hipótese do § 5º, a autoridade policial será cientificada e se a vítima de violência doméstica e familiar contra a mulher não estiver presente na audiência, deverá, antes da expedição do alvará de soltura, ser notificada da decisão, sem prejuízo da intimação do seu advogado ou do seu defensor público.

(*) § 6º acrescido pela Resolução CNJ nº 254/2018.

Art. 9º. A aplicação de medidas cautelares diversas da prisão previstas no art. 319 do CPP deverá compreender a avaliação da real adequação e necessidade das medidas, com estipulação de prazos para seu cumprimento e para a reavaliação de sua manutenção, observando-se o Protocolo I desta Resolução.

§ 1º. O acompanhamento das medidas cautelares diversas da prisão determinadas judicialmente ficará a cargo dos serviços de acompanhamento de alternativas penais, denominados Centrais Integradas de Alternativas Penais, estruturados preferencialmente no âmbito do Poder Executivo estadual, contando com equipes multidisciplinares, responsáveis, ainda, pela realização dos encaminhamentos necessários à Rede de Atenção à Saúde do Sistema Único de Saúde (SUS) e à rede de assistência social do Sistema Único de Assistência Social (SUAS), bem como a outras políticas e programas ofertados pelo Poder Público, sendo os resultados do atendimento e do acompanhamento comunicados regularmente ao juízo ao qual for distribuído o auto de prisão em flagrante após a realização da audiência de custódia.

§ 2º. Identificadas demandas abrangidas por políticas de proteção ou de inclusão social implementadas pelo Poder Público, caberá ao juiz encaminhar a pessoa presa em flagrante delito ao serviço de acompanhamento de alternativas penais, ao qual cabe a articulação com a rede de proteção social e a identificação das políticas e dos programas adequados a cada caso ou, nas Comarcas em que inexistirem serviços de acompanhamento de alternativas penais, indicar o encaminhamento direto às políticas de proteção ou inclusão social existentes, sensibilizando a pessoa presa em flagrante delito para o comparecimento de forma não obrigatória.

§ 3º. O juiz deve buscar garantir às pessoas presas em flagrante delito o direito à atenção médica e psicossocial eventualmente necessária, resguardada a natureza voluntária desses serviços, a partir do encaminhamento ao serviço de acompanhamento de alternativas penais, não sendo cabível a aplicação de medidas cautelares para tratamento ou internação compulsória de pessoas autuadas em flagrante que apresentem quadro de transtorno mental ou de dependência química, em desconformidade com o previsto no art. 4º da Lei nº 10.216, de 6 de abril de 2001, e no art. 319, inciso VII, do CPP.

Art. 10. A aplicação da medida cautelar diversa da prisão prevista no art. 319, inciso IX, do Código de Processo Penal, será excepcional e determinada apenas quando demonstrada a impossibilidade de concessão da liberdade provisória sem cautelar ou de aplicação de outra medida cautelar menos gravosa, sujeitando-se à reavaliação periódica quanto à necessidade e adequação de sua manutenção, sendo destinada exclusivamente a pessoas presas em flagrante delito por crimes dolosos puníveis com pena privativa de liberdade máxima superior a 4 (quatro) anos ou condenadas por outro crime doloso, em sentença transitada em julgado, ressalvado o disposto no inciso I do *caput* do art. 64 do Código Penal, bem como pessoas em cumprimento de medidas protetivas de urgência acusadas por crimes que envolvam violência doméstica e familiar contra a mulher, criança, adolescente, idoso, enfermo ou pessoa com deficiência, quando não couber outra medida menos gravosa.

Parágrafo único. Por abranger dados que pressupõem sigilo, a utilização de informações coletadas durante a monitoração eletrônica de pessoas dependerá de autorização judicial, em atenção ao art. 5º, XII, da Constituição Federal.

Art. 11. Havendo declaração da pessoa presa em flagrante delito de que foi vítima de tortura e maus-tratos ou entendimento da autoridade judicial de que há indícios da prática de tortura, será determinado o registro das informações, adotadas as providências cabíveis para a investigação da denúncia e preservação da segurança física e psicológica da vítima, que será encaminhada para atendimento médico e psicossocial especializado.

§ 1º. Com o objetivo de assegurar o efetivo combate à tortura e maus-tratos, a autoridade jurídica e funcionários deverão observar o Protocolo II desta Resolução com vistas a garantir condições adequadas para a oitiva e coleta idônea de depoimento das pessoas presas em flagrante delito na audiência de custódia, a adoção de procedimentos durante o depoimento que permitam a apuração de indícios de práticas de tortura e de providências cabíveis em caso de identificação de práticas de tortura.

§ 2º. O funcionário responsável pela coleta de dados da pessoa presa em flagrante delito deve cuidar para que sejam coletadas as seguintes informações, respeitando a vontade da vítima:

I – identificação dos agressores, indicando sua instituição e sua unidade de atuação;

II – locais, datas e horários aproximados dos fatos;

III – descrição dos fatos, inclusive dos métodos adotados pelo agressor e a indicação das lesões sofridas;

IV – identificação de testemunhas que possam colaborar para a averiguação dos fatos;

V – verificação de registros das lesões sofridas pela vítima;

VI – existência de registro que indique prática de tortura ou maus-tratos no laudo elaborado pelos peritos do Instituto Médico Legal;

VII – registro dos encaminhamentos dados pela autoridade judicial para requisitar investigação dos relatos;

VIII – registro da aplicação de medida protetiva ao autuado pela autoridade judicial, caso a natureza ou gravidade dos fatos relatados coloque em risco a vida ou a segurança da pessoa presa em flagrante delito, de seus familiares ou de testemunhas.

§ 3º. Os registros das lesões poderão ser feitos em modo fotográfico ou audiovisual, respeitando a intimidade e consignando o consentimento da vítima.

§ 4º. Averiguada pela autoridade judicial a necessidade da imposição de alguma medida de proteção à pessoa presa em flagrante delito, em razão da comunicação ou denúncia da prática de tortura e maus-tratos, será assegurada, primordialmente, a integridade pessoal do denunciante, das testemunhas, do funcionário que constatou a ocorrência da prática abusiva e de seus familiares, e, se pertinente, o sigilo das informações.

§ 5º. Os encaminhamentos dados pela autoridade judicial e as informações deles resultantes deverão ser comunicadas ao juiz responsável pela instrução do processo.

Art. 12. O termo da audiência de custódia será apensado ao inquérito ou à ação penal.

Art. 13. A apresentação à autoridade judicial no prazo de 24 horas também será assegurada às pessoas presas em decorrência de cumprimento de mandados de prisão cautelar ou definitiva, aplicando-se, no que couber, os procedimentos previstos nesta Resolução.

Parágrafo único. Todos os mandados de prisão deverão conter, expressamente, a determinação para que, no momento de seu cumprimento, a pessoa presa seja imediatamente apresentada à autoridade judicial que determinou a expedição da ordem de custódia ou, nos casos em que forem cumpridos fora da jurisdição do juiz processante, à autoridade judicial competente, conforme lei de organização judiciária local.

Art. 14. Os tribunais expedirão os atos necessários e auxiliarão os juízes no cumprimento desta Resolução, em consideração à realidade local, podendo realizar os convênios e gestões necessárias ao seu pleno cumprimento.

Art. 15. Os Tribunais de Justiça e os Tribunais Regionais Federais terão o prazo de 90 dias, contados a partir da entrada em vigor desta Resolução, para implantar a audiência de custódia no âmbito de suas respectivas jurisdições.

Parágrafo único. No mesmo prazo será assegurado, às pessoas presas em flagrante antes da implantação da audiência de custódia que não tenham sido apresentadas em outra audiência no curso do processo de conhecimento, a apresentação à autoridade judicial, nos termos desta Resolução.

Art. 16. O acompanhamento do cumprimento da presente Resolução contará com o apoio técnico do Departamento de Monitoramento e Fiscalização do Sistema Carcerário e Execução das Medidas Socioeducativas.

Art. 17. Esta Resolução entra em vigor a partir de 1º de fevereiro de 2016.

Ministro Ricardo Lewandowski

PROTOCOLO I

Procedimentos para a aplicação e o acompanhamento de medidas cautelares diversas da prisão para custodiados apresentados nas audiências de custódia

Este documento tem por objetivo apresentar orientações e diretrizes sobre a aplicação e o acompanhamento de medidas cautelares diversas da prisão para custodiados apresentados nas audiências de custódia.

1. Fundamentos legais e finalidade das medidas cautelares diversas da prisão

A Lei das Cautelares (Lei nº 12.403/2011)• foi instituída com o objetivo de conter o uso excessivo da prisão provisória. Ao ampliar o leque de possibilidades das medidas cautelares, a Lei das Cautelares introduziu no ordenamento jurídico penal modalidades alternativas ao encarceramento provisório.

♦ Lei nº 12.403/2011, que alterou o Título IX do CPP e acrescentou o art. 289-A ao CP.

Com a disseminação das audiências de custódia no Brasil, e diante da apresentação do preso em flagrante a um juiz, é possível calibrar melhor a necessidade da conversão das prisões em flagrante em prisões provisórias, tal como já demonstram as estatísticas dessa prática em todas as Unidades da Federação.

Quanto mais demorado é o processo criminal, menor é a chance de que a pessoa tenha garantido o seu direito a uma pena alternativa à prisão.

Também menores são os índices de reincidência quando os réus não são submetidos à experiência de prisionalização.

O cárcere reforça o ciclo da violência ao contribuir para a ruptura dos vínculos familiares e comunitários da pessoa privada de liberdade, que sofre ainda com a estigmatização e as consequentes dificuldades de acesso ao mercado de trabalho, ampliando a situação de marginalização e a chance de ocorrerem novos processos de criminalização.

Apesar desse cenário, o Levantamento Nacional de Informações Penitenciárias (2015), consolidado pelo Departamento Penitenciário Nacional♦, aponta que 41% da população prisional no país é composta por presos sem condenação, que aguardam privados de liberdade o julgamento de seu processo.

♦ Atual denominação: "Secretaria Nacional de Políticas Penais", nos termos da Medida Provisória nº 1.154/2022.

A esse respeito, pesquisa publicada pelo IPEA (2015), sobre a Aplicação de Penas e Medidas Alternativas, aponta que em 37,2% dos casos em que réus estiveram presos provisoriamente, não houve condenação à prisão ao final do processo, resultando em absolvição ou condenação a penas restritivas de direitos em sua maioria. A pesquisa confirma, no país, diagnósticos de observadores internacionais, quanto "*ao sistemático, abusivo e desproporcional uso da prisão provisória pelo sistema de justiça*".

As medidas cautelares devem agregar novos paradigmas a sua imposição, de modo que a adequação da medida se traduza na responsabilização do autuado, assegurando-lhe, ao mesmo tempo, condições de cumprimento dessas modalidades autonomia e liberdade, sem prejuízo do encaminhamento a programas e políticas de proteção e inclusão social já instituídos e disponibilizados pelo poder público.

Nesse sentido, conforme previsto nos Acordos de Cooperação nº 5, nº 6 e nº 7, de 9 de abril de 2015, firmados entre o Conselho Nacional de Justiça e o Ministério da Justiça, as medidas cautelares diversas da prisão aplicadas no âmbito das audiências de custódia serão encaminhadas para acompanhamento em serviços instituídos preferencialmente no âmbito do Poder Executivo estadual, denominados Centrais Integradas de Alternativas Penais ou com outra nomenclatura, bem como às Centrais de Monitoração Eletrônica, em casos específicos. Caberá ao Departamento Penitenciário Nacional♦, órgão vinculado ao Ministério da Justiça, em parceria com o Conselho Nacional de

Justiça, elaborar manuais de gestão dessas práticas, com indicação das metodologias de acompanhamento dessas medidas.

♦ Atual denominação: "Secretaria Nacional de Políticas Penais", nos termos da Medida Provisória nº 1.154/2022.

Ainda de acordo com os acordos de cooperação, as medidas cautelares diversas da prisão deverão atentar às seguintes finalidades:

I – a promoção da autonomia e da cidadania da pessoa submetida à medida;

II – o incentivo à participação da comunidade e da vítima na resolução dos conflitos;

III – a autoresponsabilização e a manutenção do vínculo da pessoa submetida à medida com a comunidade, com a garantia de seus direitos individuais e sociais; e

IV – a restauração das relações sociais.

2. Diretrizes para a aplicação e o acompanhamento das medidas cautelares diversas da prisão

De forma a assegurar os fundamentos legais e as finalidades para a aplicação e o acompanhamento das medidas cautelares diversas da prisão, o juiz deverá observar as seguintes diretrizes:

I – Reserva da lei ou da legalidade: A aplicação e o acompanhamento das medidas cautelares diversas da prisão devem se ater às hipóteses previstas na legislação, não sendo cabíveis aplicações de medidas restritivas que extrapolem a legalidade.

II – Subsidiariedade e intervenção penal mínima: É preciso limitar a intervenção penal ao mínimo e garantir que o uso da prisão seja recurso residual junto ao sistema penal, privilegiando outras respostas aos problemas e conflitos sociais. As intervenções penais devem se ater às mais graves violações aos direitos humanos e se restringir ao mínimo necessário para fazer cessar a violação, considerando os custos sociais envolvidos na aplicação da prisão provisória ou de medidas cautelares que imponham restrições à liberdade.

III – Presunção de inocência: A presunção da inocência deve garantir às pessoas o direito à liberdade, à defesa e ao devido processo legal, devendo a prisão preventiva, bem como a aplicação de medidas cautelares diversas da prisão serem aplicadas de forma residual. A concessão da liberdade provisória sem ou com cautelares diversas da prisão é direito e não benefício, devendo sempre ser considerada a presunção de inocência das pessoas acusadas. Dessa forma, a regra deve ser a concessão da liberdade provisória sem a aplicação de cautelares, resguardando este direito sobretudo em relação a segmentos da população mais vulneráveis a processos de criminalização e com menor acesso à justiça.

IV – Dignidade e liberdade: A aplicação e o acompanhamento das medidas cautelares diversas da prisão devem primar pela dignidade e liberdade das pessoas. Esta liberdade pressupõe participação ativa das partes na construção das medidas, garantindo a individualização, a reparação, a restauração das relações e a justa medida para todos os envolvidos.

V – Individuação, respeito às trajetórias individuais e reconhecimento das potencialidades: Na aplicação e no acompanhamento das medidas cautelares diversas da prisão, deve-se respeitar as trajetórias individuais, promovendo soluções que comprometam positivamente as partes, observando-se as potencialidades pessoais dos sujeitos, destituindo as medidas de um sentido de mera retribuição sobre atos do passado, incompatíveis com a presunção de inocência assegurada constitucionalmente. É necessário promover sentidos emancipatórios para as pessoas envolvidas, contribuindo para a construção da cultura da paz e para a redução das diversas formas de violência.

VI – Respeito e promoção das diversidades: Na aplicação e no acompanhamento das medidas cautelares diversas da prisão, o Poder Judiciário e os programas de apoio à execução deverão garantir o respeito às diversidades geracionais, sociais, étnico/raciais, de gênero/sexualidade, de origem e nacionalidade, renda e classe social, de religião, crença, entre outras.

VII – Responsabilização: As medidas cautelares diversas da prisão devem promover a responsabilização com autonomia e liberdade dos indivíduos nelas envolvidas. Nesse sentido, a aplicação e o acompanhamento das medidas cautelares diversas da prisão devem ser estabelecidos a partir e com o compromisso das partes, de forma que a adequação da medida e seu cumprimento se traduzam em viabilidade e sentido para os envolvidos.

VIII – Provisoriedade: A aplicação e o acompanhamento das medidas cautelares diversas da prisão devem se ater à provisoriedade das medidas, considerando o impacto dessocializador que as restrições implicam. A morosidade do processo penal poderá significar um tempo de medida indeterminado ou injustificadamente prolongado, o que fere a razoabilidade e o princípio do mínimo penal. Nesse sentido, as medidas cautelares diversas da prisão deverão ser aplicadas sempre com a determinação do término da medida, além de se assegurar a reavaliação periódica das medidas restritivas aplicadas.

IX – Normalidade: A aplicação e o acompanhamento das medidas cautelares diversas da prisão devem ser delineadas a partir de cada situação concreta, em sintonia com os direitos e as trajetórias individuais das pessoas a cumprir. Assim, tais medidas devem primar por não interferir ou fazê-lo de forma menos impactante nas rotinas e relações cotidianas das pessoas envolvidas, limitando-se ao mínimo necessário para a tutela pretendida pela medida, sob risco de aprofundar os processos de marginalização e de criminalização das pessoas submetidas às medidas.

X – Não penalização da pobreza: A situação de vulnerabilidade social das pessoas autuadas e conduzidas à audiência de custódia não pode ser critério de seletividade em seu desfavor na consideração sobre a conversão da prisão em flagrante em prisão preventiva. Especialmente no caso de moradores de rua, a conveniência para a instrução criminal ou a dificuldade de intimação para comparecimento a atos processuais não é circunstância apta a justificar a prisão processual ou medida cautelar, devendo-se garantir, ainda, os encaminhamentos sociais de forma não obrigatória, sempre que necessários, preservada a liberdade e a autonomia dos sujeitos.

3. Procedimentos para acompanhamento das medidas cautelares e inclusão social

As medidas cautelares, quando aplicadas, devem atender a procedimentos capazes de garantir a sua exequibilidade, considerando:

I – a adequação da medida à capacidade de se garantir o seu acompanhamento, sem que o ônus de dificuldades na gestão recaia sobre o autuado;

II – as condições e capacidade de cumprimento pelo autuado;

III – a necessidade de garantia de encaminhamentos às demandas sociais do autuado, de forma não obrigatória.

Para garantir a efetividade das medidas cautelares diversas da prisão, cada órgão ou instância deve se ater às suas competências e conhecimentos, de forma sistêmica e complementar.

Para além da aplicação da medida, é necessário garantir instâncias de execução das medidas cautelares, com metodologias e equipes qualificadas capazes de permitir um acompanhamento adequado ao cumprimento das medidas cautelares diversas da prisão.

Para tanto, caberá ao Ministério da Justiça, em parceria com o Conselho Nacional de Justiça, desenvolver manuais de gestão, com metodologias, procedimentos e fluxos de trabalho, além de fomentar técnica e financeiramente a criação de estruturas de acompanhamento das medidas, conforme previsto nos Acordos de Cooperação nº 5, nº 6 e nº 7, de 9 de abril de 2015.

Nesse sentido, as Centrais Integradas de Alternativas Penais ou órgãos equivalentes, bem como as Centrais de Monitoração Eletrônica, serão estruturados preferencialmente no âmbito do Poder Executivo estadual e contarão com equipes multidisciplinares regularmente capacitadas para atuarem no acompanhamento das medidas cautelares.

3.1. A atuação do Juiz deverá considerar os seguintes procedimentos:

I – A partir da apresentação de motivação para a sua decisão nos termos do art. 310 do CPP, resguardando o princípio da presunção de inocência, caberá ao juiz conceder a liberdade provisória ou impor, de forma fundamentada, a aplicação de medidas cautelares diversas da prisão, somente quando necessárias, justificando o porquê de sua não aplicação quando se entender pela decretação de prisão preventiva;

II – Garantir ao autuado o direito à atenção médica e psicossocial eventualmente necessária(s), resguardada a natureza voluntária desses serviços, a partir do encaminhamento às Centrais Integradas de Alternativas Penais ou órgãos similares, evitando a aplicação de medidas cautelares para tratamento ou internação compulsória de pessoas em conflito com a lei autuadas em flagrante com transtorno mental, incluída a dependência química, em desconformidade com o previsto no art. 4º da Lei nº 10.216, de 2001♦ e no art. 319, inciso VII, do Decreto-Lei nº 3.689, de 1941♦♦.

♦ Lei nº 10.216/2001, que dispõe sobre a proteção e os direitos das pessoas portadoras de transtornos mentais e redireciona o modelo assistencial em saúde mental.

♦♦ Decreto-Lei nº 3.689/1941 – Código de Processo Penal.

(*) V. art. 319, VII, do CPP.

III – Articular, em nível local, os procedimentos adequados ao encaminhamento das pessoas em cumprimento de medidas cautelares diversas da prisão para as Centrais Integradas de Alternativas Penais ou órgãos similares, bem como os procedimentos de acolhimento dos cumpridores, acompanhamento das medidas aplicadas e encaminhamentos para políticas públicas de inclusão social; i. Nas Comarcas onde não existam as Centrais mencionadas, a partir da equipe psicossocial da vara responsável pelas audiências de custódia buscar-se-á a integração do autuado em redes amplas junto aos governos do estado e município, buscando garantir-lhe a inclusão social de forma não obrigatória, a partir das especificidades de cada caso.

IV – Articular, em nível local, os procedimentos adequados ao encaminhamento das pessoas em cumprimento da medida cautelar diversa da prisão prevista no art. 319, inciso IX, do Código de Processo Penal, para as Centrais de Monitoração Eletrônica de Pessoas, bem como os procedimentos de acolhimento das pessoas monitoradas, acompanhamento das medidas aplicadas e encaminhamentos para políticas públicas de inclusão social.

V – Garantir o respeito e cumprimento às seguintes diretrizes quando da aplicação da medida cautelar de monitoração eletrônica:

a) Efetiva alternativa à prisão provisória: A aplicação da monitoração eletrônica será excepcional, devendo ser utilizada como alternativa à prisão provisória e não como elemento adicional de controle para autuados que, pelas circunstâncias apuradas em juízo, já responderiam ao processo em liberdade. Assim, a monitoração eletrônica, enquanto medida cautelar diversa da prisão, deverá ser aplicada exclusivamente a pessoas acusadas por crimes dolosos puníveis com pena privativa de liberdade máxima superior a 4 (quatro) anos ou condenadas por outro crime doloso, em sentença transitada em julgado, ressalvado o disposto no inciso I do *caput* do art. 64 do Código Penal Brasileiro, bem como a pessoas em cumprimento de medidas protetivas de urgência acusadas por crime que envolva violência doméstica e familiar contra a mulher, criança, adolescente, idoso, enfermo ou pessoa com deficiência, sempre de forma excepcional, quando não couber outra medida cautelar menos gravosa.

b) Necessidade e Adequação: A medida cautelar da monitoração eletrônica somente poderá ser aplicada quando verificada e fundamentada a necessidade da vigilância eletrônica da pessoa processada ou investigada, após demonstrada a inaplicabilidade da concessão da liberdade provisória, com ou sem fiança, e a insuficiência ou inadequação das demais medidas cautelares diversas da prisão, considerando-se, sempre, a presunção de inocência. Da mesma forma, a monitoração somente deverá ser aplicada quando verificada a adequação da medida com a situação da pessoa processada ou investigada, bem como aspectos objetivos, relacionados ao processo-crime, sobretudo quanto à desproporcionalidade de aplicação da medida de monitoração eletrônica em casos nos quais não será aplicada pena privativa de liberdade ao final do processo, caso haja condenação.

c) Provisoriedade: Considerando a gravidade e a amplitude das restrições que a monitoração eletrônica impõe às pessoas submetidas à medida, sua aplicação deverá se atentar especialmente à provisoriedade, garantindo a reavaliação periódica de sua necessidade e adequação. Não são admitidas medidas de monitoração eletrônica aplicadas por prazo indeterminado ou por prazos demasiadamente elevados (exemplo: 6 (seis) meses). O cumprimento regular das condições impostas judicialmente deve ser considerado como elemento para a revisão da monitoração eletrônica aplicada, revelando a desnecessidade do controle excessivo que impõe, que poderá ser substituída por medidas menos gravosas que favoreçam a autoresponsabilização do autuado no cumprimento das obrigações estabelecidas, bem como sua efetiva inclusão social.

d) Menor dano: A aplicação e o acompanhamento de medidas de monitoração eletrônica devem estar orientadas para a minimização de danos físicos e psicológicos causados às pessoas monitoradas eletronicamente. Deve-se buscar o fomento a adoção de fluxos, procedimentos, metodologias e tecnologias menos danosas à pessoa monitorada, minimizando-se a estigmatização e os constrangimentos causados pela utilização do aparelho.

e) Normalidade: A aplicação e o acompanhamento das medidas cautelares de monitoração eletrônica deverão buscar reduzir o impacto causado pelas restrições impostas e pelo uso do dispositivo, limitando-se ao mínimo necessário para a tutela pretendida pela medida, sob risco de aprofundar os processos de marginalização e de criminalização das pessoas submetidas às medidas. Deve-se buscar a aproximação ao máximo da rotina da pessoa monitorada em relação à rotina das pessoas não submetidas à monitoração eletrônica, favorecendo assim a inclusão social. Assim, é imprescindível que as áreas de inclusão e exclusão e demais restrições impostas, como eventuais limitações de horários, sejam determinadas de forma módica, atentando para as características individuais das pessoas monitoradas e suas necessidades de realização de atividades cotidianas das mais diversas dimensões (educação, trabalho, saúde, cultura, lazer, esporte, religião, convivência familiar e comunitária, entre outras).

3.2. A atuação das Centrais Integradas de Alternativas Penais ou órgãos similares deverá considerar os seguintes procedimentos:

I – Buscar integrar-se em redes amplas de atendimento e assistência social para a inclusão de forma não obrigatória dos autuados a partir das indicações do juiz, das especificidades de cada caso e das demandas sociais apresentadas diretamente pelos autuados, com destaque para as seguintes áreas ou outras que se mostrarem necessárias:

a) demandas emergenciais como alimentação, vestuário, moradia, transporte, dentre outras;

b) trabalho, renda e qualificação profissional;

c) assistência judiciária;

d) desenvolvimento, produção, formação e difusão cultural principalmente para o público jovem.

II – Realizar encaminhamentos necessários à Rede de Atenção à Saúde do Sistema Único de Saúde (SUS) e à rede de assistência social do Sistema Único de Assistência Social (SUAS), além de outras políticas e programas ofertadas pelo poder público, sendo os resultados do atendimento e do acompanhamento do autuado, assim indicados na decisão judicial, comunicados regularmente ao Juízo ao qual for distribuído o auto de prisão em flagrante após o encerramento da rotina da audiência de custódia;

III – Consolidar redes adequadas para a internação e tratamento dos autuados, assegurado o direito à atenção médica e psicossocial sempre que necessária, resguardada a natureza voluntária desses serviços, não sendo cabível o encaminhamento de pessoas em conflito com a lei autuadas em flagrante portadoras de transtorno mental, incluída a dependência química, para tratamento ou internação compulsória, em desconformidade com o previsto no art. 4º da Lei nº 10.216, de 2001♦ e no art. 319, inciso VII, do Decreto-Lei 3.689, de 1941♦♦.

♦ Lei nº 10.216/2001, que dispõe sobre a proteção e os direitos das pessoas portadoras de transtornos mentais e redireciona o modelo assistencial em saúde mental.

♦♦ Decreto-Lei nº 3.689/1941 – Código de Processo Penal.

(*) V. art. 319, VII, do CPP.

IV – Executar ou construir parcerias com outras instituições especialistas para a execução de grupos temáticos ou de responsabilização dos autuados a partir do tipo de delito cometido, inclusive nos casos relativos à violência contra as mulheres no contexto da Lei Maria da Penha.

Estes grupos serão executados somente a partir da determinação judicial e como modalidade da medida cautelar de comparecimento obrigatório em juízo, prevista no inciso I do art. 319 do Código de Processo Penal.

3.3. A atuação das Centrais de Monitoração Eletrônica de Pessoas deverá considerar os seguintes procedimentos:

I – Assegurar o acolhimento e acompanhamento por equipes multidisciplinares, responsáveis pela articulação da rede de serviços de proteção e inclusão social disponibilizada pelo poder público e pelo acompanhamento do cumprimento das medidas estabelecidas judicialmente, a partir da interação individualizada com as pessoas monitoradas.

II – Assegurar a prioridade ao cumprimento, manutenção e restauração da medida em liberdade, inclusive em casos de incidentes de violação, adotando-se preferencialmente medidas de conscientização e atendimento por equipe psicossocial, devendo o acionamento da autoridade judicial ser subsidiário e excepcional, após esgotadas todas as medidas adotadas pela equipe técnica responsável pelo acompanhamento das pessoas em monitoração.

III – Primar pela adoção de padrões adequados de segurança, sigilo, proteção e uso dos dados das pessoas em monitoração, respeitado o tratamento dos dados em conformidade com a finalidade das coletas. Nesse sentido, deve-se considerar que os dados coletados durante a execução das medidas de monitoração eletrônica possuem finalidade específica, relacionada com o acompanhamento das condições estabelecidas judicialmente. As informações das pessoas monitoradas não poderão ser compartilhadas com terceiros estranhos ao processo de investigação ou de instrução criminal que justificou a aplicação da medida. O acesso aos dados, inclusive por instituições de segurança pública, somente poderá ser requisitado no âmbito de inquérito policial específico no qual a pessoa monitorada devidamente identificada já figure como suspeita, sendo submetido a autoridade judicial, que analisará o caso concreto e deferirá ou não o pedido.

IV – Buscar integra-se em redes amplas de atendimento e assistência social para a inclusão de forma não obrigatória dos autuados a partir das indicações do juiz, das especificidades de cada caso e das demandas sociais apresentadas diretamente pelos autuados, com destaque para as seguintes áreas ou outras que se mostrarem necessárias:

a) demandas emergenciais como alimentação, vestuário, moradia, transporte, dentre outras;

b) trabalho, renda e qualificação profissional;

c) assistência judiciária;

d) desenvolvimento, produção, formação e difusão cultural principalmente para o público jovem.

V – Realizar encaminhamentos necessários à Rede de Atenção à Saúde do Sistema Único de Saúde (SUS) e à rede de assistência social do Sistema Único de Assistência Social (SUAS), além de outras políticas e programas ofertadas pelo poder público, sendo os resultados do atendimento e do acompanhamento do autuado, assim indicados na decisão judicial, comunicados regularmente ao Juízo ao qual for distribuído o auto de prisão em flagrante após o encerramento da rotina da audiência de custódia.

PROTOCOLO II

Procedimentos para oitiva, registro e encaminhamento de denúncias de tortura e outros tratamentos cruéis, desumanos ou degradantes[1]

Este documento tem por objetivo orientar tribunais e magistrados sobre procedimentos para denúncias de tortura e tratamentos cruéis, desumanos ou degradantes.

Serão apresentados o conceito de tortura, as orientações quanto a condições adequadas para a oitiva do custodiado na audiência, os procedimentos relativos à apuração de indícios da práticas de tortura durante a oitiva da pessoa custodiada e as providências a serem adotadas em caso de identificação de práticas de tortura e tratamentos cruéis, desumanos ou degradantes.

1. Definição de tortura

Considerando a Convenção das Nações Unidas contra a Tortura e

1. Na elaboração do protocolo foram consideradas orientações presentes em manuais e guias sobre prevenção e combate à tortura, especialmente o "Protocolo de Istambul – Manual para a investigação e documentação eficazes da tortura e outras penas ou tratamentos cruéis, desumanos ou degradantes, "The torture reporting handbook" (1ª edição de Camille Giffard – 2000, e 2ª edição de Polona Tepina – 2015), e "Protegendo os brasileiros contra a tortura: Um manual para Juízes, Promotores, Defensores Públicos e Advogados" (Conor Foley, 2013), além da experiência acumulada com as práticas de audiências de custódia e do desenvolvimento de ações de prevenção à tortura no país.

Outras Penas ou Tratamentos Cruéis, Desumanos e Degradantes, de 1984; a Convenção Interamericana para Prevenir e Punir a Tortura de 9 de dezembro de 1985, e a Lei nº 9.455/97 de 7 de abril de 1997,♦ que define os crimes de tortura e dá outras providências, observa-se que a definição de tortura na legislação internacional e nacional apresenta dois elementos essenciais:

♦ Lei nº 9.455/1997, que define crimes de tortura.

I – A finalidade do ato, voltada para a obtenção de informações ou confissões, aplicação de castigo, intimidação ou coação, ou qualquer outro motivo baseado em discriminação de qualquer natureza; e

II – A aflição deliberada de dor ou sofrimentos físicos e mentais.

Assim, recomenda-se à autoridade judicial atenção às condições de apresentação da pessoa mantida sob custódia a fim de averiguar a prática de tortura ou tratamento cruel, desumano ou degradante considerando duas premissas:

I – a prática da tortura constitui grave violação ao direito da pessoa custodiada;

II – a pessoa custodiada deve ser informada que a tortura é ilegal e injustificada, independentemente da acusação ou da condição de culpada de algum delito a si imputável.

Poderão ser consideradas como indícios quanto à ocorrência de práticas de tortura e outros tratamentos cruéis, desumanos ou degradantes:

I – Quando a pessoa custodiada tiver sido mantida em um local de detenção não oficial ou secreto;

II – Quando a pessoa custodiada tiver sido mantida incomunicável por qualquer período de tempo;

III – Quando a pessoa custodiada tiver sido mantida em veículos oficiais ou de escolta policial por um período maior do que o necessário para o seu transporte direto entre instituições;

IV – Quando os devidos registros de custódia não tiverem sido mantidos corretamente ou quando existirem discrepâncias significativas entre esses registros;

V – Quando a pessoa custodiada não tiver sido informada corretamente sobre seus direitos no momento da detenção;

VI – Quando houver informações de que o agente público ofereceu benefícios mediante favores ou pagamento de dinheiro por parte da pessoa custodiada;

VII – Quando tiver sido negado à pessoa custodiada pronto acesso a um advogado ou defensor público;

VIII – Quando tiver sido negado acesso consular a uma pessoa custodiada de nacionalidade estrangeira;

IX – Quando a pessoa custodiada não tiver passado por exame médico imediato após a detenção ou quando o exame constatar agressão ou lesão;

X – Quando os registros médicos não tiverem sido devidamente guardados ou tenha havido interferência inadequada ou falsificação;

XI – Quando o(s) depoimento(s) tiverem sido tomados por autoridades de investigação sem a presença de um advogado ou de um defensor público;

XII – Quando as circunstâncias nas quais os depoimentos foram tomados não tiverem sido devidamente registradas e os depoimentos em si não tiverem sido transcritos em sua totalidade na ocasião;

XIII – Quando os depoimentos tiverem sido indevidamente alterados posteriormente;

XIV – Quando a pessoa custodiada tiver sido vendada, encapuzada, amordaçada, algemada sem justificativa registrada por escrito ou sujeita a outro tipo de coibição física, ou tiver sido privada de suas próprias roupas, sem causa razoável, em qualquer momento durante a detenção;

XV – Quando inspeções ou visitas independentes ao local de detenção por parte de instituições competentes, organizações de direitos humanos, programas de visitas preestabelecidos ou especialistas tiverem sido impedidas, postergadas ou sofrido qualquer interferência;

XVI – Quando a pessoa tiver sido apresentada à autoridade judicial fora do prazo máximo estipulado para a realização da audiência de custódia ou sequer tiver sido apresentada;

XVII – Quando outros relatos de tortura e tratamentos cruéis, desumanos ou degradantes em circunstâncias similares ou pelos mesmos agentes indicarem a verossimilhança das alegações.

2. Condições adequadas para a oitiva do custodiado na audiência de custódia

A audiência de custódia deve ocorrer em condições adequadas que tornem possível o depoimento por parte da pessoa custodiada, livre de ameaças ou intimidações em potencial que possam inibir o relato de práticas de tortura e outros tratamentos cruéis, desumanos ou degradantes a que tenha sido submetida.

Entre as condições necessárias para a oitiva adequada da pessoa custodiada, recomenda-se que:

I – A pessoa custodiada não deve estar algemada durante sua oitiva na audiência de apresentação, somente admitindo-se o uso de algumas "em casos de resistência e de fundado receio de fuga ou de perigo à integridade física própria ou alheia, por parte do preso ou de terceiros, justificada a excepcionalidade por escrito, sob pena de responsabilidade disciplinar, civil e penal do agente ou da autoridade e de nulidade da prisão ou do ator processual a que se refere, sem prejuízo da responsabilidade civil do Estado" (STF – Súmula Vinculante nº 11);

(*) Vide Súmula Vinculante 11 do STF.

II – A pessoa custodiada deve estar sempre acompanhada de advogado ou defensor público, assegurando-lhes entrevista prévia sigilosa, sem a presença de agente policial e em local adequado/reservado, de modo a garantir-lhe a efetiva assistência judiciária;

III – A pessoa custodiada estrangeira deve ter assegurada a assistência de intérprete e a pessoa surda a assistência de intérprete de LIBRAS, requisito essencial para a plena compreensão dos questionamentos e para a coleta do depoimento, atentando-se para a necessidade de (i) a pessoa custodiada estar de acordo com o uso de intérprete, (ii) o intérprete ser informado da confidencialidade das informações e (iii) o entrevistador manter contato com o entrevistado, evitando se dirigir exclusivamente ao intérprete;

IV – Os agentes responsáveis pela segurança do tribunal e, quando necessário, pela audiência de custódia devem ser organizacionalmente separados e independentes dos agentes responsáveis pela prisão ou pela investigação dos crimes. A pessoa custodiada deve aguardar a audiência em local fisicamente separado dos agentes responsáveis pela sua prisão ou investigação do crime;

V – O agente responsável pela custódia, prisão ou investigação do crime não deve estar presente durante a oitiva da pessoa custodiada.

VI – Os agentes responsáveis pela segurança da audiência da custódia não devem portar armamento letal.

VII – Os agentes responsáveis pela segurança da audiência de custódia não devem participar ou emitir opinião sobre a pessoa custodiada no decorrer da audiência.

3. Procedimentos relativos à coleta de informações sobre práticas tortura durante a oitiva da pessoa custodiada

Observadas as condições adequadas para a apuração, durante a oitiva da pessoa custodiada, de práticas de tortura e outros tratamentos cruéis, desumanos ou degradantes a que possa ter sido submetida, é importante que o Juiz adote uma série de procedimentos visando assegurar a coleta idônea do depoimento da pessoa custodiada.

Sendo um dos objetivos da audiência de custódia a coleta de informações sobre práticas de tortura, o Juiz deverá sempre questionar sobre ocorrência de agressão, abuso, ameaça, entre outras formas de violência, adotando os seguintes procedimentos:

I – Informar à pessoa custodiada que a tortura é expressamente proibida, não sendo comportamento aceitável, de modo que as denúncias de tortura serão encaminhadas às autoridades competentes para a investigação;

II – Informar à pessoa custodiada sobre a finalidade da oitiva, destacando eventuais riscos de prestar as informações e as medidas protetivas que poderão ser adotadas para garantia de sua segurança e de terceiros, bem como as providências a serem adotadas quanto à investigação das práticas de tortura e outros tratamentos cruéis, desumanos ou degradantes que forem relatadas;

III – Assegurar a indicação de testemunhas ou outras fontes de informação que possam corroborar a veracidade do relato de tortura ou tratamentos cruéis, desumanos ou degradantes, com garantia de sigilo;

IV – Solicitar suporte de equipe psicossocial em casos de grave expressão de sofrimento, físico ou mental, ou dificuldades de orientação mental (memória, noção de espaço e tempo, linguagem, compreensão e expressão, fluxo do raciocínio) para acolher o indivíduo e orientar quanto a melhor abordagem ou encaminhamento imediato do caso.

V – Questionar a pessoa custodiada sobre o tratamento recebido desde a sua prisão, em todos os locais e órgãos por onde foi conduzido, mantendo-se atento a relatos e sinais que indiquem ocorrência de práticas de tortura e outros tratamentos cruéis, desumanos ou degradantes.

4. Procedimentos para coleta do depoimento da vítima de tortura

A oitiva realizada durante a audiência de custódia não tem o objetivo de comprovar a ocorrência de práticas de tortura, o que deverá ser apurado em procedimentos específicos com essa finalidade.

Sua finalidade é perceber e materializar indícios quanto à ocorrência de tortura e outros tratamentos cruéis, desumanos ou degradantes, considerando as graves consequências que podem decorrer da manutenção da custódia do preso sob responsabilidade de agentes supostamente responsáveis por práticas de tortura, sobretudo após o relato das práticas realizado pela pessoa custodiada perante a autoridade judicial.

Na coleta do depoimento, o Juiz deve considerar a situação particular de vulnerabilidade da pessoa submetida a práticas de tortura ou tratamentos cruéis, desumanos ou degradantes, adotando as seguintes práticas na oitiva, sempre que necessário:

I – *Repetir as perguntas*. Questões terão que ser repetidas ou reformuladas uma vez que algumas pessoas podem demorar mais tempo para absorver, compreender e recordar informações.

II – *Manter as perguntas simples*. As perguntas devem ser simples, pois algumas pessoas podem ter dificuldade em entender e respondê-las. Elas também podem ter um vocabulário limitado e encontrar dificuldade em explicar coisas de uma forma que os outros achem fácil de seguir.

III – *Manter as perguntas abertas e não ameaçadoras*. As perguntas não devem ser ameaçadoras uma vez que as pessoas podem responder a uma inquirição áspera de forma excessivamente agressiva ou tentando agradar o interrogador. As questões também devem ser abertas já que algumas pessoas são propensas a repetir as informações fornecidas ou sugeridas pelo entrevistador.

IV – *Priorizar a escuta*. É comum a imprecisão ou mesmo confusão mental no relato de casos de tortura, assim, eventuais incoerências não indicam invalidade dos relatos. Em casos de difícil entendimento do relato, orienta-se que a pergunta seja refeita de forma diferente. É importante respeitar a decisão das vítimas de não querer comentar as violações sofridas.

V – *Adotar uma postura respeitosa ao gênero da pessoa custodiada*. Mulheres e pessoas LGBT podem se sentir especialmente desencorajadas a prestar informações sobre violências sofridas, sobretudo assédios e violência sexual, na presença de homens. Homens também podem sentir constrangimento ao relatar abusos de natureza sexual que tenham sofrido. A adequação da linguagem e do tom do entrevistador, bem como a presença de mulheres, podem ser necessários nesse contexto.

VI – *Respeitar os limites da vítima de tortura*, já que a pessoa pode não se sentir a vontade para comentar as violações sofridas por ela, assegurando, inclusive, o tempo necessário para os relatos.

5. Questionário para auxiliar na identificação e registro da tortura durante oitiva da vítima

Um breve questionário pode subsidiar a autoridade judicial quanto à identificação da prática de tortura, na ocasião das audiências de custódia, permitindo-lhe desencadear, caso identificada, os procedimentos de investigação do suposto crime de tortura.

I – Qual foi o tratamento recebido desde a sua detenção?

Comentário: Pretende-se com esta questão que o custodiado relate o histórico, desde a abordagem policial até o momento da audiência, da relação ocorrida entre ele e os agentes públicos encarregados de sua custódia.

II – O que aconteceu?

Comentário: Havendo o custodiado relatado a prática de ato violento por parte de agente público responsável pela abordagem e custódia, é necessário que seja pormenorizado o relato sobre a conduta dos agentes, para identificação de suposta desmedida do uso da força, ou violência que se possa configurar como a prática de tortura.

III – Onde aconteceu?

Comentário: O relato sobre o local onde ocorreu a violência relatada pode ajudar a monitorar a possibilidade de retaliação por parte do agente que praticou a violência relatada, e pode fornecer à autoridade judicial informações sobre a frequência de atos com pessoas custodiadas em delegacias, batalhões, entre outros.

IV – Qual a data e hora aproximada da ocorrência da atitude violenta por parte do agente público, incluindo a mais recente?

Comentário: A informação sobre horário e data é importante para identificar possíveis contradições entre informações constantes no boletim de ocorrência, autorizando alcançar informações úteis sobre as reais circunstâncias da prisão do custodiado.

V – Qual o conteúdo de quaisquer conversas mantidas com a pessoa (torturadora)? O que lhe foi dito ou perguntado?

Comentário: Esta pergunta visa identificar qualquer ameaça realizada pelo agente público, assim como métodos ilegais para se obter a delação de outrem. Todas as formas ilegais de extrair informação do preso são necessariamente possibilitadas pela prática da tortura.

VI – Houve a comunicação do ocorrido para mais alguém? Quem? O que foi dito em resposta a esse relato?

Comentário: Esta pergunta visa averiguar possíveis pessoas que possam ter sofrido ameaças de agentes públicos, autorizando, caso a autoridade judicial assim decida, a indicação de pessoas ameaçadas para participação em programas de proteção de vítimas.

6. Providências em caso de apuração de indícios de tortura e outros tratamentos cruéis, desumanos ou degradantes

Constada a existência de indícios de tortura e outros tratamentos cruéis, desumanos ou degradantes, o Juiz deverá adotar as providências cabíveis para garantia da segurança da pessoa custodiada, tomando as medidas necessárias para que ela não seja exposta aos agentes supostamente responsáveis pelas práticas de tortura.

Abaixo estão listadas possíveis medidas a serem adotadas pela autoridade judicial que se deparar com a situação, conforme as circunstâncias e particularidades de cada caso, sem prejuízo de outras que o Juiz reputar necessárias para a imediata interrupção das práticas de tortura ou tratamentos cruéis, desumanos ou degradantes, para a garantia da saúde e segurança da pessoa custodiada e para subsidiar futura apuração de responsabilidade dos agentes:

I – Registrar o depoimento detalhado da pessoa custodiada em relação às práticas de tortura e outros tratamentos cruéis, desumanos ou degradantes a que alega ter sido submetida, com descrição minuciosa da situação e dos envolvidos;

II – Questionar se as práticas foram relatadas quando da lavratura do auto de prisão em flagrante, verificando se houve o devido registro documental;

III – Realizar registro fotográfico e/ou audiovisual sempre que a pessoa custodiada apresentar relatos ou sinais de tortura ou tratamentos cruéis, desumanos ou degradantes, considerando se tratar de prova, muitas vezes, irrepetível;

IV – Aplicar, de ofício, medidas protetivas para a garantia da segurança e integridade da pessoa custodiada, de seus familiares e de eventuais testemunhas, entre elas a transferência imediata da custódia, com substituição de sua responsabilidade para outro órgão ou para outros agentes; a imposição de liberdade provisória, independente da existência dos requisitos que autorizem a conversão em prisão preventiva, sempre que não for possível garantir a segurança e a integridade da pessoa custodiada; e outras medidas necessárias à garantia da segurança e integridade da pessoa custodiada.

V – Determinar a realização de exame corpo de delito:

(i) quando não houver sido realizado;

(ii) quando os registros se mostrarem insuficientes,

(iii) quando a possível prática de tortura e outros tratamentos cruéis, desumanos ou degradantes tiver sido realizada em momento posterior à realização do exame realizado;

(iv) quando o exame tiver sido realizado na presença de agente de segurança.

VI – Ainda sobre o exame de corpo de delito, observar: a) as medidas protetivas aplicadas durante a condução da pessoa custodiada para a garantia de sua segurança e integridade, b) a Recomendação nº 49/2014 do Conselho Nacional de Justiça◆ quanto à formulação de quesitos ao perito em casos de identificação de práticas de tortura e outros tratamentos cruéis, desumanos ou degradantes, c) a presença de advogado ou defensor público durante a realização do exame.

◆ A Recomendação nº 49/2014 do CNJ foi revogada pela Resolução CNJ nº 414/2021.

VII – Assegurar o necessário e imediato atendimento de saúde integral da pessoa vítima de tortura e outros tratamentos cruéis, desumanos ou degradantes, visando reduzir os danos e o sofrimento físico e mental e a possibilidade de elaborar e resignificar a experiência vivida;

VIII – Enviar cópia do depoimento e demais documentos pertinentes para órgãos responsáveis pela apuração de responsabilidades, especialmente Ministério Público e Corregedoria e/ou Ouvidoria do órgão a que o agente responsável pela prática de tortura ou tratamentos cruéis, desumanos ou degradantes esteja vinculado;

IX – Notificar o juiz de conhecimento do processo penal sobre os encaminhamentos dados pela autoridade judicial e as informações advindas desse procedimento.

X – Recomendar ao Ministério Público a inclusão da pessoa em programas de proteção a vítimas ou testemunha, bem como familiares ou testemunhas, quando aplicável o encaminhamento.

RESOLUÇÃO CNJ Nº 224, DE 31 DE MAIO DE 2016

[art. 329 do CPP]

Dispõe sobre o recolhimento do valor arbitrado judicialmente a título de fiança criminal na ausência de expediente bancário e dá outras providências.

O Presidente do Conselho Nacional de Justiça (CNJ), no uso de suas atribuições legais e regimentais,

Considerando a necessidade de emitir diretrizes seguras para o recolhimento rápido e eficiente do valor arbitrado judicialmente a título de fiança, em processos criminais submetidos ao Poder Judiciário, mormente na hipótese de ausência de expediente bancário, evitando prolongar, indevidamente, o encarceramento de possíveis beneficiários da referida medida cautelar diversa da prisão;

Considerando as limitações impostas ao Poder Judiciário da União no que concerne ao recolhimento de depósitos tributários e, em especial, não tributários, conforme ditames das Leis Federais nºs 9.289/1996♦ e 12.099/2009♦♦.

♦ Lei nº 9.289/1996, que dispõe sobre as custas devidas à União, na Justiça Federal de primeiro e segundo graus.

♦♦ Lei nº 12.099/2009, que dispõe sobre a transferência de depósitos judiciais e extrajudiciais de tributos e contribuições federais para a Caixa Econômica Federal.

Considerando o teor e conclusões lançadas nos autos do Pedido de Providências 0000014-57.2013.2.00.0000, assim como a deliberação do Plenário do CNJ na 10ª Sessão Virtual, em 12 de abril de 2016;

Resolve:

Art. 1º. Os valores de fianças criminais arbitrados por magistrados nos autos de prisão em flagrante, inquéritos policiais ou processos a ele submetidos deverão ser recolhidos, fora do expediente bancário, por meio de guia própria (boleto bancário), junto ao Banco do Brasil S/A ou a qualquer outra instituição com a qual o tribunal local possua convênio.

Art. 2º. A guia de depósito para pagamento dos valores de fiança criminal deverá ser individualizada para cada cidadão preso e afiançado e vinculada ao auto de prisão em flagrante, inquérito ou processo respectivo, no qual determinada a medida cautelar proferida pela competente autoridade judicial.

Art. 3º. Enquanto não houver convênio com instituição financeira oficial ou não oficial, os valores referentes às fianças criminais judicialmente arbitradas poderão ser recolhidos pela parte interessada ao Banco do Brasil S/A até a celebração do instrumento para disponibilização desse serviço, devendo o comprovante de depósito ser entregue ao escrivão, chefe de secretaria ou serventuário plantonista pelo interessado para ser anexado aos autos.

Art. 4º. Na impossibilidade de emissão de guia de depósito (boleto bancário) para o recolhimento do valor da fiança criminal judicialmente arbitrada fora do expediente bancário, seja por não funcionamento do sistema informatizado, por indisponibilidade do serviço, por inexistência, na sede do juízo, de agência bancária apta a efetuar o recolhimento ou por limitações legais (Leis nºs 9.289/1996♦ e 12.099/2009♦♦), deverá o escrivão, o chefe da secretaria do juízo ou o funcionário do plantão judiciário, procedendo na forma prevista no art. 329 do Código de Processo Penal, fazer a expressa vinculação do valor recebido com o auto de prisão em flagrante, inquérito ou processo, em livro específico, para cada afiançado, obrigando-se o mesmo serventuário a providenciar o respectivo depósito do valor no primeiro dia útil seguinte, mediante comprovação da providência em livro e nos autos próprios.

♦ Lei nº 9.289/1996, que dispõe sobre as custas devidas à União, na Justiça Federal de primeiro e segundo graus.

♦♦ Lei nº 12.099/2009, que dispõe sobre a transferência de depósitos judiciais e extrajudiciais de tributos e contribuições federais para a Caixa Econômica Federal.

Art. 5º. Esta Resolução entra em vigor na data de sua publicação.

Ministro Ricardo Lewandowski

RESOLUÇÃO CNJ Nº 252, DE 4 DE SETEMBRO DE 2018

[arts. 14, § 3º; 83, § 2º; e 89 da LEP]

Estabelece princípios e diretrizes para o acompanhamento das mulheres mães e gestantes privadas de liberdade e dá outras providências.

A Presidente do Conselho Nacional de Justiça, no uso de suas atribuições legais e regimentais,

Considerando as Regras das Nações Unidas para o tratamento de mulheres presas e medidas não privativas de liberdade para mulheres infratoras, nomeadamente Regras de Bangkok, instituídas com fundamento da recomendação da Resolução nº 2010/16, de 22 de julho de 2010, do Conselho Econômico e Social;

Considerando as Regras de Mandela – Regras Mínimas para o Tratamento de Presos, atualizadas em Viena em 2015;

Considerando o disposto na Lei nº 11.942, de 27 de maio de 2009, que deu nova redação aos arts. 14, 83 e 89 (primeira parte) da Lei nº 7.210, de 11 de julho de 1984 – Lei de Execução Penal, para assegurar às mães presas e aos recém-nascidos condições dignas de assistência;

Considerando a Lei nº 13.257/2016, que dispõe sobre as políticas públicas para a primeira infância e altera a Lei nº 8.069, de 13 de julho de 1990 (Estatuto da Criança e do Adolescente), o Decreto-Lei nº 3.689, de 3 de outubro de 1941 (Código de Processo Penal), a Consolidação das Leis do Trabalho (CLT), aprovada pelo Decreto-Lei nº 5.452, de 1º de maio de 1943, a Lei nº 11.770, de 9 de setembro de 2008, a Lei nº 12.662, de 5 de junho de 2012, e a Lei nº 8.742/93;

Considerando a Lei nº 8.080, de 19 de setembro 1990, que dispõe sobre as condições para a promoção, proteção e recuperação da saúde, a organização e o funcionamento dos serviços correspondentes e dá outras providências;

Considerando a Lei nº 10.216, de 6 de abril de 2001, que dispõe sobre a proteção e os direitos das pessoas portadoras de transtornos mentais e redireciona o modelo assistencial em saúde mental;

Considerando o Decreto nº 7.508, de 28 de junho de 2011, que regulamenta a Lei nº 8.080, de 19 de setembro de 1990;

Resolve:

Art. 1º. Ficam estabelecidos princípios e diretrizes para o acompanhamento das mulheres e gestantes privadas de liberdade, nos termos desta Resolução.

Art. 2º. Constituem diretrizes para o acompanhamento das mulheres e gestantes privadas de liberdade:

I – promoção da cidadania e inclusão das mulheres privadas de liberdade e de seus filhos nas políticas públicas de saúde, assistência social, educação, trabalho e renda, entre outras;

II – atenção integral, contínua e de qualidade às necessidades de saúde das mulheres privadas de liberdade no sistema prisional, com ênfase em atividades preventivas, sem prejuízo dos serviços assistenciais;

III – respeito à diversidade étnico-racial, às limitações e às necessidades físicas e mentais especiais, às condições socioeconômicas, às práticas e concepções culturais e religiosas, ao gênero, à orientação sexual e à identidade de gênero;

IV – adequação dos estabelecimentos prisionais femininos, especialmente quanto à arquitetura prisional e à execução de atividades e aos procedimentos e rotinas da gestão prisional, garantindo à gestante e à mulher com filho lactente condições de atendimento às normas sanitárias e assistenciais do Sistema Único de Saúde;

V – aperfeiçoamento contínuo de atividades e rotinas da gestão prisional, com atenção às diversidades e à capacitação periódica de servidores;

VI – aprimoramento da qualidade das informações constantes nos bancos de dados do sistema prisional brasileiro, contemplando a perspectiva de gênero.

Art. 3º. As diretrizes enumeradas no art. 2º obedecerão os seguintes princípios:

I – respeito aos direitos humanos e à justiça social;

II – equidade, em reconhecimento às diferenças e singularidades das mulheres e de seus filhos como sujeitos de direitos.

Capítulo I
DO INGRESSO DE MULHERES E CRIANÇAS EM ESTABELECIMENTO PENAL OU DE DETENÇÃO PROVISÓRIA

Art. 4º. Antes ou no momento do ingresso em unidade prisional ou de detenção, deverá ser permitido às mulheres responsáveis pela guarda de crianças adotar as providências e cautelas necessárias em relação a elas, visando assegurar seu bem-estar e a sua segurança.

Art. 5º. As autoridades judiciárias, nas audiências de custódia e durante o interrogatório de acusadas e acusados, deverão colher informações sobre a existência de filhos, em especial:

I – idades;

II – deficiência física, se houver;

III – indicação e identificação de eventual responsável pelos cuidados dos filhos, informando o endereço e o número do telefone.

Art. 6º. Caberá aos Grupos de Monitoramento e Fiscalização do Sistema Carcerário e do Sistema de Execução de Medidas Socioeducativas – GMFs o monitoramento e fiscalização das informações relativas à identificação das mulheres gestantes e das que possuem filhos lactentes e com até 12 anos de idade, inclusive para fins de eventual indulto.

Capítulo II
DOS DIREITOS RELATIVOS ÀS MULHERES MÃES PRIVADAS DE LIBERDADE

Art. 7º. Todos os direitos das mulheres privadas de liberdade com filhos serão garantidos, conforme disposto na Lei de Execução Penal, por meio da efetivação dos direitos fundamentais constitucionais nos estabelecimentos prisionais, respeitadas as especificidades de gênero, cor ou etnia, orientação sexual, idade, maternidade, nacionalidade, religiosidade e de deficiências física e mental.

Art. 8º. A convivência entre mães e filhos em unidades prisionais ou de detenção deverá ser garantida, visando apoiar o desenvolvimento da criança e preservar os vínculos entre mãe e filhos, resguardando-se sempre o interesse superior destes, conforme disposto no Estatuto da Criança e do Adolescente.

§ 1º. Para garantia da convivência das mulheres privadas de liberdade com seus filhos, o poder público adotará as seguintes ações mínimas:

I – garantir a convivência entre mães e filhos, respeitando-se o período de amamentação exclusiva, no mínimo, nos seis primeiros meses de vida da criança, sem prejuízo de complementação, caso necessário;

II – garantir à gestante e à lactante o apoio nutricional adequado à sua condição;

III – notificar os juízos com competência na área de execução penal e da infância e juventude para instauração do procedimento de acolhimento da criança junto à genitora na unidade prisional e, se for o caso, realização do plano de atendimento individual, incluindo-se a regularização da guarda de fato ou outra medida adequada ao melhor interesse da criança;

IV – estabelecer a duração do período de convivência a partir da análise do caso concreto pela vara com competência pela infância e juventude, não dependendo exclusivamente do aleitamento materno, com a participação das equipes interdisciplinares, observado o interesse superior da criança;

V – garantir a obrigatoriedade de manifestação da mãe nos processos de suspensão ou destituição do poder familiar relativamente aos seus filhos e às crianças e adolescentes sob a sua guarda.

VI – assegurar a interlocução entre as varas com competência na área de família, da infância e juventude, criminal e de execução penal nos casos relativos aos filhos cujos genitores estejam encarcerados;

VII – realizar a citação pessoal da mãe privada de liberdade em processo que possa acarretar a perda ou suspensão do poder familiar, ficando vedada a realização do ato por edital ou requisição;

VIII – fazer prevalecer, se necessária adoção de medida disciplinar que importe prejuízo à convivência de mãe e filho, o resguardo do melhor interesse da criança, com comunicação imediata aos juízos da execução penal e da Infância e Juventude.

IX – conceder às presas lactantes licença da atividade laboral durante seis meses, devendo esse período ser considerado para fins de remição, assegurando-se o mesmo direito às gestantes que não puderem trabalhar por recomendação médica;

X – promover ações de interação, cuidado e estímulo ao desenvolvimento psicomotor, afetivo, educacional, de linguagem e cognitivo das crianças durante o período mínimo de acolhimento autorizado;

XI – desenvolver práticas que assegurem o direito à convivência familiar, em especial com pais e família extensa, na forma prevista na Lei nº 8.069, de 13 de julho de 1990;

XII – disponibilizar dias de visitação exclusiva para os filhos e dependentes, crianças e adolescentes, em local adequado, não coincidentes com os dias de visita social, com definição das atividades e do papel da equipe multidisciplinar, inclusive do CREAS e do CRAS, a depender do caso, nos lugares onde não houver esta equipe no Poder Judiciário e no sistema prisional, nos termos da Lei nº 8.742/93♦ e dos arts. 17 e 18 do Estatuto da Criança e do Adolescente♦♦.

♦ Lei nº 8.742/1993, que dispõe sobre a organização da Assistência Social.

♦♦ Lei nº 8.069/1990 – Estatuto da Criança e do Adolescente.

XIII – disponibilizar condições especiais de visitação para pais de crianças acolhidas com suas mães, incluindo-se horários diferenciados, visando promover o fortalecimento de vínculos e possibilitar a responsabilização do pai quando da saída da criança da unidade;

XIV – desenvolver ações de preparação da saída da criança do estabelecimento prisional e sensibilização das pessoas ou órgãos responsáveis por seu acompanhamento social e familiar, desde seu nascimento;

XV – coibir a destituição do poder familiar exclusivamente em função da privação de liberdade, salvo previsão legal;

XVI – assegurar orientação por equipe multiprofissional do Poder Judiciário e defesa técnica efetiva por defensores aos pais, que devem ser ouvidos em audiências relativas à colocação de filhos em família substituta ou à destituição do poder familiar.

XVII – Estimular a cooperação da comunidade pelo meio que se afigurar mais adequado, nos termos do art. 4º da Lei nº 7.210/84.

§ 2º. Compete ao Poder Judiciário:

I – acompanhar e fiscalizar o cumprimento das ações enumeradas no § 1º deste artigo;

II – assegurar os fluxos necessários para o pleno exercício de direitos dentro do cárcere.

Art. 9º. Todas as mulheres privadas de liberdade têm direito ao acesso a ações de atenção integral à saúde, que incluem ações de saúde sexual e reprodutiva, atenção obstétrica de qualidade, atenção a cuidados clínicos e ginecológicos em geral, inclusive infecções sexualmente transmissíveis, e ações de prevenção da morbimortalidade por câncer de mama e de útero.

Art. 10. Todas as crianças filhas de mulheres privadas de liberdade acolhidas junto a sua mãe no período legalmente permitido têm direito ao acesso a ações de atenção integral à saúde, que incluem cobertura vacinal, acompanhamento do crescimento e desenvolvimento e realização de exames e consultas médicas.

Capítulo III
DAS ESPECIFICIDADES DO ATENDIMENTO ÀS MULHERES PRIVADAS DE LIBERDADE E A SEUS FILHOS

Art. 11. Na execução das medidas administrativas e judiciais previstas nos arts. 7º a 10 como necessárias para assegurar os direitos das mulheres privadas de liberdade e de seus filhos, o órgão competente adotará as seguintes ações mínimas, a serem implementadas de forma intersetorial:

I – manter registros na unidade prisional ou de detenção referentes à entrada, permanência e saída de mulheres gestantes e dos lactantes, e inclusive informações sobre a localização e situação de todos os seus filhos;

II – compilar os registros das unidades em competentes, preferencialmente em sistema informatizado, dotado de interoperabilidade;

III – comunicar imediatamente à Defensoria Pública ou representação local da OAB, onde não houver Defensoria, a presença de mulheres gestantes ou com filhos em suas dependências e aos consulados respectivos, no caso de mulheres estrangeiras;

IV – facilitar às presas estrangeiras, por seu manifesto interesse, a transferência a seu país de origem, sobretudo se nele tiverem filhos;

V – promover a articulação, pela administração da unidade prisional ou de detenção, com outros órgãos públicos para assegurar o acesso pelas mulheres gestantes e seus filhos a serviços e direitos;

VI – promover a articulação entre as equipes interdisciplinares e os Centros de Referência da Assistência Social locais, dentre outros órgãos do Sistema Único de Assistência Social – SUAS, para atender às famílias das mulheres em situação de prisão em condição de vulnerabilidade;

VII – oferecer apoio, por equipes multidisciplinares, à realização de processos de identificação do genitor ou de reconhecimento da paternidade;

VIII – viabilizar o registro civil de nascimento de crianças imediatamente após o nascimento, com apoio das equipes multidisciplinares;

IX – garantir espaço específico saudável para a custódia de gestantes e mulheres acompanhadas de seus filhos, dentro ou fora da Unidade Prisional, com estruturas, rotinas e equipamentos condizentes com sua condição, visando reduzir a experiência do cárcere para mães e filhos e garantir a continuidade das relações familiares e comunitárias;

X – elaborar planejamento institucional específico para os espaços de convivência mãe-filho, que deverão ser guiados pelos princípios de autonomia, privacidade, incompletude institucional e convivência familiar;

XI – garantir que não se proíba, como sanção disciplinar, o contato com a família a mulheres, particularmente àquelas com filhos, salvo para resguardar o melhor interesse da criança, com comunicação imediata aos juízos de execução penal e da infância e juventude;

XII – proibir o uso de algemas ou de outros meios de contenção em mulheres em trabalho de parto ou pós-parto, observada a Lei nº 13.434/2017•;

♦ Lei nº 13.434/2017, que acrescentou o parágrafo único ao art. 292 do CPP.

(*) V. art. 292, parágrafo único, do CPP.

XIII – assegurar a permanência da escolta, mesmo que feminina, do lado de fora da sala durante o trabalho de parto e a realização de exames;

XIV – permitir a ausência da mulher do presídio para amamentar ou acompanhar o seu filho, quando a criança estiver internada;

XV – assegurar, caso haja necessidade de internação ou atendimento ambulatorial, que a criança seja acompanhada pela mãe, pai ou pessoa por ela indicada, conforme estabelecido no Estatuto da Criança e do Adolescente;

XVI – viabilizar o transporte da criança em companhia da mãe, pai ou pessoa por ela indicada, sem uso de algemas;

XVII – promover, sempre que possível, a regionalização das unidades femininas e materno-infantis, para preservar os vínculos comunitários e familiares;

XVIII – promover a capacitação permanente dos servidores da administração penitenciária para o atendimento às mulheres gestantes ou com filhos, inclusive em parceria com as escolas judiciárias.

§ 2º. Compete ao Poder Judiciário, em articulação com a administração penitenciária dos Estados e do Distrito Federal, a Rede de Assistência Social local e demais órgãos do sistema de justiça criminal:

I – acompanhar e fiscalizar o cumprimento das ações enumeradas no § 1º deste artigo;

II – assegurar que os direitos mencionados nesta Resolução sejam exercidos dentro da unidade prisional, conforme as ações previstas nos arts. 9º e 10 desta Resolução.

§ 3º. Deverá ser priorizado o recambiamento da mulher encarcerada em unidade da federação distinta daquela da residência dos filhos ou, em caso de impossibilidade, assegurada a remessa do processo de execução para o juízo de execução penal de onde estiver custodiada.

Art. 12. As regras previstas nesta Resolução aplicam-se, no que couber, às mulheres submetidas às medidas de internação.

Art. 13. Esta Resolução entra em vigor na data de sua publicação.

Ministra Cármen Lúcia

RESOLUÇÃO CNJ Nº 253, DE 4 DE SETEMBRO DE 2018

[Lei nº 9.807/1999]

(*) Atualizada até as alterações promovidas pela Resolução CNJ nº 386, de 9.4.2021.

Define a política institucional do Poder Judiciário de atenção e apoio às vítimas de crimes e atos infracionais.

A Presidente do Conselho Nacional de Justiça (CNJ), no uso de suas atribuições constitucionais e regimentais;

Considerando o disposto na Declaração dos Princípios Básicos de Justiça Relativos às Vítimas da Criminalidade e de Abuso de Poder, adotada pela Assembleia Geral das Nações Unidas na sua Resolução 40/34, de 29 de novembro de 1985, e outros tratados e documentos internacionais que estabelecem normas de proteção e atenção às vítimas;

Considerando o disposto no art. 245 da Constituição Federal e a insuficiência da proteção assegurada pela Lei nº 9.807, de 13 de julho de 1999, que estabelece normas para a organização e a manutenção de programas especiais de proteção a vítimas e a testemunhas ameaçadas, e institui o Programa Federal de Assistência a Vítimas e a Testemunhas Ameaçadas;

Considerando que a ausência de legislação específica sobre a matéria e da instituição de política pública nacional que organize a atenção integral à vítima, cabendo ao Poder Judiciário priorizar e sistematizar os esforços empreendidos no acolhimento, orientação, encaminhamento e reparação às vítimas;

Considerando a vigência de normas legais vigentes voltadas à atenção à vítima, cuja aplicação deve ser padronizada e fiscalizada;

Considerando o deliberado pelo Plenário do CNJ, na 277ª Sessão Ordinária, realizada em 4 de setembro de 2018;

Resolve:

Art. 1º. O Poder Judiciário deverá, no exercício de suas competências, adotar as providências necessárias para garantir que as vítimas de crimes e de atos infracionais sejam tratadas com equidade, dignidade e respeito pelos órgãos judiciários e de seus serviços auxiliares.

§ 1º. Para os fins da presente Resolução, consideram-se vítimas as pessoas que tenham sofrido dano físico, moral, patrimonial ou psicológico em razão de crime ou ato infracional cometido por terceiro, ainda que não identificado, julgado ou condenado.

§ 2º. O disposto na presente Resolução aplica-se igualmente aos cônjuges, companheiros, familiares em linha reta, irmãos e dependentes das vítimas cuja lesão tenha sido causada por um crime.

Art. 2º. Os tribunais deverão instituir Centros Especializados de Atenção às Vítimas, aos quais incumbe, dentre outras atribuições:

(*) Art. 2º, *caput*, com redação dada pela Resolução CNJ nº 386/2021.

I – funcionar como canal especializado de atendimento, acolhimento e orientação às vítimas diretas e indiretas de crimes e atos infracionais;

(*) Inciso I acrescido pela Resolução CNJ nº 386/2021.

II – avaliar a necessidade de propor ao tribunal a criação de plantão especializado de servidores(as) para atendimento às vítimas, destinando parcela da jornada dos(as) servidores(as) integrantes das equipes multidisciplinares e os espaços físicos adequados para tal;

(*) Inciso II acrescido pela Resolução CNJ nº 386/2021.

III – fornecer informações sobre a tramitação de inquéritos e processos judiciais que tenham por objeto a apuração de crime ou ato infracional, ou a reparação de dano decorrente de sua prática;

(*) Inciso III acrescido pela Resolução CNJ nº 386/2021.

IV – propor ao tribunal a adoção de providências para destinar ambientes de espera separados para a vítima e seus familiares nos locais de realização de diligências processuais e audiências;

(*) Inciso IV acrescido pela Resolução CNJ nº 386/2021.

V – fornecer informações sobre os direitos das vítimas, nos limites do campo de conhecimento da equipe multidisciplinar;

(*) Inciso V acrescido pela Resolução CNJ nº 386/2021.

VI – promover o encaminhamento formal das vítimas para a rede de serviços públicos disponíveis na localidade, em especial os de assistência jurídica, médica, psicológica, social e previdenciária;

(*) Inciso VI acrescido pela Resolução CNJ nº 386/2021.

VII – fornecer informações sobre os programas de proteção a vítimas e testemunhas ameaçadas e promover o respectivo encaminhamento formal, se for o caso;

(*) Inciso VII acrescido pela Resolução CNJ nº 386/2021.

VIII – encaminhar a vítima aos programas de justiça restaurativa eventualmente instituídos em conformidade com a Resolução CNJ nº 225/2016; e

(*) Inciso VIII acrescido pela Resolução CNJ nº 386/2021.

IX – auxiliar e subsidiar a implantação da política institucional do Poder Judiciário de atenção e apoio às vítimas de crimes e atos infracionais.

(*) Inciso IX acrescido pela Resolução CNJ nº 386/2021.

§ 1º. Os tribunais deverão encaminhar ao CNJ, no prazo de 120 (cento e vinte) dias da publicação desta Resolução, plano escalonado para a implantação dos Centros Especializados de Atenção às Vítimas, de acordo com a disponibilidade financeira e orçamentária, priorizando-se os locais de maior demanda.

(*) § 1º acrescido pela Resolução CNJ nº 386/2021.

§ 2º. Até a estruturação dos Centros Especializados de Atenção às Vítimas, os tribunais deverão assegurar a prestação dos serviços previstos neste artigo por meio de outros canais de atendimento ao cidadão que já estejam em funcionamento, a exemplo das ouvidorias, dos plantões especializados e dos serviços de assistência multidisciplinar.

(*) § 2º acrescido pela Resolução CNJ nº 386/2021.

§ 3º. Os tribunais manterão registro dos atendimentos realizados e periodicamente avaliarão a sua qualidade, resguardado o sigilo necessário à preservação da intimidade e da segurança das pessoas atendidas.

(*) § 3º acrescido pela Resolução CNJ nº 386/2021.

§ 4º. O Conselho Nacional de Justiça e os órgãos do Poder Judiciário divulgarão informações sobre os programas especiais de atenção à vítima.

(*) § 4º acrescido pela Resolução CNJ nº 386/2021.

Art. 3º. Sem prejuízo da instalação dos Centros Especializados de Atenção às Vítimas, os tribunais poderão firmar convênios com a Ordem dos Advogados do Brasil, Defensorias Públicas, Universidades e outras instituições para a prestação gratuita, mediante encaminhamento formal, de serviços de atendimento jurídico, médico, odontológico e psicológico, dentre outros, às vítimas de crimes e de atos infracionais.

(*) Art. 3º com redação dada pela Resolução CNJ nº 386/2021.

Art. 4º. Os órgãos judiciários deverão adotar as providências possíveis para destinar ambientes de espera separados para a vítima e seus familiares nos locais de realização de diligências processuais e audiências.

Art. 5º. No curso dos processos de apuração de crimes e atos infracionais e de execução de penas e medidas socioeducativas, as autoridades judiciais deverão:

I – orientar as vítimas sobre o seu direito de estar presente em todos os atos do processo;

II – determinar às serventias o estrito cumprimento do parágrafo 2º do artigo 201 do Código de Processo Penal, notificando-se a vítima, por carta ou correio eletrônico, dos seguintes eventos:

a) instauração da ação penal ou arquivamento do inquérito policial;

b) expedição de mandados de prisão, alvarás de soltura e respectivos cumprimentos;

c) fugas de réus presos;

d) prolação de sentenças e decisões judiciais monocráticas ou colegiadas.

III – destinar prioritariamente as receitas relativas à prestação pecuniária para reparação dos danos aproveitados pela vítima e pessoas referidas no § 2º do artigo 12 da presente Resolução;

IV – determinar as diligências necessárias para conferir efetividade ao disposto no art. 387, inc. IV, do Código de Processo Penal, para fixar em sentença valor mínimo para reparação dos danos causados pela infração;

V – adotar as providências necessárias para que as vítimas sejam ouvidas em condições adequadas para prevenir a vitimização secundária e para evitar que sofra pressões.

VI – zelar pela célere restituição de bens apreendidos, de propriedade da vítima, observadas as cautelas legais.

Art. 6º. Os órgãos competentes do Poder Judiciário deverão promover a capacitação de magistrados(as), servidores(as), colaboradores(as) e estagiários(as) que atuarão nos Centros Especializados de Atenção à Vítima.

(*) Art. 6º, *caput*, com redação dada pela Resolução CNJ nº 386/2021.

§ 1º. Sem prejuízo do disposto no *caput*, os tribunais deverão oferecer, a todo seu quadro de pessoal, cursos periódicos sobre o tratamento de vítimas no âmbito do sistema de justiça criminal.

(*) § 1º acrescido pela Resolução CNJ nº 386/2021.

§ 2º. Os cursos de capacitação descritos neste artigo deverão abordar conteúdos direcionados para a atenção às violências tradicionalmente desconsideradas, tais como: racismo, violência sexual e de gênero, transfobia e homofobia, geracional, contra pessoas com deficiências, indígenas, quilombolas e refugiados.

(*) § 2º acrescido pela Resolução CNJ nº 386/2021.

Art. 7º. Os tribunais deverão regulamentar a instituição dos plantões referidos no art. 2º e a concessão gratuita de cópias dos autos às vítimas, se não houver norma específica sobre a matéria.

Art. 8º. A Corregedoria Nacional de Justiça e as Corregedorias locais deverão incluir em seus planos de inspeção a fiscalização do cumprimento do disposto no parágrafo 2º do art. 201 do Código de Processo Penal.

Art. 9º. As Corregedorias locais deverão adequar a regulamentação editada em conformidade com o art. 5º da Resolução 154, de 13 de julho de 2012, para determinar a destinação prioritária de receitas relativas à prestação pecuniária para reparação dos danos aproveitados pela vítima e pessoas referidas no § 2º do art. 1º da presente Resolução.

(*) Vide Resolução CNJ nº 154/2012, que define a política institucional do Poder Judiciário na utilização dos recursos oriundos da aplicação da pena de prestação pecuniária.

Art. 10. Esta Resolução tem caráter complementar, não prejudicando os direitos das vítimas assegurados em outros atos normativos específicos.

Art. 11. Esta Resolução entra em vigor 60 dias após sua publicação.

Ministra Cármen Lúcia

RESOLUÇÃO CNJ Nº 280, DE 9 DE ABRIL DE 2019

[art. 66 da LEP]

(*) Atualizada até as alterações promovidas pela Resolução CNJ nº 304, de 17.12.2019.

Estabelece diretrizes e parâmetros para o processamento da execução penal nos tribunais brasileiros por intermédio do Sistema Eletrônico de Execução Unificado – SEEU e dispõe sobre sua governança.

O Presidente do Conselho Nacional de Justiça, no uso de suas atribuições legais e regimentais;

Considerando que cabe ao Poder Judiciário implementar mecanismos que concretizem o princípio constitucional de amplo acesso à Justiça (art. 5º, XXXV, da Constituição Federal);

Considerando que compete ao CNJ a fiscalização e a normatização do Poder Judiciário e dos atos praticados por seus órgãos (art. 103-B, § 4º, incisos I, II e III, da Constituição Federal);

Considerando a política instituída para a informatização do processo digital (arts. 8º e 14 da Lei nº 11.419, de 19 de dezembro de 2006)♦;

♦ Lei nº 11.419/2006, que dispõe sobre a informatização do processo judicial, altera a Lei nº 5.869, de 11 de janeiro de 1973 – Código de Processo Civil, e dá outras providências.

Considerando que os dados e informações da execução da pena, da prisão cautelar e da medida de segurança deverão ser mantidos e atualizados em sistema informatizado de acompanhamento da execução da pena (Lei nº 12.714, de 14 de setembro de 2012);

Considerando o procedimento relativo à execução de pena privativa de liberdade e de medida de segurança (Resolução CNJ nº 113, de 20 de abril de 2010)♦;

♦ Resolução CNJ nº 113/2010, que dispõe sobre o procedimento relativo à execução de pena privativa de liberdade e de medida de segurança, e dá outras providências.

Considerando a determinação de adoção do sistema de processamento eletrônico na execução de penas e de medidas alternativas como padrão a ser utilizado pelo Poder Judiciário, inclusive de forma integrada à rede de entidades e instituições conveniadas (art. 3º da Resolução CNJ nº 101, de 15 de dezembro de 2009)♦;

♦ Resolução CNJ nº 101/2009, que recomenda aos tribunais brasileiros a adoção de medidas específicas para o fim de garantir o acesso à Justiça aos excluídos digitais.

Considerando a necessidade de aprimoramento da gestão da informação no âmbito da execução penal, tornando seu trâmite processual mais célere, transparente, eficiente e, sobretudo, uniforme;

Considerando a necessidade de se facilitar o acesso às informações processuais pelos jurisdicionados, advogados e demais usuários dos serviços judiciais;

Considerando a possibilidade de disponibilizar, por intermédio da implantação do Sistema Eletrônico de Execução Unificado – SEEU, meios tecnológicos ao adequado cumprimento das atribuições previstas na lei (art. 66 da Lei nº 7.210/84 – Lei de Execução Penal);

Considerando a necessidade de uniformização do procedimento de implantação do SEEU junto aos tribunais;

Considerando a necessidade de se cumprir uma política de gestão documental (Lei nº 8.159, de 8 de janeiro de 1991, e Recomendação CNJ nº 37, de 15 de agosto de 2011);

Considerando a deliberação do Plenário do CNJ, no Procedimento de Ato nº 0002293-06.2019.02.00.0000, 288ª Sessão Ordinária, realizada em 9 de abril de 2019;

Resolve:

Art. 1º. Estabelecer diretrizes e parâmetros para o processamento da execução penal nos tribunais brasileiros por intermédio do Sistema Eletrônico de Execução Unificado – SEEU e dispor sobre sua governança.

Art. 2º. O processamento de informações e da prática de atos processuais relativos à execução penal, no âmbito do Poder Judiciário, observará ao disposto nesta Resolução.

Art. 3º. A partir de 30 de junho de 2020, todos os processos de execução penal nos tribunais brasileiros deverão tramitar pelo SEEU.

§ 1º. O CNJ concederá o acesso ao SEEU a todos os tribunais, a fim de possibilitar que o processamento da execução penal ocorra em formato eletrônico, de modo padronizado e eficiente.

§ 2º. A data prevista no *caput* do presente artigo poderá ser alterada mediante resolução conjunta das Presidências do CNJ e do Tribunal local.

(*) Art. 3º com redação dada pela Resolução CNJ nº 304/2019.

Art. 4º. O acesso ao SEEU será com o uso de assinatura eletrônica que permita identificação inequívoca do signatário, obtida após credenciamento prévio nos respectivos órgãos do Poder Judiciário, nos termos do art. 1º da Lei nº 11.419, de 19 de dezembro de 2006♦, e da Resolução CNJ nº 185/2013♦♦.

♦ Lei nº 11.419/2006, que dispõe sobre a informatização do processo judicial.

♦♦ Resolução CNJ nº 185/2013, que institui o Sistema Processo Judicial Eletrônico – PJe.

Parágrafo único. Os parâmetros de funcionamento do disposto no *caput* serão regulamentados por ato do Comitê Gestor do SEEU referido no art. 8º.

Art. 5º. A identificação da pessoa com processo de execução penal em curso será única em todo o território nacional e deverá conter as informações previstas nos modelos de guia de recolhimento e de internação da Resolução CNJ nº 113/2010♦, além de dados biométricos datiloscópicos e de identificação fotográfica.

♦ Resolução CNJ nº 113/2010, que dispõe sobre o procedimento relativo à execução de pena privativa de liberdade e de medida de segurança.

Art. 6º. Para fins da gestão inteligente e eficiente do sistema de execução penal, a arquitetura do SEEU deverá prever as seguintes funcionalidades:

I – o registro de dados que permita identificar características relevantes para a produção de estatísticas sobre a população prisional e para a adoção de providências no âmbito da execução penal, incluindo informações como gênero, raça, nome social e outros marcadores sociais, bem como aqueles referentes às situações disciplinadas pela Lei nº 13.769, de 19 de dezembro de 2018♦;

♦ Lei nº 13.769/2018, que altera o CPP, a LEP e a Lei nº 8.072/1990 (Lei dos Crimes Hediondos) para estabelecer a substituição da prisão preventiva por prisão domiciliar da mulher gestante ou que for mãe ou responsável por crianças ou pessoas com deficiência e para disciplinar o regime de cumprimento de pena privativa de liberdade de condenadas na mesma situação.

II – o registro das informações das pessoas presas referidas nos art. 2º da Lei nº 12.714, de 14 de setembro de 2012♦;

♦ Lei nº 12.714/2012, que dispõe sobre o sistema de acompanhamento da execução das penas, da prisão cautelar e da medida de segurança.

III – as ferramentas automáticas referidas no art. 4º da Lei nº 12.714, de 14 de setembro de 2012♦;

♦ Lei nº 12.714/2012, que dispõe sobre o sistema de acompanhamento da execução das penas, da prisão cautelar e da medida de segurança.

IV – módulos relacionados à gestão da aplicação e do acompanhamento e alternativas penais e monitoração eletrônica;

V – o registro de dados que auxiliem na gestão da ocupação de vagas no sistema prisional, fornecendo subsídios para a identificação de unidades que se encontrem acima de sua capacidade de lotação, de modo a coibir que haja quantitativo de pessoas presas superior ao número de vagas efetivamente disponíveis; e

VI – dados que permitam viabilizar o recambiamento de pessoas presas, nos termos do art. 86 da Lei nº 7.210, de 11 de julho de 1984 (Lei de Execução Penal).

Art. 7º. Para o cumprimento das diretrizes previstas no artigo anterior, o Comitê Gestor previsto no art. 8º, em parceria com os tribunais, deverá adotar estratégias para:

I – interface regular com a pessoa com processo de execução penal em curso, para que tenha conhecimento do estágio em que se encontra seu processo de execução; e

II – auxílio à gestão prisional com base no sistema eletrônico, objetivando garantir a correta execução penal e a racionalidade do uso da pena privativa de liberdade.

Art. 8º. A gestão do SEEU caberá ao Conselho Nacional de Justiça.

§ 1º. Cabe ao Departamento de Tecnologia da Informação e Comunicação prover, disseminar e sustentar soluções e serviços de TIC e infraestrutura para assegurar o pleno atendimento das necessidades do sistema e dos usuários.

§ 2º. Ato do Presidente do Conselho Nacional de Justiça instituirá:

I – Comitê Gestor Técnico do Sistema Eletrônico de Execução Unificado, a ser coordenado pelo Departamento de Monitoramento e Fiscalização do Sistema Carcerário, ao qual competirá a gestão e instituição de diretrizes e regras de funcionamento do sistema; e

II – Comitê Interinstitucional do Sistema Eletrônico de Execução Unificado, com atribuição de monitorar a implementação e o funcionamento do sistema nos tribunais brasileiros, bem como sugerir aperfeiçoamentos para evolução do sistema.

Art. 9º. Os tribunais deverão prover o fornecimento de dados de seus sistemas na forma especificada em resolução conjunta da respectiva Presidência e da Presidência do CNJ, para fins de implantação do SEEU.

§ 1º. O desenvolvimento do SEEU considerará a integração com o Banco Nacional de Monitoramento de Prisões – BNMP e outros sistemas pertinentes, com a construção de interfaces de comunicação e alimentação, em articulação entre os tribunais e o Poder Executivo local, nos termos do art. 3º da Lei nº 12.714, de 14 de setembro de 2012♦.

♦ Lei nº 12.714/2012, que dispõe sobre o sistema de acompanhamento da execução das penas, da prisão cautelar e da medida de segurança.

§ 2º. Observada a obrigação do fornecimento de dados prevista no *caput*, a critério dos Tribunais, poderão ser mantidos os sistemas locais em relação aos atores externos ao poder judiciário, conforme o modelo nacional de interoperabilidade previsto na Resolução Conjunta CNJ/CNMP nº 03/2013♦.

(*) Art. 9º com redação dada pela Resolução nº 304/2019.

♦ Resolução Conjunta nº 3/2013, que institui o Modelo Nacional de Interoperabilidade do Poder Judiciário e do Ministério Público.

Art. 10. O Comitê Gestor do SEEU referido no art. 8º estabelecerá diretrizes mínimas para a segurança da informação no âmbito do sistema.

§ 1º. Os tribunais adotarão política de segurança de dados, utilizando medidas técnicas e administrativas aptas a proteger os dados pessoais contidos no SEEU de acessos não autorizados.

§ 2º. A gestão do SEEU respeitará a necessidade de assegurar a autenticidade, a integridade, a segurança, a preservação e o acesso de longo prazo dos documentos e processos em face das ameaças de degradação física e de rápida obsolescência tecnológica de hardware, software e formatos, conforme o disposto na Recomendação CNJ nº 37, de 15 de agosto de 2011♦.

♦ Recomendação CNJ nº 37/2011, que recomenda aos Tribunais a observância das normas de funcionamento do Programa Nacional de Gestão Documental e Memória do Poder Judiciário – Proname e de seus instrumentos.

§ 3º. Para fins de gestão documental, serão implementadas estratégias de preservação dos documentos armazenados no SEEU, desde sua produção, e pelo tempo de guarda que houver sido definido, devendo constar na Tabela de Temporalidade do CNJ a destinação e o prazo de guarda dos documentos eletrônicos armazenados no SEEU.

Art. 11. O SEEU conterá módulo público, que permita a visualização de dados agregados e anonimizados de execução penal nos tribunais brasileiros, possibilitando o acesso automatizado por sistemas externos em formatos abertos, estruturados e legíveis por máquina, nos termos do art. 8º, § 3º, inciso III, da Lei nº 12.527, de 18 de novembro de 2011 (Lei de Acesso à Informação)♦.

♦ Lei nº 12.527/2011 – Lei de Acesso à Informação.

Art. 12. Os tribunais deverão manter administradores locais do sistema, os quais se encarregarão do cadastramento de usuários e de todas as demais informações necessárias ao seu funcionamento, nos termos de ato do Comitê Gestor referido no art. 8º.

§ 1º. O atendimento aos usuários dar-se-á por meio de centrais de atendimento:

I – No Conselho Nacional de Justiça, direcionada aos gestores institucionais do SEEU nos tribunais; e

II – Nos tribunais, direcionadas ao atendimento de primeiro nível aos usuários finais do SEEU, na respectiva jurisdição.

§ 2º. As estruturas de central de atendimento referidas neste artigo deverão ser implantadas conjuntamente pelo CNJ e pelos Tribunais locais, até 30 de junho de 2020.

(*) § 2º com redação dada pela Resolução nº 304/2019.

Art. 13. Caberá à Presidência do CNJ a elaboração de cronograma de implantação nacional do SEEU, em articulação com as presidências dos tribunais, as respectivas unidades de tecnologia da informação e os Grupos de Monitoramento e Fiscalização do Sistema Carcerário – GMFs locais.

(*) Art. 13 com redação dada pela Resolução nº 304/2019.

Art. 14. Ficam revogados os arts. 1º a 6º da Resolução CNJ nº 223, de 27 de abril de 2016.

Art. 15. Esta Resolução entra em vigor na data de sua publicação.

Ministro Dias Toffoli

RESOLUÇÃO CNJ Nº 287, DE 25 DE JUNHO DE 2019

Estabelece procedimentos ao tratamento das pessoas indígenas acusadas, rés, condenadas ou privadas de liberdade, e dá diretrizes para assegurar os direitos dessa população no âmbito criminal do Poder Judiciário.

O Presidente do Conselho Nacional de Justiça, no uso de suas atribuições legais e regimentais;

Considerando que cabe ao Conselho Nacional de Justiça a fiscalização e a normatização do Poder Judiciário e dos atos praticados por seus órgãos (art. 103-B, § 4º, I, II e III, da CF);

Considerando que a Declaração das Nações Unidas sobre os Direitos dos Povos Indígenas reconhece o direito desses de conservar e reforçar suas próprias instituições políticas, jurídicas, econômicas, sociais e culturais (arts. 5º e 34);

Considerando que a Declaração das Nações Unidas sobre os Direitos dos Povos Indígenas estabelece que os Estados devem adotar medidas eficazes para garantir a proteção dos direitos dos povos indígenas, inclusive proporcionando serviços de interpretação e outros meios adequados (art. 13.2);

Considerando o reconhecimento da organização social, costumes, línguas, crenças e tradições das populações indígenas (art. 231 da CF);

Considerando que o relatório da missão da Relatora Especial sobre os povos indígenas da ONU no Brasil, de 2016, recomendou ao Poderes Judiciário, Legislativo e Executivo que considerem, com urgência, e em colaboração com os povos indígenas, a eliminação das barreiras que os impedem de realizarem seu direito à justiça;

Considerando as regras das Nações Unidas para o tratamento de mulheres presas e medidas não privativas de liberdade para mulheres infratoras – Regras de Bangkok (Regras 54 e 55);

Considerando a excepcionalidade do encarceramento indígena nos termos da Convenção nº 169 sobre Povos Indígenas e Tribais (arts. 8º, 9º e 10) e dos termos da Organização Internacional do Trabalho – OIT (art. 10.2);

Considerando o disposto no Estatuto do Índio (arts. 56 e 57 da Lei nº 6.001, de 19 de dezembro de 1973);

Considerando a previsão de substituição da prisão preventiva por prisão domiciliar da mulher gestante ou que for mãe ou responsável por crianças ou pessoas com deficiência e a disciplina do regime de cumprimento de pena privativa de liberdade (Lei nº 13.769/2018);

Considerando a decisão proferida pela 2ª Turma do Supremo Tribunal Federal no *Habeas Corpus* nº 143.641/SP;

Considerando a deliberação do Plenário do CNJ, no Procedimento de Ato nº 0003880-63.2019.2.00.0000, 293ª Sessão Ordinária, realizada em 25 de junho de 2019;

Resolve:

Art. 1º. Estabelecer procedimentos ao tratamento das pessoas indígenas acusadas, rés, condenadas ou privadas de liberdade, e dá diretrizes para assegurar os direitos dessa população no âmbito criminal do Poder Judiciário.

Art. 2º. Os procedimentos desta Resolução serão aplicados a todas as pessoas que se identifiquem como indígenas, brasileiros ou não, falantes tanto da língua portuguesa quanto de línguas nativas, independentemente do local de moradia, em contexto urbano, acampamentos, assentamentos, áreas de retomada, terras indígenas regularizadas e em diferentes etapas de regularização fundiária.

Art. 3º. O reconhecimento da pessoa como indígena se dará por meio da autodeclaração, que poderá ser manifestada em qualquer fase do processo criminal ou na audiência de custódia.

§ 1º. Diante de indícios ou informações de que a pessoa trazida a juízo seja indígena, a autoridade judicial deverá cientificá-la da possibilidade de autodeclaração, e informá-la das garantias decorrentes dessa condição, previstas nesta Resolução.

§ 2º. Em caso de autodeclaração como indígena, a autoridade judicial deverá indagar acerca da etnia, da língua falada e do grau de conhecimento da língua portuguesa.

§ 3º. Diante da identificação de pessoa indígena prevista neste artigo, as cópias dos autos do processo deverão ser encaminhadas à regional da Fundação Nacional do Índio – Funai mais próxima em até 48 (quarenta e oito) horas.

Art. 4º. A identificação da pessoa como indígena, bem como informações acerca de sua etnia e língua por ela falada, deverão constar no registro de todos os atos processuais.

§ 1º. Os tribunais deverão garantir que a informação sobre identidade indígena e etnia, trazida em qualquer momento do processo, conste dos sistemas informatizados do Poder Judiciário.

§ 2º. Essas informações deverão constar especialmente da ata de audiência de custódia, em consonância com o art. 7º da Resolução CNJ nº 213/2015♦.

♦ Resolução CNJ nº 213/2015, que dispõe sobre a apresentação de toda pessoa presa à autoridade judicial no prazo de 24 horas.

Art. 5º. A autoridade judicial buscará garantir a presença de intérprete, preferencialmente membro da própria comunidade indígena, em todas as etapas do processo em que a pessoa indígena figure como parte:

I – se a língua falada não for a portuguesa;

II – se houver dúvida sobre o domínio e entendimento do vernáculo, inclusive em relação ao significado dos atos processuais e às manifestações da pessoa indígena;

III – mediante solicitação da defesa ou da Funai; ou

IV – a pedido de pessoa interessada.

Art. 6º. Ao receber denúncia ou queixa em desfavor de pessoa indígena, a autoridade judicial poderá determinar, sempre que possível, de ofício ou a requerimento das partes, a realização de perícia antropológica, que fornecerá subsídios para o estabelecimento da responsabilidade da pessoa acusada, e deverá conter, no mínimo:

I – a qualificação, a etnia e a língua falada pela pessoa acusada;

II – as circunstâncias pessoais, culturais, sociais e econômicas da pessoa acusada;

III – os usos, os costumes e as tradições da comunidade indígena a qual se vincula;

IV – o entendimento da comunidade indígena em relação à conduta típica imputada, bem como os mecanismos próprios de julgamento e punição adotados para seus membros; e

V – outras informações que julgar pertinentes para a elucidação dos fatos.

Parágrafo único. O laudo pericial será elaborado por antropólogo, cientista social ou outro profissional designado pelo juízo com conhecimento específico na temática.

Art. 7º. A responsabilização de pessoas indígenas deverá considerar os mecanismos próprios da comunidade indígena a que pertença a pessoa acusada, mediante consulta prévia.

(*) V. arts. 9º e 10 desta Resolução CNJ nº 287/2019.

Parágrafo único. A autoridade judicial poderá adotar ou homologar práticas de resolução de conflitos e de responsabilização em conformidade com costumes e normas da própria comunidade indígena, nos termos do art. 57 da Lei nº 6.001/73 (Estatuto do Índio).

Art. 8º. Quando da imposição de qualquer medida cautelar alternativa à prisão, a autoridade judicial deverá adaptá-la às condições e aos prazos que sejam compatíveis com os costumes, local de residência e tradições da pessoa indígena, observando o Protocolo I da Resolução CNJ nº 213/2015♦.

♦ Resolução CNJ nº 213/2015, que dispõe sobre a apresentação de toda pessoa presa à autoridade judicial no prazo de 24 horas.

Art. 9º. Excepcionalmente, não sendo o caso do art. 7º, quando da definição da pena e do regime de cumprimento a serem impostos à pessoa indígena, a autoridade judicial deverá considerar as características culturais, sociais e econômicas, suas declarações e a perícia antropológica, de modo a:

I – aplicar penas restritivas de direitos adaptadas às condições e prazos compatíveis com os costumes, local de residência e tradições da pessoa indígena;

II – considerar a conversão da multa pecuniária em prestação de serviços à comunidade, nos termos previstos em lei; e

III – determinar o cumprimento da prestação de serviços à comunidade, sempre que possível e mediante consulta prévia, em comunidade indígena.

Art. 10. Não havendo condições para aplicação do disposto nos artigos 7º e 9º, a autoridade judicial deverá aplicar, sempre que possível e mediante consulta à comunidade indígena, o regime especial de semiliberdade previsto no art. 56 da Lei nº 6.001/1973 (Estatuto do Índio), para condenação a penas de reclusão e de detenção.

Parágrafo único. Para o cumprimento do estabelecido no *caput*, a autoridade judicial poderá buscar articulação com as autoridades comunitárias indígenas da Comarca ou Seção Judiciária, bem como estabelecer parceria com a Funai ou outras instituições, com vistas à qualificação de fluxos e procedimentos.

Art. 11. Para fins de determinação de prisão domiciliar a pessoa indígena, considerar-se-á como domicílio o território ou circunscrição geográfica de comunidade indígena, quando compatível e mediante consulta prévia.

Art. 12. No caso de aplicação concomitante de medidas alternativas à prisão previstas no art. 318-B do Código de Processo Penal, deverá ser avaliada a forma adequada de cumprimento de acordo com as especificidades culturais.

Art. 13. O tratamento penal às mulheres indígenas considerará que:

I – para fins do disposto no art. 318-A do Código de Processo Penal, a prisão domiciliar imposta à mulher indígena mãe, gestante, ou responsável por crianças ou pessoa com deficiência, será cumprida na comunidade; e

II – o acompanhamento da execução das mulheres indígenas beneficiadas pela progressão de regime, nos termos dos arts. 72 e 112 da Lei de Execução Penal, será realizado em conjunto com a comunidade.

Art. 14. Nos estabelecimentos penais onde houver pessoas indígenas privadas de liberdade, o juízo de execução penal, no exercício de sua competência de fiscalização, zelará que seja garantida à pessoa indígena assistência material, à saúde, jurídica, educacional, social e religiosa, prestada conforme sua especificidade cultural, devendo levar em consideração, especialmente:

I – Para a realização de visitas sociais:

a) as formas de parentesco reconhecidas pela etnia a que pertence a pessoa indígena presa;

b) visitas em dias diferenciados, considerando os costumes indígenas; e

c) o respeito à cultura dos visitantes da respectiva comunidade.

II – Para a alimentação em conformidade com os costumes alimentares da respectiva comunidade indígena:

a) o fornecimento regular pela administração prisional; e

b) o acesso de alimentação vinda do meio externo, com seus próprios recursos, de suas famílias, comunidades ou instituições indigenistas.

III – Para a assistência à saúde: os parâmetros nacionais da política para atenção à saúde dos povos indígenas;

IV – Para a assistência religiosa: o acesso de representante qualificado da respectiva religião indígena, inclusive em dias diferenciados;

V – Para o trabalho: o respeito à cultura e aos costumes indígenas; e

VI – Para a educação e a remição por leitura: o respeito ao idioma da pessoa indígena.

Art. 15. Os tribunais deverão manter cadastro de intérpretes especializados nas línguas faladas pelas etnias características da região, bem como de peritos antropólogos.

Parágrafo único. Para o cumprimento do disposto no *caput*, os tribunais poderão promover parcerias com órgãos e entidades públicas e particulares com atuação junto a povos indígenas, de modo a credenciar profissionais que possam intervir em feitos envolvendo indígenas nos termos desta Resolução, preferencialmente com apoio da Funai.

Art. 16. Para o cumprimento do disposto nesta Resolução, os tribunais, em colaboração com as Escolas de Magistratura, poderão promover cursos destinados à permanente qualificação e atualização funcional dos magistrados e serventuários que atuam nas Varas Criminais, Juizados Especiais Criminais e Juizados de Violência Doméstica e Familiar contra a Mulher e Varas de Execução Penal, notadamente nas Comarcas e Seções Judiciárias com maior população indígena, em colaboração com a Funai, instituições de ensino superior ou outras organizações especializadas.

Art. 17. O Departamento de Monitoramento e Fiscalização do Sistema Carcerário e do Sistema de Execução de Medidas Socioeducativas do Conselho Nacional de Justiça elaborará, em noventa dias, Manual♦ voltado à orientação dos tribunais e magistrados quanto à implementação das medidas previstas nesta Resolução.

♦ O *Manual Resolução 287/2019: Procedimentos relativos a pessoas indígenas acusadas, rés, condenadas ou privadas de liberdade: Orientações a Tribunais e Magistrados para cumprimento da Resolução 287/2019 do Conselho Nacional de Justiça* encontra-se disponível em: https://www.cnj.jus.br/wp-content/uploads/2019/09/Manual-Resolu%C3%A7%C3%A3o-287-2019-CNJ.pdf. Acesso em: 23.2.2023.

Art. 18. Esta Resolução entra em vigor noventa dias após sua publicação.

Ministro Dias Toffoli

RESOLUÇÃO CNJ Nº 288, DE 25 DE JUNHO DE 2019

Define a política institucional do Poder Judiciário para a promoção da aplicação de alternativas penais, com enfoque restaurativo, em substituição à privação de liberdade.

O Presidente do Conselho Nacional de Justiça, no uso de suas atribuições legais e regimentais;

Considerando os dados divulgados pelo CNJ e pelo Departamento Penitenciário Nacional♦ do Ministério da Justiça – DEPEN/MJ, que revelam aumento acelerado da taxa de encarceramento no país;

♦ Atual denominação: "Secretaria Nacional de Políticas Penais", nos termos da Medida Provisória nº 1.154/2022.

Considerando que o Supremo Tribunal Federal, nos autos da Ação de Descumprimento de Preceito Fundamental nº 347, reconheceu que o sistema penitenciário nacional se encontra em "estado de coisas inconstitucional", porquanto "presente quadro de violação massiva e persistente de direitos fundamentais, decorrente de falhas estruturais e falência de políticas públicas e cuja modificação depende de medidas abrangentes de natureza normativa, administrativa e orçamentária";

Considerando o Acordo de Cooperação Técnica nº 6/2015, celebrado entre o CNJ e o Ministério da Justiça, com o objetivo de ampliar a aplicação de alternativas penais com enfoque restaurativo, em substituição à privação de liberdade, assim como o Termo de Execução Descentralizada nº 10/2018 firmado entre o CNJ e o DEPEN/MJ, cujo objeto é o "desenvolvimento de estratégias para promover a redução da Superlotação e Superpopulação Carcerária no Brasil, com enfoque nas políticas de alternativas penais e monitoração eletrônica de pessoas";

Considerando a Carta de intenções assinada entre o CNJ e a Comissão Interamericana de Direitos Humanos – CIDH, que tem o propósito de promover ações de capacitação e o desenvolvimento do Poder Judiciário nacional no campo dos direitos humanos;

Considerando ser a prisão, conforme previsto na Constituição Federal (art. 5º, LXV, LXVI) e nos tratados internacionais sobre direitos humanos dos quais o país é firmatário (art. 5º, § 2º), medida extrema que se aplica somente nos casos expressos em lei e quando a hipótese não comportar nenhuma das alternativas penais;

Considerando as inovações introduzidas no Código de Processo Penal – CPP pela Lei nº 12.403, de 4 de maio de 2011, que instituiu medidas cautelares, consagrando a excepcionalidade da prisão provisória;

Considerando a Resolução CNJ nº 225, de 31 de maio de 2016, que dispõe sobre a Política Nacional de Justiça Restaurativa no âmbito do Poder Judiciário;

Considerando a decisão plenária tomada no Ato Normativo nº 0003101-16.2016.2.00.0000, na 293ª Sessão Ordinária, realizada em 25 de junho de 2019;

Resolve:

Art. 1º. Adotar como política institucional do Poder Judiciário a promoção da aplicação de alternativas penais, com enfoque restaurativo, em substituição à privação de liberdade.

Art. 2º. Para os fins desta Resolução, entende-se por alternativas penais as medidas de intervenção em conflitos e violências, diversas do encarceramento, orientadas para a restauração das relações e a promoção da cultura da paz, a partir da responsabilização com dignidade, autonomia e liberdade, decorrentes da aplicação de:

I – penas restritivas de direitos;

II – transação penal e suspensão condicional do processo;

III – suspensão condicional da pena privativa de liberdade;

IV – conciliação, mediação e técnicas de justiça restaurativa;

V – medidas cautelares diversas da prisão; e

VI – medidas protetivas de urgência.

Art. 3º. A promoção da aplicação de alternativas penais terá por finalidade:

I – a redução da taxa de encarceramento mediante o emprego restrito da privação de liberdade, na forma da lei;

II – a subsidiariedade da intervenção penal;

III – a presunção de inocência e a valorização da liberdade;

IV – a proporcionalidade e a idoneidade das medidas penais;

V – a dignidade, a autonomia e a liberdade das partes envolvidas nos conflitos;

VI – a responsabilização da pessoa submetida à medida e a manutenção do seu vínculo com a comunidade;

VII – o fomento a mecanismos horizontalizados e autocompositivos, a partir de soluções participativas e ajustadas às realidades das partes;

VIII – a restauração das relações sociais, a reparação dos danos e a promoção da cultura da paz;

IX – a proteção social das pessoas em cumprimento de alternativas penais e sua inclusão em serviços e políticas públicas;

X – o respeito à equidade e às diversidades;

XI – a articulação entre os órgãos responsáveis pela execução, aplicação e acompanhamento das alternativas penais; e

XII – a consolidação das audiências de custódia e o fomento a outras práticas voltadas à garantia de direitos e à promoção da liberdade.

Art. 4º. Os órgãos do Poder Judiciário deverão firmar meios de cooperação com o Poder Executivo para a estruturação de serviços de acompanhamento das alternativas penais, a fim de constituir fluxos e metodologias para aplicação e execução das medidas, contribuir para sua efetividade e possibilitar a inclusão social dos cumpridores, a partir das especificidades de cada caso.

§ 1º. Nas comarcas ou seções judiciárias onde ainda não houver serviços estruturados no âmbito do Poder Executivo, os órgãos do Poder Judiciário deverão instituir, junto à vara com competência de execução penal, serviço psicossocial, com profissionais do quadro próprio do Tribunal ou cedidos pelo Poder Executivo, na forma autorizada por lei.

§ 2º. O serviço psicossocial será responsável por constituir redes amplas para promover o cumprimento das alternativas penais e a inclusão social dos egressos, cabendo-lhe também o acompanhamento durante todo o curso das medidas.

§ 3º. Os serviços de acompanhamento das alternativas penais já estruturados no âmbito do Poder Judiciário, em cartórios ou secretarias de varas com competência em execução penal ou centrais de acompanhamento de penas e medidas alternativas, deverão ser mantidos em funcionamento, garantindo-se a cooperação com o Poder Executivo para o encaminhamento dos cumpridores e a articulação entre os serviços de acompanhamento dos diferentes órgãos.

§ 4º. Os serviços de acompanhamento das alternativas penais deverão promover diretamente ou fomentar a realização de grupos reflexivos voltados à responsabilização de agressores, conforme previsto na Lei nº 11.340/2006, assim como outros projetos temáticos adequados às respectivas penas ou medidas aplicadas.

§ 5º. Os órgãos do Poder Judiciário devem garantir, por meio dos serviços de acompanhamento das alternativas penais, o acesso dos cumpridores a serviços e políticas públicas de proteção social, inclusive de atenção médica e psicossocial eventualmente necessárias, observados o art. 4º da Lei nº 10.216, de 6 de abril de 2001, e o art. 319, VII, do CPP.

§ 6º. A organização dos serviços a que se refere o *caput* deverá atentar para a uniformização das ações de aplicação e acompanhamento das medidas, visando à consolidação de um Sistema Nacional de Alternativas Penais, respeitadas as características e as particularidades locais.

Art. 5º. O CNJ e os tribunais deverão elaborar, em cooperação com o Poder Executivo, modelos de gestão para a aplicação e o acompanhamento das alternativas penais, assegurando-se a interdisciplinaridade, a interinstitucionalidade e o respeito às especificidades de saberes dos diferentes atores envolvidos, sobretudo quanto à definição das medidas e das instituições mais adequadas para o cumprimento das alternativas penais.

Art. 6º. A criação de varas especializadas em execução de penas e medidas alternativas deverá contemplar as seguintes competências e atribuições:

I – execução das penas e medidas alternativas, de forma articulada com os serviços de acompanhamento instituídos pelo Poder Executivo ou, nas comarcas ou seções judiciárias em que os serviços ainda não estiverem instituídos, por meio de serviço psicossocial instituído junto à vara;

II – estabelecer rotinas e formas simplificadas de funcionamento e de comunicação de seus atos aos cumpridores das medidas;

III – articular com o Poder Executivo os procedimentos e fluxos adequados ao encaminhamento para cumprimento das penas e medidas alternativas;

IV – estimular a aplicação de alternativas penais, em substituição à privação de liberdade, nas varas com competência criminal;

V – participar dos espaços de formulação e discussão da política de alternativas penais; e

VI – fomentar o controle e a participação social nos processos de formulação, implementação, execução, monitoramento e avaliação da política de alternativas penais.

Art. 7º. Os tribunais deverão, ainda, fomentar a promoção das alternativas penais por meio de:

I – inclusão da temática, inclusive na grade curricular obrigatória, nas escolas de formação e capacitação dos membros da magistratura e servidores lotados nas unidades judiciárias voltadas à área criminal e de execução penal;

II – desenvolvimento de projetos e ações de conscientização para os membros da magistratura e servidores lotados nas unidades judiciárias voltadas à área criminal e de execução penal sobre os efeitos do encarceramento na reprodução do ciclo da violência e na violação de direitos fundamentais;

III – promoção de ações de capacitação dos magistrados com atuação na área criminal, com objetivo de divulgar a jurisprudência da corte interamericana de direitos humanos de forma a viabilizar a discussão sobre as regras de interpretação a serem adotadas, no que concerne à harmonização e compatibilização dos tratados internacionais de direitos humanos firmados pelo Brasil; e

IV – articulação e realização de parcerias com órgãos do Poder Executivo, sistema de justiça e organizações da sociedade civil.

Art. 8º. As informações sobre aplicação e execução das alternativas penais serão mantidas e atualizadas em sistema informatizado, pelos magistrados e servidores do Poder Judiciário, garantido o acesso ao cumpridor das medidas, ao Ministério Público, à Defensoria Pública e ao serviço de acompanhamento das alternativas penais instituído no âmbito do Poder Executivo.

§ 1º. O sistema informatizado a que se refere o *caput* deverá conter e manter atualizadas, no mínimo, as seguintes informações:

I – dados pessoais e sociodemográficos da pessoa em alternativas penais;

II – tipo penal ao qual se relaciona a medida aplicada;

III – modalidade da medida aplicada;

IV – datas do início e fim do cumprimento da medida;

V – eventuais incidentes de descumprimento e ajustamentos da medida a ser cumprida; e

VI – atualização sobre o cumprimento da medida.

§ 2º. As informações pessoais registradas no sistema deverão ter caráter confidencial, a fim de garantir a privacidade dos seus titulares.

§ 3º. O sistema a que se refere o *caput* será, preferencialmente, de tipo aberto e interoperável com sistemas existentes nos demais órgãos envolvidos com a execução ou acompanhamento das medidas.

Art. 9º. Fica instituído o Fórum Nacional de Alternativas Penais – Fonape, vinculado ao Departamento de Monitoramento e Fiscalização do Sistema Carcerário e do Sistema de Execução de Medidas Socioeducativas – DMF, com as seguintes atribuições:

I – propor diretrizes para a política pública do Poder Judiciário relacionada à política de alternativas penais, em complementação à presente Resolução;

II – propor medidas voltadas à promoção da aplicação de alternativas penais, com enfoque restaurativo, em substituição à privação de liberdade, contribuindo para a desconstrução da cultura do encarceramento em massa;

III – propor ao CNJ a realização de pesquisas que subsidiem a política de alternativas penais;

IV – promover a identificação e sistematização de boas práticas desenvolvidas para o campo das alternativas penais, com análises periódicas de dados, indicadores, metodologias, abrangência e resultados;

V – estabelecer, em conjunto com o DMF, regulamento interno para definir estruturas e fluxo regular de funcionamento.

§ 1º. O Fonape terá o auxílio de um Grupo de Trabalho para organizar suas atividades, constituído por cinco juízes de direito ou desembargadores da Justiça dos Estados e do Distrito Federal, que representem cada uma das regiões, além de um juiz federal ou de Tribunal Regional Federal, que represente todas as regiões, com mandato de dois anos, admitida uma recondução, designados pelo Secretário-Geral do CNJ.

§ 2º. São membros natos do Grupo de Trabalho para auxílio das atividades do Fonape o Conselheiro Supervisor e o Coordenador do DMF.

Art 10. O Fonape realizará encontros nacionais, no mínimo, a cada dois anos.

§ 1º. A cada encontro do Fonape poderão ser definidos grupos temáticos, cujos objetivos estejam vinculados à implementação efetiva da política de alternativas penais nos tribunais.

§ 2º. Serão convidados a participar dos encontros realizados pelo Fonape profissionais de outras áreas e segmentos, em especial do Poder Executivo, do Ministério Público, da Defensoria Pública, da academia e da sociedade civil.

§ 3º. Garantidas a autonomia e independência funcional dos magistrados, durante o Fonape, poderão ser definidos enunciados que orientem a atuação do Poder Judiciário em matéria criminal.

Art. 11. O CNJ e os tribunais articular-se-ão com o Poder Executivo, com o Ministério Público, com a Defensoria Pública, com a Ordem dos Advogados do Brasil e com os demais órgãos e entidades envolvidas com execução penal e política de alternativas penais, incluída a sociedade civil, com o objetivo de assegurar a ação integrada no fomento à aplicação das alternativas penais, com enfoque restaurativo, em substituição à privação de liberdade.

Art. 12. O acompanhamento do cumprimento desta Resolução contará com o apoio técnico do DMF.

Art. 13. Revoga-se a Resolução CNJ nº 101, de 15 de dezembro de 2009.

Art. 14. Esta Resolução entra em vigor na data de sua publicação.

Ministro Dias Toffoli

RESOLUÇÃO CNJ Nº 307, DE 17 DE DEZEMBRO DE 2019

[art. 1º da LEP]

Institui a Política de Atenção a Pessoas Egressas do Sistema Prisional no âmbito do Poder Judiciário, prevendo os procedimentos, as diretrizes, o modelo institucional e a metodologia de trabalho para sua implementação.

O Presidente do Conselho Nacional de Justiça, no uso de suas atribuições legais e regimentais;

Considerando os objetivos fundamentais da República Federativa do Brasil, previstos da Constituição Federal de 1988, e sua adesão a Tratados e Acordos Internacionais de Direitos Humanos (arts. 1º e 5º, § 3º);

Considerando que cabe ao Conselho Nacional de Justiça a fiscalização e a normatização dos atos praticados pelo Poder Judiciário (art. 103-B, § 4º, I, II e III, da CF);

Considerando as Regras Mínimas das Nações Unidas para o Tratamento de Presos (Regras de Mandela), que dispõem sobre a reintegração de egressos, devendo as autoridades competentes oferecer assistência, educação, documentação, formação profissional, trabalho, inclusive com a existência de instituições capazes de prestar acompanhamento pós-soltura (Regras nºs 04, 88, 90, 106, 107 e 108);

Considerando as Regras das Nações Unidas que estabelecem parâmetros e medidas de tratamento humanitário para mulheres em privação de liberdade e egressas das prisões (Regras de Bangkok);

Considerando a Convenção Interamericana de Direitos Humanos, especialmente seus dispositivos que garantem o direito à vida e à integridade pessoal, bem como à individualização da pena, com foco na readaptação social, vedando tratamentos cruéis, desumanos ou degradantes (arts. 4º e 5º do Pacto de San José da Costa Rica);

Considerando a Convenção Internacional de Todas as Formas de Discriminação Racial, especialmente no tocante à importância de ações de discriminação positiva que tenham como objetivo único assegurar o progresso adequado de certos grupos raciais ou étnicos ou de indivíduos que necessitem da proteção que possa ser necessária para proporcionar a tais grupos ou indivíduos o igual gozo ou exercício de direitos humanos e liberdades fundamentais;

Considerando que compete aos órgãos da execução penal, dentre os quais o juízo da execução, a implementação de medidas que propiciem a reinserção social da pessoa privada de liberdade (art. 1º da Lei nº 7.210, de 11 de julho de 1984 – Lei de Execução Penal);

Considerando o disposto na Lei de Execução Penal referente à assistência social e obtenção de trabalho com finalidade de reinserção social de egressos (arts. 26, 27, 70, 78, 79, 93 e 94);

Considerando o reconhecimento, pelo Supremo Tribunal Federal, do Estado de Coisas Inconstitucional do Sistema Prisional Brasileiro, no julgamento da ADPF nº 347/DF, bem como o quanto decidido nº ADPF nº 186/DF, que reconheceu a possibilidade de o Estado lançar mão seja de políticas de cunho universalista, que abrangem um número indeterminados de indivíduos, mediante ações de natureza estrutural, seja de ações afirmativas, que atingem grupos sociais determinados, como ações que privilegiam o princípio da igualdade material, previsto no *caput* do art. 5º da Carta da República;

Considerando as diretrizes deste Conselho para ações de reinserção social de pessoas privadas de liberdade, egressas do sistema penitenciário e em cumprimento de medidas e penas alternativas (Resolução CNJ nº 96/2009);

(*) Vide Resolução CNJ nº 96/2009.

Considerando a necessidade de sistematização das ações que visam à reinserção social de pessoas privadas de liberdade, egressas do sistema penitenciário e em cumprimento de medidas e penas alternativas;

Considerando o quadro nacional de insuficiência dos serviços e iniciativas de atenção às pessoas egressas do sistema penitenciário, o que contribui para as altas taxas de encarceramento reiteradamente identificadas nos Relatórios do Levantamento de Informações Penitenciárias – Infopen, do Departamento Penitenciário Nacional♦;

♦ Atual denominação: "Secretaria Nacional de Políticas Penais", nos termos da Medida Provisória nº 1.154/2022.

Considerando o reconhecimento da necessidade de qualificar o atendimento socioassistencial às famílias de pessoas privadas de liberdade e egressas do Sistema Penitenciário no Sistema Único de Assistência Social – SUAS, prevista na Resolução Conjunta CNASCNPCP nº 1, de 7 de novembro de 2018♦;

♦ A Resolução Conjunta CNASCNPCP nº 1/2018 qualifica o atendimento socioassistencial às famílias de pessoas encarceradas e egressas do Sistema Penitenciário no Sistema único de Assistência Social – SUAS.

Considerando as diretrizes estabelecidas de atendimento às mulheres em situação de privação de liberdade e egressas do Sistema Prisional, previstas na Política Nacional de Atenção às Mulheres em Situação de Privação de Liberdade e Egressas do Sistema Prisional, instituída pela Portaria Interministerial nº 210, de 16 de janeiro de 2014♦;

♦ A Portaria Interministerial nº 2010/2014 institui a Política Nacional de atenção às mulheres em situação de privação de liberdade e egressas do Sistema Prisional.

Considerando a deliberação do Plenário do CNJ no Procedimento de Ato Normativo nº 0009618-32.2019.2.00.0000, na 302ª Sessão Ordinária, realizada em 17 de dezembro de 2019;

Resolve:

Art. 1º. Instituir a Política de Atenção a Pessoas Egressas do Sistema Prisional no âmbito do Poder Judiciário, prevendo os procedimentos, as diretrizes, o modelo institucional e a metodologia de trabalho para sua implementação.

Art. 2º. As ações de atenção às pessoas egressas do sistema prisional serão centralizadas, no âmbito do Poder Judiciário, nos Escritórios Sociais, em articulação com o Poder Executivo.

§ 1º. Os Escritórios Sociais poderão estabelecer parcerias e outras formas de cooperação com iniciativas já existentes de atenção às pessoas egressas, no âmbito do Poder Executivo ou da sociedade civil organizada.

§ 2º. As ações em curso no âmbito do Projeto "Começar de Novo", previstas na Resolução CNJ nº 96, de 27 de outubro de 2009, serão prioritariamente conduzidas por intermédio de Escritórios Sociais, atualizando suas diretrizes conforme o disposto nesta Resolução.

(*) Vide Resolução CNJ nº 96/2009.

Art. 3º. Para fins desta Resolução, considera-se:

I – Escritório Social: equipamento público de gestão compartilhada entre os Poderes Judiciário e Executivo, responsável por realizar acolhimento e encaminhamentos das pessoas egressas do sistema prisional e seus familiares para as políticas públicas existentes, articulando uma política intersetorial e interinstitucional de inclusão social que se correlaciona e demanda iniciativas de diferentes políticas públicas estaduais e municipais, sistemas e atores da sociedade civil, conforme Manual de Implementação anexo a esta Resolução;

II – Egressa: a pessoa que, após qualquer período de permanência no sistema penitenciário, mesmo em caráter provisório, necessite de algum atendimento no âmbito das políticas públicas em decorrência de sua institucionalização; e

III – Pré-egressa: a pessoa que ainda se encontre em cumprimento de pena privativa de liberdade, no período de seis meses que antecede a sua soltura da unidade prisional prevista, ainda que em virtude de progressão de regime ou de livramento condicional.

Art. 4º. São princípios da Política de Atenção às Pessoas Egressas do Sistema Prisional no âmbito do Poder Judiciário:

I – a singularização do atendimento, visando à garantia de direitos fundamentais e ao acompanhamento das pessoas egressas e pré-egressas para facilitar o acesso a serviços públicos de assistência, saúde, educação, renda, trabalho, habitação, lazer e cultura;

II – a coordenação compartilhada, entre os Poderes Judiciário e Executivo, incluindo as Secretarias Estaduais e Municipais competentes;

III – a adesão voluntária das pessoas egressas;

IV – a privacidade e o sigilo nos atendimentos;

V – a promoção da igualdade racial e de gênero; e

VI – o acolhimento e acompanhamento das pessoas egressas por equipes multidisciplinares, responsáveis pela articulação das redes de políticas sociais, estando integrado a redes amplas de atendimento, assistência social e saúde.

Art. 5º. São diretrizes da Política de Atenção a Pessoas Egressas do Sistema Prisional no âmbito do Poder Judiciário:

I – a articulação entre o Poder Judiciário e o Poder Executivo, por meio das políticas públicas da área social, especialmente no âmbito do Sistema Único de Assistência Social e do Sistema Único de Saúde, voltada prioritariamente para a identificação de demandas e proposição de respostas para o público atendido;

II – a integração, por meio dos Escritórios Sociais, entre políticas públicas, atores da execução penal e redes de organizações da sociedade civil, com vistas ao acolhimento e atendimento das demandas e necessidades das pessoas egressas e seus familiares;

III – a interlocução e atuação conjunta entre Poder Judiciário, equipes psicossociais ou multidisciplinares dos estabelecimentos prisionais, e equipes dos Escritórios Sociais;

IV – a articulação de ações de preparação para a liberdade das pessoas pré-egressas;

V – a sensibilização e articulação com empregadores públicos – da administração direta e indireta – e privados, para fins de oferta de trabalho às pessoas egressas;

VI – a produção e publicização de dados de pesquisas, relatórios, estatísticas, informativos, entre outros documentos, resguardando dados pessoais das pessoas atendidas; e

VII – o desenvolvimento de ações afirmativas para promoção da igualdade racial no âmbito das iniciativas do escritório social, especialmente no fomento às cotas raciais nas políticas de geração de emprego e renda.

Art. 6º. O Conselho Nacional de Justiça fomentará a implantação dos Escritórios Sociais a partir de Acordos de Cooperação envolvendo Poder Judiciário, Poderes Executivos Estaduais, Municipais e Organizações da Sociedade Civil.

Art. 7º. Os Tribunais de Justiça poderão celebrar parcerias para implantação da política de egressos no âmbito da sua jurisdição, com encaminhamento de cópia do instrumento ao Conselho Nacional de Justiça.

§ 1º. O Escritório Social será implementado com a participação das Redes de Políticas Sociais, constituída por todos os órgãos do Poder Judiciário, pelo órgão gestor da Administração Penitenciária Estadual, Secretarias Estaduais ou Municipais responsáveis por políticas de Assistência Social, Saúde, Trabalho, Habitação, Educação, Cultura, Direitos Humanos, Igualdade Racial, Políticas para Mulheres, e pelas entidades públicas e privadas, inclusive Patronatos, Conselhos da Comunidade, Conselho Penitenciário, Federações Empresariais, Universidades e Instituições de Ensino Fundamental, Médio e Técnico-Profissionalizantes, bem como Organizações da Sociedade Civil.

§ 2º. Caberá ao Poder Judiciário, por meio do Grupo de Monitoramento e Fiscalização do Sistema Carcerário – GMF, o fomento e o apoio à sustentabilidade do Escritório Social, auxiliando o Poder Executivo na gestão, encaminhamento do público, atendimento e articulação, tendo como finalidade:

I – garantir que o primeiro atendimento à pessoa egressa ocorra em espaço adequado nas dependências do Fórum, assegurando o encaminhamento de adesão voluntária para o Escritório Social;

II – garantir a plenitude dos serviços para todas as pessoas egressas, com base em programas de singularização do atendimento que permitam desde acolhimento, encaminhamentos institucionais, não obrigatórios, para as redes de políticas sociais e acompanhamento até o final do período de prova;

III – realizar campanhas de comunicação voltadas à informação da população quanto ao caráter, objetivo, efetividade e necessidade do Escritório Social, visando à inclusão social das pessoas egressas e a redução da superpopulação carcerária;

IV – viabilizar projetos e intervenções interdisciplinares junto às organizações da sociedade civil, objetivando fomentar políticas de equidade racial e de gênero, bem como erradicar violências, processos de marginalização e de criminalização das pessoas egressas, difundindo práticas democráticas de prevenção e de administração de conflitos;

V – possibilitar a implantação de sistemas de informações que estabeleçam um fluxo contínuo de dados entre os Poderes Executivo e Judiciário, racionalizando a execução penal e assegurando o sigilo e proteção dos dados das pessoas privadas de liberdade e egressas do sistema prisional;

VI – informar aos gestores prisionais, via ferramenta de alerta no Sistema Eletrônico de Execução Unificado – SEEU, a relação de pessoas privadas de liberdade que mensalmente alcançam o lapso para o estágio de pré-egressas;

VII – estimular a inserção da Política de Atenção às Pessoas Egressas nos Planos Plurianuais, Lei de Diretrizes Orçamentárias e Lei Orçamentária Anual, além de prever sua institucionalização na estrutura do órgão gestor da administração penitenciária; e

VIII – apoiar, articular, implementar e fiscalizar o cumprimento do Decreto nº 9.450, de 24 de julho de 2018, que instituiu a Política Nacional de Trabalho no âmbito do Sistema Prisional – PNAT.

Art. 8º. A Política de Atenção às Pessoas Egressas do Sistema Prisional, centralizada nos Escritórios Sociais, destina-se à inclusão das pessoas egressas nas políticas públicas disponíveis, com destaque para as seguintes áreas, dentre outras:

I – demandas emergenciais como saúde, alimentação, vestuário, acolhimento provisório ou transporte;

II – atendimento e acompanhamento socioassistencial, inclusive inserção em Programas de Transferências de Renda e outros benefícios, programas e projetos;

III – habitação;

IV – trabalho, renda e qualificação profissional;

V – assistência jurídica e emissão de documentos;

VI – escolarização formal e não formal e atividades de educação não escolar;

VII – desenvolvimento, produção, formação e difusão cultural, principalmente para o público jovem; e

VIII – identificação, acolhimento e atendimento de demandas específicas, por meio da formação de redes de instituições parceiras especializadas em temáticas relacionadas às mulheres egressas, população LGBTQ, situações de discriminação racial, de gênero ou orientação sexual, estrangeiros e indígenas, pessoas com deficiências ou com transtornos mentais e pessoas que fazem uso abusivo de álcool ou outras substâncias psicoativas.

Parágrafo único. Para o cumprimento do disposto neste artigo, poderão ser estabelecidas parcerias com órgãos públicos, instituições de ensino, organizações da sociedade civil, organismos internacionais e outras instituições que atuem nas áreas dos incisos I a VIII.

Art. 9º. São insumos considerados necessários no momento de soltura da pessoa privada de liberdade:

I – documentação civil;

II – vale-transporte ou equivalente, garantindo o retorno ao local de sua residência anterior, inclusive se em outro município na mesma ou em distinta Unidade da Federação;

III – vestuário que não exponha a condição de pessoa egressa;

IV – insumos emergenciais (alimentação e água potável suficiente para o período de deslocamento entre o local de soltura/desligamento e o destino informado); e

V – material informativo com orientações sobre serviços públicos disponíveis, inclusive quanto ao Escritório Social.

§ 1º. Quando a soltura ou desligamento ocorrer em sede do Poder Judiciário, a partir de decisões exaradas em audiência ou outro ato judicial, caberá ao tribunal zelar pelo fornecimento dos insumos mencionados.

§ 2º. Quando a soltura ou desligamento ocorrer em estabelecimento prisional, caberá ao Juízo da Execução fiscalizar o fornecimento dos insumos mencionados.

Art. 10. Os Escritórios Sociais deverão ter acesso aos prontuários, físicos ou digitais, das pessoas pré-egressas, a fim de permitir um fluxo contínuo de produção de dados e informações acerca da garantia de direitos, resguardando o sigilo e a proteção dos dados pessoais.

§ 1º. Os Escritórios Sociais poderão encaminhar ao Poder Judiciário informações estatísticas periódicas sobre atendimentos e encaminhamentos realizados, sendo vedado o fornecimento de informações individualizadas de pessoas atendidas, em virtude da natureza dos serviços e do sigilo dos atendimentos.

§ 2º. É garantido o acesso da pessoa atendida, e de seu representante legal, aos respectivos prontuários.

§ 3º. Os Escritórios Sociais poderão solicitar aos estabelecimentos prisionais as informações das pessoas atendidas necessárias ao referenciamento à rede de saúde.

Art. 11. Na contratação de serviços, os órgãos do Poder Judiciário deverão observar o emprego de mão de obra formada por pessoas egressas do sistema prisional pela empresa contratada, na seguinte proporção:

I – quatro por cento das vagas, quando a execução do contrato demandar cinquenta ou menos funcionários;

II – cinco por cento das vagas, quando a execução do contrato demandar cinquenta e um a oitenta funcionários; ou

III – seis por cento das vagas, quando a execução do contrato demandar mais de oitenta funcionários.

§ 1º. A efetiva contratação do percentual indicado nos incisos I a III do *caput* será exigida da proponente vencedora quando da assinatura do contrato.

§ 2º. O percentual descrito deverá ser respeitado durante toda a execução do contrato, cabendo ao Poder Judiciário fiscalizar seu cumprimento.

§ 3º. Caberá ao Escritório Social o cadastramento das pessoas egressas para oportunidades de trabalho e qualificação profissional, gestão do banco de currículos, orientação de candidatos, sensibilização e comunicação com as empresas licitadas, encaminhamento para as vagas e acompanhamento da execução dos respectivos contratos.

§ 4º. Na ausência do Escritório Social, as equipes multidisciplinares das Varas de Execução Penal serão responsáveis pelas atividades descritas no parágrafo anterior.

§ 5º. Para os fins do presente artigo, considera-se pessoa egressa:

I – a definitivamente liberada, independentemente do tempo em que se encontre em liberdade;

II – a pessoa em cumprimento de pena em meio aberto, em qualquer regime;

III – a pessoa em livramento condicional; e

IV – a pessoa que permaneceu presa cautelarmente, ainda que absolvida ou condenada a pena não privativa de liberdade.

Art. 12. O Conselho Nacional de Justiça poderá reconhecer as boas práticas de atenção às pessoas egressas por meio de certificação a ser definida por ato da Presidência do Conselho Nacional de Justiça.

Art. 13. O Departamento de Monitoramento e Fiscalização do Sistema Carcerário e do Sistema de Execução de Medidas Socioeducativas do Conselho Nacional de Justiça elaborará e colocará à disposição pública, em até noventa dias após a aprovação desta Resolução, Manual contendo as possíveis modelagens, estratégias de implantação dos Escritórios Sociais em consonância com as realidades locais, orientações para a mobilização comunitária, composição do quadro de profissionais e suas funções, bem como os fluxos e metodologias de funcionamento.

Art. 14. O art. 28 da Resolução nº 251, de 4 de setembro de 2018, passa a vigorar com a seguinte redação:

"Art. 28. ....

§ 1º. O Portal de Consulta Pública disponibilizará informações estatísticas e agregadas, resguardando os dados pessoais, restritos ou sigilosos;

Art. 15. Esta Resolução entra em vigor noventa dias após sua publicação.

Ministro Dias Toffoli

RESOLUÇÃO CNJ Nº 348, DE 13 DE OUTUBRO DE 2020

[art. 1º da LEP]

(*) Atualizada até as alterações promovidas pela Resolução CNJ nº 366, de 20.1.2021.

Estabelece diretrizes e procedimentos a serem observados pelo Poder Judiciário, no âmbito criminal, com relação ao tratamento da população lésbica, gay, bissexual, transexual, travesti ou intersexo que seja custodiada, acusada, ré, condenada, privada de liberdade, em cumprimento de alternativas penais ou monitorada eletronicamente

O Presidente do Conselho Nacional de Justiça, no uso de suas atribuições legais e regimentais;

Considerando que a Constituição Federal de 1988 estabelece como objetivos fundamentais da República Federativa do Brasil a construção de uma sociedade livre, justa e solidária e a promoção do bem de todos, sem preconceitos de origem, raça, sexo, cor, idade e quaisquer outras formas de discriminação (art. 3º, I e IV);

Considerando que a Constituição Federal de 1988 assegura, em seu art. 5º, que ninguém será submetido a tortura nem a tratamento desumano ou degradante (inciso III), que não haverá penas cruéis (inciso XLVII, "e"), que a pena será cumprida em estabelecimentos distintos, de acordo com a natureza do delito, a idade e o sexo da pessoa apenada (inciso XLVIII), devendo-se garantir o respeito à sua integridade física e moral (inciso XLIX);

Considerando os princípios de direitos humanos consagrados em documentos e tratados internacionais, em especial a Declaração Universal dos Direitos Humanos (1948), o Pacto Internacional de Direitos Civis e Políticos (1966), o Pacto Internacional dos Direitos Econômicos, Sociais e Culturais (1966), o Protocolo de São Salvador (1988), a Declaração da Conferência Mundial contra o Racismo, Discriminação Racial, Xenofobia e Intolerância Correlata (Durban, 2001), as Regras das Nações Unidas para o tratamento de mulheres presas e medidas não privativas de liberdade para mulheres infratoras – "Regras de Bangkok" –, as Regras Mínimas das Nações Unidas para o Tratamento dos Reclusos – "Regras de Nelson Mandela" –, as Regras Mínimas Padrão das Nações Unidas para a Elaboração de Medidas Não Privativas de Liberdade – "Regras de Tóquio";

Considerando os Princípios de Yogyakarta sobre a Aplicação da Legislação Internacional de Direitos Humanos em relação à Orientação Sexual e Identidade de Gênero (Yogyakarta, 2006), cujo Postulado 8 propõe a implementação de programas de conscientização para atores do sistema de justiça sobre os padrões internacionais de direitos humanos e princípios de igualdade e não discriminação, inclusive em relação à orientação sexual e identidade de gênero, e cujo Postulado 9 reconhece que toda pessoa privada da liberdade deve ser tratada com humanidade, respeito e reconhecimento à orientação sexual e identidade de gênero autodeterminadas, bem como indicando obrigações aos estados no que tange ao combate à discriminação, à garantia do direito à saúde, ao direito de participação em decisões relacionadas ao local de detenção adequado à sua orientação sexual e identidade de gênero, à proteção contra violência ou abuso por causa de sua orientação sexual, identidade ou expressão de gênero, assegurando tanto quanto seja razoavelmente praticável que essas medidas de proteção não impliquem maior restrição a seus direitos do que aquelas que já atingem a população prisional em geral, à garantia de visitas conjugais e de monitoramento independente das instalações de detenção pelo Estado e organizações não governamentais;

Considerando a decisão da Corte Interamericana de Direitos Humanos (CIDH), que na Opinião Consultiva OC-24/7, de 24 de novembro de 2017, solicitada pela República de Costa Rica, expressamente asseverou que a orientação sexual, a identidade de gênero e a expressão de gênero são categorias protegidas pelo artigo 1.1 da Convenção Americana de Direitos Humanos estando portanto vedada qualquer norma, ato ou prática discriminatória baseada na orientação sexual ou na identidade de gênero das pessoas (item 68) e que, ainda, a Corte Interamericana asseverou que dentre os fatores que definem a identidade sexual e de gênero de uma pessoa se apresenta como prioridade o fator subjetivo sobre seus caracteres físicos ou morfológicos (fator objetivo);

Considerando a Resolução da Corte Interamericana de Direitos Humanos, de 28 de novembro de 2018, em suas Medidas Provisórias decretadas no caso do Complexo Penitenciário do Curado, que ordenou ao Estado brasileiro que adote, em caráter de urgência, as medidas necessárias para garantir a efetiva proteção das pessoas LGBTI privadas de liberdade;

Considerando o glossário adotado pelas Nações Unidas no movimento Livres e Iguais, que indica os termos referentes à população LGBTI e conceitos de orientação sexual e identidade de gênero;

Considerando o disposto na Lei Federal nº 7.210/1984 – Lei de Execução Penal, em especial o dever de respeito à integridade física e moral das pessoas condenadas e presas provisórias (art. 40) e os direitos da pessoa presa (art. 41);

Considerando a publicação do Decreto nº 8.727/2016, da Presidência da República, que dispõe sobre o uso do nome social e o reconhecimento da identidade de gênero de pessoas travestis e transexuais no âmbito da administração pública federal direta, autárquica e fundacional;

Considerando a Resolução Conjunta nº 1/2014, do Conselho Nacional de Combate à Discriminação (CNCD/LGBT) e do Conselho Nacional de Política Criminal e Penitenciária (CNPCP/MJ), que estabelece parâmetros para o acolhimento de pessoas LGBT em privação de liberdade no Brasil, publicada em 17 de abril de 2014;

Considerando a Nota Técnica nº 9/2020/DIAMGE/CGCAP/DIRPP/DEPEN/MJ, que trata dos procedimentos quanto à custódia de pessoas LGBTI no sistema prisional brasileiro, atendendo aos regramentos internacionais e nacionais;

Considerando os parâmetros nacionais da Política Nacional de Saúde Integral de LGBT, instituída pelo Ministério da Saúde por meio da Portaria nº 2.836/2011, e da Política Nacional de Atenção Integral à Saúde das Pessoas Privadas de Liberdade no Sistema Prisional (PNAISP), instituída pela Portaria Interministerial nº 1/2014;

Considerando o relatório "LGBT nas prisões do Brasil: Diagnóstico dos procedimentos institucionais e experiências de encarceramento", publicado pelo Ministério da Mulher, da Família e dos Direitos Humanos, em 2020;

Considerando a decisão proferida na ADI nº 4.275, em que o Supremo Tribunal Federal reconheceu a transgêneros a possibilidade de alteração de registro civil sem mudança de sexo, e a decisão proferida no RE nº 670.422;

Considerando a decisão proferida pela 2ª Turma do Supremo Tribunal Federal no *Habeas Corpus* nº 143.641/SP;

Considerando que cabe ao Conselho Nacional de Justiça a fiscalização e a normatização do Poder Judiciário e dos atos praticados por seus órgãos (art. 103-B, § 4º, I, II e III, da CF);

Considerando a Resolução CNJ nº 270/2018, que dispõe sobre o uso do nome social pelas pessoas trans, travestis e transexuais usuárias dos serviços judiciários, membros, servidores, estagiários e trabalhadores terceirizados dos tribunais brasileiros;

Considerando a Resolução CNJ nº 306/2019, que estabelece diretrizes e parâmetros para a emissão de documentação civil e para a identificação civil biométrica das pessoas privadas de liberdade;

Considerando a deliberação do Plenário do CNJ, no Procedimento de Ato Normativo 0003733-03.2020.2.00.0000, na 74ª Sessão Virtual, realizada em 2 de outubro de 2020.

Resolve:

Art. 1º. Estabelecer procedimentos e diretrizes relacionados ao tratamento da população lésbica, *gay*, bissexual, transexual, travesti e intersexo (LGBTI) que esteja custodiada, acusada, ré, condenada, privada de liberdade, em cumprimento de alternativas penais ou monitorada eletronicamente.

Art. 2º. A presente Resolução tem por objetivos:

I – a garantia do direito à vida e à integridade física e mental da população LGBTI, assim como à sua integridade sexual, segurança do corpo, liberdade de expressão da identidade de gênero e orientação sexual;

II – o reconhecimento do direito à autodeterminação de gênero e sexualidade da população LGBTI; e

III – a garantia, sem discriminação, de estudo, trabalho e demais direitos previstos em instrumentos legais e convencionais concernentes à população privada de liberdade, em cumprimento de alternativas penais ou monitoração eletrônica em geral, bem como a garantia de direitos específicos da população LGBTI nessas condições.

Art. 3º. Para fins desta Resolução, e com base no glossário das Nações Unidas, considera-se:

I – transgênero: termo empregado para descrever uma variedade ampla de identidades de gênero cujas aparências e características são percebidas como atípicas – incluindo pessoas transexuais, travestis, *cross-dressers* e pessoas que se identificam como terceiro gênero; sendo:

a) mulheres trans: identificam-se como mulheres, mas foram designadas homens quando nasceram;

b) homens trans: identificam-se como homens, mas foram designados mulheres quando nasceram,

c) outras pessoas trans não se identificam de modo algum com o espectro binário de gênero; e

d) que algumas pessoas transgêneras querem passar por cirurgias ou por terapia hormonal para alinhar o seu corpo com a sua identidade de gênero; outras, não;

II – intersexo: pessoas que nascem com características sexuais físicas ou biológicas, como a anatomia sexual, os órgãos reprodutivos, os padrões hormonais e/ou cromossômicos que não se encaixam nas definições típicas de masculino e feminino; considerando que:

a) essas características podem ser aparentes no nascimento ou surgir no decorrer da vida, muitas vezes durante a puberdade; e

b) pessoas intersexo podem ter qualquer orientação sexual e identidade de gênero;

III – orientação sexual: atração física, romântica e/ou emocional de uma pessoa em relação a outra, sendo que:

a) homens *gays* e mulheres lésbicas: atraem-se por indivíduos que são do mesmo sexo que eles e elas;

b) pessoas heterossexuais: atraem-se por indivíduos de um sexo diferente do seu;

c) pessoas bissexuais: podem se atrair por indivíduos do mesmo sexo ou de sexo diferente; e

d) a orientação sexual não está relacionada à identidade de gênero ou às características sexuais;

IV – identidade de gênero: o senso profundamente sentido e vivido do próprio gênero de uma pessoa, considerando-se que:

a) todas as pessoas têm uma identidade de gênero, que faz parte de sua identidade como um todo; e

b) tipicamente, a identidade de gênero de uma pessoa é alinhada com o sexo que lhe foi designado no momento do seu nascimento.

Art. 4º. O reconhecimento da pessoa como parte da população LGBTI será feito exclusivamente por meio de autodeclaração, que deverá ser colhida pelo magistrado em audiência, em qualquer fase do procedimento penal, incluindo a audiência de custódia, até a extinção da punibilidade pelo cumprimento da pena, garantidos os direitos à privacidade e à integridade da pessoa declarante.

Parágrafo único. Nos casos em que o magistrado, por qualquer meio, for informado de que a pessoa em juízo pertence à população LGBTI, deverá cientificá-la acerca da possibilidade da autodeclaração e informá-la, em linguagem acessível, os direitos e garantias que lhe assistem, nos termos da presente Resolução.

Art. 5º. Em caso de autodeclaração da pessoa como parte da população LGBTI, o Poder Judiciário fará constar essa informação nos seus sistemas informatizados, que deverão assegurar a proteção de seus dados pessoais e o pleno respeito aos seus direitos e garantias individuais, notadamente à intimidade, privacidade, honra e imagem.

Parágrafo único. O magistrado poderá, de ofício ou a pedido da defesa ou da pessoa interessada, determinar que essa informação seja armazenada em caráter restrito, ou, nos casos previstos pela lei, decretar o sigilo acerca da autodeclaração.

Art. 6º. Pessoas autodeclaradas parte da população LGBTI submetidas à persecução penal têm o direito de ser tratadas pelo nome social, de acordo com sua identidade de gênero, mesmo que distinto do nome que conste de seu registro civil, como previsto na Resolução CNJ nº 270/2018♦.

♦ Resolução nº 270/2018, que dispõe sobre o uso do nome social pelas pessoas trans, travestis e transexuais usuárias dos serviços judiciários, membros, servidores, estagiários e trabalhadores terceirizados dos tribunais brasileiros.

Parágrafo único. Caberá ao magistrado, quando solicitado pela pessoa autodeclarada parte da população LGBTI ou pela defesa, com autorização expressa da pessoa interessada, diligenciar pela emissão de documentos, nos termos do artigo 6º da Resolução CNJ nº 306/2019♦, ou pela retificação da documentação civil da pessoa.

♦ Resolução nº 306/2019, que estabelece diretrizes e parâmetros para a emissão de documentação civil e para a identificação civil biométrica das pessoas privadas de liberdade.

Art. 7º. Em caso de prisão da pessoa autodeclarada parte da população LGBTI, o local de privação de liberdade será definido pelo magistrado em decisão fundamentada.

(*) Art. 7º, *caput*, com redação dada pela Resolução CNJ nº 366/2021.

§ 1º. A decisão que determinar o local de privação de liberdade será proferida após questionamento da preferência da pessoa presa, nos termos do art. 8º, o qual poderá se dar em qualquer momento do processo penal ou execução da pena, assegurada, ainda, a possibilidade de alteração do local, em atenção aos objetivos previstos no art. 2º desta Resolução.

(*) § 1º com redação dada pela Resolução CNJ nº 366/2021.

§ 1º-A. A possibilidade de manifestação da preferência quanto ao local de privação de liberdade e de sua alteração deverá ser informada expressamente à pessoa pertencente à população LGBTI no momento da autodeclaração.

(*) § 1º-A acrescido pela Resolução CNJ nº 366/2021.

§ 2º. Para os fins do *caput*, a autodeclaração da pessoa como parte da população LGBTI poderá ensejar a retificação e emissão dos seus documentos quando solicitado ao magistrado, nos termos do art. 6º da Resolução CNJ nº 306/2019♦.

♦ Resolução nº 306/2019, que estabelece diretrizes e parâmetros para a emissão de documentação civil e para a identificação civil biométrica das pessoas privadas de liberdade.

§ 3º. A alocação da pessoa autodeclarada parte da população LGBTI em estabelecimento prisional, determinada pela autoridade judicial após escuta à pessoa interessada, não poderá resultar na perda de quaisquer direitos relacionados à execução penal em relação às demais pessoas custodiadas no mesmo estabelecimento, especialmente quanto ao acesso a trabalho, estudo, atenção à saúde, alimentação, assistência material, assistência social, assistência religiosa, condições da cela, banho de sol, visitação e outras rotinas existentes na unidade.

Art. 8º. De modo a possibilitar a aplicação do artigo 7º, o magistrado deverá:

I – esclarecer em linguagem acessível acerca da estrutura dos estabelecimentos prisionais disponíveis na respectiva localidade, da localização de unidades masculina e feminina, da existência de alas ou celas específicas para a população LGBTI, bem como dos reflexos dessa escolha na convivência e no exercício de direitos;

II – indagar à pessoa autodeclarada parte da população transexual acerca da preferência pela custódia em unidade feminina, masculina ou específica, se houver, e, na unidade escolhida, preferência pela detenção no convívio geral ou em alas ou celas específicas, onde houver; e

(*) Inciso II com redação dada pela Resolução CNJ nº 366/2021.

III – indagar à pessoa autodeclarada parte da população *gay*, lésbica, bissexual, intersexo e travesti acerca da preferência pela custódia no convívio geral ou em alas ou celas específicas.

(*) Inciso III com redação dada pela Resolução CNJ nº 366/2021.

§ 1º. Os procedimentos previstos neste artigo devem ser observados na realização da audiência de custódia após prisão em flagrante ou cumprimento do mandado de prisão, na prolação de sentença condenatória, assim como em audiência na qual seja decretada a privação de liberdade de pessoa autodeclarada parte da população LGBTI.

§ 2º. A preferência de local de detenção declarada pela pessoa constará expressamente da decisão ou sentença judicial, que determinará seu cumprimento.

Art. 8º-A. A aplicação do disposto nos artigos 7º e 8º será compatibilizada com as disposições do artigo 21 da Lei nº 13.869/2019♦.

(*) Art. 8º-A acrescido pela Resolução CNJ nº 366/2021.

♦ Lei nº 13.869/2019, que dispõe sobre os crimes de abuso de autoridade.

Art. 9º. Em caso de violência ou grave ameaça à pessoa autodeclarada parte da população LGBTI privada de liberdade, o magistrado deverá dar preferência à análise de pedidos de transferência para outro estabelecimento, condicionado a prévio requerimento pela pessoa interessada.

Art. 10. Os direitos assegurados às mulheres deverão ser estendidos às mulheres lésbicas, travestis e transexuais e aos homens transexuais, no que couber, especialmente quanto à:

I – excepcionalidade da prisão provisória, especialmente para as gestantes, lactantes, mães e responsáveis por crianças menores de 12 anos ou pessoas com deficiência, nos termos dos artigos 318 e 318-A do Código de Processo Penal e do acórdão proferido pela 2ª Turma do Supremo Tribunal Federal no julgamento do HC nº 143.641/SP; e

II – progressão de regime nos termos do art. 112, § 3º, da Lei de Execução Penal.

Art. 11. Nos estabelecimentos prisionais onde houver pessoas autodeclaradas parte da população LGBTI privadas de liberdade, o juiz da execução penal, no exercício de sua competência de fiscalização, zelará para que seja garantida assistência material, à saúde, jurídica, educacional, social e religiosa, sem qualquer forma de discriminação em razão de orientação sexual ou identidade de gênero, devendo levar em consideração, especialmente:

I – quanto à assistência à saúde:

a) a observância aos parâmetros da Política Nacional de Saúde Integral de LGBT e da Política Nacional de Atenção Integral à Saúde das Pessoas Privadas de Liberdade no Sistema Prisional (PNAISP);

b) a garantia à pessoa autodeclarada como parte da população LGBTI privada de liberdade ou em cumprimento de alternativas penais e monitoração eletrônica do direito ao tratamento hormonal e sua manutenção, bem como o acompanhamento de saúde específico, principalmente à pessoa convivendo com HIV/TB e coinfecções, além de outras doenças crônicas e infecciosas e deficiências, ou demandas decorrentes das necessidades do processo transexualizador;

c) a garantia de testagem da pessoa privada de liberdade ou em cumprimento de alternativas penais e monitoração eletrônica em relação a doenças infectocontagiosas como HIV/TB e coinfecções, bem como outras doenças crônicas e infecciosas e deficiências;

d) a garantia de atendimento psicológico e psiquiátrico, considerando o agravamento da saúde mental dessa população, especialmente voltado à prevenção do suicídio, bem como tratamento ginecológico, urológico e endocrinológico especializado para pessoas transexuais, travestis e intersexo durante todo o período de privação de liberdade;

e) a garantia, com isonomia de tratamento, à distribuição de preservativos; e

f) a garantia do sigilo das informações e diagnósticos constantes dos prontuários médicos, principalmente nos casos de informações sorológicas e outras infecções sexualmente transmissíveis, resguardando-se o direito constitucional à intimidade;

II – quanto à assistência religiosa:

a) a garantia à pessoa autodeclarada como parte da população LGBTI do direito à assistência religiosa, condicionada à sua expressa anuência, nos termos da Lei nº 9.982/2000♦, e demais normas que regulamentem tal direito;

♦ Lei nº 9.982/2000, que dispõe sobre a prestação de assistência religiosa nas entidades hospitalares públicas e privadas, bem como nos estabelecimentos prisionais civis e militares.

(*) Vide Resolução CNPCP nº 8/2011, que estabelece as diretrizes para a assistência religiosa nos estabelecimentos prisionais.

b) a garantia, em iguais condições, da liberdade religiosa e de culto e o respeito à objeção da pessoa autodeclarada parte da população LGBTI presa em receber visita de qualquer representante religioso ou sacerdote, ou de participar de celebrações religiosas;

III – quanto ao trabalho, educação e demais políticas ofertadas nos estabelecimentos prisionais:

a) a garantia de não discriminação e oferecimento de oportunidades em iguais condições em todas as iniciativas realizadas dentro do estabelecimento prisional, não podendo eventual isolamento ou alocação em espaços de convivência específicos representar impedimento ao oferecimento de vagas e oportunidades;

b) a garantia à pessoa autodeclarada parte da população LGBTI, em igualdade de condições, de acesso e continuidade à sua formação educacional e profissional sob a responsabilidade do Estado; e

c) a vedação ao trabalho humilhante em virtude da identidade de gênero e/ou orientação sexual;

IV – quanto à autodeterminação e dignidade:

a) a garantia aos homens transexuais do direito de utilizar vestimentas socialmente lidas como masculinas e acessórios para a compressão de mamas como instrumento de manutenção da sua identidade de gênero;

b) a garantia às mulheres transexuais e travestis do direito de utilizar vestimentas lidas socialmente como femininas, manter os cabelos compridos, inclusive extensão capilar fixa e o acesso controlado a pinças para extração de pelos e a produtos de maquiagem, garantindo seus caracteres secundários de acordo com sua identidade de gênero; e

c) a garantia às pessoas intersexo do direito de utilizar vestimentas e o acesso controlado a utensílios que preservem sua identidade de gênero autorreconhecida;

V – quanto ao direito às visitas:

a) a garantia de que a visita social deve ser realizada em espaço apropriado, respeitando a integridade e privacidade, devendo se evitar que as visitas sejam realizadas nos pavilhões ou celas;

b) a ausência de discriminação de visitas de pessoas pertencentes à população LGBTI, considerando as relações socioafetivas declaradas, não limitadas às oficialmente declaradas e incluindo amigos;

c) a garantia de exercício do direito à visita íntima em igualdade de condições, nos termos da Portaria nº 1.190/2008, do Ministério da Justiça, e da Resolução nº 4/2011, do Conselho Nacional de Política Criminal e Penitenciária, inclusive em relação aos cônjuges ou companheiros que estejam custodiados no mesmo estabelecimento prisional;

VI – quanto ao local de detenção:

a) a garantia de que os espaços de vivência específicos para as pessoas autodeclaradas parte da população LGBTI privadas de liberdade não sejam utilizados para aplicação de medida disciplinar ou qualquer método coercitivo para elas ou para outros detentos, assegurando-se, inclusive, procedimentos de movimentação interna que garantam seu acesso aos ambientes onde são ofertadas as assistências à saúde, educacional, social, religiosa, material e ao trabalho;

VII – quanto a procedimentos gerais:

a) a garantia de vedação da transferência compulsória entre ambientes como forma de sanção, punição ou castigo em razão da condição de pessoa autodeclarada parte da população LGBTI;

b) a garantia do direito ao atendimento psicossocial, consistente em ações contínuas dirigidas também aos visitantes, para garantia do respeito aos princípios de igualdade e não discriminação e do direito ao autorreconhecimento, inclusive em relação à orientação sexual e identidade de gênero; e

c) garantia de gratuidade na emissão e retificação dos documentos civis da população LGBTI.

Art. 12. Deverá ser garantido à pessoa autodeclarada como parte da população LGBTI, quando do cumprimento de alternativas penais ou medidas de monitoração eletrônica, o respeito às especificidades elencadas nesta Resolução, no primeiro atendimento e durante todo o cumprimento da determinação judicial, em todas as esferas do Poder Judiciário e serviços de acompanhamento das medidas, buscando-se apoio de serviços como as Centrais Integradas de Alternativas Penais, Centrais de Monitoração Eletrônica ou instituições parceiras onde se dê o cumprimento da medida aplicada.

Art. 13. Os tribunais deverão manter cadastro de unidades com informações referentes à existência de unidades, alas ou celas específicas para a população LGBTI, de modo a instruir os magistrados para a operabilidade do artigo 7º.

Art. 14. As diretrizes e os procedimentos previstos nesta Resolução se aplicam a todas as pessoas que se autodeclarem parte da população LGBTI, ressaltando-se que a identificação pode ou não ser exclusiva, bem como variar ao longo do tempo e espaço.

Parágrafo único. As garantias previstas nesta Resolução se estendem, no que couber, a outras formas de orientação sexual, identidade e expressões de gênero diversas da cisgeneridade e da heterossexualidade, ainda que não mencionadas expressamente nesta Resolução.

Art. 15. Esta Resolução também será aplicada aos adolescentes apreendidos, processados por cometimento de ato infracional ou em cumprimento de medida socioeducativa que se autodeterminem como parte da população LGBTI, no que couber e enquanto não for elaborado ato normativo próprio, considerando-se a condição de pessoa em desenvolvimento, o princípio da prioridade absoluta e as devidas adaptações, conforme previsão do Estatuto da Criança e do Adolescente.

Art. 16. Para o cumprimento do disposto nesta Resolução, os tribunais, em colaboração com as Escolas de Magistratura, poderão promover cursos destinados à permanente qualificação e atualização funcional dos magistrados e serventuários que atuam nas Centrais de Audiências de Custódia, Varas Criminais, Juizados Especiais Criminais, Juizados de Violência Doméstica e Familiar contra a Mulher e Varas de Execução Penal em relação à garantia de direitos da população LGBTI que esteja custodiada, acusada, ré, condenada, privada de liberdade, em cumprimento de alternativas penais ou monitorada eletronicamente.

Art. 17. O Departamento de Monitoramento e Fiscalização do Sistema Carcerário e do Sistema de Execução de Medidas Socioeducativas do Conselho Nacional de Justiça elaborará, em até noventa dias, manual voltado à orientação dos tribunais e magistrados quanto à implementação das medidas previstas nesta Resolução.

Art. 18. Esta Resolução entra em vigor 180 dias após sua publicação.

(*) Art. 18 com redação dada pela Resolução CNJ nº 366/2021.

Ministro Luiz Fux

RESOLUÇÃO CNJ Nº 369, DE 19 DE JANEIRO DE 2021*

[arts. 282 ss. do CPP;
e Súmula Vinculante 56 do STF]

(*) Republicada em razão de erro material.

Estabelece procedimentos e diretrizes para a substituição da privação de liberdade de gestantes, mães, pais e responsáveis por crianças e pessoas com deficiência, nos termos dos arts. 318 e 318-A do Código de Processo Penal, e em cumprimento às ordens coletivas de habeas corpus *concedidas pela 2ª Turma do Supremo Tribunal Federal nos* HCs *nº 143.641/SP e nº 165.704/DF.*

O Presidente do Conselho Nacional de Justiça (CNJ), no uso de suas atribuições legais e regimentais,

Considerando a absoluta prioridade para garantia dos direitos fundamentais de crianças, adolescentes e jovens no Brasil, a teor do art. 227 da

Constituição Federal, da Lei nº 8.069/1990 (Estatuto da Criança e do Adolescente), e da Lei nº 13.257/2016, a qual prevê a atuação prioritária do poder público na construção de políticas públicas voltadas aos direitos de convivência familiar e comunitária de crianças até seis anos de idade;

Considerando as atribuições do Conselho Nacional de Justiça, previstas no art. 103-B, § 4º, da Constituição Federal, especialmente no que concerne ao controle da atuação administrativa e financeira e à coordenação do planejamento estratégico do Poder Judiciário, inclusive na área de tecnologia da informação;

Considerando o disposto nos arts. 318 e 318-A do Código de Processo Penal, que dispõem sobre a substituição da prisão preventiva pela domiciliar às mulheres e aos homens que sejam mães, pais ou responsáveis por crianças ou pessoas com deficiência;

Considerando as Regras das Nações Unidas que estabelecem parâmetros e medidas de tratamento humanitário para mulheres em privação de liberdade e egressas das prisões (Regras de *Bangkok*), assim como a Convenção Internacional sobre os Direitos das Pessoas com Deficiência (art. 4º) e a Convenção sobre Direitos da Criança de 1989 (art. 3º);

Considerando as disposições do art. 35, I, da Lei nº 12.594/2012 e do item 54 das Diretrizes das Nações Unidas para Prevenção da Delinquência Juvenil – Diretrizes de *Riad*, no sentido de que adolescentes e jovens não podem receber tratamento infracional ou socioeducativo mais gravoso que adultos;

Considerando o enunciado da Súmula Vinculante nº 56 do Supremo Tribunal Federal, no sentido de que a falta de estabelecimento penal adequado não autoriza a manutenção do condenado em regime prisional mais gravoso, devendo-se observar, nessa hipótese, os parâmetros fixados no RE nº 641.320/RS;

Considerando o acórdão proferido pela 2ª Turma do Supremo Tribunal Federal no *HC* nº 143.641, Relator Ministro Ricardo Lewandowski, em que foi concedida ordem de *habeas corpus* coletivo para determinar a substituição da prisão preventiva pela domiciliar – sem prejuízo da aplicação concomitante das medidas alternativas previstas no art. 319 do CPP – de todas as mulheres presas, gestantes, puérperas, mães e responsáveis por crianças e deficientes, enquanto perdurar tal condição, bem como às adolescentes sujeitas a medidas socioeducativas em idêntica situação, excetuados os casos de crimes praticados por elas mediante violência ou grave ameaça, contra seus descendentes ou, ainda, em situações excepcionalíssimas, devidamente fundamentadas;

Considerando o acórdão proferido pela 2ª Turma do Supremo Tribunal Federal no *HC* nº 165.704, Relator Ministro Gilmar Mendes, em que foi concedida ordem de *habeas corpus* coletivo para determinar a substituição da prisão cautelar dos pais e responsáveis por crianças e pessoas com deficiência, observadas as condicionantes nele apontadas, bem como a comunicação da ordem ao DMF/CNJ para acompanhamento da execução;

Considerando a Resolução CNJ nº 252/2018, que estabelece princípios e diretrizes para o acompanhamento das mulheres mães e gestantes privadas de liberdade, bem como o disposto no art. 11 da Resolução CNJ nº 254/2018, que trata do Cadastro Nacional de Presas Grávidas e Lactantes, e no art. 10 da Resolução CNJ nº 348/2020, no sentido de que os direitos assegurados às mulheres deverão ser estendidos às mulheres lésbicas, travestis e transexuais e aos homens transexuais, no que couber;

Considerando a importância de que os sistemas informatizados do Poder Judiciário forneçam suporte ativo à prestação jurisdicional, a fim de assegurar objetividade e eficiência às análises processuais e ao planejamento das políticas judiciárias, nos termos da Resolução CNJ nº 335/2020;

Considerando a Recomendação CNJ nº 62/2020, que orientou aos tribunais e magistrados a respeito da adoção de medidas preventivas à propagação da infecção pelo novo coronavírus – Covid-19 no âmbito dos sistemas de justiça penal e socioeducativo.

Considerando a decisão plenária tomada no julgamento do Ato Normativo nº 0010001-73.2020.2.00.0000, na 79ª Sessão Virtual, realizada em 18 de dezembro de 2020;

Resolve:

Art. 1º. Estabelecer procedimentos e diretrizes para a substituição da privação de liberdade de gestantes, mães, pais e responsáveis por crianças e pessoas com deficiência, nos termos dos arts. 318 e 318-A do Código de Processo Penal, e em cumprimento às ordens coletivas de *habeas corpus* concedidas pela 2ª Turma do Supremo Tribunal Federal nos *HCs* nº 143.641/SP e nº 165.704/DF.

Parágrafo único. Esta Resolução aplica-se também aos adolescentes e jovens apreendidos, processados por cometimento de ato infracional ou em cumprimento de medida socioeducativa, observadas as disposições da Lei nº 8.069/90♦ e da Lei nº 12.594/2012♦♦.

♦ Lei nº 8.069/1990 – Estatuto da Criança e do Adolescente.

♦♦ Lei nº 12.594/2012, que institui o Sistema Nacional de Atendimento Socioeducativo (Sinase) e regulamenta a execução das medidas socioeducativas destinadas a adolescente que pratique ato infracional.

Art. 2º. Os sistemas e cadastros utilizados na inspeção de estabelecimentos penais e socioeducativos na tramitação e gestão de dados dos processos, incluídas as fases pré-processual e de execução, contemplarão informações quanto à:

I – eventual condição gravídica ou de lactação, com indicação de data provável do parto, no primeiro caso;

II – circunstância de ser pai ou mãe, com especificação quanto à:

a) quantidade de filhos;

b) data de nascimento de cada um deles; e

c) eventual condição de pessoa com deficiência.

III – eventual situação de responsável por pessoa, de quem não seja pai ou mãe, com a indicação de:

a) data de nascimento; e

b) eventual condição de pessoa com deficiência.

IV – prática de crime contra filho ou dependente.

§ 1º. Os sistemas e cadastros deverão assegurar a proteção dos dados pessoais e o respeito aos direitos e garantias individuais, notadamente à intimidade, privacidade, honra e imagem, nos termos da legislação aplicável.

§ 2º. As adaptações necessárias nos sistemas e cadastros observarão os conceitos previstos no art. 4º da Resolução CNJ nº 335/2020♦, que institui política pública para a governança e a gestão de processo judicial eletrônico e integra os tribunais do país com a criação da Plataforma Digital do Poder Judiciário Brasileiro – PDPJ-Br.

♦ Resolução CNJ nº 335/2020, que institui política pública para a governança e a gestão de processo judicial eletrônico, integra os tribunais do país com a criação da Plataforma Digital do Poder Judiciário Brasileiro – PDPJ-Br, e mantém o sistema PJe como sistema de Processo Eletrônico prioritário do Conselho Nacional de Justiça.

§ 3º. Os tribunais manterão atualizadas as informações de que trata este artigo nos sistemas e cadastros eletrônicos.

Art. 3º. Os sistemas e cadastros relativos ao processo e à execução penais, ao procedimento de apuração de ato infracional e à execução de medida socioeducativa deverão fornecer à autoridade judicial alerta automático em caso de:

I – custodiada gestante, mãe ou responsável por crianças ou pessoas com deficiência, indicativo da necessidade de analisar a possibilidade de substituição de prisão preventiva por prisão domiciliar, e o cabimento de saída antecipada do regime fechado ou semiaberto, conforme Súmula Vinculante nº 56;

(*) Vide Súmula Vinculante 56 do STF.

II – custodiado que seja pai ou responsável por criança ou pessoa com deficiência, a fim de indicar a necessidade de analisar a possibilidade de substituição de prisão preventiva por prisão domiciliar, nos termos do art. 318, III e VI, do Código de Processo Penal, ou de saída antecipada do regime fechado ou semiaberto, conforme Súmula Vinculante nº 56.

III – custodiada gestante, mãe ou responsável por crianças ou pessoas com deficiência que já tenha cumprido um oitavo da pena no regime prisional, indicativo da necessidade de análise de progressão de regime, nos termos do art. 112, § 3º, da Lei de Execução Penal.

Parágrafo único. O alerta de que trata este artigo também deverá ser acessível ao Ministério Público, à Defesa e à pessoa custodiada, acusada, ré, condenada ou privada de liberdade.

Art. 4º. Incumbe à autoridade judicial, na análise do caso concreto e em cumprimento às ordens coletivas de *habeas corpus* concedidas pela 2ª Turma do Supremo Tribunal Federal nos *HCs* nº 143.641 e 165.704:

I – averiguar, por perguntas e visualmente, hipóteses de gravidez ou existência de filhos, dependentes ou outra pessoa sob cuidados da pessoa custodiada, com informações referentes à idade e a eventual deficiência destas;

II – consultar, se entender necessário, sistemas eletrônicos de registro civil, devendo conferir credibilidade à palavra da pessoa custodiada em caso de indisponibilidade do sistema e em relação à guarda do filho, criança ou pessoa com deficiência que esteja sob sua responsabilidade; e

III – consultar a equipe multidisciplinar, a fim de colher subsídios para a decisão e para os encaminhamentos de proteção social necessários à pessoa apresentada e aos filhos, criança ou pessoa com deficiência que esteja sob sua responsabilidade.

§ 1º. Na audiência de custódia, caso a prisão em flagrante tenha sido regular, e se entender necessária e adequada a segregação cautelar da pessoa que se encontre nas hipóteses previstas no art. 1º desta Resolução, o juiz poderá determinar sua prisão domiciliar, sem prejuízo da imposição de medida cautelar prevista no art. 319 do Código de Processo Penal, nos casos em que haja estrita necessidade.

§ 2º. Eventual imposição de prisão domiciliar ou de medida cautelar diversa da prisão deverá ser fundamentada nos termos do art. 315 do Código de Processo Penal, cabendo ainda examinar sua compatibilidade com os cuidados necessários ao filho ou dependente.

§ 3º. A aplicação de medidas cautelares diversas da prisão compreenderá a estipulação de prazos para seu cumprimento e para a reavaliação de sua manutenção, conforme art. 9º da Resolução CNJ nº 213/2015.

(*) Vide Resolução CNJ nº 213/2015.

§ 4º. Na audiência de custódia, o juiz questionará a pessoa apresentada sobre a profissão declarada e os vínculos de emprego, que deverão ser considerados na fundamentação sobre a prisão domiciliar e/ou na imposição de medidas cautelares diversas.

§ 5º. Caso a presa mãe, gestante ou responsável por criança ou pessoa com deficiência não possua emprego, atividade lícita e nem condições imediatas de trabalho, o magistrado deverá avaliar a possibilidade de inclusão em projetos sociais e de geração de trabalho e renda compatíveis com a sua situação particular.

§ 6º. A decretação da prisão preventiva de pessoa que se encontre nas hipóteses previstas no art. 1º desta Resolução deve ser considerada apenas nos casos previstos no rol taxativo decidido pelo STF nos *Habeas Corpus* nº 143.641 e 165.704:

I – crimes praticados mediante violência ou grave ameaça;

II – crimes praticados contra seus descendentes;

III – suspensão ou destituição do poder familiar por outros motivos que não a prisão;

IV – situações excepcionalíssimas, as quais deverão ser devidamente fundamentadas, considerando:

a) a absoluta excepcionalidade do encarceramento de gestantes, mães, pais e responsáveis por crianças e pessoas com deficiência, em favor dos quais as ordens de *habeas corpus* foram concedidas;

b) a presunção legal de indispensabilidade dos cuidados maternos;

c) a presunção de que a separação de mães, pais ou responsáveis, de seus filhos ou dependentes afronta o melhor interesse dessas pessoas, titulares de direito à especial proteção; e

d) a desnecessidade de comprovação de que o ambiente carcerário é inadequado para gestantes, lactantes e seus filhos.

§ 7º. Na hipótese excepcional de manutenção da privação de liberdade, o acompanhamento das mulheres mães e gestantes obedecerá aos princípios e diretrizes previstos na Resolução CNJ nº 252/2018.

(*) Vide Resolução CNJ nº 252/2018.

Art. 5º. Até o trânsito em julgado de eventual decisão condenatória, a autoridade judicial poderá se valer das providências previstas no art. 4º para reavaliar a necessidade de manutenção da medida privativa de liberdade, ou designar audiência, em caso de dúvida sobre a prova documental carreada aos autos acercados requisitos do art. 318 do CPP.

Art. 6º. Incumbe à autoridade judicial responsável pela execução penal analisar, em caráter emergencial, a possibilidade de concessão de saída antecipada do regime fechado ou semiaberto, nos casos elencados na Recomendação CNJ nº 62/2020♦.

♦ Recomendação CNJ nº 62/2020, que recomenda aos Tribunais e magistrados a adoção de medidas preventivas à propagação da infecção pelo novo coronavírus – Covid-19 no âmbito dos sistemas de justiça penal e socioeducativo.

Art. 7º. Os tribunais, em colaboração com as escolas de magistratura, deverão promover estudos, pesquisas e cursos de formação continuada, divulgar estatísticas e outras informações relevantes referentes ao tratamento de pessoas custodiadas, acusadas, rés, condenadas ou privadas de liberdade que sejam gestantes, lactantes, mães, pais ou responsáveis por crianças e pessoas com deficiência, para qualificação permanente e atualização funcional dos magistrados e serventuários em atuação nas varas criminais, juizados especiais criminais, juizados de violência doméstica e familiar contra a mulher, varas de execução penal e varas da infância e da juventude.

Art. 8º. Os tribunais, por meio do Grupo de Monitoramento e Fiscalização do Sistema Carcerário (GMF) e da Coordenadoria da Infância e da Juventude (CIJ), deverão:

I – estabelecer fluxo para rastreamento e acompanhamento das decisões que tratem da substituição de prisão preventiva, bem como da saída antecipada dos regimes fechado e semiaberto;

II – sistematizar e divulgar os dados, decisões judiciais e informações correlatas ao objeto dos *Habeas Corpus* nº 143.641 e 165.704, remetendo relatório ao DMF, trimestralmente.

Parágrafo único. Os GMFs e as CIJs poderão designar servidores ou magistrados, sem prejuízo de suas atribuições, para acompanhamento específico do cumprimento do disposto neste artigo.

Art. 9º. Fica instituída, no âmbito do Conselho Nacional de Justiça, Comissão Permanente Interinstitucional para acompanhamento e sistematização em nível nacional dos dados referentes ao cumprimento das ordens coletivas de *habeas corpus* concedidas pela 2ª Turma do Supremo Tribunal Federal nos *HCs* nº 143.641 e 165.704 e à implementação das demais medidas previstas nesta Resolução.

§ 1º. A composição da Comissão Permanente Interinstitucional será definida por ato da Presidência do CNJ, a ser publicado no prazo de 30 dias, assegurada a equidade de gênero nas indicações e a participação de representantes da Ordem dos Advogados do Brasil, do Ministério Público, da Defensoria Pública e de, no mínimo, duas organizações ou instituições da sociedade civil que se dediquem ao objeto desta Resolução.

§ 2º. Será criado painel público para monitoramento dos dados referentes à implementação desta Resolução, hospedado na página eletrônica do Conselho Nacional de Justiça.

Art. 10. O acompanhamento do cumprimento desta Resolução contará com o apoio técnico do Departamento de Monitoramento e Fiscalização do Sistema Carcerário e do Sistema de Execução de Medidas Socioeducativas do Conselho Nacional de Justiça (DMF).

Parágrafo único. O DMF elaborará, no prazo de até 180 dias:

I – manual voltado à orientação dos tribunais e magistrados quanto à implementação do disposto nesta Resolução;

II – formulário eletrônico para monitoramento da implementação desta Resolução, a ser preenchido trimestralmente pelos tribunais.

Art. 11. Os sistemas e cadastros utilizados na inspeção de estabelecimentos penais e socioeducativas na tramitação e gestão de dados dos processos penais serão adequados ao disposto nesta Resolução no prazo de noventa dias.

Parágrafo único. O Departamento de Tecnologia da Informação do Conselho Nacional de Justiça fornecerá o suporte técnico necessário à implementação da presente Resolução.

Art. 12. O Conselho Nacional de Justiça e os tribunais poderão realizar acordos e parcerias para viabilizar a implementação dos dispositivos da presente Resolução, notadamente para disponibilizar aos juízes acesso eletrônico para consulta ao sistema de registro civil.

Art. 13. Esta Resolução entra em vigor na data da sua publicação.

Ministro Luiz Fux

RESOLUÇÃO CNJ Nº 404, DE 2 DE AGOSTO DE 2021

[arts. 289 e 289-A do CPP]

(*) Atualizada até as alterações promovidas pela Resolução CNJ nº 434, de 28.10.2021.

Estabelece diretrizes e procedimentos, no âmbito do Poder Judiciário, para a transferência e o recambiamento de pessoas presas.

O Presidente do Conselho Nacional da Justiça (CNJ), no uso de suas atribuições legais e regimentais;

Considerando os direitos e garantias fundamentais, especialmente o disposto no art. 5º, XXXV, XLVI, XLVIII, XLIX, LV e LXXVIII da Constituição da República Federativa do Brasil (CRFB/1988), bem como os princípios que regem a administração pública, nos termos do art. 37 da CF/1988;

Considerando as disposições dos arts. 289 e 289-A do Código de Processo Penal, que dispõem sobre o cumprimento de mandado de prisão fora da jurisdição do juiz processante, ao qual cabe providenciar a remoção da pessoa presa no prazo máximo de 30 (trinta) dias, contados da efetivação da medida;

Considerando o disposto na Lei nº 7.2101984 (Lei de Execução Penal), no sentido de que a execução penal tem por objetivo proporcionar condições para a harmônica integração social do condenado, assegurando-se todos os direitos não atingidos pela sentença, incluído o direito à visita de parentes e amigos e a permanência em local próximo ao seu meio social e familiar (arts. 1º, 3º, 41, 42 e 103);

Considerando que a execução penal compete à autoridade judiciária, à qual incumbe zelar pelo correto cumprimento da pena, determinar eventual remoção da pessoa condenada e definir o estabelecimento penal adequado para abrigá-la (art. 65; art. 66, III, *f*, V, *g* e *h*, e VI; art. 86, *caput* e § 3º; e art. 194, da Lei nº 7.210/1984);

Considerando a Lei nº 8.653/1993, que dispõe sobre o transporte de presos, e a Resolução nº 2/2012, do Conselho Nacional de Política Criminal e Penitenciária, que proíbe o transporte de pessoas presas ou internadas em condições ou situações que lhes causem sofrimentos físicos ou morais, sob pena de responsabilidade administrativa, civil e criminal;

Considerando as Regras Mínimas das Nações Unidas para o Tratamento de Presos (Regras de Mandela), que dispõem sobre providências relativas à transferência e transporte de pessoas presas, incluída à informação aos familiares (Regras nº 7, 26, 68 e 73);

Considerando o disposto no art. 17.3 da Convenção Internacional para a Proteção de Todas as Pessoas contra o Desaparecimento Forçado, que prevê a manutenção de registros oficiais atualizados das pessoas privadas de liberdade, em especial quanto à transferência para outro local de detenção, ao destino e à autoridade responsável pela transferência;

Considerando o item IX dos "Princípios e Boas Práticas para a proteção das pessoas privadas de liberdade nas Américas", adotados por meio da Resolução nº 01/2008, pela Comissão Interamericana de Direitos Humanos, em seu 131º Período Ordinário de Sessões;

Considerando o teor das resoluções da Corte Interamericana de Direitos Humanos nas medidas provisórias outorgadas em relação ao Instituto Penal Plácido Sá Carvalho (RJ), Complexo Penitenciário de Pedrinhas (MA) e do Complexo Penitenciário do Curado (PE);

Considerando a Resolução CNJ nº 350/2020, que estabelece diretrizes e procedimentos sobre a cooperação judiciária nacional entre os órgãos do Poder Judiciário e outras instituições e entidades, prever que a transferência de pessoas presas consiste em ato de cooperação judiciária e determinar que ao Conselho Nacional de Justiça, com o apoio técnico do Departamento de Monitoramento e Fiscalização do Sistema Carcerário e Socioeducativo, cabe propor ato normativo regulamentando a matéria (art. 6º, XV e parágrafo único);

Considerando a deliberação do Plenário do CNJ, no Procedimento de Ato Normativo nº 0004354-63.2021.2.00.0000, na 89ª Sessão Virtual, realizada em 25 de junho de 2021;

Resolve:

Capítulo I
DISPOSIÇÕES GERAIS

Art. 1º. Esta resolução estabelece diretrizes e procedimentos, no âmbito do Poder Judiciário, para a transferência e o recambiamento de pessoas presas.

Parágrafo único. A presente resolução disciplina a movimentação de pessoas presas entre estabelecimentos prisionais geridos pelos estados, não se aplicando à transferência e inclusão de pessoas presas no sistema penitenciário federal.

Art. 2º. Para fins desta resolução, considera-se:

I – transferência: a movimentação de pessoa presa, do estabelecimento prisional em que se encontra para outro estabelecimento prisional, situado na mesma unidade da federação; e

II – recambiamento: a movimentação de pessoa presa, do estabelecimento prisional em que se encontra para outro estabelecimento prisional, situado em outra unidade da federação.

Art. 3º. São diretrizes aplicáveis à transferência e ao recambiamento de pessoas presas:

I – a competência do juiz processante para providenciar a remoção da pessoa presa provisoriamente nos casos em que o mandado de prisão é cumprido fora de sua jurisdição;

II – a competência do juiz indicado na lei de organização judiciária para processar a execução penal e os respectivos incidentes;

III – a articulação interinstitucional e a cooperação entre os órgãos do Poder Judiciário, nos termos da Resolução CNJ nº 350/2020♦;

♦ Resolução CNJ nº 350/2020, que estabelece diretrizes e procedimentos sobre a cooperação judiciária nacional entre os órgãos do Poder Judiciário e outras instituições e entidades, e dá outras providências.

IV – os objetivos da execução penal de efetivar as disposições da decisão criminal e de proporcionar condições para a harmônica integração social da pessoa condenada;

V – os princípios da dignidade da pessoa humana, legalidade, devido processo legal, contraditório, ampla defesa e duração razoável do processo;

VI – os princípios da impessoalidade, finalidade, motivação, publicidade, segurança jurídica e interesse público;

VII – o direito da pessoa presa de permanecer em local próximo ao seu meio social e familiar; e

VIII – a realização da movimentação de pessoas presas de forma a respeitar sua integridade física e moral.

Art. 4º. As transferências e os recambiamentos de pessoas presas serão apreciados pela autoridade judiciária competente, definida nos termos do Código de Processo Penal, das leis de organização judiciária e da Lei de Execução Penal, que contará com o apoio da Rede Nacional de Cooperação Judiciária, instituída pela Resolução CNJ nº 350/2020.

§ 1º. A autoridade judiciária poderá praticar atos e apresentar pedido de cooperação destinados a órgãos do Poder Judiciário e outras instituições, a fim de comunicar o cumprimento de mandado de prisão oriundo de outra comarca ou unidade da federação, instruir o procedimento de transferência ou de recambiamento e efetivar a movimentação, nos termos da Resolução CNJ nº 350/2020.

§ 2º. A cooperação será instrumentalizada, preferencialmente, por auxílio direto, sendo recomendada prévia consulta à autoridade judiciária do local que receberá a pessoa presa.

§ 3º. As autoridades judiciárias dos locais de origem e de destino da pessoa presa poderão solicitar apoio aos Juízes de Cooperação e aos Núcleos de Cooperação Judiciária para intermediar o concerto de atos e ajudar na solução para problemas dele decorrentes.

Capítulo II
DA TRANSFERÊNCIA

Art. 5º. Compete ao Poder Judiciário decidir sobre os requerimentos de transferência apresentados em juízo e realizar o controle de legalidade das transferências determinadas no âmbito da administração penitenciária.

Parágrafo único. A competência do Poder Judiciário para decidir sobre os requerimentos de transferência não exclui a atribuição da administração penitenciária para deliberar sobre a questão.

(*) Parágrafo único acrescido pela Resolução CNJ nº 434/2021.

Seção I
Dos requerimentos de transferência apresentados em juízo

(*) Seção I, com divisão de seção e título acrescidos pela Resolução CNJ nº 434/2021.

Art. 6º. O requerimento de transferência pode ser apresentado:

I – pela pessoa presa, por si ou por advogado constituído, advogada constituída ou membro da Defensoria Pública;

II – pelos familiares da pessoa presa;

III – por membro do Ministério Público;

IV – (revogado);

(*) Inciso IV revogado pela Resolução CNJ nº 434/2021.

V – (revogado);

(*) Inciso V revogado pela Resolução CNJ nº 434/2021.

VI – por representante de conselho da comunidade, conselho penitenciário ou mecanismo de prevenção e combate à tortura.

§ 1º. O procedimento de transferência de pessoa presa pode ser instaurado de ofício, sempre que presente algum dos fundamentos previstos no art. 7º da presente Resolução.

§ 2º. O requerimento de transferência de pessoa presa pode ser apresentado independentemente do tempo de pena já cumprido no estabelecimento prisional em que se encontra custodiada.

Art. 7º. A transferência de pessoa presa poderá ser efetuada com fundamento em:

I – risco à vida ou à integridade da pessoa presa;

II – necessidade de tratamento médico;

III – risco à segurança;

IV – necessidade de instrução de processo criminal;

V – (revogado);

(*) Inciso V revogado pela Resolução CNJ nº 434/2021.

VI – permanência da pessoa presa em local próximo ao seu meio social e familiar;

VII – exercício de atividade laborativa ou educacional;

VIII – regulação de vagas em função de superlotação ou condições inadequadas de privação de liberdade; e

IX – outra situação excepcional, devidamente demonstrada.

Parágrafo único. A transferência de pessoas presas não tem natureza de sanção administrativa por falta disciplinar, nos termos do art. 53 da Lei de Execução Penal.

Art. 8º. Para os fins do art. 7º, VIII, a autoridade judicial considerará a ocupação dos estabelecimentos de origem e destino, de modo a evitar sobrepopulação nos espaços de privação de liberdade, riscos à segurança, aumento da insalubridade e a propagação de doenças às pessoas privadas de liberdade e aos agentes que laboram na localidade.

Parágrafo único. No caso do *caput*, será dada prioridade a outras medidas de redução da população carcerária, em especial àquelas que decorrem da Súmula Vinculante nº 56 do Supremo Tribunal Federal, sem prejuízo de demais iniciativas.

Art. 9º. O requerimento de transferência será apresentado com as informações essenciais à apreciação do pedido e a respectiva motivação e será autuado como procedimento, com tramitação em sistema eletrônico.

§ 1º. Os tribunais poderão disciplinar os elementos necessários à instrução do requerimento, atendendo-se aos princípios da proporcionalidade e da razoabilidade.

§ 2º. O direito de petição da pessoa presa será assegurado de maneira efetiva, cabendo aos tribunais receber e processar os requerimentos de transferência, observados os direitos de acesso à justiça e à assistência judiciária gratuita, bem como a instrumentalidade das formas.

Art. 10. A tramitação do procedimento de transferência de pessoa presa contemplará:

I – manifestação do Ministério Público e da defesa técnica, quando não tiverem apresentado o requerimento;

II – oitiva da pessoa presa, sempre que não for a requerente, zelando-se pela livre manifestação de sua vontade;

III – consulta a órgão da administração penitenciária; e

IV – direito de informação da pessoa presa, do requerente e dos demais órgãos da execução penal, sobre o andamento do requerimento.

Parágrafo único. A publicidade do procedimento de transferência poderá ser restringida, em hipóteses excepcionais, a fim de resguardar a segurança da pessoa presa.

Art. 11. A decisão que apreciar o requerimento de transferência de pessoa presa deverá ser fundamentada, com análise das questões de fato e de direito.

§ 1º. A autoridade judiciária determinará a intimação do requerente, da pessoa presa e da defesa técnica, para ciência da decisão.

§ 2º. Na hipótese de deferimento do requerimento de transferência, a autoridade judiciária comunicará ainda:

I – a família da pessoa presa, sempre que presentes informações que possibilitem a medida; e

II – a secretaria de estado responsável pela administração penitenciária, para efetivação da transferência da pessoa presa, com o traslado de seu prontuário médico e bens pessoais.

§ 3º. A judicialização prévia de pedido de transferência não obsta a decisão da administração penitenciária sobre a questão, nos casos em que o juízo competente não profira decisão no prazo previsto no art. 800 do Código de Processo Penal.

(*) § 3º acrescido pela Resolução CNJ nº 434/2021.

Art. 12. Em situações excepcionais, é possível o deferimento da transferência de pessoa presa de forma cautelar, hipótese em que as providências de que trata o art. 10 serão realizadas em até 48 (quarenta e oito) horas.

(*) Art. 12 com redação dada pela Resolução CNJ nº 434/2021.

Seção II
Do controle de legalidade das transferências determinadas pela administração penitenciária

(*) Seção II, com divisão de seção e título acrescidos pela Resolução CNJ nº 434/2021.

Art. 13. O controle judicial de legalidade das transferências determinadas no âmbito da administração penitenciária será realizado à luz das diretrizes e princípios elencados no art. 3º da presente Resolução.

§ 1º. Os Núcleos de Cooperação Judiciária dos tribunais, em cooperação com as secretarias de estado com atribuição para a gestão penitenciária e realização do transporte de pessoas presas, atuarão pela harmonização de procedimentos e rotinas administrativas, de modo a contemplar:

I – o procedimento administrativo de acordo com as diretrizes e princípios elencados na presente resolução, incluída a previsão das hipóteses excepcionais em que necessária a efetivação da transferência antes da conclusão do procedimento;

(*) Inciso I com redação dada pela Resolução CNJ nº 434/2021.

II – hipóteses excepcionais em que a publicidade do procedimento de transferência poderá ser restringida, a fim de resguardar a segurança da pessoa presa;

III – medidas para coibir o desvio de finalidade e o uso abusivo de transferências, incluída a previsão de responsabilização administrativa.

IV – a comunicação obrigatória ao juízo competente sobre as transferências realizadas, com a disponibilização de acesso ou o envio de cópia dos procedimentos administrativos correspondentes, em até 48 (quarenta e oito) horas;

V – a realização do transporte de forma a respeitar a dignidade e integridade física e moral da pessoa presa, observados o art. 16 da presente Resolução e a legislação aplicável;

VI – o cumprimento do prazo previsto no art. 289, § 3º, do Código de Processo Penal; e

VII – a comunicação aos familiares sobre o local de destino da transferência.

§ 2º. Sem prejuízo do disposto no parágrafo anterior, o controle judicial poderá ser provocado pelos(as) interessados(as) de que trata o art. 6º da presente resolução, observado o disposto no art. 9º, § 2º.

(*) § 2º com redação dada pela Resolução CNJ nº 434/2021.

Capítulo III
DOS RECAMBIAMENTOS

Art. 14. O recambiamento de pessoas presas será determinado pela autoridade judiciária competente, observado o procedimento descrito nos arts. 6º ao 11 da presente Resolução, e será instrumentalizado a partir de atos de cooperação, nos termos do art. 4º.

Parágrafo único. Além das pessoas e órgãos de que trata o art. 6º, o pedido de recambiamento poderá ser apresentado pela diretoria de unidade prisional, pela secretaria de estado responsável pela administração penitenciária ou outro órgão a esta vinculado, nas hipóteses previstas no art. 7º ou em caso de necessidade afeta à gestão do sistema carcerário.

(*) Parágrafo único acrescido pela Resolução CNJ nº 434/2021.

Art. 15. O Comitê Executivo da Rede Nacional de Cooperação Judiciária apoiará os Núcleos de Cooperação Judiciária dos Tribunais na elaboração de termos de cooperação ou instrumentos congêneres, entre si, com o Departamento Penitenciário Nacional• e com outras instituições, para a construção de diretrizes para a efetivação dos recambiamentos, em âmbito nacional.

♦ Atual denominação: "Secretaria Nacional de Políticas Penais", nos termos da Medida Provisória nº 1.154/2022.

§ 1º. Os Núcleos de Cooperação Judiciária dos Tribunais poderão celebrar termos de cooperação ou instrumentos congêneres, entre si e com outras instituições, para a construção de fluxos de recambiamentos e harmonização de rotinas e procedimentos entre unidades da federação próximas.

§ 2º. Os termos de cooperação e instrumentos congêneres de que trata este artigo serão elaborados com observância aos princípios e diretrizes previstos nesta Resolução.

Capítulo IV
DO TRANSPORTE

Art. 16. As transferências e recambiamentos serão realizados de forma a respeitar a dignidade e integridade física e moral das pessoas presas, observando, especialmente:

I – as condições de segurança no transporte, em conformidade com as normas do Código Nacional de Trânsito Brasileiro, incluídos a adequação dos assentos e cintos de segurança;

II – a iluminação e segurança climática dos veículos utilizados para o transporte;

III – a adoção de mecanismos de prevenção de conflitos durante o período de deslocamento entre as pessoas transportadas, atentando-se aos marcadores de gênero e orientação sexual, evitando-se ainda o transporte no mesmo veículo de pessoas com histórico de desavenças entre si;

IV – a disponibilidade de alimentação e água potável e a realização de parada para refeição e uso de banheiro, considerada a necessidade da pessoa transportada;

(*) Inciso IV com redação dada pela Resolução CNJ nº 434/2021.

V – os cuidados especiais à pessoa presa gestante, idosa, com deficiência, acometida de doença ou que necessite de tratamento médico; e

VI – preservação do anonimato e do sigilo das pessoas transportadas, vedada a exposição pública.

§ 1º. Será efetuado o registro da data, da hora de saída do estabelecimento de origem e da hora de chegada no estabelecimento de destino.

§ 2º. Será realizado exame de corpo de delito ou laudo de avaliação clínica por ocasião do ingresso da pessoa na unidade de destino, salvo impossibilidade devidamente justificada por escrito.

(*) § 2º com redação dada pela Resolução CNJ nº 434/2021.

§ 3º. O transporte de pessoas presas em condições que lhes causem sofrimentos físicos ou morais poderá ensejar responsabilização administrativa, civil e criminal.

§ 4º. O disposto neste artigo aplica-se ao transporte em caso de transferência que decorra da alteração de regime de cumprimento de pena, bem como ao traslado de pessoas presas para a participação em atos processuais, no que couber.

Capítulo V
DISPOSIÇÕES FINAIS E TRANSITÓRIAS

Art. 17. Os Núcleos de Cooperação Judiciária dos tribunais são responsáveis por consolidar os dados e as boas práticas afetos às transferências e aos recambiamentos junto ao respectivo tribunal.

Art. 18. Os atos normativos editados pelos tribunais para regulamentar a transferência e o recambiamento de pessoas presas serão disponibilizados em seus sítios eletrônicos e encaminhados ao Conselho Nacional de Justiça, nos autos do procedimento de acompanhamento da presente resolução.

Parágrafo único. Os atos normativos já existentes acerca da matéria serão adequados às disposições desta resolução.

(*) Parágrafo único com redação dada pela Resolução CNJ nº 434/2021.

Art. 19. O acompanhamento do cumprimento desta Resolução contará com o apoio técnico do Departamento de Monitoramento e Fiscalização do Sistema Carcerário e do Sistema de Execução de Medidas Socioeducativas do Conselho Nacional de Justiça (DMF).

Art. 20. Os sistemas e cadastros de tramitação processual e de gestão da custódia serão adaptados para registrar a movimentação das pessoas presas, de modo a permitir consulta de alocação e dados sobre as demandas de transferências e recambiamentos.

Art. 21. Esta Resolução entra em vigor 180 (cento e oitenta) dias após sua publicação.

(*) Art. 21 com redação dada pela Resolução CNJ nº 434/2021.

Ministro Luiz Fux

RESOLUÇÃO CNJ Nº 405, DE 6 DE JULHO DE 2021

[art. 1º da LEP]

Estabelece procedimentos para o tratamento das pessoas migrantes custodiadas, acusadas, rés, condenadas ou privadas de liberdade, inclusive em prisão domiciliar e em outras formas de cumprimento de pena em meio aberto, em cumprimento de alternativas penais ou monitoração eletrônica e confere diretrizes para asse-

gurar os direitos dessa população no âmbito do Poder Judiciário.

O Presidente do Conselho Nacional de Justiça (CNJ), no uso de suas atribuições legais e regimentais,

Considerando que a República Federativa do Brasil é regida pela prevalência dos direitos humanos nas relações internacionais (art. 4º, II, da CF), cumprindo garantir o devido processo legal a todas as pessoas sujeitas à jurisdição criminal, independentemente da nacionalidade;

Considerando as Regras Mínimas das Nações Unidas para o Tratamento de Presos – Regras de Mandela –, que dispõem sobre a concessão, aos reclusos de nacionalidade estrangeira, de facilidades razoáveis para comunicação com os representantes diplomáticos e consulares do Estado de que sejam nacionais (Regra nº 62), bem como as Regras das Nações Unidas que estabelecem parâmetros e medidas de tratamento humanitário para mulheres em privação de liberdade e egressas das prisões (Regras de *Bangkok*), com a garantia de acesso aos representantes consulares quando do ingresso de mulher migrante no sistema penitenciário (Regra nº 2);

Considerando a previsão do art. 36 da Convenção de Viena sobre Relações Consulares (1963), promulgada pelo Decreto nº 61.078/1967, bem como a jurisprudência do Supremo Tribunal Federal, que reconhecem que o direito à assistência consular integra a cláusula do devido processo legal, podendo sua inobservância resultar em responsabilização internacional, conforme condenação da Corte Internacional de Justiça, no Caso Avena e outros *vs.* Estados Unidos (2004), bem como *Lagrande* outros *vs.* Estados Unidos (2001);

Considerando que a Corte Interamericana de Direitos Humanos emitiu a Opinião Consultiva nº 16/1999, quanto ao "direito à informação a assistência consular no marco das garantias do devido processo legal", ocasião em que esclareceu, no ponto resolutivo 06, que o direito individual é exigível em face do Estado por se tratar de uma garantia abarcada pelo art. 14 do Pacto Internacional de Direitos Civis e Políticos e do art. 8º da Convenção Americana sobre Direitos Humanos, interpretados à luz da Convenção de Viena sobre Relações Consulares (1963);

Considerando as disposições da Lei nº 7.210/1984 (Lei de Execução Penal), a qual estabelece que ao condenado serão assegurados todos os direitos não atingidos pela sentença ou pela lei, sem qualquer distinção de natureza racial, social, religiosa ou política;

Considerando as disposições da Lei nº 9.474/1997, que estabelece mecanismos e diretrizes para a implementação da Convenção sobre o Estatuto dos Refugiados de 1951;

Considerando as disposições da Lei nº 13.344/2016, que prevê medidas de repressão e prevenção ao tráfico internacional de pessoas e de proteção às vítimas;

Considerando o disposto na Lei nº 13.445/2017 (Lei de Migração), a qual estabelece os direitos e os deveres do migrante e do visitante, regula a sua entrada e estada no país e prevê princípios e diretrizes para as políticas públicas para o emigrante;

Considerando a Resolução CNJ nº 369/2021, que estabelece procedimentos e diretrizes para a substituição da privação de liberdade de gestantes, mães, pais e responsáveis por crianças e pessoas com deficiência, nos termos dos arts. 318 e 318-A do Código de Processo Penal, e em cumprimento às ordens coletivas de *habeas corpus* concedidas pela 2ª Turma do Supremo Tribunal Federal nos *HCs* nº 143.641/SP e 165.704/DF;

Considerando a Resolução nº 4/ 2019, da Comissão Interamericana de Direitos Humanos, que adota os princípios interamericanos sobre os direitos humanos de todas as pessoas migrantes, refugiadas, apátridas e vítimas do tráfico de pessoas;

Considerando as diretrizes interpretativas do Comitê sobre a Proteção dos Direitos de Todos os Trabalhadores Migrantes e Membros de Suas Famílias, por meio de seu Comentário Geral nº 02.

Considerando a deliberação do Plenário do CNJ, no Procedimento de Ato Normativo nº 0009272-52.2017. 2.00.0000, na 89ª Sessão Virtual, realizada em 25 de junho de 2021;

Resolve

Art. 1º. Estabelecer procedimentos para o tratamento das pessoas migrantes custodiadas, acusadas, rés, condenadas ou privadas de liberdade, inclusive em prisão domiciliar e em outras formas de cumprimento de pena em meio aberto, em cumprimento de alternativas penais ou monitoração eletrônica e conferir diretrizes para assegurar os direitos dessa população no âmbito do Poder Judiciário.

Art. 2º. Entende-se por migrante toda pessoa que se encontra fora do território de que é nacional, independentemente da situação migratória, intenção ou duração de sua estada ou permanência.

Parágrafo único. O conceito de migrante abrange o apátrida, entendido como pessoa que não seja considerada como nacional por nenhum Estado, segundo a sua legislação, nos termos da Convenção sobre o Estatuto dos Apátridas, de 1954, promulgada pelo Decreto nº 4.246/2002.

Art. 3º. São princípios que regem o tratamento das pessoas migrantes a que se refere esta Resolução:

I – universalidade, indivisibilidade e interdependência dos direitos humanos;

II – repúdio e prevenção à xenofobia, ao racismo, ao tráfico de pessoas e a quaisquer formas de discriminação;

III – não criminalização da migração;

IV – não discriminação em razão dos critérios ou dos procedimentos pelos quais a pessoa foi admitida em território nacional;

V – garantia do direito à assistência consular;

VI – garantia do devido processo legal e do direito à não discriminação no processo de conhecimento ou em qualquer fase da execução da pena;

VII – promoção da regularização documental, com acesso à documentação necessária à regularização migratória e ao exercício dos direitos;

VIII – garantia do direito à reunião familiar e do exercício da maternidade ou paternidade;

IX – igualdade de tratamento e de oportunidade, considerando-se os variados marcadores sociais da diferença, tais como raça, origem étnica ou nacional, gênero e orientação sexual, condição social e exposição à pobreza, entre outros;

X – inclusão social e laboral, com acesso igualitário a serviços, programas e benefícios;

XI – direito à assistência jurídica integral e gratuita;

XII – promoção do direito de acesso à informação sobre direitos e obrigações da pessoa migrante, incluídos os que decorram da sua condição de custodiada, acusada, ré, condenada, privada de liberdade ou em cumprimento de alternativas penais;

XIII – cooperação internacional com Estados de origem, de trânsito e de destino de movimentos migratórios, a fim de promover a efetiva proteção aos direitos humanos do migrante; e

XIV – difusão e garantia dos direitos reconhecidos nos tratados internacionais e na jurisprudência de cortes internacionais de direitos humanos.

Art. 4º. Será garantida a presença de intérprete ou tradutor do idioma falado pela pessoa migrante em todas as etapas do processo penal em que ela figure como parte, incluindo a audiência de custódia.

Parágrafo único. Os órgãos do Poder Judiciário deverão envidar esforços para promover o acesso dos principais documentos do processo judicial à pessoa migrante, traduzidos no idioma por ela falado.

Art. 5º. Presentes elementos de que a pessoa migrante seja vítima direta ou indireta de tráfico de pessoas, nos termos da Lei nº 13.344/2016♦, o juiz encaminhará os indícios às autoridades responsáveis, bem como tomará as medidas de proteção e atendimento cabíveis, conforme art. 6º da referida lei.

♦ Lei nº 13.344/2016, que dispõe sobre prevenção e repressão ao tráfico interno e internacional de pessoas e sobre medidas de atenção às vítimas; altera a Lei nº 6.815, de 19 de agosto de 1980, o Decreto-Lei nº 3.689, de 3 de outubro de 1941 (Código de Processo Penal), e o Decreto-Lei nº 2.848, de 7 de dezembro de 1940 (Código Penal); e revoga dispositivos do Decreto-Lei nº 2.848, de 7 de dezembro de 1940 (Código Penal).

Parágrafo único. As medidas indicadas no *caput* não devem levar à revitimização da pessoa migrante.

Art. 6º. Presentes indícios de vulnerabilidade específica ou a pedido das partes, o juiz poderá indagar à pessoa migrante, em audiência, acerca do interesse em solicitar refúgio ou outras formas de proteção complementar, nos termos da Lei nº 9.474/1997♦, e da Lei nº 13.445/2017♦♦, com encaminhamento, por ofício, à autoridade competente.

♦ Lei nº 9.474/1997, que define mecanismos para a implementação do Estatuto dos Refugiados de 1951.

♦♦ Lei nº 13.445/2017 – Lei de Migração.

§ 1º. O ingresso irregular no território nacional não constitui impedimento para a pessoa migrante solicitar refúgio às autoridades competentes, conforme art. 8º da Lei nº 9.474/1997♦.

♦ Lei nº 9.474/1997, que define mecanismos para a implementação do Estatuto dos Refugiados de 1951.

§ 2º. Caso haja pedido de refúgio pela pessoa migrante, deverá ser observado o disposto no art. 10 da Lei nº 9.474/1997♦, suspendendo-se qualquer procedimento administrativo ou criminal instaurado contra a pessoa e integrantes de seu grupo familiar, em razão de entrada irregular no território nacional.

♦ Lei nº 9.474/1997, que define mecanismos para a implementação do Estatuto dos Refugiados de 1951.

§ 3º. A comunicação da prisão de pessoa refugiada ou solicitante de refúgio à representação consular ou diplomática será feita exclusivamente nos casos em que houver solicitação expressa, nos termos do art. 7º, II, desta Resolução.

Art. 7º. Compete aos órgãos do Poder Judiciário garantir o exercício do direito da pessoa migrante à assistência consular durante o processo administrativo ou judicial, cabendo, especialmente:

I – informar à pessoa migrante sobre a possibilidade de exercício do direito à assistência consular, antes de prestar qualquer depoimento;

II – comunicar à representação consular sobre a prisão, assim que efetivada, exclusivamente nos casos em que a pessoa migrante assim o solicitar;

III – transmitir sem tardar qualquer comunicação endereçada à representação consular pela pessoa migrante; e

IV – possibilitar a visita de funcionários consulares aos estabelecimentos de privação de liberdade e a presença em audiências, com a concordância da pessoa migrante.

Parágrafo único. Nos casos em que não houver representação consular ou representante nomeado pelo país de origem da pessoa, deverá ser comunicada à representação diplomática e, em sua ausência, o Ministério das Relações Exteriores.

Art. 8º. Na audiência de custódia que envolva pessoa migrante, a ser conduzida nos termos da Resolução CNJ nº 213/2015, a autoridade judicial deverá:

(*) Vide Resolução CNJ nº 213/2015.

I – indagar acerca da nacionalidade da pessoa migrante, da língua falada, bem como da fluência na língua portuguesa;

II – certificar se o exercício do direito à assistência consular foi garantido, nos termos do art. 7º da presente Resolução;

III – adotar as medidas mencionadas nos arts. 5º e 6º da presente Resolução, constatados os indícios ou a pedido das partes;

IV – facilitar o contato com familiares ou pessoas de sua confiança no país de origem ou no país de residência destes para informação da prisão, podendo se valer de equipamentos destinados à realização de visita virtual e permitindo-se o acesso da pessoa migrante a contatos telefônicos;

V – averiguar hipóteses de gravidez, existência de filhos ou dependentes sob cuidados da pessoa migrante custodiada, histórico de saúde e uso de medicação contínua, incluídos os transtornos mentais e uso problemático de álcool e outras drogas, situação de moradia, trabalho e estudo, para eventual encaminhamento no âmbito da proteção social;

VI – promover o atendimento por equipe psicossocial, sempre que necessário com a participação de intérprete;

VII – providenciar o encaminhamento da pessoa migrante às políticas de proteção ou inclusão social existentes, de acordo com as demandas identificadas, esclarecendo quanto à sua natureza voluntária; e

VIII – comunicar a representação consular e diplomática em caso de decretação da prisão preventiva, se a pessoa solicitar.

§ 1º. No caso de pessoa migrante que não possua residência no país, será dada especial atenção ao encaminhamento a programas de acolhimento e moradia, com o auxílio do serviço de acompanhamento de alternativas penais, das representações diplomáticas e consulares, das secretarias de assistência social municipais e organizações da sociedade civil, considerando a situação de vulnerabilidade.

§ 2º. Nos casos de que trata o parágrafo anterior, a autoridade judicial solicitará que a entidade responsável pelo encaminhamento informe ao juízo o endereço em que está acolhida a pessoa migrante.

§ 3º. Em caso de relaxamento da prisão em flagrante ou concessão de liberdade provisória, deverá ser esclarecido à pessoa migrante a natureza da medida e suas implicações, com entrega de cópia da ata da audiência e comunicação da necessidade de informar eventual mudança de endereço.

§ 4º. A aplicação das medidas cautelares diversas da prisão deverá compreender a análise da adequação à situação da pessoa migrante e a necessidade das medidas, com estipulação de prazos para seu cumprimento e para a reavaliação de sua manutenção, nos termos do art. 316 do Código de Processo Penal e do art. 9º da Resolução CNJ nº 213/2015.

Art. 9º. A autoridade judicial decidirá sobre o passaporte da pessoa, que deverá:

I – ser entregue à pessoa, em caso de colocação em liberdade com ou sem aplicação de medida cautelar diversa da prisão;

II – ficar acautelado na administração do estabelecimento prisional a que for encaminhada, para restituição quando da soltura, em caso de decretação da prisão preventiva, conforme art. 7º, § 1º, da Resolução CNJ nº 306/2019♦; e

♦ Resolução CNJ nº 306/2019, que estabelece diretrizes e parâmetros para a emissão de documentação civil e para a identificação civil biométrica das pessoas privadas de liberdade.

III – ser restituído à pessoa no cartório da unidade policial ou da vara do processo de conhecimento em caso de apreensão, quando não for mais de interesse do processo.

§ 1º. A Polícia Federal será comunicada nos casos em que for imposta à pessoa migrante a proibição de se ausentar do território nacional.

§ 2º. Enquanto não restituído o passaporte, nos termos do inciso III deste artigo, deverá ser disponibilizada à pessoa migrante cópia integral do passaporte, podendo ser autenticada pelo cartório correspondente.

Art. 10. O tratamento penal às mulheres migrantes considerará, especialmente:

I – a excepcionalidade da prisão provisória, sobretudo para as gestantes, lactantes, mães e responsáveis por crianças menores de 12 (doze)

anos ou pessoas com deficiência, nos termos dos arts. 318 e 318-A do Código de Processo Penal e do acórdão proferido pela 2ª Turma do Supremo Tribunal Federal no julgamento do *HC* nº 143.641/SP;

II – a progressão de regime nos termos do art. 112, § 3º, da Lei de Execução Penal;

III – que a situação migratória da mulher não poderá servir de óbice à determinação de prisão domiciliar, à concessão de progressão de regime e ao exercício dos demais direitos do processo e da execução penal;

IV – que o acompanhamento da execução das mulheres migrantes a que se referem os arts. 72 e 112 da Lei de Execução Penal será realizado caso a caso, se possível, com apoio da rede de proteção social local ou, quando cabível, das representações consular e diplomática; e

V – que, em caso de aplicação da prisão domiciliar à mulher migrante cuja família não possua residência ou rede de apoio, deverá ser mobilizada a rede de proteção social, as representações consular e diplomática, bem como organizações da sociedade civil para garantir a manutenção de vínculo e convívio familiar, nos termos do art. 23 do Estatuto da Criança e do Adolescente♦.

♦ Lei nº 8.069/1990 – Estatuto da Criança e do Adolescente.

§ 1º. A concessão de liberdade provisória ou colocação em prisão domiciliar levará em conta a vivência da maternidade transnacional, que pode ser exercida mesmo quando os filhos ou as filhas residirem no exterior, considerando a facilitação de contato por meio virtual e a possibilidade de prover alimentos por meio de remessa de verba ao exterior.

§ 2º. Na excepcionalidade da manutenção da prisão preventiva ou cumprimento de pena em regime fechado da mãe migrante, deverá o juiz considerar, especialmente quando houver tratados bilaterais ou multilaterais em vigência, ou ainda promessa de reciprocidade por parte do Estado estrangeiro:

I – a transferência das mulheres migrantes presas ao seu país de origem, especialmente se nele tiverem filhos, após prévia requisição ou o consentimento informado da mulher; e

II – o envio da criança a seus familiares no país de origem, caso retirada da unidade prisional em que esteja com mãe migrante, considerando o seu melhor interesse e após consentimento informado da mulher.

§ 3º. Aplicam-se as disposições deste artigo, no que couber, aos pais e responsáveis por crianças e pessoas com deficiência, nos termos da Resolução CNJ nº 369/2021 e do acórdão proferido pela 2ª Turma do Supremo Tribunal Federal no *HC* nº 165.704.

(*) Vide Resolução CNJ nº 369/2021.

Art. 11. O juiz considerará, observada a condição peculiar da pessoa migrante, a possibilidade de:

I – transferência da pessoa condenada para cumprimento da pena no país de origem, no país em que tiver residência ou vínculo pessoal, quando expressar interesse nesse sentido, por meio de medidas de cooperação jurídica internacional, quando houver tratado ou promessa de reciprocidade

II – retorno voluntário, especialmente nas hipóteses de cumprimento de pena não privativa de liberdade ou durante o cumprimento em regime aberto e livramento condicional, mediante autorização de viagem internacional antes da extinção da punibilidade pelo cumprimento integral da pena; e

III – possibilidade de cumprimento de medidas de retirada compulsória da Lei de Migração após o trânsito em julgado da condenação e antes da extinção da pena, especialmente nas hipóteses de cumprimento de pena não privativa de liberdade ou de deferimento de benefícios da execução penal.

Art. 12. Nos estabelecimentos penais onde houver pessoas migrantes privadas de liberdade, o juízo de execução penal, no exercício de sua competência de fiscalização, zelará para que seja garantida a assistência consular, material, à saúde, jurídica, educacional, social e religiosa, considerando, especialmente:

§ 1º. Quanto ao direito às visitas:

I – análise para a inclusão de amigos e conhecidos no rol de relações socioafetivas declaradas, não limitadas às oficialmente reconhecidas, assegurado o direito às visitas íntimas;

II – garantia de acesso ao estabelecimento de privação de liberdade por parte de representantes das representações diplomáticas e consulares do país de origem; e

III – a realização de visita virtual e a disponibilização de outros meios de contato com o mundo exterior, inclusive com pessoas que se encontrem em outros países, de forma desburocratizada.

§ 2º. Quanto ao direito à assistência material:

I – o recebimento de auxílio material suplementar prestado pelas representações consular e diplomática; e

II – a articulação com organizações, consulados e embaixadas para possibilitar o recebimento e o envio de recursos financeiros para familiares no exterior.

§ 3º. Quanto ao trabalho, educação e demais políticas ofertadas nos estabelecimentos prisionais:

I – a garantia de não discriminação e o oferecimento de oportunidades em iguais condições em todas as iniciativas realizadas dentro do estabelecimento prisional;

II – o estímulo e autorização de trabalho como intérprete de outras línguas durante a privação de liberdade e a consideração para fins de remição;

III – o respeito a práticas religiosas, inclusive aquelas que envolvam restrições alimentares, acesso a artigos religiosos e regras de vestuário; e

IV – disponibilização de intérprete ou tradutor, inclusive de maneira virtual, nas interações institucionais dentro da unidade, quando necessário, para o exercício de direitos.

Art. 13. Deverá ser assegurada documentação civil básica, de forma preferencialmente gratuita, às pessoas migrantes privadas de liberdade no sistema prisional, devendo os documentos, inclusive o passaporte, ser entregues à pessoa no momento em que for colocada em liberdade, nos termos dos arts. 6º e 7º da Resolução CNJ nº 306/2019♦.

♦ Resolução CNJ nº 306/2019, que estabelece diretrizes e parâmetros para a emissão de documentação civil e para a identificação civil biométrica das pessoas privadas de liberdade.

Parágrafo único. O juiz poderá indicar expressamente, na sentença condenatória ou em outro momento processual, desde a audiência de custódia, o encaminhamento à autoridade competente para a solicitação de emissão de Carteira de Trabalho e Previdência Social (CTPS), física ou digital.

Art. 14. O juiz do processo de conhecimento encaminhará ao Ministério da Justiça e da Segurança Pública cópia da sentença penal condenatória proferida em desfavor de pessoa migrante e da respectiva certidão de trânsito em julgado, conforme previsto no art. 54, § 1º, da Lei de Migração,♦ nos seguintes casos:

♦ Lei nº 13.445/2017 – Lei de Migração.

I – crime de genocídio, crime contra a humanidade, crime de guerra ou crime de agressão, nos termos definidos pelo Estatuto de Roma do Tribunal Penal Internacional, de 1998, promulgado pelo Decreto nº 4.388/2002; e

II – crime comum doloso passível de pena privativa de liberdade, consideradas a gravidade e as possibilidades de ressocialização em território nacional.

Parágrafo único. O processamento da expulsão em caso de crime comum não prejudicará a progressão de regime, o cumprimento da pena, a suspensão condicional do processo, a comutação da pena ou a concessão de pena alternativa, de indulto coletivo ou individual, de anistia ou de quaisquer benefícios concedidos em igualdade de condições ao nacional brasileiro.

Art. 15. Os órgãos do Poder Judiciário deverão zelar para que a pessoa migrante tenha condições jurídicas para exercer todos os direitos não restringidos por decisão motivada durante o processo ou pela decisão condenatória, nclusive quanto à regularização de sua permanência em território nacional, durante todo o trâmite do processo e da execução penal.

§ 1º. Em qualquer fase do processo administrativo ou judicial será dada atenção à possibilidade de regularização migratória, nos termos do art. 30, II, "h", da Lei nº 13.445/2017,♦ até a efetivação de eventual expulsão.

♦ Lei nº 13.445/2017 – Lei de Migração.

§ 2º. O Poder Judiciário fará o controle de legalidade e razoabilidade quanto à exigência da certidão de antecedentes criminais e outros documentos para o exercício de direitos sem discriminação, considerados o objetivo de integração social e os direitos à regularização migratória e ao trabalho, no curso do processo criminal ou do cumprimento da pena.

§ 3º. Cabe aos tribunais o mapeamento e mobilização de rede de proteção social local e organizações da sociedade civil, provendo-se o acolhimento e encaminhamento da pessoa migrante egressa e seus familiares, por meio do Escritório Social, para inclusão nas políticas públicas disponíveis, especialmente aquelas previstas no art. 8º da Resolução CNJ nº 307/2019, ou encaminhamento equivalente a outros equipamentos destinados a pessoas egressas do sistema prisional e migrantes.

(*) Vide Resolução CNJ nº 307/2019.

Art. 16. Além do disposto nesta Resolução, aplicam-se às pessoas migrantes autodeclaradas indígenas ou autodeclaradas como parte da população lésbica, *gay*, bissexual, transexual, travesti ou intersexo, as disposições previstas, respectivamente, na Resolução CNJ nº 287/2019 e na Resolução CNJ nº 348/2020.

(*) Vide Resoluções CNJ nº 287/2019 e nº 348/2020.

Art. 17. Esta Resolução também será aplicada aos adolescentes migrantes apreendidos, processados por cometimento de ato infracional ou em cumprimento de medida socioeducativa, no que couber e enquanto não for elaborada normativa própria, considerando a condição de pessoa em desenvolvimento e o princípio da prioridade absoluta, feitas as devidas adaptações conforme previsão do Estatuto da Criança e do Adolescente e legislação aplicável.

Art. 18. O Conselho Nacional de Justiça e os tribunais deverão fazer constar em seus sistemas informatizados, de forma obrigatória, a informação sobre a nacionalidade da pessoa.

Parágrafo único. Os cadastros e sistemas deverão assegurar a proteção dos dados pessoais e o respeito aos direitos e garantias individuais, notadamente à intimidade, privacidade, honra, imagem e eventual condição de refugiado.

Art. 19. Os tribunais deverão elaborar e manter cadastro de intérpretes com experiência em atuação forense à disposição do juízo, bem como lista de autoridades consulares, embaixadas e missões diplomáticas, além de instituições e serviços no âmbito da proteção social, bem como organizações da sociedade civil, para efetivar a aplicação desta Resolução.

Parágrafo único. Para o cumprimento do disposto no *caput*, os tribunais poderão promover parcerias com órgãos e entidades públicas e particulares locais com atuação perante a população migrante, bem como universidades públicas e particulares.

Art. 20. Para o cumprimento do disposto nesta Resolução, os tribunais, em colaboração com as escolas de magistratura, poderão promover cursos destinados à permanente qualificação e atualização funcional dos magistrados e serventuários que atuam nas unidades judiciárias que realizam a audiência de custódia, em varas criminais, juizados especiais criminais e juizados de violência doméstica e familiar contra a mulher e varas de execução penal, bem como àquelas com competência para a apuração de ato infracional e de execução de medidas socioeducativas, notadamente nas comarcas e seções judiciárias com maior presença de população migrante.

§ 1º. Para os fins do *caput* deste artigo, incentiva-se a colaboração com instituições de ensino superior, órgãos públicos e outras organizações especializadas no trabalho com a população migrante.

§ 2º. Os tribunais poderão promover ações de capacitação dos magistrados e servidores com atuação na área criminal com objetivo de divulgar a previsão de normativas internacionais e de jurisprudência de mecanismos internacionais sobre direitos humanos e direitos da população migrante, de forma a viabilizar a discussão sobre as regras de interpretação a serem adotadas, no que concerne à harmonização e compatibilização dos tratados internacionais de direitos humanos firmados pelo Brasil.

Art. 21. O Departamento de Monitoramento e Fiscalização do Sistema Carcerário e do Sistema de Execução de Medidas Socioeducativas do Conselho Nacional de Justiça elaborará, em até 180 (cento e oitenta) dias, manual voltado à orientação dos tribunais e magistrados quanto à implementação das medidas previstas nesta Resolução.

Art. 22. Fica revogada a Resolução CNJ nº 162/2012.

Art. 23. Esta Resolução entra em vigor na data de sua publicação.

Ministro Luiz Fux

RESOLUÇÃO CNJ Nº 414, DE 2 DE SETEMBRO DE 2021

Estabelece diretrizes e quesitos periciais para a realização dos exames de corpo de delito nos casos em que haja indícios de prática de tortura e outros tratamentos cruéis, desumanos ou degradantes, conforme os parâmetros do Protocolo de Istambul, e dá outras providências.

O Presidente do Conselho Nacional de Justiça (CNJ), no uso de suas atribuições legais e regimentais;

Considerando os objetivos e princípios fundamentais da República Federativa do Brasil, previstos na Constituição Federal de 1988, especialmente o art. 5º, III, que estabelece que ninguém será submetido a tortura nem a tratamento desumano ou degradante, e o inciso XLIII, o qual determina que a lei considerará crimes inafiançáveis e insuscetíveis de graça ou anistia a prática da tortura, por ele respondendo os mandantes, os executores e os que, podendo evitá-los, se omitirem;

Considerando o disposto em tratados internacionais firmados pela República Federativa do Brasil sobre prevenção e combate à tortura e a outros tratamentos cruéis, desumanos ou degradantes, em especial a Declaração Universal dos Direitos do Homem (art. 5º), as Regras Mínimas para o Tratamento de Reclusos (Regras de Nelson Mandela – regras 1, 32 e 34, entre outras), o Pacto Internacional de Direitos Civis e Políticos (art. 7º); a Convenção da ONU contra a Tortura e Outros Tratamentos ou Penas Cruéis, Desumanas ou Degradantes (art. 15) e seu Protocolo Facultativo (art. 1º), o Conjunto de Princípios para a Proteção de Todas as Pessoas Sujeitas a Qualquer Forma de Detenção ou Prisão (princípios 6, 24, 26 e 33), a Convenção Americana sobre Direitos Humanos (Pacto de São José da Costa Rica – art. 8º, item 3) e a Convenção Interamericana para Prevenir e Punir a Tortura (art. 6º);

Considerando a Lei nº 9.455/1997, que define os crimes de tortura e dá outras providências, prevendo no ordenamento brasileiro tipo penal autônomo para a conduta, bem como a Lei nº 12.847/2013, que institui o Sistema Nacional de Prevenção e Combate à

Tortura a ser integrado pelos órgãos do Poder Judiciário (art. 2º, § 2º, II);

Considerando o disposto nas Regras Mínimas das Nações Unidas para Proteção dos Jovens Privados de Liberdade (Regras de Havana), nas Regras Mínimas das Nações Unidas para a Administração da Justiça da Infância e da Juventude (Regras de Beijing – Regra 27), na Convenção da ONU sobre os Direitos da Criança (art. 37, item 'a') e nos Comentários Gerais nº 8 (2006) e 24 (2019) do Comitê da ONU sobre os Direitos das Crianças da ONU;

Considerando o disposto na Convenção sobre a Eliminação de Todas as Formas de Discriminação contra a Mulher (art. 2º), nas Regras das Nações Unidas para o tratamento de mulheres presas e medidas não privativas de liberdade para mulheres infratoras (Regras de Bangkok – Regras 1, 7 e 31), nos Princípios de Yogyakarta das Nações Unidas e na Recomendação Geral nº 35 do Comitê da ONU para a Eliminação de todas as Formas de Discriminação contra a Mulher (parágrafo 17);

Considerando os parâmetros internacionais estabelecidos no Manual para investigação e documentação eficazes da tortura e outras penas ou tratamentos cruéis, desumanos ou degradantes (Protocolo de Istambul), aprovado pela Assembleia Geral das Nações Unidas em 2000, assim como o Protocolo de Minnesota sobre a Investigação de Mortes Potencialmente Ilícitas, aprovado pelo Alto Comissariado das Nações Unidas para os Direitos Humanos, em 2016;

Considerando o relatório produzido pelo Subcomitê de Prevenção à Tortura da ONU (CAT/OP/BRA/R.1, 2011), pelo Grupo de Trabalho sobre Detenção Arbitrária da ONU (A/HRC/27/48/Add.3, 2014), pelo Relator Especial da ONU sobre tortura em missão ao Brasil em 2015 (A/HRC/57/Add.4), pelo Subcomitê de Prevenção à Tortura da ONU em visita ao Brasil (CAT/OP/BRA/3, 2017), assim como o Relatório sobre o Uso da Prisão Provisória nas Américas de 2013, da Organização dos Estados Americanos (OEA);

Considerando o Protocolo II da Resolução CNJ nº 213/2015, que traz procedimentos para oitiva, coleta de informações, registro e encaminhamento de casos com indícios de tortura e outros tratamentos cruéis, desumanos ou degradantes;

Considerando a deliberação do Plenário do CNJ no Procedimento de Ato Normativo nº 0006091-38.2020.2.00.0000, na 91ª Sessão Virtual, realizada em 27 de agosto de 2021;

Resolve:

Art. 1º. Estabelecer diretrizes e quesitos periciais para a realização dos exames de corpo de delito nos casos em que haja indícios de prática de tortura e outros tratamentos cruéis, desumanos ou degradantes, conforme os parâmetros do Protocolo de Istambul.

Parágrafo único. Além do disposto na presente Resolução, a autoridade judicial deverá considerar o disposto no Protocolo II da Resolução CNJ nº 213/2015 quanto aos procedimentos para oitiva, coleta de informações, registro e encaminhamento de casos com indícios de tortura e outros tratamentos cruéis, desumanos ou degradantes, durante a realização de audiências e outros atos processuais da jurisdição criminal e infanto-juvenil, assim como em inspeções judiciais a estabelecimentos de privação de liberdade.

Art. 2º. Nas audiências e demais atos processuais praticados no exercício da jurisdição criminal e infanto-juvenil, a autoridade judicial deve inquirir e analisar as condições de apresentação da pessoa privada de liberdade, de sua detenção ou apreensão e o tratamento a ela conferido, a fim de identificar quaisquer indícios da prática de tortura ou outros tratamentos cruéis, desumanos ou degradantes, especialmente quando a pessoa estiver sob custódia.

§ 1º. A autoridade judicial zelará pela juntada aos autos do laudo médico ou pericial antes da audiência de custódia e de apresentação para apuração de ato infracional.

§ 2º. Identificados indícios da prática de tortura ou tratamentos cruéis, desumanos ou degradantes na audiência de apresentação de adolescente aprendido(a), a autoridade judicial adotará as providências previstas no art. 11 da Resolução CNJ nº 213/2015 e em seu Protocolo II, além das medidas de proteção cabíveis.

§ 3º. A análise prevista no *caput* levará em consideração fatores de especial vulnerabilidade à violência, tais como gênero, raça, orientação sexual, idade, etnia, nacionalidade, deficiência e condição de saúde, sem prejuízo do disposto em outras normas, notadamente o Protocolo II da Resolução CNJ nº 213/2015.

Art. 3º. Para a realização de exame de corpo de delito, a autoridade judicial poderá formular, além dos quesitos padrão, quesitos próprios e específicos relacionados às peculiaridades do caso concreto, aos métodos e instrumentos aplicados, envolvendo exame físico e avaliação psicológica com documentação sobre dor e sofrimento, registro de lesões, sintomas, reações e traumas, dentro do contexto cultural e social da pessoa examinada, conforme disposto no Protocolo de Quesitos desta Resolução.

Parágrafo único. Os quesitos serão respondidos por meio da análise de consistência entre o relato da pessoa e os achados físicos e psicológicos, nos termos do Protocolo de Quesitos desta Resolução.

Art. 4º. O laudo do exame de corpo de delito decorrente de indício de prática de tortura ou outros tratamentos cruéis desumanos ou degradantes observará os seguintes requisitos, conforme disposto no Protocolo de Istambul:

I – as circunstâncias da realização do exame:

a) data e hora de início e término do exame;

b) identificação da pessoa periciada;

c) registro das pessoas presentes no exame e respectivas funções, assim como outras eventuais limitações à privacidade do exame;

d) informação sobre a utilização de algemas ou outras contenções durante o exame, com a justificativa para a utilização;

II – a declaração de consentimento informado da pessoa periciada;

III – o histórico, abrangendo suas informações pessoais e o relato de tortura ou outros tratamentos cruéis, desumanos ou degradantes, como oferecido pela pessoa periciada, preferencialmente por meio de transcrição entre aspas;

IV – a descrição dos indícios físicos e psicológicos, incluindo sinais físicos, sintomas e avaliação psicológica;

V – o registro fotográfico a cores do rosto, corpo inteiro e das lesões existentes na pessoa que alega ter sofrido tortura ou outros tratamentos cruéis, desumanos ou degradantes, observadas as seguintes diretrizes:

a) resguardo da intimidade e do sigilo, cabendo à autoridade judicial limitar a publicidade das imagens quando as fotografias contiverem imagens com desnudamento ou se tratar de criança ou adolescente;

b) fotografias coloridas, em alta resolução, com régua forense ou outro dispositivo que indique a escala da imagem;

c) consignação da data, horário e identificação do responsável pelo registro fotográfico;

VI – esquemas corporais, com indicação das lesões, dores e sintomas relatados;

VII – exames de diagnóstico e outros registros de saúde, se houver;

VIII – discussão, com a interpretação dos achados físicos e psicológicos;

IX – conclusão, com análise de consistência entre o relato e os achados, conforme o Protocolo de Quesitos desta Resolução;

X – resposta aos quesitos formulados, conforme o Protocolo de Quesitos desta Resolução; e

XI – autoria, com as qualificações técnicas dos(as) peritos(as).

§ 1º. O exame de corpo de delito nos casos previstos no *caput* será realizado preferencialmente por uma equipe multidisciplinar, com profissionais da medicina e da psicologia.

§ 2º. No caso de realização da perícia em criança ou adolescente será resguardado o sigilo legal, devendo os pais ou responsáveis ser informados e estar presentes nos procedimentos periciais, observado o disposto na Lei nº 13.431/2017♦.

♦ Lei nº 13.431/2017, que estabelece o sistema de garantia de direitos da criança e do adolescente vítima ou testemunha de violência.

§ 3º. No caso de análise judicial de laudo de necropsia em que haja indícios de tortura ou outros tratamentos cruéis, desumanos ou degradantes, a autoridade judicial poderá considerar também as disposições do Protocolo de Minnesota das Nações Unidas.

Art. 5º. Na decisão para realização de exame de corpo de delito, a autoridade judicial poderá determinar, no mesmo ato:

I – a juntada do laudo médico ou pericial aos autos processuais;

II – a abertura de vista às partes;

III – o encaminhamento às autoridades competentes para a apuração no âmbito do Ministério Público, polícia judiciária e órgão de correição;

IV – o envio às instituições previstas na Lei nº 12.847/2013♦, inclusive à Defensoria Pública, Mecanismo e Comitê de Prevenção e Combate à Tortura a nível local, para acompanhamento, avaliação e proposição de outras medidas cabíveis; e

♦ Lei nº 12.487/2013, que institui o Sistema Nacional de Prevenção e Combate à Tortura, cria o Comitê Nacional de Prevenção e Combate à Tortura e o Mecanismo Nacional de Prevenção e Combate à Tortura.

V – outras medidas para atendimento de saúde e proteção social, em caráter voluntário.

Art. 6º. A autoridade judicial poderá considerar, nos casos relacionados à prática de tortura ou outros tratamentos cruéis, desumanos ou degradantes, os seguintes elementos:

I – depoimento da pessoa que relata haver sofrido a prática de tortura ou outros tratamentos cruéis, desumanos ou degradantes e das testemunhas;

II – laudo de exame de corpo de delito da pessoa que relata haver sofrido a prática de tortura ou outros tratamentos cruéis, desumanos ou degradantes, nos termos do art. 4º desta Resolução;

III – registros audiovisuais e fotográficos existentes envolvendo os fatos, os locais, as viaturas, as dependências policiais e de custódia, assim como os agentes estatais supostamente envolvidos;

IV – registros documentais sobre o uso da força por agentes estatais, incluindo a aplicação de algemas, contenções, técnicas de imobilização, armamentos menos letais e armas de fogo;

V – listagem geral das pessoas que se encontravam no local dos fatos, pessoas privadas de liberdade, visitantes, funcionários, entre outros;

VI – informações de atenção à saúde à pessoa que relatou tortura ou outros tratamentos cruéis, desumanos ou degradantes, oriundas de hospitais gerais, hospitais de custódia, serviços sanitários de estabelecimento penal, de outras unidades de saúde e de unidades socioeducativas;

VII – oitiva do agente estatal suspeito;

VIII – nos casos ocorridos em estabelecimentos de privação de liberdade, além dos elementos previstos anteriormente, a autoridade judicial observará a presença de registros documentais sobre o ingresso de forças policiais no local em que conste a autorização de ingresso, a identificação dos agentes estatais e os procedimentos de uso da força realizados.

Art. 7º. Os tribunais, por meio do Grupo de Monitoramento e Fiscalização dos Sistemas Carcerário e Socioeducativo (GMF) e da Coordenadoria da Infância e da Juventude adotarão providências para:

I – estabelecer fluxo para identificar e acompanhar os desdobramentos dos relatos de tortura e outros tratamentos cruéis, desumanos ou degradantes, conforme os manuais e orientações produzidos por este Conselho sobre a temática;

II – fomentar programa e outras medidas de prevenção à tortura e outros tratamentos cruéis, desumanos ou degradantes; e

III – sistematizar e divulgar os dados, decisões judiciais e informações sobre torturas ou maus tratos.

Parágrafo único. Para os fins previstos neste artigo, os tribunais poderão firmar convênios, protocolos, ajustes, termos ou outros instrumentos de promoção de parceria com órgãos governamentais, instituições do sistema de justiça juvenil e criminal, Comitês e Mecanismos de Prevenção e Combate à Tortura, conselhos de direitos, entidades não governamentais e instituições internacionais, especialmente para implantação de fluxo informatizado de documentos e dados entre as diferentes instituições que atuam na prevenção e combate à tortura.

Art. 8º. Para o cumprimento do disposto nesta Resolução, os tribunais, em colaboração com as Escolas de Magistratura, envidarão esforços para promover estudos, pesquisas e cursos de formação continuada, divulgar estatísticas e outras informações relevantes, sob perspectiva de gênero e de raça, cor ou etnia, concernentes a práticas de tortura e outros tratamentos cruéis, desumanos ou degradantes, para a sistematização de dados e a avaliação periódica das medidas adotadas, destinados à permanente qualificação e atualização funcional dos(as) magistrados(as) e serventuários em atuação nas Varas Criminais, audiências de custódia, Varas Especializadas em Alternativas Penais, Juizados Especiais Criminais, Juizados de Violência Doméstica e Familiar contra a Mulher, Varas de Execução Penal e Varas da Infância e da Juventude.

Art. 9º. O Departamento de Monitoramento e Fiscalização do Sistema Carcerário e do Sistema de Execução de Medidas Socioeducativas do Conselho Nacional de Justiça elaborará:

I – orientações aos tribunais e magistrados(as) quanto à implementação do disposto nesta Resolução;

II – formulário eletrônico para monitoramento da implementação desta Resolução, a ser preenchido semestralmente pelos tribunais.

Parágrafo único. O Departamento de Tecnologia da Informação fornecerá o suporte técnico necessário à implementação do formulário de monitoramento.

Art. 10. O art. 8º da Resolução CNJ nº 213/2015 passa a vigorar com a seguinte redação:

(*) Alterações já efetuadas no corpo da Resolução.

Art. 11. Fica revogada a Recomendação CNJ nº 49/2014.

Art. 12. Esta Resolução entra em vigor 120 (cento e vinte) dias após a data de sua publicação.

Ministro Luiz Fux

ANEXO DA RESOLUÇÃO CNJ Nº 414, DE 2 DE SETEMBRO DE 2021

Protocolo de Quesitos

Quesitos padrão para o exame de corpo de delito com indícios de tortura ou outros tratamentos cruéis, desumanos ou degradantes

I – Quesitos sobre as circunstâncias da realização do exame:

(1) Qual a data que se realizou o exame?

(2) Que horas se iniciou e que horas terminou o exame?

(3) Onde se realizou o exame? Indicar localização com endereço, sala ou outro espaço.

(4) Houve consentimento informado do(a) periciando(a) para realizar o exame? Se sim, registrar por escrito. Se não, por quê?

(5) O(a) periciando(a) estava acompanhado(a) de policial, agente de custódia ou outro agente público dentro do espaço onde se realizou o exame? Se sim, por quê? Se sim, também re-

gistrar sua identificação completa e função.

(6) O(a) periciando(a) estava acompanhado(a) de outras pessoas – ex. familiar, representante legal, advogado(a), estudantes, outros(as) periciandos(as) etc. – no momento do exame? Se sim, por quê? Se sim, também registrar sua identificação completa e relação com o(a) periciando(a).

(7) O(a) periciando(a) estava algemado(a) ou submetido(a) a outro tipo de contenção durante o exame? Se sim, por quê? Se sim, registrar tipo e forma de uso da contenção.

(8) Houve alguma outra restrição para a realização ou durante a realização do exame? Se sim, detalhar.

(9) Foram tomadas fotografias do(a) periciando(a)? Se não, por quê? Se sim, anexar ao laudo.

(10) Foram realizados exames de diagnóstico ou complementares? Se não, por quê? Se sim, anexar ao laudo.

II – Quesitos preliminares

(1) Quais as alegações de tortura ou outros tratamentos cruéis, desumanos ou degradantes relatadas, envolvendo os métodos e instrumentos adotados? (agressão física, verbal, ameaças etc.) Registrar as alegações de forma literal, em primeira pessoa, entre aspas.

(2) Qual o histórico pessoal do(a) periciando(a)? Especificar raça, gênero, etnia, deficiência, contexto social, familiar, antecedentes médicos e psicológicos, trabalho, educação, entre outros, a partir do relato.

(3) Em relação às circunstâncias do contato da pessoa com o agente público, especialmente envolvendo o momento da prisão ou apreensão, há achados médico-legais consistentes com o relato de tortura ou outros tratamentos cruéis, desumanos ou degradantes apresentado pelo(a) periciando(a)?

(4) No caso de privação de liberdade, em relação à presença em locais subsequentes à detenção inicial (considerando a cronologia dos fatos relatados, meios de transporte utilizados, condições de detenção ou apreensão, etc), há achados médico-legais consistentes com o relato de tortura ou outros tratamentos cruéis, desumanos ou degradantes apresentado pelo(a) periciando(a)?

III – Quesitos para exame físico

(1) O(a) periciando(a) apresenta lesões ou outros sinais patológicos identificados a partir do exame físico? Especificar indicando: (i) aspecto geral; (ii) pele; (iii) face, cabeça e pescoço; (iv) olhos, ouvidos, nariz, e garganta; (v) cavidade oral e dentes; (vi) tórax e abdómen (incluindo sinais vitais); (vii) sistema genital e urinário; (viii) sistema muscular e ósseo; (ix) sistema nervoso central e periférico. Registrar em esquemas corporais e anexar ao laudo.

(2) O(a) periciando(a) relata dor e sintomas relacionados com o relato de tortura ou outros tratamentos cruéis, desumanos ou degradantes?

Especificar detalhadamente o que for relatado, o grau de consistência e seus motivos. Registrar em esquemas corporais e anexar ao laudo.

IV – Quesitos para avaliação psicológica

(1) Há indícios psicológicos relacionados com o relato de tortura ou outros tratamentos cruéis, desumanos ou degradantes apresentado

pelo(a) periciando(a)? Especificar: (i) métodos de avaliação psicológica empregados; (ii) sinais e sintomas psicológicos agudos ou crônicos; (iii) perfil anterior e posterior à alegação de tortura ou outros tratamentos cruéis, desumanos ou degradantes; (iv) avaliação do estado mental e funcionamento social; (v) descrição de testes psicológicos e neuropsicológicos empregados.

(2) O(a) periciando(a) apresenta reações relacionadas a situações de estresse intenso conforme seu contexto cultural e social?

(3) O(a) periciando(a) apresenta indícios psicológicos relacionados com o percurso evolutivo temporal de transtornos mentais associados ao trauma (situação no tempo em relação aos fatos, em que ponto do processo de recuperação se encontra etc.) que tenham se alterado?

V – Quesitos individualizados ao caso concreto

Além dos quesitos acima, serão formulados quesitos próprios e específicos para o exame de corpo de delito relacionados às peculiaridades do caso concreto. Por exemplo, quesitos individualizados poderão contemplar a análise pericial sobre:

(1) agressões em regiões específicas do corpo (como lesões na cabeça);

(2) métodos específicos (como asfixia com bolsa plástica, choque elétrico, *spray* de pimenta);

(3) métodos que causam forte angústia e medo (como ameaças de morte, de violência sexual e a familiares);

(4) métodos envolvendo racismo (como xingamentos discriminatórios, humilhação, etc);

(5) métodos de violência sexual (como estupro, desnudamento, apalpação de regiões íntimas, xingamentos etc.);

(6) métodos utilizados contra pessoas em sofrimento mental, inclusive decorrente do uso abusivo de drogas (como uso excessivo da força, contenção física, mecânica ou farmacológica desproporcional ou prolongada, medicalização excessiva, impedimento de acesso a tratamento ou medicação, etc);

(7) métodos utilizados contra pessoas em sofrimento mental, inclusive decorrente de uso abusivo de drogas, privadas de liberdade ou institucionalizadas (como contenção física, mecânica ou farmacológica desproporcional ou prolongada, excessiva medicalização, impedimento de acesso a tratamento ou medicação, isolamento compulsório, alojamento em ambiente impróprio, eletroconvulsoterapia em desacordo com os protocolos médicos e as normativas de direitos humanos, etc).

(Observação: solicitar, sempre que necessário, os registros de saúde para identificar aspectos do quadro clínico, diagnóstico, evolução, tratamento e procedimentos adotados durante o período de privação de liberdade ou institucionalização, a fim de subsidiar a análise, cabendo levar em conta, inclusive, eventual incoerência, inadequação ou insuficiência das informações documentadas).

(8) métodos diferenciados culturalmente (como ameaça destruição de templo religiosos e outros bens culturais);

(9) entre outros.

VI – Quesito de análise de consistência geral

(1) Qual o grau de consistência entre o relato de tortura ou outros tratamentos cruéis, desumanos ou degradantes e os achados médico-legais físicos e psicológicos? Especificar o grau de consistência conforme categorias abaixo e seus motivos.

• Pouco consistente: os sintomas e constatações do exame físico e avaliação psicológica são pouco ou não consistentes com os fatos relatados sobre a prática de tortura ou outros tratamentos cruéis, desumanos ou degradantes.

• Consistente: os sintomas e constatações do exame físico e avaliação psicológica são consistentes com os fatos relatados sobre a prática de tortura ou outros tratamentos cruéis, desumanos ou degradantes, podendo ter sido causados pelos traumas descritos e perfazem reações habituais ou típicas de *stress* intenso dentro do contexto cultural e social da pessoa. Porém são evidências atípicas, podendo haver outras causas possíveis.

• Altamente consistente: os sintomas e constatações do exame físico e avaliação psicológica são bastante consistentes com os fatos relatados sobre a prática de tortura ou outros tratamentos cruéis, desumanos ou degradantes, podendo ter sido causados pelos traumas descritos e perfazem reações habituais ou típicas de *stress* intenso dentro do contexto cultural e social da pessoa. Existem poucas causas alternativas possíveis.

• Consistência típica: os sintomas e constatações do exame físico e avaliação psicológica correspondem em alto grau com os fatos relatados sobre a prática de tortura ou outros tratamentos cruéis, desumanos ou degradantes, sendo tipicamente causadas pelos traumas descritos e são reações típicas de *stress* intenso dentro do contexto cultural e social da pessoa. Não obstante, podem existir outras causas possíveis, embora sejam muito raras.

• Diagnóstico de: os sintomas e constatações do exame físico e avaliação psicológica apenas podem ter sido causados pelas formas descritas no relato da pessoa examinada, não havendo outras causas possível.

RESOLUÇÃO CNJ Nº 417, DE 20 DE SETEMBRO DE 2021

[art. 289-A do CPP]

(*) Atualizada até as alterações promovidas pela Resolução CNJ nº 474, de 9.9.2022.

Institui e regulamenta o Banco Nacional de Medidas Penais e Prisões (BNMP 3.0) e dá outras providências.

O Presidente do Conselho Nacional da Justiça (CNJ), no uso de suas atribuições legais e regimentais,

Considerando que a Lei nº 12.403/2011, determinou a criação de banco de dados para registro dos mandados de prisão pelo CNJ, na qualidade de órgão estratégico e central do sistema judicial, cabendo-lhe a regulamentação e manutenção (art. 289-A, *caput* e § 6º, do Código de Processo Penal);

Considerando a determinação contida na decisão proferida pelo Plenário do Supremo Tribunal Federal no julgamento do Recurso Extraordinário nº 641.320, que fixou prazo para o CNJ implantar o "projeto de estruturação de cadastro nacional de presos, com etapas e prazos de implementação";

Considerando que a Lei nº 13.827/ 2019 determinou a criação de banco de dados para registro das medidas protetivas de urgência pelo Conselho Nacional de Justiça e a Resolução CNJ nº 342/2020 instituiu o Banco Nacional de Medidas Protetivas de Urgência;

Considerando a importância de que os sistemas do Poder Judiciário adotem soluções convergentes e possibilitem o adequado compartilhamento de dados com outras instituições públicas, nos termos da Plataforma Digital do Poder Judiciário Brasileiro (PDPJBr), instituída pela Resolução CNJ nº 335/2020, e das normas de proteção de dados pessoais;

Considerando a necessidade de se aprimorar o sistema responsável por registrar, consolidar e integrar as informações sobre as pessoas presas no território nacional, a partir de cadastro individualizado e alimentado em tempo real, incluindo as pessoas privadas de liberdade;

Considerando a importância da manutenção de banco de dados que contenha informações sobre as medidas penais e protetivas de urgência a fim de promover o direito à segurança pública, facilitar o acompanhamento das medidas alternativas pelos órgãos com atribuição específica e garantir os direitos fundamentais dos cidadãos;

Considerando a deliberação do Plenário do CNJ no Procedimento de Ato Normativo nº 0004302-67.2021.2.00.0000, na 92ª Sessão Virtual, realizada em 10 de setembro de 2021;

Resolve:

DAS DISPOSIÇÕES GERAIS

Art. 1º. Fica instituído o Banco Nacional de Medidas Penais e Prisões (BNMP 3.0) como banco de dados mantido pelo Conselho Nacional de Justiça, com o fim de geração, tramitação, cumprimento e armazenamento de documentos e informações relativas a ordens judiciais referentes à imposição de medidas cautelares, medidas protetivas, alternativas penais, condenações e restrições de liberdade de locomoção das pessoas naturais.

§ 1º. O tratamento dos dados pessoais contidos no BNMP 3.0 submete-se, no que couber, aos princípios e determinações contidos na legislação penal, processual penal e de proteção de dados pessoais, especialmente no que diz respeito às hipóteses de sigilo, ao armazenamento e ao compartilhamento de dados.

§ 2º. Para fins do cumprimento deste artigo, o uso do BNMP 3.0 é obrigatório e o lançamento dos dados, bem como a publicação dos documentos gerados, serão de responsabilidade, no que couber e quanto aos atos de sua competência, dos Juízos e Secretarias, em todas as instâncias e tribunais, ressalvados o STF e os atos de atribuição de usuários(as) externos(as) que venham a integrar o sistema.

Art. 2º. Serão expedidos no BNMP 3.0 os seguintes documentos referentes a ordens judiciais, inclusive de natureza cautelar, além de outros eventualmente previstos em portaria a ser publicada pela Presidência do Conselho Nacional de Justiça, após a oitiva do Comitê Gestor:

I – alvará de soltura/mandado de desinternação;

II – mandado de prisão;

III – mandado de internação;

IV – mandado de monitoramento eletrônico;

V – mandado de acompanhamento de alternativa penal, incluindo-se medidas cautelares, protetivas e acompanhamento de execução;

VI – mandado de revogação de monitoramento eletrônico;

VII – mandado de revogação de medidas cautelares, protetivas e acompanhamento de execução;

VIII – contramandado;

IX – mandado de condução coercitiva para fins do artigo 366 do CPP;

X – guia de Recolhimento, Execução ou Internação;

XI – mandado de condução coercitiva para cumprimento de pena em meio aberto; e

XII – certidão de extinção da punibilidade por morte.

§ 1º. Serão também obrigatoriamente registrados no BNMP 3.0:

I – o auto de prisão em flagrante;

II – a audiência de custódia;

III – o cumprimento do mandado de prisão;

IV – o cumprimento do mandado de acompanhamento de alternativa penal;

V – o cumprimento do mandado de internação;

VI – o cumprimento do alvará de soltura;

VII – o cumprimento da ordem de desinternação;

VIII – a fuga;

IX – a evasão;

X – a alteração de unidade prisional;

XI – a alteração de regime de cumprimento de pena;

XII – a aplicação de regime disciplinar diferenciado;

XIII – a transferência de documentos para outras unidades judiciárias em razão de declínios de competência;

XIV – a unificação de mandados de prisão;

XV – todos os eventos de criação, assinatura, publicação, retificação, exclusão e invalidação de documentos gerados no BNMP 3.0;

XVI – as saídas temporárias; e

XVII – os eventos de fiança arbitrada pela autoridade policial ou judiciária, recolhida ou não.

Art. 3º. O BNMP 3.0 tem por finalidades:

I – a expedição dos documentos relativos às ordens judiciais de que trata o artigo anterior, imediatamente após a correspondente decisão;

II – permitir que se identifique, em tempo real e de forma individualizada, as pessoas privadas de liberdade, procuradas e foragidas, as restrições impostas, o prazo, o local de custódia e o tipo penal atribuído na investigação, acusação ou condenação, com listagem nominal e identificação única;

III – permitir que se verifique, em todo o território nacional, se foram cumpridas ou se encontram pendentes de cumprimento as ordens de que trata o art. 2º;

IV – comunicar aos órgãos previstos no art. 144 da Constituição Federal, às unidades prisionais e às demais unidades necessárias, a emissão dos documentos relacionados no art. 2º e das respectivas ordens para cumprimento;

V – comunicar ao Poder Judiciário, pelos órgãos previstos no art. 144 da Constituição Federal e pelas unidades prisionais, o cumprimento das ordens de que trata o art. 2º e a ocorrência das situações elencadas em seu § 1º;

VI – possibilitar o acompanhamento das medidas cautelares e protetivas, bem como o monitoramento dos prazos de prisão provisória;

VII – possibilitar o cadastramento voluntário de vítimas que desejem a comunicação do cumprimento das ordens de prisão e de soltura da pessoa acusada ou condenada no respectivo processo;

VIII – possibilitar o cadastramento de familiares e demais pessoas previstas no art. 41, X, da LEP, para que sejam comunicados das transferências de presos entre estabelecimentos penais;

IX – registrar as informações relativas às audiências de custódia, conforme o disposto no art. 7º da Resolução CNJ nº 213/2015;

X – promover a interoperabilidade entre os sistemas eletrônicos, notadamente com o PJe e o Sistema Eletrônico de Execução Unificado (SEEU), nos termos das Resoluções CNJ nº 280/2019 e nº 335/2020;

XI – permitir ao Poder Judiciário a produção de estatísticas sobre medidas penais e processuais penais, por meio de tratamento de dados em caráter anonimizado e agregado;

XII – gerar relatórios de gestão para os membros e servidores(as) do Poder Judiciário, com possibilidade de compartilhamento com outras instituições públicas,observando-se as regras do art. 1º, § 1º, desta Resolução.

DAS PESSOAS

Art. 4º. Toda pessoa a quem tenha sido imposta alguma das medidas previstas no art. 2º da presente Resolução será cadastrada no BNMP 3.0 com o número de sua inscrição no Cadastro Nacional da Pessoa Física (CPF).

§ 1º. O cadastro de pessoa no sistema será precedido de consulta, a fim de se evitar duplicidades.

§ 2º. Na hipótese de a pessoa não possuir CPF, o sistema emitirá um número de registro subsidiário e provisório, denominado Registro Judicial Individual (RJI), cabendo ao(a) magistrado(a) responsável pelo primeiro registro determinar que se promova a emissão da documentação civil, nos termos do art. 6º da Resolução CNJ nº 306/2019, assim como a atualização do cadastro, tão logo seja gerada a inscrição.

§ 3º. Ao Judiciário caberá, em qualquer momento, ao tomar conhecimento do CPF da pessoa cadastrada, retificar o registro para a inclusão do referido identificador.

§ 4º. Caso a pessoa a ser cadastrada no BNMP 3.0 possua dois ou mais CPFs válidos, o cadastramento deverá ser realizado pelo mais antigo e ser o fato informado à Receita Federal do Brasil.

§ 5º. Verificada a existência de 2 (dois) ou mais cadastros no BNMP 3.0 com CPFs distintos da mesma pessoa, deverá ser realizada a unificação pelo mais antigo e o fato comunicado à Receita Federal do Brasil.

§ 6º. Somente será permitida a expedição de documentos em face de pessoas cujos elementos de identificação possibilitem a sua individualização, sendo vedado o cadastro e a expedição de peças em desfavor de pessoa cuja qualificação e identidade física sejam desconhecidas, ressalvada a hipótese prevista no § 7º.

§ 7º. É permitido o registro e a expedição de documentos, mediante o cadastro de "RJI de Exceção", de pessoa com identidade física certa e qualificação desconhecida, hipótese em que deverão constar do cadastro a descrição de suas características físicas essenciais e fotografia.

§ 8º. Cabe ao Poder Judiciário zelar pela higidez do cadastro de pessoas, mantê-lo atualizado com a inserção de novos dados tão logo conhecidos e promover a unificação deles ou reversão desta, se necessário.

DO AUTO DE PRISÃO EM FLAGRANTE

Art. 5º. A apresentação de pessoa presa em flagrante delito ao(à) magistrado(a) será obrigatoriamente precedida de cadastro, pela unidade judiciária, da pessoa e do APF.

DO ALVARÁ DE SOLTURA E MANDADO DE DESINTERNAÇÃO

Art. 6º. Determinada a liberação da pessoa, será expedido no BNMP 3.0 o documento "alvará de soltura" ou "mandado de desinternação", conforme o caso, com validade em todo território nacional, a ser cumprido no prazo máximo de 24 (vinte e quatro) horas.

§ 1º. A expedição do "alvará de soltura" e do "mandado de desinternação" deverá ser realizada pelo órgão prolator da decisão, sendo insuscetível de delegação, ressalvados os tribunais superiores.

§ 2º. O documento deverá tramitar e ser cumprido pelos meios eletrônicos disponíveis e mais expeditos, bem como encaminhado diretamente à autoridade responsável pela custódia, evitando-se a expedição de cartas precatórias.

Art. 7º. O alvará de soltura e o mandado de desinternação deverão conter informação sobre os mandados de prisão ou de internação abrangidos pela decisão, com observância das seguintes espécies:

I – Alvará de soltura:

a) liberdade provisória com fiança;

b) liberdade provisória sem fiança;

c) *habeas corpus*;

d) relaxamento de prisão;

e) absolvição;

f) recolhimento de fiança arbitrada pela autoridade policial;

g) término da prisão temporária;

h) revogação da prisão temporária;

i) rejeição da denúncia ou queixa;

j) revogação da prisão preventiva;

k) impronúncia;

l) trancamento da ação penal;

m) condenação em regime aberto;

n) prisão domiciliar;

o) extinção da punibilidade;

p) extinção da pena;

q) progressão de regime;

r) concessão do regime semiaberto harmonizado;

s) livramento condicional;

t) indulto humanitário;

u) quitação de débito alimentar; e

v) regime especial de semiliberdade aplicado à pessoa indígena.

II – Ordem de desinternação:

a) *habeas corpus* ou mandado de segurança;

b) absolvição;

c) revogação da internação provisória;

d) trancamento da ação penal;

e) condenação em regime ambulatorial;

f) internação domiciliar;

g) extinção da punibilidade;

h) extinção da medida de segurança;

i) conversão da internação em tratamento ambulatorial; e

j) indulto humanitário.

Parágrafo único. Quando a decisão autorizadora da soltura não alcançar todas as ordens de prisão ou de internação vigentes, o BNMP 3.0 incluirá automaticamente, desde que regularmente registrada, a informação de que a soltura resultou prejudicada, com enumeração no documento das ordens de prisão ou de internação subsistentes, o juízo emissor, o motivo da prisão ou internação e a numeração única do processo judicial.

Art. 8º. O alvará de soltura e o mandado de desinternação deverão conter todas as informações necessárias ao seu cumprimento, fornecendo às autoridades custodiantes orientações claras para a sua execução, além de informações à pessoa colocada em liberdade sobre as condições eventualmente impostas pelo juízo.

Art. 9º. A comunicação de cumprimento da soltura deverá ser registrada no BNMP 3.0 assim que recebida, mediante certidão, e a data da efetiva liberação observada como referência.

§ 1º. A unidade prisional responsável pelo cumprimento do alvará de soltura deverá inserir na comunicação referida no *caput* os endereços, incluídos os eletrônicos, e os telefones informados pela pessoa colocada em liberdade.

§ 2º. Havendo alerta de não comunicação do cumprimento da ordem de soltura ou desinternação no prazo estabelecido, o processo deverá ser imediatamente concluso ao(à) magistrado(a) para apreciação.

DOS MANDADOS DE PRISÃO E INTERNAÇÃO

Art. 10. As autoridades judiciais devem conferir se a pessoa privada de liberdade possui ordem de prisão ou internação regularmente expedida e vigente no sistema BNMP 3.0.

Art. 11. Os mandados de prisão e internação devem conter a qualificação da pessoa, a espécie da prisão, os motivos, o fundamento jurídico, o tipo penal em que incurso, o valor da fiança arbitrada quando afiançável a infração e a data de validade.

Parágrafo único. Para a expedição do mandado de prisão ou de internação deverão ser observadas as seguintes espécies e motivos:

I – Prisão preventiva:

a) conversão da prisão em flagrante em preventiva;

b) conversão da prisão temporária em preventiva;

c) decreto de prisão preventiva; e

d) preventiva decorrente de condenação não transitada em julgado.

II – Prisão temporária.

III – Prisão por condenação:

a) definitiva decorrente de condenação transitada em julgado;

b) regressão de regime;

c) regressão cautelar;

d) suspensão de regime; e

e) revogação de benefício.

IV – Prisão para recaptura (fuga ou evasão).

V – Prisão civil.

VI – Prisão para deportação/extradição/expulsão.

VII – Internação provisória:

a) provisória;

b) conversão de prisão em internação; e

c) recaptura.

VIII – Internação definitiva:

a) medida de segurança; e

b) recaptura.

Art. 12. A comunicação de prisão ou internação será efetuada ao juízo competente por meio eletrônico, sendo obrigatória a lavratura de certidão no BNMP 3.0 pela autoridade responsável pelo cumprimento, com a indicação da data e horário da sua realização, que deverá ser observada como referência.

DOS MANDADOS DE MONITORAMENTO ELETRÔNICO

Art. 13. As autoridades judiciais devem conferir se as pessoas em monitoramento eletrônico sob sua jurisdição possuem mandado de monitoramento eletrônico regularmente expedido e vigente no sistema BNMP 3.0.

Art. 14. Em caso de determinação de soltura com imposição de monitoramento eletrônico, deverá ser expedido o respectivo alvará e, em ato contínuo, o mandado de monitoramento eletrônico, que deverá conter a qualificação da pessoa a ser monitorada, a indicação do motivo, do tipo penal, do fundamento jurídico, o prazo de validade e informação sobre as condições impostas.

Parágrafo único. É vedada a expedição de mandado de monitoramento eletrônico com prazo de validade indeterminado.

Art. 15. Para a expedição de mandado de monitoramento deverão ser observadas as seguintes espécies e motivos:

I – Mandado de monitoramento eletrônico cautelar:

a) mandado de monitoramento em medida restritiva;

b) mandado de monitoramento em medidas protetivas de urgência;

c) mandado de monitoramento em prisão domiciliar integral; e

d) mandado de monitoramento em prisão domiciliar parcial.

II – Mandado de monitoramento em execução:

a) mandado de monitoramento em regime semiaberto harmonizado;

b) mandado de monitoramento em regime aberto;

c) mandado de monitoramento em execução de prisão domiciliar integral;e

d) mandado de monitoramento em execução de prisão domiciliar parcial.

Art. 16. O monitoramento eletrônico poderá ter seu prazo de validade prorrogado e as condições alteradas mediante decisão judicial, devendo ser imediatamente averbadas as referidas ocorrências no respectivo mandado em vigor.

Art. 17. Revogada a decisão de monitoramento eletrônico antes do vencimento do prazo originariamente previsto, deverá ser expedido o respectivo mandado de revogação.

Parágrafo único. Considerar-se-á automaticamente revogado o mandado de monitoramento eletrônico quando decorrido o prazo de sua validade sem a averbação de sua prorrogação.

DOS MANDADOS DE MEDIDAS CAUTELARES, PROTETIVAS E ACOMPANHAMENTO DE EXECUÇÃO

Art. 18. Estabelecida medida de alternativa penal em face de pessoa que esteja solta, deverá ser expedido no BNMP 3.0 o mandado respectivo.

§ 1º. Consideram-se medidas de alternativas penais as condições estabelecidas judicialmente diversas da prisão, compreendendo medidas restritivas de direitos, transação penal e suspensão condicional do processo, conciliação, mediação e técnicas de justiça restaurativa, medidas cautelares e medidas protetivas de urgência, incluídas aquelas decorrentes de acordo de não persecução penal homologado em juízo.

§ 2º. O acompanhamento das medidas alternativas penais observará o procedimento disposto na Resolução CNJ nº 288/2019.

Art. 19. Em caso de determinação de soltura com aplicação de medidas de alternativas penais, deverá ser expedido o alvará e, em ato contínuo, o respectivo mandado, que deverá conter a qualificação da pessoa a quem impostas as medidas alternativas, com a descrição destas e a indicação de seu fundamento jurídico, extensão, duração e reavaliação, sendo vedada a expedição de mandado com prazo de validade indeterminado.

Parágrafo único. Constituem espécies de mandados de medidas de alternativas penais:

I – Mandado de acompanhamento de alternativa penal:

a) mandado de medida cautelar diversa da prisão;

b) mandado de medidas protetivas de urgência;

c) mandado de medida cautelar em prisão domiciliar integral; e

d) mandado de medida cautelar em prisão domiciliar parcial.

II – Mandado de acompanhamento de alternativa penal em execução:

a) mandado de acompanhamento em regime aberto;

b) mandado de acompanhamento em livramento condicional;

c) mandado de acompanhamento em regime semiaberto harmonizado com monitoramento eletrônico;

d) mandado de acompanhamento em prisão domiciliar parcial; e

e) mandado de acompanhamento em prisão domiciliar integral.

Art. 20. As medidas de alternativas penais poderão ter o seu prazo prorrogado e as suas condições alteradas mediante decisão judicial, situações em que deverão ser imediatamente averbadas as referidas alterações no respectivo mandado em vigor.

Art. 21. Revogada a decisão antes do decurso do prazo originariamente previsto, deverá ser expedido mandado de revogação da alternativa penal.

Parágrafo único. Considerar-se-á automaticamente revogado o mandado de medida de alternativa penal quando decorrido o prazo de sua validade sem a averbação de sua prorrogação.

DA GUIA DE RECOLHIMENTO, EXECUÇÃO E INTERNAÇÃO

Art. 22. Para as pessoas condenadas ou submetidas à medida de segurança deverá ser expedida a respectiva guia no BNMP. 3.0.

§ 1º. As guias serão assim classificadas:

I – guia de recolhimento: para pessoas condenadas presas provisória ou definitivamente, que devam iniciar o cumprimento da pena em regime fechado ou semiaberto;

II – guia de execução: para pessoas condenadas definitivamente em regime aberto, com penas substitutivas e com suspensão condicional da pena;

III – guia de execução de tratamento ambulatorial: para pessoas submetidas à medida de segurança restritiva de tratamento ambulatorial;

IV – guia de internação: para pessoas internadas submetidas à medida de segurança de internação.

§ 2º. Os sistemas processuais deverão conter os dados estruturados necessários à geração das guias de recolhimento.

DO MANDADO DE INTIMAÇÃO PARA CUMPRIMENTO DE PENA EM AMBIENTE SEMIABERTO OU ABERTO

(*) Subtítulo com redação do título dada pela Resolução CNJ nº 474/2022.

Art. 23. Transitada em julgado a condenação ao cumprimento de pena em regime semiaberto ou aberto, a pessoa condenada será intimada para dar início ao cumprimento da pena, previamente à expedição de mandado de prisão, sem prejuízo da realização de audiência admonitória e da observância da Súmula Vinculante nº 56.

(*) Art. 23 com redação dada pela Resolução CNJ nº 474/2022.

DA CERTIDÃO DE EXTINÇÃO DE PUNIBILIDADE POR MORTE

Art. 24. A certidão de extinção de punibilidade por morte será emitida sempre que houver decisão judicial transitada em julgado que reconheça o falecimento de pessoa ré em processo de conhecimento ou de pessoa em processo de cumprimento de pena.

Parágrafo único. A emissão de certidão de extinção da punibilidade por morte gerará alerta em todos os mandados de prisão pendentes de cumprimento, e inativará o cadastro da pessoa falecida.

DOS ALERTAS

Art. 25. O BNMP 3.0 emitirá alertas periódicos ao juízo para indicar:

I – o não recolhimento de fiança arbitrada, após 5 (cinco) dias;

II – a ausência de registro de cumprimento de alvará de soltura e de mandado de desinternação, após 24 (vinte e quatro) horas;

III – a necessidade de reavaliação de prisão provisória e de ordem de internação, com antecedência de 10 (dez) dias;

IV – a necessidade de reavaliação de medidas restritivas, com antecedência de 10 (dez) dias;

V – a proximidade do vencimento de prisão temporária, com antecedência de 2 (dois) dias;

VI – a existência de mandados de prisão e de internação pendentes de cumprimento com prazo de validade expirado;

VII – a certificação do cumprimento por outro juízo de mandado de prisão e de internação;

VIII – a existência de informação acerca da ocorrência de óbito de pessoa com mandado de prisão ou de internação pendente de cumprimento;

IX – a inativação do cadastro e a revogação de mandado pendente de cumprimento em virtude da certificação por outro juízo da extinção da punibilidade por morte;

X – a unificação e a reversão da unificação de cadastro de pessoa;

XI – o não retorno da saída temporária, após 2 (dois) dias;

XII – a proximidade do vencimento do Regime Disciplinar Diferenciado (RDD), com 30 (trinta) dias de antecedência;

XIII – o documento pendente de assinatura, após 24 (vinte e quatro) horas.

DA POLÍTICA DE GOVERNANÇA

Integrações

Art. 26. O BNMP 3.0 adotará os conceitos, diretrizes e princípios previstos na Resolução CNJ nº 335/2020, que dispõe sobre a Plataforma Digital do Poder Judiciário, e será desenvolvido como serviço desta, contando com as estruturas nela disponibilizadas.

Art. 27. O BNMP 3.0 será alimentado pelos tribunais e demais órgãos através de *Applicaion Programming Interface* (API).

§ 1º. A documentação técnica do BNMP 3.0 será encaminhada aos tribunais para o início de sua utilização e futuras atualizações, com antecedência mínima de 90 (noventa) dias, para adequação dos sistemas processuais e comunicação integrada.

§ 2º. Os tribunais terão o prazo de 6 (seis) meses para promoverem a integração dos seus sistemas para alimentação do BNMP 3.0.

Art. 28. O CNJ poderá firmar parcerias para integrar o BNMP 3.0 a outros sistemas, com a finalidade de possibilitar o intercâmbio de informações, respeitando, no que couber, as normas de proteção de dados e as regras de sigilo.

Parágrafo único. As integrações serão realizadas mediante acordo de cooperação técnica que deverá prever, dentre outras obrigações:

I – a finalidade da integração, observada a atribuição legal de cada instituição;

II – a forma de gestão de usuários(as) e de acesso ao sistema;

III – o registro dos tratamentos de dados realizados, com indicação do operador, data e hora do tratamento, bem como a extensão dos dados tratados, com imediata disponibilização ao CNJ; e

IV – as sanções aplicadas em caso de descumprimento.

Usuários(as)

Art. 29. A definição dos perfis de acesso dos(as) usuários(as) deverá estar relacionada às atribuições legais de cada instituição e suas tarefas dentro do sistema.

§ 1º. Estabelecida a atribuição de cada órgão, será disponibilizado o perfil adequado para a realização das suas funções, de modo proporcional à sua finalidade, com autorização para o tratamento apenas dos dados que lhe sejam pertinentes.

§ 2º. Integrantes do Ministério Público e dos órgãos de segurança pública elencados no art. 144 da Constituição Federal poderão ser usuários do BNMP 3.0, com acessos limitados às funcionalidades, a depender de cada perfil, conforme ato da Presidência.

Art. 30. Os tribunais e as instituições conveniadas farão a gestão dos(as) usuários(as) e dos respectivos acessos, mediante validação do sistema BNMP 3.0, segundo as regras estabelecidas pelo Conselho Nacional de Justiça.

§ 1º. Os tribunais deverão manter administradores locais do sistema, que se encarregarão do cadastramento de usuários(as) e das demais informações necessárias ao seu funcionamento.

§ 2º. O atendimento aos(às) usuários(as) será realizado pelas centrais de atendimento:

I – no Conselho Nacional de Justiça, direcionada aos(às) gestores(as) institucionais do BNMP 3.0 nos tribunais;

II – nos tribunais, direcionadas ao atendimento de primeiro nível aos(às) usuários(as) finais do BNMP 3.0, na respectiva circunscrição.

Segurança, Transparência, Proteção de Dados Pessoais e Publicidade de Dados

Art. 31. Todos os documentos deverão ser expedidos no BNMP 3.0 por meio de certificado digital ou assinatura em dois níveis de autenticação, de modo a assegurar a identidade do(a) usuário(a) e fornecer padrão de segurança compatível com a natureza das informações, conforme legislação vigente.

Art. 32. As peças expedidas no BNMP 3.0 contarão com chave de segurança informada no documento, que permitirá a verificação da autenticidade e vigência em sítio de internet público, bem como contará com recurso óptico que facilite a validação.

Art. 33. A base de dados do BNMP 3.0 será mantida pelo CNJ, podendo ser adotada solução de armazenamento em nuvem desde que comprovada a segurança das informações, vedada a sua comercialização, clonagem, replicação ou transferência.

§ 1º. Será permitida, no entanto, a replicação da base de dados para a manutenção de cópia de segurança e, desde que anonimizados os dados pessoais, para fins de sustentação, homologação ou treinamento, em todo caso restritos ao CNJ.

§ 2º. Poderá, ainda, ser excepcionalmente autorizada a replicação da base de dados, por ato da Presidência deste Conselho Nacional de Justiça, após a oitiva do Comitê Gestor, com fixação de regras claras para o tratamento e sigilo dos dados disponibilizados.

Art. 34. Os mandados de prisão ou de internação pendentes de cumprimento poderão ter caráter:

I – aberto, disponíveis para consulta em sítio público;

II – restrito, acessíveis somente por usuários(as) autorizados(as), sejam eles(elas) internos(as) ao Poder Judiciário ou de outras instituições; e

III – sigiloso, acessíveis somente por usuários(as) especificamente autorizados do Poder Judiciário.

Art. 35. O BNMP 3.0 contará com ferramenta pública de consulta individual, de mandados de prisão e de internação pendentes de cumprimento, bem como de medidas cautelares, medidas protetivas e prisões domiciliares que estejam vigentes, de caráter "aberto", mediante cadastro prévio de usuário(a).

§ 1º. O cadastro prévio do(a) usuário(a) mencionado(a) no *caput*, será feito pelo(a) próprio(a) interessado(a) mediante o fornecimento de número de CPF, nome completo e data de nascimento, bem como endereço eletrônico ou número de telefone celular, devendo um destes ser validado para permitir a consulta.

§ 2º. A consulta será realizada por parâmetros de busca que permitam a individualização da pessoa procurada, tais como nome, data de nascimento ou outros dados pessoais.

§ 3º. A consulta será estruturada de modo a evitar sua utilização por ferramentas automatizadas e de consulta em lote.

Art. 36. As informações constantes do BNMP 3.0 serão disponibilizadas na rede mundial de computadores, para fins estatísticos, de forma agregada, com resguardo dos dados pessoais, restritos ou sigilosos, sendo de responsabilidade do Conselho Nacional de Justiça sua manutenção e disponibilidade.

§ 1º. Será disponibilizada seção específica no painel do BNMP para fins de consulta e monitoramento das medidas protetivas concedidas pelas autoridades judiciárias, nos termos do parágrafo único do art. 38-A da Lei nº 11.340/2006.

§ 2º. Quaisquer esclarecimentos sobre as informações constantes do BNMP 3.0 deverão ser solicitados, exclusiva e diretamente, ao órgão judiciário responsável pela publicação dos documentos.

Art. 37. Todo tratamento de dados será registrado de forma a permitir auditoria, controle e expedição de declaração de tratamento de dados, registrando-se a data e o horário do tratamento, o(a) usuário(a) responsável, a natureza e o fundamento jurídico do tratamento, bem como os dados tratados.

Parágrafo único. Em caso de consulta pública ou realizada por usuários(as) externos(as) ao Poder Judiciário, deverão ser registrados ainda o *Internet Protocol* (IP) e outras informações que permitam individualizar o(a) usuário(a) e o local do tratamento.

Art. 38. Qualquer pessoa poderá requerer diretamente no BNMP 3.0 informações sobre tratamento de dados pessoais de sua titularidade, ressalvadas as hipóteses de dados sigilosos.

Art. 39. O término do tratamento de dados será disposto em ato da Presidência do CNJ, que mencionará o prazo da sua disponibilização para usuários(as) internos(as) ao Poder Judiciário, após baixadas todas as medidas abrangidas neste ato, disciplinando ainda sobre a sua manutenção de forma anonimizada para fins estatísticos e de controle.

Art. 40. A gestão do BNMP 3.0 caberá ao Comitê Gestor, que supervisionará seu gerenciamento, suporte e manutenção evolutiva.

§ 1º. O Comitê Gestor será composto pelo(a) Conselheiro(a) Supervisor(a) do Departamento de Monitoramento e Fiscalização do Sistema Carcerário e do Sistema de Execução de Medidas Socioeducativas, pelo(a) Conselheiro(a) Supervisor(a) da Política Judiciária Nacional de Enfrentamento à Violência contra as Mulheres, pelo(a) Juiz(Juíza) Coordenador(a) do Departamento de Monitoramento e Fiscalização do Sistema Carcerário e do Sistema de Execução de Medidas Socioeducativas e mais 6 (seis) representantes dos tribunais estaduais e federais, vinculados(as) à área criminal, de execução penal e às Varas Especializadas de Violência Doméstica, cujas nomeações e atribuições serão definidas por ato da Presidência do CNJ.

§ 2º. O Comitê Gestor será presidido pelo(a) Conselheiro(a) Supervisor(a) do Departamento de Monitoramento e Fiscalização do Sistema Carcerário e do Sistema de Execução de Medidas Socioeducativas.

Art. 41. Para o cumprimento do disposto nesta Resolução, os tribunais e o Conselho Nacional de Justiça, em colaboração com as escolas judiciais, poderão promover cursos destinados à permanente qualificação e atualização funcional dos(as) magistrados(as) e serventuários que atuam nas Centrais de Audiências de Custódia, Varas Criminais, Juizados Especiais Criminais, Juizados de Violência Doméstica e Familiar contra a Mulher e Varas de Execução Penal, assim como dos agentes de segurança pública previstos em ato da Presidência.

Art. 42. O Departamento de Monitoramento e Fiscalização do Sistema Carcerário e do Sistema de Execução de Medidas Socioeducativas do CNJ elaborará e disponibilizará, em até 180 (cento e oitenta) dias, manual voltado à orientação dos tribunais, magistrados(as) e agentes de segurança pública previstos em ato da Presidência, quanto à implementação das medidas previstas nesta Resolução.

DISPOSIÇÕES FINAIS E TRANSITÓRIAS

Art. 43. O BNMP 3.0 servirá como Cadastro Nacional de Presos, criado por determinação do Supremo

Tribunal Federal no Recurso Extraordinário nº 641.320.

Art. 44. O art. 7º da Resolução CNJ nº 213/2015 passa a vigorar com a seguinte redação:

(*) Alterações já efetuadas no corpo da Resolução.

Art. 45. As decisões emanadas das Varas de Infância e Juventude não se submeterão às regras desta Resolução.

Art. 46. Publicada esta Resolução, permanecerá a obrigatoriedade de alimentação do SISTAC enquanto não ocorrer a atualização da atual plataforma eletrônica para o BNMP 3.0.

Art. 47. Ficam revogadas as Resoluções CNJ nº 108/2010, nº 251/2018 e nº 342/2020.

Ministro Luiz Fux

RESOLUÇÃO Nº 484, DE 19 DE DEZEMBRO DE 2022

[arts. 226 a 228 do CPP]

Estabelece diretrizes para a realização do reconhecimento de pessoas em procedimentos e processos criminais e sua avaliação no âmbito do Poder Judiciário.

A Presidente do Conselho Nacional da Justiça (CNJ), no uso de suas atribuições legais e regimentais,

Considerando os princípios fundamentais da dignidade da pessoa humana, do devido processo legal, da ampla defesa e a vedação às provas ilícitas (arts. 3º, III, e 5º, LIV, LV e LVI);

Considerando as discussões do Grupo de Trabalho criado pela Presidência do CNJ para realizar estudos e elaborar proposta de regulamentação de diretrizes para o reconhecimento de pessoas em processos criminais e a sua aplicação no âmbito do Poder Judiciário, com vistas a evitar condenação de pessoas inocentes (Portaria CNJ nº 209/2021);

Considerando que o reconhecimento de pessoas equivocado é uma das principais causas de erro judiciário, conforme demonstrado por ampla produção científica, nacional e internacional, que indica a existência de diversos fatores sensíveis no procedimento de reconhecimento;

Considerando o alto potencial de identificações incorretas decorrentes de práticas que ignoram a necessidade de preservação da memória de vítimas e testemunhas;

Considerando a vasta literatura científica existente, a qual aponta para as possíveis distorções da memória, bem como os casos de reconhecimentos irregulares realizados por agentes públicos a partir da apresentação informal ou inadequada de fotos ou investigados não vinculados aos fatos, ou ainda mediante sugestões, induções ou reforço às respostas apresentadas pelas vítimas ou testemunhas;

Considerando o dever do Poder Judiciário de exercer a jurisdição criminal de maneira eficiente, a fim de impedir a condenação de inocentes e possibilitar a responsabilização dos culpados, a partir da adoção de procedimentos probatórios construídos à luz das evidências científicas e das regras do devido processo legal, que não constituam fator de incremento da seletividade penal e do racismo estrutural;

Considerando que levantamento feito pela Defensoria Pública do Estado do Rio de Janeiro, em âmbito nacional, identificou que (i) em 60% dos casos de reconhecimento fotográfico equivocado em sede policial houve a decretação da prisão preventiva e, em média, o tempo de prisão foi de 281 dias, ou seja, aproximadamente 9 meses, e que (ii) em 83% dos casos de reconhecimento equivocado as pessoas apontadas eram negras, o que reforça as marcas da seletividade e do racismo estrutural do sistema de justiça criminal;

Considerando os casos emblemáticos de erros judiciais decorrentes de reconhecimentos equivocados identificados pelo Superior Tribunal de Justiça, pelo Supremo Tribunal Federal e pelo *Innocence Project* Brasil;

Considerando a jurisprudência recente do Superior Tribunal de Justiça e do Supremo Tribunal Federal no sentido da obrigatoriedade da observância das garantias mínimas previstas no art. 226 do Código de Processo Penal para a realização do reconhecimento de pessoas, com o fim de elevar o padrão de qualidade da prova e minimizar a ocorrência de erros (HC nº 598.886/STJ, HC nº 652.284/STJ, REsp nº 1.954.785/STJ, HC nº 712.781/STJ e RHC nº 206.846/STF);

Considerando que a normatização de boas práticas vai ao encontro dos macrodesafios do Poder Judiciário elencados na Resolução CNJ nº 325/2020, que dispõe sobre a Estratégia Nacional do Poder Judiciário entre 2021-2026, valendo pontuar, especificamente: (i) a garantia dos direitos fundamentais; (ii) consolidação do sistema de precedentes obrigatórios, que visa fortalecer as decisões judiciais e garantir a segurança jurídica e a integridade dos provimentos judiciais; e (iii) o aperfeiçoamento da gestão da justiça criminal;

Considerando a decisão plenária tomada no julgamento do Ato Normativo nº 0007613-32.2022.2.00.0000, na 361ª Sessão Ordinária, realizada em 06 de dezembro de 2022;

Resolve:

Art. 1º. Estabelecer diretrizes para a realização do reconhecimento de pessoas em procedimentos e processos criminais e sua avaliação no âmbito do Poder Judiciário.

Art. 2º. Entende-se por reconhecimento de pessoas o procedimento em que a vítima ou testemunha de um fato criminoso é instada a reconhecer pessoa investigada ou processada, dela desconhecida antes da conduta.

§ 1º. O reconhecimento de pessoas, por sua natureza, consiste em prova irrepetível, realizada uma única vez, consideradas as necessidades da investigação e da instrução processual, bem como os direitos à ampla defesa e ao contraditório.

§ 2º. A pessoa cujo reconhecimento se pretender tem direito a constituir defensor para acompanhar o procedimento de reconhecimento pessoal ou fotográfico, nos termos da legislação vigente.

Art. 3º. Compete às autoridades judiciais admitir e valorar o reconhecimento de pessoas à luz das diretrizes e procedimentos descritos em lei e nesta Resolução e zelar para que a prova seja produzida de maneira a evitar a ocorrência de reconhecimentos equivocados.

Parágrafo único. A observância das diretrizes e dos procedimentos estabelecidos nesta Resolução e no Código de Processo Penal será considerada pelos magistrados para avaliação da prova.

Art. 4º. O reconhecimento será realizado preferencialmente pelo alinhamento presencial de pessoas e, em caso de impossibilidade devidamente justificada, pela apresentação de fotografias, observadas, em qualquer caso, as diretrizes da presente Resolução e do Código de Processo Penal.

Parágrafo único. Na impossibilidade de realização do reconhecimento conforme os parâmetros indicados na presente Resolução, devem ser priorizados outros meios de prova para identificação da pessoa responsável pelo delito.

Art. 5º. O reconhecimento de pessoas é composto pelas seguintes etapas:

I – entrevista prévia com a vítima ou testemunha para a descrição da pessoa investigada ou processada;

II – fornecimento de instruções à vítima ou testemunha sobre a natureza do procedimento;

III – alinhamento de pessoas ou fotografias padronizadas a serem apresentadas à vítima ou testemunha para fins de reconhecimento;

IV – o registro da resposta da vítima ou testemunha em relação ao reconhecimento ou não da pessoa investigada ou processada; e

V – o registro do grau de convencimento da vítima ou testemunha, em suas próprias palavras.

§ 1º. Para fins de aferição da legalidade e garantia do direito de defesa, o procedimento será integralmente gravado, desde a entrevista prévia até a declaração do grau de convencimento da vítima ou testemunha, com a disponibilização do respectivo vídeo às partes, caso solicitado.

§ 2º. A inclusão da pessoa ou de sua fotografia em procedimento de reconhecimento, na condição de investigada ou processada, será embasada em outros indícios de sua participação no delito, como a averiguação de sua presença no dia e local do fato ou outra circunstância relevante.

Art. 6º. A entrevista prévia será composta pelas seguintes etapas:

I – solicitação à vítima ou testemunha para descrever as pessoas investigadas ou processadas pelo crime, por meio de relato livre e de perguntas abertas, sem o uso de questões que possam induzir ou sugerir a resposta;

II – indagação sobre a dinâmica dos fatos, a distância aproximada a que estava das pessoas que praticaram o fato delituoso, o tempo aproximado durante o qual visualizou o rosto dessas pessoas, as condições de visibilidade e de iluminação no local;

III – inclusão de autodeclaração da vítima, da testemunha e das pessoas investigadas ou processadas pelo crime sobre a sua raça/cor, bem como heteroidentificação da vítima e testemunha em relação à raça/cor das pessoas investigadas ou processadas; e

IV – indagação referente à apresentação anterior de alguma pessoa ou fotografia, acesso ou visualização prévia de imagem das pessoas investigadas ou processadas pelo crime ou, ainda, ocorrência de conversa com agente policial, vítima ou testemunha sobre as características da(s) pessoa(s) investigada(s) ou processada(s).

§ 1º. A entrevista será realizada de forma separada e reservada com cada vítima ou testemunha, com a garantia de que não haja contato entre elas e de que não saibam nem ouçam as respostas umas das outras, constando o registro dessas circunstâncias no respectivo termo.

§ 2º. Nas hipóteses do inciso IV deste artigo ou naquelas em que a descrição apresentada pela vítima ou testemunha não coincidir com as características das pessoas investigadas ou processadas, o reconhecimento não será realizado.

§ 3º. As fichas de autodeclaração e de heterodeclaração de que trata o inciso III obedecerão ao sistema classificatório utilizado pelo Instituto Brasileiro de Geografia e Estatística (IBGE), com as seguintes opções de resposta: "amarelo, branco, indígena, pardo e preto".

Art. 7º. Imediatamente antes de iniciar o procedimento de reconhecimento, a vítima ou a testemunha será alertada de que:

I – a pessoa investigada ou processada pode ou não estar entre aquelas que lhes serão apresentadas;

II – após observar as pessoas apresentadas, ela poderá reconhecer uma dessas, bem como não reconhecer qualquer uma delas;

III – a apuração dos fatos continuará independentemente do resultado do reconhecimento;

IV – deverá indicar, com suas próprias palavras, o grau de confiança em sua resposta.

Parágrafo único. As orientações de que trata este artigo serão apresentadas sem o fornecimento, à vítima ou testemunha, de informações sobre a vida pregressa da pessoa investigada ou processada ou acerca de outros elementos que possam influenciar a resposta da vítima ou testemunha.

Art. 8º. O reconhecimento será realizado por meio do alinhamento padronizado de pessoas ou de fotografias, observada a ordem de preferência do art. 4º, de forma que nenhuma se destaque das demais, observadas as medidas a seguir:

I – o alinhamento de pessoas ou de fotografias poderá ser simultâneo, de modo que a pessoa investigada ou processada e as demais pessoas serão apresentadas em conjunto a quem tiver de fazer o reconhecimento, ou sequencial, de forma que a pessoa investigada ou processada e as demais sejam exibidas uma a uma, em iguais condições de espaço e períodos de tempo;

II – a pessoa investigada ou processada será apresentada com, no mínimo, outras 4 (quatro) pessoas não relacionadas ao fato investigado, que atendam igualmente à descrição dada pela vítima ou testemunha às características da pessoa investigada ou processada.

§ 1º. Na realização do alinhamento, a autoridade zelará pela higidez do procedimento, nos moldes deste artigo, inclusive a fim de evitar a apresentação isolada da pessoa (*show up*), de sua fotografia ou imagem.

§ 2º. A fim de assegurar a legalidade do procedimento, a autoridade zelará para a não ocorrência de apresentação sugestiva, entendida esta como um conjunto de fotografias ou imagens que se refiram somente a pessoas investigadas ou processadas, integrantes de álbuns de suspeitos, extraídas de redes sociais ou de qualquer outro meio.

§ 3º. Na apresentação de que trata o inciso II, será assegurado que as características físicas, o sexo, a raça/cor, a aparência, as vestimentas, a exposição ou a condução da pessoa investigada ou processada não sejam capazes de diferenciá-la em relação às demais.

§ 4º. Nos casos em que a vítima ou testemunha manifestar receio de intimidação ou outra influência pela presença da pessoa investigada ou processada, a autoridade providenciará para que a pessoa e os demais participantes do alinhamento não vejam quem fará o reconhecimento.

Art. 9º. Após a realização da entrevista prévia, das instruções pertinentes e do alinhamento, de acordo com os artigos anteriores, a vítima ou a testemunha será convidada a apontar se reconhece, entre as fotografias ou pessoas apresentadas, aquela que participou do delito.

Parágrafo único. Após a resposta da vítima ou testemunha, será solicitado que ela indique, com suas próprias palavras, o grau de confiança em sua resposta, de modo que não seja transmitida à vítima ou à testemunha qualquer tipo de informação acerca de sua resposta coincidir ou não com a expectativa da autoridade condutora do reconhecimento.

Art. 10. O ato de reconhecimento será reduzido a termo, de forma pormenorizada e com informações sobre a fonte das fotografias e imagens, para juntada aos autos do processo, em conjunto com a respectiva gravação audiovisual.

Art. 11. Ao apreciar o reconhecimento de pessoas efetuado na investigação criminal, e considerando o disposto no art. 2º, § 1º, desta Resolução, a autoridade judicial avaliará a higidez do ato, para constatar se houve a adoção de todas as cautelas necessárias, incluídas a não apresentação da pessoa ou fotografia de forma isolada ou sugestiva, a ausência de informações prévias, insinuações ou reforço das respostas apresentadas, considerando o disposto no art. 157 do Código de Processo Penal.

Parágrafo único. A autoridade judicial, no desempenho de suas atribuições, atentará para a precariedade do caráter probatório do reconhecimento de pessoas, que será avaliado em conjunto com os demais elementos do acervo probatório, tendo em vista a falibilidade da memória humana.

Art. 12. Para o cumprimento desta Resolução, os tribunais, em colaboração com a Escola Nacional de Formação e Aperfeiçoamento dos Magistrados e as demais Escolas de Magistratura, promoverão cursos destinados à permanente qualificação e atualização funcional dos magistrados e serventuários que atuam nas Varas Criminais em relação aos parâmetros científicos, às regras técnicas, às boas práticas, aos problemas identificados pelo GT Reconhecimento de Pessoas.

§ 1º. Os cursos de qualificação e atualização mencionados no *caput* também poderão ser oferecidos aos membros do Ministério Público e da Defensoria Pública, mediante convênio a ser firmado entre o referido órgão e o Poder Judiciário, respeitada a independência funcional das instituições.

§ 2º. Os tribunais, com o apoio do CNJ, poderão firmar convênios com o Poder Executivo a fim de realizar cursos de qualificação e atualização funcional dos agentes de segurança pública sobre as diretrizes da presente Resolução.

Art. 13. O Departamento de Monitoramento e Fiscalização do Sistema Carcerário e do Sistema de Execução de Medidas Socioeducativas do Conselho Nacional de Justiça elaborará, em até 180 (centro e oitenta) dias, manual de boas práticas quanto à implementação das medidas previstas nesta Resolução.

Art. 14. Esta Resolução entra em vigor em 90 (noventa) dias após a sua publicação.

Ministra Rosa Weber

ANEXO III
SÚMULAS DO SUPREMO TRIBUNAL FEDERAL*

Súmula 145. [arts. 8º, 301 e 302 do CPP] – Não há crime, quando a preparação do flagrante pela polícia torna impossível a sua consumação.

Súmula 155. [arts. 222, 570 e 571 do CPP] – É relativa a nulidade do processo criminal por falta de intimação da expedição de precatória para inquirição de testemunha.

Súmula 156. [arts. 483; e 564, III, "k", e parágrafo único, do CPP] – É absoluta a nulidade do julgamento, pelo júri, por falta de quesito obrigatório.

Súmula 160. [arts. 571, 574, 578, 617 e 626 do CPP] – É nula a decisão do Tribunal que acolhe, contra o réu, nulidade não arguida no recurso da acusação, ressalvados os casos de recurso de ofício.

Súmula 162. [arts. 483; e 564, III, "k", e parágrafo único, do CPP] – É absoluta a nulidade do julgamento pelo júri, quando os quesitos da defesa não precedem aos das circunstâncias agravantes.

Súmula 206. [arts. 252, III; e 449, I, do CPP] – É nulo o julgamento ulterior pelo júri com a participação de jurado que funcionou em julgamento anterior do mesmo processo.

Súmula 208. [arts. 268 a 273 do CPP] – O assistente do Ministério Público não pode recorrer, extraordinariamente, de decisão concessiva de *habeas corpus*.

Súmula 210. [arts. 268 a 273; 584, § 1º; 577; e 598 do CPP] – O assistente do Ministério Público pode recorrer, inclusive extraordinariamente, na ação penal, nos casos dos arts. 584, § 1º, e 598 do Código de Processo Penal.

Súmula 288. [art. 587 do CPP] – Nega-se provimento a agravo para subida de recurso extraordinário, quando faltar no traslado o despacho agravado, a decisão recorrida, a petição de recurso extraordinário

(*) Disponíveis em: https://portal.stf.jus.br/textos/verTexto.asp?servico=jurisprudenciaSumula. Acesso em: 23.2.2023. (Atualizadas até a Súmula 736.)

ou qualquer peça essencial à compreensão da controvérsia.

Súmula 293. [art. 609 do CPP] – São inadmissíveis embargos infringentes contra decisão em matéria constitucional submetida ao plenário dos Tribunais.

Súmula 310. [arts. 392; e 798, § 1º, do CPP] – Quando a intimação tiver lugar na sexta-feira, ou a publicação com efeito de intimação for feita nesse dia, o prazo judicial terá início na segunda-feira imediata, salvo se não houver expediente, caso em que começará no primeiro dia útil que se seguir.

Súmula 319. [art. 586 do CPP] – O prazo do recurso ordinário para o Supremo Tribunal Federal, em *habeas corpus* ou mandado de segurança, é de 5 (cinco) dias.

Súmula 320. [arts. 575, 578 e 593 do CPP] – A apelação despachada pelo juiz no prazo legal não fica prejudicada pela demora da juntada, por culpa do cartório.

Súmula 322. [art. 574 do CPP] – Não terá seguimento pedido ou recurso dirigido ao Supremo Tribunal Federal, quando manifestamente incabível, ou apresentado fora do prazo, ou quando for evidente a incompetência do Tribunal.

Súmula 344. [art. 574, I, do CPP] – Sentença de primeira instância concessiva de *habeas corpus*, em caso de crime praticado em detrimento de bens, serviços ou interesses da União, está sujeita a recurso *ex officio*.

Súmula 351. [arts. 351, 360 e 361 do CPP] – É nula a citação por edital de réu preso na mesma unidade da Federação em que o juiz exerce a sua jurisdição.

Súmula 352. [arts. 262; 564, III, "c"; e 566 do CPP] – Não é nulo o processo penal por falta de nomeação de curador ao réu menor que teve a assistência de defensor dativo.

Súmula 366. [arts. 361, 365 e 566 do CPP] – Não é nula a citação por edital que indica o dispositivo da lei penal, embora não transcreva a denúncia ou queixa, ou não resuma os fatos em que se baseia.

Súmula 393. [art. 622 do CPP] – Para requerer revisão criminal, o condenado não é obrigado a recolher-se à prisão.

Súmula 395. [art. 647 do CPP] – Não se conhece de recurso de *habeas corpus* cujo objeto seja resolver sobre o ônus das custas, por não estar mais em causa a liberdade de locomoção.

Súmula 396. [art. 85 do CPP] – Para a ação penal por ofensa à honra, sendo admissível a exceção da verdade quanto ao desempenho de função pública, prevalece a competência especial por prerrogativa de função, ainda que já tenha cessado o exercício funcional do ofendido.

Súmula 397. [arts. 4º, parágrafo único; 301; e 307 do CPP] – O poder de polícia da Câmara dos Deputados e do Senado Federal, em caso de crime cometido nas suas dependências, compreende, consoante o regimento, a prisão em flagrante do acusado e a realização do inquérito.

Súmula 422. [art. 386, parágrafo único, III, do CPP] – A absolvição criminal não prejudica a medida de segurança, quando couber, ainda que importe privação da liberdade.

Súmula 423. [arts. 564, III, "n"; 574; e 581, X, do CPP] – Não transita em julgado a sentença por haver omitido o recurso *ex officio*, que se considera interposto *ex lege*.

Súmula 428. [arts. 575, 578 e 593 do CPP] – Não fica prejudicada a apelação entregue em cartório no prazo legal, embora despachada tardiamente.

Súmula 431. [arts. 563; 612; 647; 660, § 2º; e 664 do CPP] – É nulo o julgamento de recurso criminal, na segunda instância, sem prévia intimação, ou publicação da pauta, salvo em *habeas corpus*.

Súmula 448. [arts. 268 a 273 e 577 do CPP] – O prazo para o assistente recorrer, supletivamente, começa a correr imediatamente após o transcurso do prazo do Ministério Público.

Súmula 451. [arts. 84 e 86 do CPP] – A competência especial por prerrogativa de função não se estende ao crime cometido após a cessação definitiva do exercício funcional.

Súmula 453. [arts. 384, 617 e 626 do CPP] – Não se aplicam à segunda instância o art. 384 e parágrafo único do Código de Processo Penal*, que possibilitam dar nova definição jurídica ao fato delituoso, em virtude de circunstância elementar não contida, explícita ou implicitamente, na denúncia ou queixa.

(*) Atual art. 384 e §§, ante as alterações promovidas pela Lei nº 11.719/2008.

Súmula 491. [arts. 63 e 64 do CPP] – É indenizável o acidente que cause a morte de filho menor, ainda que não exerça trabalho remunerado.

Súmula 498. [art. 74 do CPP] – Compete à Justiça dos Estados, em ambas as instâncias, o processo e o julgamento dos crimes contra a economia popular.

Súmula 520. [arts. 777 do CPP; e 176 da LEP] – Não exige a lei que, para requerer o exame a que se refere o art. 777 do Código de Processo Penal, tenha o sentenciado cumprido mais de metade do prazo da medida de segurança imposta.

Súmula 521. [art 70, *caput*, do CPP] – O foro competente para o processo e julgamento dos crimes de estelionato, sob a modalidade da emissão dolosa de cheque sem provisão de fundos, é o do local onde se deu a recusa do pagamento pelo sacado.

Súmula 522. [arts. 74 e 88 do CPP] – Salvo ocorrência de tráfico para o Exterior, quando, então, a competência será da Justiça Federal, compete à Justiça dos Estados o processo e julgamento dos crimes relativos a entorpecentes.

Súmula 523. [arts. 185; 222, § 3º; 261; 456; 563; 564, III, "c"; 571; e 796 do CPP] – No processo penal, a falta da defesa constitui nulidade absoluta, mas a sua deficiência só o anulará se houver prova de prejuízo para o réu.

Súmula 524. [arts. 18, 28, 67 e 395 do CPP] – Arquivado o inquérito policial, por despacho do juiz, a requerimento do promotor de justiça, não pode a ação penal ser iniciada, sem novas provas.

Súmula 525. [arts. 386, parágrafo único, III; e 617 do CPP] – A medida de segurança não será aplicada em segunda instância, quando só o réu tenha recorrido.

Súmula 562. [art. 63 do CPP] – Na indenização de danos materiais decorrentes de ato ilícito cabe a atualização de seu valor, utilizando-se, para esse fim, dentre outros critérios, dos índices de correção monetária.

Súmula 594. [arts. 5º, § 5º; 24, § 1º; e 34 do CPP] – Os direitos de queixa e de representação podem ser exercidos, independentemente, pelo ofendido ou por seu representante legal.

Súmula 601. [art. 26 do CPP] – Os arts. 3º, II, e 55 da Lei Complementar nº 40/1981 (Lei Orgânica do Ministério Público) não revogaram a legislação anterior que atribui a iniciativa para a ação penal pública, no processo sumário, ao juiz ou à autoridade policial, mediante Portaria ou Auto de Prisão em Flagrante.

Súmula 602. [art. 637 do CPP] – Nas causas criminais, o prazo de interposição de Recurso Extraordinário é de 10 (dez) dias.

Súmula 603. [arts. 74 e 419 do CPP] – A competência para o processo e julgamento de latrocínio é do Juiz singular e não do Tribunal do Júri.

Súmula 606. [art. 647 do CPP] – Não cabe *habeas corpus* originário para o Tribunal Pleno de decisão de Turma, ou do Plenário, proferida em *habeas corpus* ou no respectivo recurso.

Súmula 608. [art. 24 do CPP] – No crime de estupro, praticado mediante violência real, a ação penal é pública incondicionada. (art. 213, *caput,* 225)

Súmula 609. [art. 24 do CPP] – É pública incondicionada a ação penal por crime de sonegação fiscal.

Súmula 611. [arts. 13 da LICPP; 621, III, do CPP; e 66, I, da LEP] – Transitada em julgado a sentença condenatória, compete ao Juízo das execuções a aplicação de lei mais benigna.

Súmula 693. [art. 647 do CPP] – Não cabe *habeas corpus* contra decisão condenatória a pena de multa, ou relativo a processo em curso por infração penal a que a pena pecuniária seja a única cominada.

Súmula 694. [art. 647 do CPP] – Não cabe *habeas corpus* contra a imposição da pena de exclusão de militar ou de perda de patente ou de função pública.

Súmula 695. [arts. 647 e 659 do CPP] – Não cabe *habeas corpus* quando já extinta a pena privativa de liberdade.

Súmula 696. [arts. 28; e 383, § 1º, do CPP] – Reunidos os pressupostos legais permissivos da suspensão condicional do processo, mas se recusando o Promotor de Justiça a propô-la, o Juiz, dissentindo, remeterá a questão ao Procurador-Geral, aplicando-se por analogia o art. 28 do Código de Processo Penal.

Súmula 698. [art. 66, III, "b", da LEP] – Não se estende aos demais crimes hediondos a admissibilidade de progressão no regime de execução da pena aplicada ao crime de tortura.

Súmula 700. [art. 586 do CPP; e art. 197 da LEP] – É de 5 (cinco) dias o prazo para interposição de agravo contra decisão do juiz da execução penal.

Súmula 704. [arts. 76, 77 e 79 do CPP] – Não viola as garantias do juiz natural, da ampla defesa e do devido processo legal a atração por continência ou conexão do processo do corréu ao foro por prerrogativa de função de um dos denunciados.

Súmula 705. [art. 575 do CPP] – A renúncia do réu ao direito de apelação, manifestada sem a assistência do defensor, não impede o conhecimento da apelação por este interposta.

Súmula 706. [arts. 75 e 83 do CPP] – É relativa a nulidade decorrente da inobservância da competência penal por prevenção.

Súmula 707. [arts. 395; 563; 564, III, "e"; e 588 do CPP] – Constitui nulidade a falta de intimação do denunciado para oferecer contrarrazões ao recurso interposto da rejeição da denúncia, não a suprindo a nomeação de defensor dativo.

Súmula 708. [arts. 261; e 564, III, "c" e "e", do CPP] – É nulo o julgamento da apelação se, após a manifestação nos autos da renúncia do único defensor, o réu não foi previamente intimado para constituir outro.

Súmula 709. [art. 395 do CPP] – Salvo quando nula a decisão de primeiro grau, o acórdão que provê o recurso contra a rejeição da denúncia vale, desde logo, pelo recebimento dela.

Súmula 710. [arts. 382; 392; 406, § 1º; e 798, § 2º, do CPP] – No processo penal, contam-se os prazos da data da intimação, e não da juntada aos autos do mandado ou da carta precatória ou de ordem.

Súmula 712. [arts. 411; 413; e 564, III, "g", do CPP] – É nula a decisão que determina o desaforamento de processo da competência do júri sem audiência da defesa.

Súmula 713. [arts. 593, 597 e 598 do CPP] – O efeito devolutivo da apelação contra decisões do Júri é adstrito aos fundamentos da sua interposição.

Súmula 714. [art. 24 do CPP] – É concorrente a legitimidade do ofendido, mediante queixa, e do Ministério Público, condicionada à representação do ofendido, para a ação penal por crime contra a honra de servidor público em razão do exercício de suas funções.

Súmula 715. [art. 131 da LEP] – A pena unificada para atender ao limite de 30 (trinta) anos de cumprimento, determinado pelo art. 75 do Código Penal, não é considerada para a concessão de outros benefícios, como o livramento condicional ou regime mais favorável de execução.

Súmula 716. [art. 387, I, do CPP] – Admite-se a progressão de regime de cumprimento da pena ou a aplicação imediata de regime menos severo nela determinada, antes do trânsito em julgado da sentença condenatória.

Súmula 717. [arts. 295 do CPP; e 111 da LEP] – Não impede a progressão de regime de execução da pena, fixada em sentença não transitada em julgado, o fato de o réu se encontrar em prisão especial.

Súmula 718. [art. 110 da LEP] – A opinião do julgador sobre a gravidade em abstrato do crime não constitui motivação idônea para a imposição de regime mais severo do que o permitido segundo a pena aplicada.

Súmula 719. [art. 110 da LEP] – A imposição do regime de cumprimento mais severo do que a pena aplicada permitir exige motivação idônea.

Súmula 721. [art. 74 do CPP] – A competência constitucional do Tribunal do Júri prevalece sobre o foro por prerrogativa de função estabelecido exclusivamente pela Constituição estadual.

Súmula 723. [art. 383, § 1º, do CPP] – Não se admite a suspensão condicional do processo por crime continuado, se a soma da pena mínima da infração mais grave com o aumento mínimo de um sexto for superior a um ano.

ANEXO IV
SÚMULAS VINCULANTES DO SUPREMO TRIBUNAL FEDERAL*

Súmula Vinculante 5. [art. 59, *caput*, da LEP] – A falta de defesa técnica por advogado no processo administrativo disciplinar não ofende a Constituição.

Súmula Vinculante 9. [arts. 58, *caput*; e 127 da LEP] – O disposto no art. 127 da Lei nº 7.210/1984 (Lei de Execução Penal) foi recebido pela ordem constitucional vigente, e não se lhe aplica o limite temporal previsto no *caput* do art. 58.

Súmula Vinculante 11. [arts. 284; 293; e 474, § 3º, do CPP; e 199 da LEP] – Só é lícito o uso de algemas em casos de resistência e de fundado receio de fuga ou de perigo à integridade física própria ou alheia, por parte do preso ou de terceiros, justificada a excepcionalidade por escrito, sob pena de responsabilidade disciplinar, civil e penal do agente ou da autoridade e de nulidade da prisão ou do ato processual a que se refere, sem prejuízo da responsabilidade civil do Estado.

Súmula Vinculante 14. [arts. 9º e 14 do CPP] – É direito do defensor, no interesse do representado, ter acesso amplo aos elementos de prova que, já documentados em procedimento investigatório realizado por órgão com competência de polícia judiciária, digam respeito ao exercício do direito de defesa.

Súmula Vinculante 26. [arts. 8º, 66, II, "b"; e 112 da LEP] – Para efeito de progressão de regime no cumprimento de pena por crime hediondo, ou equiparado, o juízo da execução observará a inconstitucionalidade do art. 2º da Lei nº 8.072, de 25 de julho de 1990, sem prejuízo de avaliar se o condenado preenche, ou não, os requisitos objetivos e subjetivos do benefício, podendo determinar, para tal fim, de modo fundamentado, a realização de exame criminológico.

Súmula Vinculante 35. [art. 76 da Lei nº 9.099/1995] – A homologação da transação penal pre-

(*) Disponíveis em: https://portal.stf.jus.br/textos/verTexto.asp?servico=jurisprudenciaSumulaVinculante. Acesso em: 23.2.2023. (Atualizadas até a Súmula Vinculante 58.)

vista no artigo 76 da Lei nº 9.099/1995 não faz coisa julgada material e, descumpridas suas cláusulas, retoma-se a situação anterior, possibilitando-se ao Ministério Público a continuidade da persecução penal mediante oferecimento de denúncia ou requisição de inquérito policial.

Súmula Vinculante 36. [art. 69, III, do CPP] – Compete à Justiça Federal comum processar e julgar civil denunciado pelos crimes de falsificação e de uso de documento falso quando se tratar de falsificação da Caderneta de Inscrição e Registro (CIR) ou de Carteira de Habilitação de Amador (CHA), ainda que expedidas pela Marinha do Brasil (arts. 296 a 305).

Súmula Vinculante 56. [arts. 282 ss. do CPP] – A falta de estabelecimento penal adequado não autoriza a manutenção do condenado em regime prisional mais gravoso, devendo-se observar, nessa hipótese, os parâmetros fixados no RE 641.320/RS.

ANEXO V
TEMAS COM REPERCUSSÃO GERAL DO SUPREMO TRIBUNAL FEDERAL*

Tema 154. [arts. 647 ss. do CPP]

Qualquer decisão do Poder Judiciário que rejeite denúncia, que impronuncie ou absolva, sumariamente, os réus ou, ainda, que ordene a extinção, em sede de "*habeas corpus*", de procedimentos penais não transgride o monopólio constitucional da ação penal pública (CF, art. 129, I) nem ofende os postulados do juiz natural (CF, art. 5º, inciso LIII) e da soberania do veredicto do Júri (CF, art. 5º, inciso XXXVIII, "c").

Tema 170. [arts. 70 ss. do CPP]

Não viola o postulado constitucional do juiz natural o julgamento de apelação por órgão composto majoritariamente por juízes convocados, autorizado no âmbito da Justiça Federal pela Lei nº 9.788/1999.

Tema 237. [art. 157 do CPP]

É lícita a prova consistente em gravação ambiental realizada por um dos interlocutores sem conhecimento do outro.

Tema 238. [art. 28-A do CPP]

A homologação da transação penal prevista no artigo 76 da Lei nº 9.099/1995 não faz coisa julgada material e, descumpridas suas cláusulas, retoma-se a situação anterior, possibilitando-se ao Ministério Público a continuidade da persecução penal mediante oferecimento de denúncia ou requisição de inquérito policial.

Tema 240. [arts. 563 ss. do CPP]

Inexiste nulidade pela ausência, em oitiva de testemunha por carta precatória, de réu preso que não manifestou expressamente intenção de participar da audiência.

(*) Disponíveis em: https://portal.stf.jus.br/jurisprudenciaRepercussao/pesquisarProcesso.asp. Acesso em: 23.2.2023. (Com 595 teses com trânsito em julgado.)

Tema 280. [art. 301 do CPP]

A entrada forçada em domicílio sem mandado judicial só é lícita, mesmo em período noturno, quando amparada em fundadas razões, devidamente justificadas *a posteriori*, que indiquem que dentro da casa ocorre situação de flagrante delito, sob pena de responsabilidade disciplinar, civil e penal do agente ou da autoridade, e de nulidade dos atos praticados.

Tema 371. [arts. 734 ss. do CPP]

Reveste-se de legitimidade jurídica a concessão, pelo Presidente da República, do benefício constitucional do indulto (CF, art. 84, XII), que traduz expressão do poder de graça do Estado, mesmo se se tratar de indulgência destinada a favorecer pessoa que, em razão de sua inimputabilidade ou semi-imputabilidade, sofre medida de segurança, ainda que de caráter pessoal e detentivo.

Tema 423. [arts. 110 ss. da LEP]

I – A falta de estabelecimento penal adequado não autoriza a manutenção do condenado em regime prisional mais gravoso;

II – Os juízes da execução penal poderão avaliar os estabelecimentos destinados aos regimes semiaberto e aberto, para qualificação como adequados a tais regimes. São aceitáveis estabelecimentos que não se qualifiquem como "colônia agrícola, industrial" (regime semiaberto) ou "casa de albergado ou estabelecimento adequado" (regime aberto) (art. 33, §1º, alíneas "b" e "c");

III – Havendo déficit de vagas, deverá determinar-se: (i) a saída antecipada de sentenciado no regime com falta de vagas; (ii) a liberdade eletronicamente monitorada ao sentenciado que sai antecipadamente ou é posto em prisão domiciliar por falta de vagas; (iii) o cumprimento de penas restritivas de direito e/ou estudo ao sentenciado que progride ao regime aberto. Até que sejam estruturadas as medidas alternativas propostas, poderá ser deferida a prisão domiciliar ao sentenciado.

Tema 438. [art. 366 do CPP; e art. 109 do CP]

Em caso de inatividade processual decorrente de citação por edital, ressalvados os crimes previstos na Constituição Federal como imprescritíveis, é constitucional limitar o período de suspensão do prazo prescricional ao tempo de prescrição da pena máxima em abstrato cominada ao crime, a despeito de o processo permanecer suspenso.

Tema 453. [arts. 84 ss. do CPP]

O foro especial por prerrogativa de função não se estende a magistrados aposentados.

Tema 613. [art. 362 do CPP]

1. É constitucional a citação por hora certa, prevista no art. 362 do Código de Processo Penal.

2. A ocultação do réu para ser citado infringe cláusulas constitucionais do devido processo legal e viola as garantias constitucionais do acesso à justiça e da razoável duração do processo.

Tema 648. [art. 70 do CPP]

Compete à Justiça Federal processar e julgar o crime ambiental de caráter transnacional que envolva animais silvestres, ameaçados de extinção e espécimes exóticas ou protegidas por compromissos internacionais assumidos pelo Brasil.

Tema 758. [art. 52 da LEP]

O reconhecimento de falta grave consistente na prática de fato definido como crime doloso no curso da execução penal dispensa o trânsito em julgado da condenação criminal no juízo do conhecimento, desde que a apuração do ilícito disciplinar ocorra com observância do devido processo legal, do contraditório e da ampla defesa, podendo a instrução em sede executiva ser suprida por sentença criminal condenatória que verse sobre a materialidade, a autoria e as circunstâncias do crime correspondente à falta grave.

Tema 941. [art. 47 do Decreto nº 6.049/2007]

A oitiva do condenado pelo Juízo da Execução Penal, em audiência de justificação realizada na presença do defensor e do Ministério Público, afasta a necessidade de prévio Procedimento Administrativo Disciplinar (PAD), assim como supre eventual ausência ou insuficiência de defesa técnica no PAD instaurado para apurar a prática de falta grave durante o cumprimento da pena.

ANEXO VI
SÚMULAS DO SUPERIOR TRIBUNAL DE JUSTIÇA*

Súmula 21. [arts. 311; 413, § 3º; e 428, § 2º, do CPP] – Pronunciado o réu, fica superada a alegação do constrangimento ilegal da prisão por excesso de prazo na instrução.

Súmula 33. [arts. 108; 109; e 581, II, do CPP] – A incompetência relativa não pode ser declarada de ofício.

Súmula 37. [art. 63 do CPP] – São cumuláveis as indenizações por dano material e dano moral oriundos do mesmo fato.

Súmula 38. [art. 74 do CPP] – Compete à Justiça Estadual comum, na vigência da Constituição de 1988, o processo por contravenção penal, ainda que praticada em detrimento de bens, serviços ou interesse da União ou de suas Entidades.

Súmula 40. [arts. 36; 37; e 123, II, da LEP] – Para obtenção dos benefícios de saída temporária e trabalho externo, considera-se o tempo de cumprimento da pena no regime fechado.

Súmula 42. [arts. 69, III; e 74 do CPP] – Compete à Justiça Comum Estadual processar e julgar as causas cíveis em que é parte sociedade de economia mista e os crimes praticados em seu detrimento.

Súmula 47. [art. 74 do CPP] – Compete à Justiça Militar processar e julgar crime cometido por militar contra civil, com emprego de arma pertencente à corporação, mesmo não estando em serviço.

Súmula 48. [art. 74 do CPP] – Compete ao juízo do local da obtenção da vantagem ilícita processar e julgar crime de estelionato cometido mediante falsificação de cheque.

Súmula 52. [art. 311 do CPP] – Encerrada a instrução criminal, fica superada a alegação de constrangimento por excesso prazo.

Súmula 53. [art. 74 do CPP] – Compete à Justiça Comum Estadual processar e julgar civil acusado de prática de crime contra instituições militares estaduais.

Súmula 59. [arts. 113 a 115 do CPP] – Não há conflito de competência

(*) Disponíveis em: https://scon.stj.jus.br/SCON/. Acesso em: 23.2.2023. (Atualizadas até a Súmula 656.)

se já existe sentença com trânsito em julgado, proferida por um dos juízos conflitantes.

Súmula 62. [art. 74 do CPP] – Compete à Justiça Estadual processar e julgar o crime de falsa anotação na carteira de trabalho e Previdência Social, atribuído a empresa privada.

Súmula 64. [arts. 311; e 428, § 1º, do CPP] – Não constitui constrangimento ilegal o excesso de prazo na instrução, provocado pela defesa.

Súmula 73. [art. 74 do CPP] – A utilização de papel moeda grosseiramente falsificado configura, em tese, o crime de estelionato, da competência da Justiça Estadual.

Súmula 74. [art. 155, parágrafo único, do CPP] – Para efeitos penais, o reconhecimento da menoridade do réu requer prova por documento hábil.

Súmula 75. [art. 74 do CPP] – Compete à Justiça Comum Estadual processar e julgar o policial militar por crime de promover ou facilitar a fuga de preso de estabelecimento penal.

Súmula 81. [art. 339 do CPP] – Não se concede fiança quando, em concurso material, a soma das penas mínimas cominadas for superior a 2 (dois) anos de reclusão.

Súmula 104. [art. 74 do CPP] – Compete à Justiça Estadual o processo e julgamento dos crimes de falsificação e uso de documento falso relativo ao estabelecimento particular de ensino.

Súmula 122. [arts. 69, III; e 78, II, "a", III e IV, do CPP] – Compete à Justiça Federal o processo e julgamento unificado dos crimes conexos de competência Federal e Estadual, não se aplicando a regra do art. 78, II, "a", do Código de Processo Penal.

Súmula 140. [arts. 69, III; e 74 do CPP] – Compete à Justiça Comum Estadual processor e julgar crime em que o indígena figure como autor ou vítima.

Súmula 147. [art. 74 do CPP] – Compete à Justiça Federal processar e julgar os crimes praticados contra funcionário público federal, quando relacionados com o exercício da função.

Súmula 151. [art. 71 do CPP] – A competência para o processo e julgamento por crime de contrabando ou descaminho define-se pela prevenção do juízo federal do lugar da apreensão dos bens.

Súmula 165. [arts. 69, III; 74; e 211 do CPP] – Compete à Justiça Federal processar e julgar crime de falso testemunho cometido no processo trabalhista.

Súmula 172. [art. 74 do CPP] – Compete à Justiça Comum processar e julgar militar por crime de abuso de autoridade, ainda que praticado em serviço.

Súmula 191. [art. 413 do CPP] – A pronúncia é causa interruptiva da prescrição, ainda que o Tribunal do Júri venha a desclassificar o crime.

Súmula 192. [arts. 2º, 65 e 194 da LEP] – Compete ao juízo das execuções penais do estado a execução das penas impostas a sentenciados pela Justiça Federal, Militar ou Eleitoral, quando recolhidos a estabelecimentos sujeitos a administração estadual.

Súmula 200. [art. 69, I, do CPP] – O Juízo Federal competente para processo e julgar acusado de crime de uso de passaporte falso é o do lugar onde o delito se consumou.

Súmula 208. [arts. 69, III; e 74 do CPP] – Compete à Justiça Federal processar e julgar Prefeito Municipal por desvio de verba sujeita a prestação de contas perante órgão federal.

Súmula 209. [arts. 69, III; e 74 do CPP] – Compete à Justiça Estadual processar e julga Prefeito por desvio de verba transferida e incorporada ao patrimônio municipal.

Súmula 234. [arts. 79; 95, I; 104; e 258 do CPP] – A participação de membro do Ministério Público na fase investigatória criminal não acarreta o seu impedimento ou suspeição para o oferecimento da denúncia.

Súmula 235. [art. 82 do CPP] – A conexão não determina a reunião dos processos, se um deles já foi julgado.

Súmula 241. [art. 387, I, do CPP] – A reincidência penal não pode ser considerada como circuntância agravante e, simultaneamente, como circunstância judicial.

Súmula 243. [art. 383, § 1º, do CPP] – O benefício da suspensão do processo não é aplicável em relação às infrações penais cometidas em concurso material, concurso formal ou continuidade delitiva, quando a pena mínima cominada, seja pelo somatório, seja pela incidência da majorante, ultrapassar o limite de 1 (um) ano.

Súmula 244. [art. 70 do CPP] – Compete ao foro do local da recusa processar e julgar o crime de estelionato mediante cheque sem provisão de fundos. (art. 171, § 2º, VI)

Súmula 265. [art. 66, III, "b", da LEP] – É necessária a oitiva do menor infrator antes de decretar-se a regressão da medida socioeducativa.

Súmula 267. [art. 637 do CPP] – A interposição de recurso, sem efeito suspensivo, contra decisão condenatória não obsta a expedição de mandado de prisão.

Súmula 269. [art. 110 da LEP] – É admissível a adoção do regime prisional semiaberto aos reincidentes condenados a pena igual ou inferior a 4 (quatro) anos se favoráveis as circunstâncias judiciais.

Súmula 273. [arts. 222 e 354 do CPP] – Intimada a defesa da expedição da carta precatória, torna-se desnecessária intimação da data da audiência no juízo deprecado.

Súmula 330. [art. 514 do CPP] – É desnecessária a resposta preliminar de que trata o art. 514 do Código de Processo Penal, na ação penal instruída por inquérito policial.

Súmula 337. [art. 383, § 1º, do CPP] – É cabível a suspensão condicional do processo na desclassificação do crime e na procedência parcial a pretensão punitiva.

Súmula 341. [art. 126 da LEP] – A frequência a curso de ensino formal é causa de remição de parte do tempo de execução de pena sob regime fechado ou semiaberto.

Súmula 347. [art. 387, § 1º, do CPP] – O conhecimento de recurso de apelação do réu independe de sua prisão.

Súmula 376. [art. 74 do CPP] – Compete a turma recursal processar e julgar o mandado de segurança contra ato de juizado especial.

Súmula 415. [art. 366 do CPP] – O período de suspensão do prazo prescricional é regulado pelo máximo da pena cominada.

Súmula 428. [art. 113 do CPP] – Compete ao Tribunal Regional Federal decidir os conflitos de competência entre juizado especial federal e juízo federal da mesma seção judiciária.

Súmula 439. [art. 8º da LEP] – Admite-se o exame criminológico pelas peculiaridades do caso, desde que em decisão motivada.

Súmula 440. [arts. 387, I, do CPP; e 110 da LEP] – Fixada a pena-base no mínimo legal, é vedado o estabelecimento de regime prisional mais gravoso do que o cabível em razão da sanção imposta, com base apenas na gravidade abstrata do delito.

Súmula 441. [arts. 118, I; e 131 da LEP] – A falta grave não interrompe o prazo para obtenção de livramento condicional.

Súmula 444. [arts. 4º; e 387, I, do CPP] – É vedada a utilização de inquéritos policiais e ações penais em curso para agravar a pena-base.

Súmula 455. [art. 366 do CPP] – A decisão que determina a produção antecipada de provas com base no art. 366 do CPP deve ser concretamente fundamentada, não a justificando unicamente o mero decurso do tempo.

Súmula 471. [art. 112 da LEP] – Os condenados por crimes hediondos ou assemelhados cometidos antes da vigência da Lei nº 11.464/2007 sujeitam-se ao disposto no art. 112 da Lei nº 7.210/1984 (Lei de Execução Penal) para a progressão de regime prisional.

Súmula 491. [arts. 66, III, "b"; e 112 da LEP] – É inadmissível a chamada progressão *per saltum* de regime prisional.

Súmula 520. [art. 66, IV, da LEP] – O benefício de saída temporária no âmbito da execução penal é ato jurisdicional insuscetível de delegação à autoridade administrativa do estabelecimento prisional.

Súmula 526. [arts. 52; e 118, I, da LEP] – O reconhecimento de falta grave decorrente do cometimento de fato definido como crime doloso no cumprimento da pena prescinde do trânsito em julgado de sentença penal condenatória no processo penal instaurado para apuração do fato.

Súmula 527. [art. 171 da LEP] – O tempo de duração da medida de segurança não deve ultrapassar o limite máximo da pena abstratamente cominada ao delito praticado.

Súmula 528. [art. 70 do CPP] – Compete ao juiz federal do local da apreensão da droga remetida do exterior pela via postal processar e julgar o crime de tráfico internacional.

Súmula 533. [arts. 15 e 59 da LEP] – Para o reconhecimento da prática de falta disciplinar no âmbito da execução penal, é imprescindível a instauração de procedimento administrativo pelo diretor do estabelecimento prisional, assegurado o direito de defesa, a ser realizado por advogado constituído ou defensor público nomeado.

Súmula 534. [art. 118, I, da LEP] – A prática de falta grave interrompe a contagem do prazo para a progressão de regime de cumprimento de pena, o qual se reinicia a partir do cometimento dessa infração.

Súmula 535. [arts. 118, I; 127; e 142 da LEP] – A prática de falta grave não interrompe o prazo para fim de comutação de pena ou indulto.

Súmula 542. [art. 24 do CPP] – A ação penal relativa ao crime de lesão corporal resultante de violência doméstica contra a mulher é pública incondicionada.

Súmula 546. [art. 70 do CPP] – A competência para processar e julgar o crime de uso de documento falso é firmada em razão da entidade ou órgão ao qual foi apresentado o documento público, não importando a qualificação do órgão expedidor.

Súmula 562. [art. 126 da LEP] – É possível a remição de parte do tempo de execução da pena quando o condenado, em regime fechado ou semiaberto, desempenha atividade laborativa, ainda que extramuros.

Súmula 604. [arts. 581, 584, 593 e 597 do CPP; e art. 197 da LEP] – O mandado de segurança não se presta para atribuir efeito suspensivo a recurso criminal interposto pelo Ministério Público.

Súmula 617. [arts. 145 e 146 da LEP] – A ausência de suspensão ou revogação do livramento condicional antes do término do período de prova enseja a extinção da punibilidade pelo integral cumprimento da pena.

Súmula 631. [art. 192 da LEP] – O indulto extingue os efeitos primários da condenação (pretensão executória), mas não atinge os efeitos secundários, penais ou extrapenais.

Súmula 639. [Lei nº 11.671/2008] – Não fere o contraditório e o devido processo decisão que, sem ouvida prévia da defesa, determine transferência ou permanência de custodiado em estabelecimento penitenciário federal.

Súmula 643. [art. 1º da LEP] – A execução da pena restritiva de direitos depende do trânsito em julgado da condenação.

Súmula 648. [art. 647 do CPP] – A superveniência da sentença condenatória prejudica o pedido de trancamento da ação penal por falta de justa causa feito em *habeas corpus*.

ÍNDICE REMISSIVO

Este livro foi impresso pela Gráfica Grafilar
em fonte Arial sobre papel Offset 70 g/m²
para a Edipro.